Quellen und Forschungen zur Südsee

Reihe A: Quellen

Herausgegeben von
Hermann Joseph Hiery

Band 8

2024

Harrassowitz Verlag · Wiesbaden

Tagebuch aus dem Bismarck-Archipel

Friedrich Hoffmann
in der deutschen Kolonie Neuguinea
1908–1921

Herausgegeben von
Hermann Joseph Hiery und Isa Scholtissek

2024

Harrassowitz Verlag · Wiesbaden

Umschlagabbildung: Blick auf die Bismarck-See. Eine Fotografie Friedrich Hoffmanns, c. 1908, © Isa Scholtissek.

Bibliografische Information der Deutschen Nationalbibliothek
Die Deutsche Nationalbibliothek verzeichnet diese Publikation in der Deutschen
Nationalbibliografie; detaillierte bibliografische Daten sind im Internet
über https://dnb.de abrufbar.

Bibliographic information published by the Deutsche Nationalbibliothek
The Deutsche Nationalbibliothek lists this publication in the Deutsche
Nationalbibliografie; detailed bibliographic data are available in the internet
at https://dnb.de.

Informationen zum Verlagsprogramm finden Sie unter
https://www.harrassowitz-verlag.de
© Otto Harrassowitz GmbH & Co. KG, Wiesbaden 2024
Das Werk einschließlich aller seiner Teile ist urheberrechtlich geschützt.
Jede Verwertung außerhalb der engen Grenzen des Urheberrechtsgesetzes ist ohne
Zustimmung des Verlages unzulässig und strafbar. Das gilt insbesondere
für Vervielfältigungen jeder Art, Übersetzungen, Mikroverfilmungen und
für die Einspeicherung in elektronische Systeme.
Gedruckt auf alterungsbeständigem Papier.
Druck und Verarbeitung: docupoint GmbH
Printed in Germany
ISSN 1614-3388   eISSN 2940-2840
ISBN 978-3-447-12239-9   eISBN 978-3-447-39550-2

Preface / Vorwort

A long journey lies behind Friedrich Hoffmann's New Guinea diaries, during which they seemed lost for several years. With publication, this journey through all five continents, and after Friedrich Hoffmann's death, through several cellars of his descendants, finally ends - and as his great-granddaughter, I think I am acting in the author's spirit by "saving" the books for posterity and making them accessible to all. Created in the colony of German New Guinea, where Friedrich Hoffmann lived as a planter between the ages of 23 and 37, these recorded memories were important to him throughout his life of 83 years.

Overall, Friedrich Hoffmann spent the shortest time of his life in Germany. Just before he started working for the New Guinea Company at the beginning of 1908 and set off for the Bismarck Archipelago, he initially worked in the "Royal Botanical Garden" in Dresden, his hometown, immediately after completing his training as a farmer. After the 14 years as a planter in the Bismarck Archipelago, which this diary describes, he experienced some difficult years in interwar Germany after his expulsion from New Guinea, as a result of the loss of the colonies in 1921. He spent those years in Dresden, with his wife and two children, who were born in New Guinea in 1916 and 1917. As a farmer without any land, he had no prospects in his profession during this time and tried to keep himself and his family afloat with various other activities. After all those years in the South Seas, however, he was unable to regain his footing in Germany, which had been damaged by the war and become quite alien to him. So in 1927, at the age of 43, Friedrich Hoffmann seized the opportunity to build a new life for himself in East Africa in Tanganyika, which had been administered by Great Britain since the First World War. "Walking, hiking, that is my destiny. I don't really feel the need to do that. But fate is stronger than the will," he wrote in August 1927.

His memories of the "paradise", which Friedrich Hoffmann had experienced as a planter in German New Guinea, were not something he found again in Africa. He set up a plantation with various crops in the area around Dar es Salaam, experienced how swarms of locusts destroyed entire crops, ran a monthly cotton trade with the local people and, due to economic concerns, also worked as a transport operator and as a gold prospector for six months. In 1934 he lost his wife Erna there, who succumbed to blackwater fever at Hoffmann's Hungira plantation. Right at the start of the Second World War in September 1939, German settlers in East Africa were taken prisoner, including Friedrich Hoffmann, who was expelled from Africa in 1940 after a few months in an internment camp. When he was captured, his diaries were left on his plantation and appeared lost. Only years later did it emerge, that a neighbor had saved the books from his house on the plantation. The books were returned to their author several years after the end of the Second World War.

After his expulsion from Africa in 1940, and during the second World War, the economic situation in Germany became difficult again for Friedrich Hoffmann. Following some time as an employee at the Aviation Ministry in Berlin, he returned to farming. In May 1941 he took over an estate in Dzierzyslaw in Poland. This property was also lost with the expulsion in January 1945, so that Friedrich Hoffmann lost what he had built for the third time due to the chaos of war. The escape from Poland, on a refugee trek in January 1945 led him and his second wife Wilma, whom he had married in Berlin in May 1941, via Schwerin, to his son Herbert (born in Kaewieng in German New Guinea in 1916). After the war, he found refuge in Schloss Gattendorf near Hof in Bavaria and lived there with his wife and small son Hans-Jürgen. Friedrich also had to bury his second wife Wilma in Schloss Gattendorf in 1948, and, again as a widower, Friedrich moved to Hamburg in March 1949 to live with the family of his daughter Hilde (born in Rabaul in 1917).

Friedrich's son Herbert emigrated to Paraguay in 1951 after some family drama. In the summer of 1954, Friedrich Hoffmann took the opportunity to follow him there, to Asuncion. Starting in 1956 in Asuncion, he worked on his well-traveled diaries and began typing the handwritten books, which were probably quite battered, on a typewriter. It is not known whether he then disposed of the original books; unfortunately the manuscripts are no longer available.

In April 1957, Friedrich Hoffmann moved again to Germany, also to deal with burden-sharing matters. "Where is my home? "Fate drove me all over the world," he wrote in his diary on March 31, 1957. "If there were a sixth continent, it would certainly turn out that this one wouldn't remain closed to me either." He lived in Hamburg with the family of his daughter Hilde for two years. From this time, his grandson Jörg Bauer, born in 1954, remembers him as an unconventional person, for whom the word "free spirit" came to mind: "My mother called him "Humpty Dumpty," which probably means "easygoing." …. He was friends with the Dreiskämper family in the neighborhood, who were quite artistic, and who my ultra-conservative mother didn't like."

On his 75th birthday in August 1959, Friedrich Hoffmann set off for Paraguay one last time. At the turn of the year 1967/68, his grandson Hans-Jürgen traveled with his wife to visit South America, and there he saw Friedrich Hoffmann for the last time. According to family legend, even in his old age – Friedrich was 83 years old – he always carried a briefcase with him that probably contained his diaries. Six months after the visit, Friedrich Hoffmann died on July 3, 1968 in Asuncion.

The copies of his diaries came back to Germany when his son Herbert returned around 1969. In 1970, grandson Hans-Jürgen and his wife Gisela Hoffmann made further copies of the New Guinea diaries in the time before copying was widespread. Friedrich Hoffmann's daughter Hilde Bauer, who essentially grew up in the South Seas and Africa, had already pursued the goal of publishing her father's diaries in the 1980s. She also lent parts of the "original copy," which were subsequently lost.

As Friedrich Hoffmann's great-granddaughter, I am so pleased to be able to contribute to preserving the memories. Ultimately, colonial history with all its consequences has had a huge impact on our entire family. Friedrich Hoffmann happened to be born during the short years of German colonialism and emigrated to the distant South Seas for economic reasons and a curiosity for adventure. At the end of his life he was faced with the question of what "home" actually meant to him.

I hope that this very lively and mostly cheerful diary will be enjoyed by all readers. Colonial life from a planter's perspective, certainly complements the picture of colonialism in the Bismarck Archipelago. It was written at a young age by a very apolitical, inexperienced person who wanted to build an existence for himself and who ultimately lost it again when German colonialism was put to an end.

Many thanks to Professor Dr. Hermann Hiery, who classifies Friedrich Hoffmann's notes historically, puts many of the anecdotes described into the larger context with his comments and thus enriches the content.

Isa Scholtissek, May 2024
(English edited by Melanie Chidester)

Zur Einführung

Das Tagebuch im Kontext der deutsch-kolonialen Südsee

Die „Tagebücher" Friedrich Hoffmanns gehören zu einer ganzen Reihe von überlieferten Selbstzeugnissen aus den Südseekolonien des Deutschen Reiches. Allerdings unterscheiden sie sich in mehreren Punkten von anderen Diarien, die in derselben Region und im gleichen Zeitraum verfasst wurden. Protestantische Missionare wurden von ihren Vorgesetzten dazu angehalten, Erlebnisse, Erfahrungen und eigenes Handeln schriftlich niederzulegen. Diese Aufzeichnungen im Tagebuch-Stil waren aber eben gerade nicht als Gedächtnisstütze exklusiv für den Verfasser gedacht, sondern sie sollten in regelmäßigen Abständen als eine Art schriftlicher Rechtfertigung für das eigene Verhalten, als Grundlage der persönlichen Gewissenserforschung über eigene Tätigkeiten, schließlich als Arbeits- und Leistungsnachweis, den Vorgesetzen vorgelegt werden.[1] Das hat dazu geführt, dass solche von oben angeordneten „Ego-Dokumente" uns zwar über Ereignisse unterrichten, von denen wir aus ande-

---

[1] Bei den Methodisten war dies als Richtlinie für alle Missionare seit 1825 verbindlich und zwingend festgelegt. Vgl. *Instructions to the Wesleyan Missionaries*, Punkt VIII: „It is *peremptorily required* of every Missionary in our Connexion to keep a Journal, and to send home frequently such copious abstracts of it as may give a full and particular account of his labours, success, and prospects. [...] Only, we recommend to you, not to allow yourselves, [...] to give any *high colouring* of facts; but always write such accounts as you would not object to see return in print to the place where the facts reported may have occurred." Zitiert bei Niel Gunson, *Messengers of Grace. Evangelical Missionaries in the South Seas 1797-1860*, Melbourne 1978, 340.

ren Quellen wenig oder gar nicht informiert sind, aber Angaben über die persönliche Auseinandersetzung mit dem Erlebten sind selten oder fehlen ganz. Es sind nüchterne, knappe, fast barsche Mitteilungen, denen etwas Stakkato-Ähnliches anhaftet.[2] Es fehlt das eigentlich Menschliche: Sympathie, Abneigung, ja Empathie überhaupt, werden allenfalls angedeutet; persönliche Bemerkungen, erst recht Urteile, werden vermieden. Intimes wird rigoros ausgeblendet. Eigentlich sind solche Selbstzeugnisse das Gegenteil von wirklichen Ego-Dokumenten, weil die eigene Reflexion und Auseinandersetzung mit dem Erlebten im Kopf des Verfassers eingesperrt bleibt. Sie ähneln den Jahresendberichten und -briefen, die bis in die Gegenwart in protestantischen Familien üblich waren und die alle Familienmitglieder über das informieren sollten, was im Laufe des Jahres vorgefallen war – triviale Begebenheiten, vom Besuch der nur entfernt verwandten Tante bis zum Tod von Hund und Katze.

Schriftlich festgehaltene „Erinnerungen" aus diesem Personenkreis gehen im Einzelnen darüber hinaus, enthalten durchaus auch wertende Urteile über Dinge und Personen, beschränken sich aber ebenfalls auf das vermeintlich Positive, das der sich Erinnernde seiner Familie als Nachweis seiner – meist erfolgreich gesehenen – Tätigkeit sozusagen als Erbe und Auftrag hinterlässt.[3] Das offene und der Nachwelt zugestandene Eingeständnis eigener Schwäche, wie sie in der Beschreibung Otto von Bismarcks über den Kriegsrat vom 23. Juli 1866 berühmt geworden ist,[4] kommt in den bislang veröffentlichten Selbstzeugnissen aus der deutsch-kolonialen Südsee nicht vor.

Auf einer etwas anderen Stufe stehen die Tagebücher der protestantischen Missionsfrauen.[5] Sie waren von der Missionsleitung nicht zu schriftlichen Aufzeichnungen verpflichtet, da sie nicht wie ihre Männer in einem Vertragsverhältnis mit der Heimatmission standen. Allerdings wurde „erwartet, dass sie Briefe an die sogenann-

---

2 Vgl. etwa die von Dieter Klein sorgsam bearbeiteten und vorbildlich herausgegebenen Tagebücher des Rheinischen Missionars Wilhelm Diehl: Dieter Klein (Hg.), *Pioniermissionar in Kaiser-Wilhelmsland. Wilhelm Diehl berichtet aus Deutsch-Neuguinea 1906-1913*, Wiesbaden 2014. Wilhelm Diehl hat sieben ereignisreiche Jahre in einem fremden Land holzschnitzartig und auffallend kurz *runtergeschrieben*.

3 Vgl. Susanne Froehlich (Hg.), *Als Pioniermissionar in das ferne Neu Guinea. Johann Flierls Lebenserinnerungen*, 2 Bde., Wiesbaden 2015.

4 „Meine Nerven widerstanden den mich Tag und Nacht ergreifenden Eindrücken nicht, ich stand schweigend auf, ging in mein anstoßendes Schlafzimmer und wurde dort von einem heftigen Weinkrampf befallen." Otto von Bismarck, *Gedanken und Erinnerungen*, 2. Bd., zwanzigstes Kapitel „Nikolsburg".

5 Vgl. Ulrich Fellmann (Hg.), *Von Schwaben in den Bismarckarchipel. Tagebücher der Missionarsfrau Johanna Fellmann aus Deutsch-Neuguinea 1896-1903*, Wiesbaden 2009; Dieter Klein (Hg.)., *Jehova se nami nami. Die Tagebücher der Johanna Diehl. Missionarin in Deutsch-Neuguinea 1907-1913*, Wiesbaden 2005. Zur Besonderheit dieser Selbstzeugnisse bei Missionarsfrauen in Neuguinea vgl. Tanja Hammel, *Lebenswelt und Identität in Selbstzeugnissen protestantischer Missionsfrauen in Britisch- und Deutsch-Neuguinea, 1884-1914*, Hamburg 2012. Eine allgemeine Einführung in die Problematik und eine ausführliche Quellenkritik findet sich bei Livia Loosen, *Deutsche Frauen in den Südsee-Kolonien des Kaiserreichs. Alltag und Beziehungen zur indigenen Bevölkerung, 1884-1919*, Bielefeld 2014, insbes. 29-33.

ten ‚Missionsfreundinnen' sandten".[6] Immerhin werden in den Tagebüchern Probleme benannt, die in den abgesandten Briefen weggelassen wurden.[7] Es finden sich durchaus Reflexionen, Wertungen und Urteile, wenn auch eher selten zu eigenem Vorgehen und Verhalten. Dagegen war Missionsgehilfinnen, die sehr wohl in einem Dienstverhältnis standen, auch bei der lutherischen Neuendettelsauer Mission vertraglich auferlegt worden, „der Missionsleitung in der Heimat zweimal im Jahr über ihre Arbeit zu berichten."[8] Von Angehörigen der katholischen Missionsorden, die in der deutsch-kolonialen Südsee aktiv waren, liegen ebenfalls Tagebuchaufzeichnungen vor, die aber noch der Publikation harren.[9] Die Einträge lassen erkennen, dass der katholische Missionar, der im Gegensatz zu seinem protestantischen Pendant meist allein und eigenverantwortlich agierte, tatsächlich sein Tagebuch als eine Art vertrauten Intimus ansah, dem er geheime Gedanken, Befürchtungen, Ärger, ja selbst das Eingeständnis persönlichen Scheiterns, anvertraute. Man sparte auch nicht mit Kritik an Vorgesetzten. In Ausnahmesituationen, wie sie im kolonialen Kontext häufig vorkamen, zumal in Krisen-, erst Recht in Verfolgungszeiten, kann die mental stabilisierende Funktion des Tagebuchs gar nicht hoch genug eingeschätzt werden.

Auch koloniale Regierungsbeamte haben Tagebücher geführt. Erhalten sind etwa die Tagebücher von Fritz Rose, der neben den kolonialen Tagesereignissen auch akribisch tägliche Wetter- und Klimabeobachtungen notierte.[10] Als verschollen anzusehen sind dagegen die Tagebücher von Gouverneur Albert Hahl, obwohl sie noch den Zweiten Weltkrieg unversehrt überstanden hatten. Tagebücher von Siedlern, Pflanzern und Kaufleuten hat es ebenfalls gegeben. Sie sind aber – jedenfalls bislang – eher selten der Öffentlichkeit bekanntgeworden.[11]

Koloniale Tagebuch-Aufzeichnungen dienten vielfach als Gedächtnisstütze und Steinbruch für später veröffentlichte „Erinnerungen", die aber Kritisches, erst Recht Selbstkritisches, nur zu häufig fast vollständig ausblendeten. Die purgierte, auf zeitgenössische deutsche Tabus Rücksicht nehmende und selbstzensierte Erinnerung[12] diente als Beleg für die angebliche Durchsetzung kolonialer Allmachtsphantasien so, wie sie heute als Indiz für kolonialen Totalitarismus herangezogen wird. In beiden Fällen würde man bei unkritischer Übernahme einer Selbstinszenierung aufsitzen,

---

6   Loosen, *Deutsche Frauen in den Südsee-Kolonien*, 32.
7   Vgl. Hammel, *Lebenswelt und Identität*, 4.
8   Loosen, *Deutsche Frauen in den Südsee-Kolonien*, 32.
9   In Vorbereitung ist: Gisela u. Lothar Käser (Hg.), *„Manches deutsche Herz wollte hier nicht zur Ruhe kommen". Die Tagebücher der Kapuzinerpatres Siegbert Gasser und Ignatius Ruppert von Chuuk (Truk) 1912-1919*, Wiesbaden 2025.
10 Die Edition in der Reihe A der *Quellen und Forschungen zur Südsee* ist in Vorbereitung.
11 Demnächst erscheint: Alexander Demandt u. Hermann Hiery (Hg.), *Ernst Demandt. Aus Samoas schweren Tagen*, Wiesbaden.
12 Ein charakteristisches Beispiel ist Wilhelm Wendland, *Im Wunderland der Papuas. Ein deutscher Kolonialarzt erlebt die Südsee*, Berlin 1939. Wendlands Spiegelfechtereien reihen sich nahtlos ein in ähnliche Versuche wie Bülows *Denkwürdigkeiten*, Papens *Der Wahrheit eine Gasse* oder Speers *Erinnerungen*, wenn auch Wendland niemals auch nur annähernd die Bedeutung erreichte wie die hier Genannten.

die mit der Wirklichkeit vor Ort, selbst der Welt unter kolonialen Vorzeichen, nur in Ansätzen übereinstimmte.

Friedrich Hoffmann und sein „Tagebuch"

Friedrich Arthur Hoffmann wurde am 11. August 1884 in Dresden, im Haus der Falken-Apotheke in der Bautzner Straße, geboren. Über seine Kindheit informiert das 72 Jahre später geschriebene, dem Tagebuch beigegebene „Vorwort – Aus meinem Leben". Hierbei handelt es sich um „Erinnerungen" des Senioren an seine Kindheit und Jugendzeit. Faktische Genauigkeit ist deshalb nicht immer gegeben. In seinem eigenen Vorwort dominieren gefühlte Erinnerungen und nachträgliche Einordnungen und Wertungen. Der Entschluss, Tagebuch zu führen, entstand im Zusammenhang mit seiner Ausreise in die deutsche Kolonie Neuguinea. Der erste Eintrag erfolgte am 1. Januar 1908. Hoffmann hat von da an kontinuierlich Aufzeichnungen gemacht.

Sie liegen heute in fünf Tagebüchern (in drei Bänden) vor, die insgesamt 60 Lebensjahre umfassen. Das erste Buch (1.1.1908-8.12.1911) behandelt seine Ausreise in die Kolonie Deutsch-Neuguinea und die ersten Jahre seiner Tätigkeit als Angestellter der Neuguinea-Kompagnie auf der Pflanzung Tobera im damaligen Neupommern, der heutigen Provinz East New Britain von Papua-Neuguinea. Im zweiten Buch (8.12.1911-24.4.1913) beschreibt Hoffmann zunächst seine Erlebnisse an Bord der *Siar*, die er auf einer zweimonatigen Arbeiter-Rekrutierungsreise durch die Inseln des Bismarckarchipels begleitete. Im Mittelpunkt stehen aber seine Erfahrungen als Aufseher der Pflanzung Fissoa im Osten von Neumecklenburg (New Ireland). Mit Ablauf seines Dienstvertrages reist Hoffmann zurück nach Deutschland. Dort lernt er seine Braut Erna Elsner kennen. Sie begleitet ihn auf seiner Wiederausreise nach Neuguinea, dieses Mal in Diensten der Hamburgischen Südsee Aktiengesellschaft. Hoffmann und seine Frau Erna leben und wirken dabei die meiste Zeit auf Manus, was im dritten Buch (8.8.1913 – 24.10.1921) beschrieben wird. Da diese drei Bücher die Erlebnisse und Erfahrungen in der deutschen Kolonie Neuguinea zum Inhalt haben, werden sie hier ausführlich und historisch kommentiert wiedergegeben. Der Bericht über die Rückfahrt nach der erzwungenen Deportation von Neuguinea endet im Tagebuch abrupt, noch bevor Deutschland wieder erreicht wird. Offensichtlich wurden die Ankunft dort und die ersten Jahre in der „Heimat" derart traumatisch erfahren, dass fünf Jahre lang das Tagebuch nicht mehr weitergeführt wurde. Ein Nachsatz vom 28.11.1926 erläutert dies nachträglich, weshalb er als Abschluss mit aufgenommen wurde.

Nicht abgedruckt wurde dagegen das vierte Tagebuch (19.8.1927-20.10.1936). Mit der Aufnahme Deutschlands in den Völkerbund im September 1926 fielen eine ganze Reihe von Restriktionen, die zuvor die Einreise von Deutschen in ihre ehemaligen Kolonien nahezu unmöglich gemacht hatten. Während Australien mit rigorosen Einreisebestimmungen, noch restriktiveren Ausführungsbestimmungen und deren willkürlicher Handhabung und Auslegung, eine dauerhafte Rückkehr von Deutschen nach Neuguinea faktisch unmöglich machte, ließen Großbritannien und Frankreich jetzt sogar eine Neuansiedlung von Deutschen in deren ehemaligen Kolonien zu. Hoffmann entschied sich mit seiner Frau Erna, wieder ganz neu anzufangen und reiste, zunächst allein, nach Tanganyika, das ehemalige Deutsch-Ostafrika. Am 12. September 1927 kam er in Tanga an und ging über Daressalam nach Kaole in den Bezirk Bagamoyo, wo Hoffmann die Pflanzung Hungira alleinverantwortlich aufbaute und leitete. Seine Familie holte er im Jahr darauf nach Afrika. In Tanganyika traf Hoffmann auf seinen ehemaligen Nachbarn von Neumecklenburg, Erich Konrad[13]. Zwischenzeitlich arbeitet Hoffmann auch als Ankäufer von Baumwolle für die Usagara-Kompanie. 1933 betätigt er sich auch mehrere Monate über als Goldgräber. Im Gegensatz zu Neuguinea ist das Leben in Ostafrika aber kein Vergnügen. Hoffmann hält mit Hilfe seiner Frau die Familie finanziell gerade so über Wasser. Sie erleben eine Hungersnot – Heuschreckenschwärme vertilgten die Pflanzungen –, seine Frau wird von einer Schlange gebissen (und überlebt), die Tochter übersteht einen Blinddarmdurchbruch (trotz eines zweiminütigen Herzstillstandes). Schließlich erliegt Erna Hoffmann am 24. August 1934 einem Schwarzwasserfieber. Dies alles wird im Tagebuch ausführlich notiert und festgehalten. Dabei beschreibt der Verfasser in diesem Teil auch seine persönlichen Niederlagen, seine Gefühle und Stimmungen. „Die Verzweiflung zerreißt mich, sie schüttelt mich wie der Sturm einen Baum", steht unter dem Datum des 17.10.1934.

Danach hat Hoffmann 16 Jahre lang kein Tagebuch mehr geführt. Er beginnt damit wieder am 20. August 1952 (Buch 5, bis 11.8.1962/1964) und zwar mit einem längeren Rückblick auf den Zweiten Weltkrieg und seine Auswirkungen. Wieder wird er interniert, wieder verliert er seinen Besitz und wird deportiert. Die Tagebücher mussten zurückgelassen werden und schienen verloren. Sein Nachbar, ein Engländer, rettet sie. Im Mai 1941 heiratete Hoffmann erneut. Seine 16 Jahre jüngere Ehefrau stirbt aber bereits Ende 1948 an einer Herzembolie. Tagebuch fünf ist das kürzeste. Es finden sich je drei Einträge für 1953 und 1955, je zwei zu 1954 und 1956. Der Sohn Herbert wandert 1951 nach Paraguay aus, wohin ihm sein Vater im Sommer 1954 folgt. Das Tagebuch beschreibt dessen Eindrücke von Paraguay, seinen Bewohnern und ihrer Kultur. 1957 (sechs Einträge) ist Hoffmann wieder in Deutschland, wo er persönlich seine Ansprüche nach dem Lastenausgleichsgesetz geltend macht. Bis zum Herbst 1959 lebt er in Hamburg, findet sich aber in Deutschland nicht mehr zurecht. „Die deutschen Menschen haben sich eine merkwürdige Lebensauffassung zugelegt. Die gestellten Ansprüche nehmen oft gefährliche Formen an. Alles Begehrenswerte ist zur Selbstverständlichkeit geworden", notiert er am 2. Januar 1958. Ende 1959 nach Paraguay zurückgekehrt, finden sich nur noch wenige Einträge. Der letzte ausführlichere Eintrag erfolgte am 11. August 1962 anlässlich seines 78. Geburtstages. Sein „innigster Geburtstagwunsch" war damals die Hoffnung, „dass die Menschheit wenigstens so viel Vernunft besitzt und sich nicht in einen Krieg stürzt, gegen dessen Auswirkungen die Sintflut ein harmloses Kinderspiel war." Es folgt noch ein aller-

---

13   Zu ihm siehe S. 109.

letzter – handschriftlicher – Nachsatz vom 11. August 1964, seinem 80. Geburtstag: „Was nun an Lebensjahren kommt, sind Gnadenjahre." Friedrich Hoffmann starb vier Jahre später, am 3. Juli 1968, in Asunción, der Hauptstadt Paraguays.

Wie er in seinem Vorwort selbst schreibt, hat Hoffmann die Tagebücher zunächst handschriftlich geführt. Während seiner Zeit in Afrika tippte er sie mit der Schreibmaschine ab, um den Inhalt vor der Zerstörung durch Termiten zu retten. Die handschriftlich geführten Original-Tagebücher sind heute nicht mehr vorhanden. Ob sie vollständig durch Termitenfraß zerstört oder noch verbliebene Reste von Hoffmann selbst vernichtet wurden, lässt sich nicht mehr klären. Der Übergang von der Handschrift in einen Schreibmaschinentext war jedenfalls nicht nur ein rein mechanisch-technischer Prozess. Aus einem intimen Ego-Dokument, das vertrauliche Beobachtungen und wahrscheinlich auch Beurteilungen, persönliche Stimmungen und Gefühle enthielt, wurden Aufzeichnungen, deren Inhalt der Verfasser seiner Familie und seinen Nachkommen zugängig machen wollte. Sicher ist – er schreibt es selbst in seinem „Vorwort" –, dass Hoffmann bei der Übertragung des Textes Kürzungen vorgenommen hat. Dabei hat er offensichtlich auch sehr persönliche Erlebnisse und Erfahrungen – „Vorkommnisse, die wohl mich, aber keinen anderen" interessierten, weggelassen und eine Reihe von Textstellen entfernt. Auf der anderen Seite lässt der überlieferte Text erkennen, dass Hoffmann gelegentlich erläuternde Zusätze und Erklärungen hinzugefügt hat. In der vorliegenden Edition wurden solche Stellen durch Anmerkungen deutlich gemacht.[14]

Die Schreibmaschinen-Fassung der ursprünglichen Tagebücher liegt heute in mehreren Abschriften bei verschiedenen Zweigen der Familie vor. Da diese Abschriften von der Abschrift in einer Zeit angefertigt wurden, als es noch keine Fotokopiergeräte gab, sind sie untereinander nicht ganz identisch. So kommen Namensschreibungen in ganz unterschiedlichen Versionen vor. Auch wurden inhaltlich ursprünglich richtige Angaben, die aber der oder die Abschreiber nicht verstanden, dem deutschen Erfahrungshorizont angeglichen. So wurde aus dem tropischen „Ringwurm" in späteren Abschriften der deutsche „Ringelwurm" – um nur ein Beispiel zu nennen.

Auch in der Originalfassung waren Hoffmanns Aufzeichnung wohl keine Tagebücher im strikten Sinne des Wortes. Wirkliche „Tagebucheinträge", wie etwa der zum 10.10.1917, blieben wohl eher selten. Vorherrschend ist ein Stil, der unter einem fixen Datum eine ganze Reihe von Entwicklungen einordnete, die sich im Nachgang zu dem gewählten Datum und der eigentlichen Erstnotiz ereignet hatten. Dieses Verfahren ist durchaus kein Alleinstellungsmerkmal Hoffmanns, sondern findet sich auch in vielen anderen „Tagebüchern". Diesen ist gemein, dass sie unter dem Ersteintrag verschiedene Nachträge einfließen lassen, die sich erst in den folgenden Tagen ereignet haben. Die Häufigkeit dieser „Mehrfacheinträge" (unter einem Datum) bei Hoffmann erklärt sich aus der Sondersituation seiner Arbeit und seinen Erfahrungen in der tropischen Kolonie Neuguinea. Einerseits hielten ihn Arbeit, Anspannung,

14   Vgl. S. 112 Anm. 41.

Müdigkeit und Erschöpfung davon ab, tägliche Eintragungen vorzunehmen. Andererseits trug die Eintönigkeit des Alltags dazu bei, mitunter wochen-, ja monatelang gar keine Auffälligkeiten zu notieren. Zur wirklichen Besonderheit bei Hoffmann gehört die Feststellung, dass zahlreiche „Tagebuch"-Einträge mit dem Datum, unter dem diese vermerkt sind, offensichtlich gar nichts zu tun haben bzw. hatten. Diese Merkwürdigkeit könnte auf zweierlei Weise seine Erklärung finden: Zum einen wurde hier möglicherweise der ursprüngliche Vermerk nachträglich getilgt, das Datum aber beibehalten. Zum anderen erfolgten an genau dieser Stelle später ergänzende und/oder erläuternde Angaben. Auch stimmt gelegentlich die chronologische Reihung nicht. So folgt etwa auf den 31. der 26. März 1908.

Bis Ende März 1908 erfolgen die Tagebucheinträge einigermaßen regelmäßig. Dabei ist zu berücksichtigen, dass die Hinreise mit dem Schiff zum einen jeden Tag neue Erlebnisse brachte, zum anderen auch hinreichend Muße bot, die Einträge auch vorzunehmen. Im April 1908 werden die Einträge sporadischer, bedingt sicherlich zunächst durch den ersten Malariaanfall, der nachträglich beschrieben wird. Ab Mai 1908 beschränken sich die Notizen auf einen Eintrag monatlich; Juni und September fehlen ganz. Der Dezember wird auch in der kolonialen Südsee als ein Ausnahmemonat erfahren. Das Weihnachtsfest in den Tropen ist ein besonderes Erlebnis und Vorbereitung, Durchführung und Nachklang desselben findet im Tagebuch dementsprechend häufig seinen Niederschlag.

In den späteren Jahren finden sich oft monatelang keine Einträge. Zwischen September 1909 und dem nächsten Eintrag im Juni 1910 liegt ein neunmonatiges Schweigen; danach fehlt bis Dezember 1910 ein halbes Jahr. 1912 und 1913 wird dagegen wieder einigermaßen regelmäßig monatlich berichtet. Nach der zusammen mit seiner Ehefrau erfolgten Wiedereinreise in die Kolonie am 16. März 1914 folgen für das erste Kriegsjahr vier Einträge, die aber sehr ausführlich gehalten sind. Für 1915 und 1916 finden sich jeweils nur zwei „Tagebuch"vermerke, doch wird das Erlebte breit und umfassend wiedergegeben. Im Gegensatz zu Samoa[15] gab es für das deutsche Neuguinea bislang nur offizielle Berichte der Kolonialbeamten über den Weltkrieg. Hoffmann ist der erste, der diese Perspektive um die Erfahrung eines deutschen Zivilisten erweitert. Dabei finden sich auch eine ganze Reihe von Beobachtungen, die den Alltag des Krieges zum Inhalt haben. „Ein Leben ohne Zigaretten ist schlimmer wie ein Essen ohne Salz", notiert Hoffmann unter dem Datum des 3. Januar 1915. Auf den 4.8.1916 folgt bis zum 15.5.1917 eine über zehnmonatige Pause. Hoffmann ist privat, d.h. vor allem familiär, stärker eingebunden als zuvor: der Sohn ist gerade auf die Welt gekommen, eine Tochter folgt. Das Jahr 1917 wird breit dargestellt, bevor zwischen dem 26.12.1917 und dem 23.7.1918 erneut eine siebenmonatige Lücke klafft. Hoffmann berichtet nichts über den Zusammenbruch Russlands, dessen Ausscheren aus dem Verbund der Entente und die Friedensverträge

---

15 James N. Bade (Hg.), *Karl Hanssen's Samoan War Diaries, August 1914-May 1915. A German Perspective on New Zealand's Occupation of German Samoa*, Frankfurt a. M. 2011 (enthält neben einer englischen Übersetzung auch das deutsche Original der Kriegstagebücher)

von Brest-Litowsk, die das Deutsche Reich im Frühjahr 1918 einem Sieg ganz nahe brachten. Offensichtlich blieben ihm diese Entwicklungen unbekannt; die wenigen, ihm damals zur Verfügung stehenden australischen Zeitungen mögen darüber geschwiegen haben. Auswirkungen auf die besetzte Kolonie scheint es jedenfalls keine gegeben zu haben. Umso auffälliger ist seine Notiz vom 20.10.1918, der Kaiser habe abgedankt. Das ist um fast drei Wochen zu früh datiert, selbst wenn man annimmt, er habe die Nachricht in den Tagen darauf „nachgetragen", denn der nächste Eintrag im „Tagebuch" stammt vom 4.11.1918. Auch da war der Kaiser offiziell noch im Amt und keineswegs schon „geflohen", wie Hoffmann in Folge seiner Feststellung: „Wir haben den Krieg verloren", berichtet. Erklären lassen sich diese Ungereimtheiten eigentlich auch nicht durch spätere Zusätze, denn dann hätte Hoffmann hinreichend Material zur Verfügung gestanden, die seine Feststellung als falsch ausgewiesen hätten. Denkbar scheint dagegen, dass Hoffmann auf Berichte in den australischen Medien reagierte. Seit dem Ersuchen der Reichsregierung vom 3. Oktober 1918 um einen „sofortigen" Waffenstillstand und Friedensverhandlungen mit Hilfe des amerikanischen Präsidenten hatte dieser die Forderung nach einem Ende des bestehenden Herrschaftssystems in Deutschland immer stärker hervorgehoben. War dies in der Antwort vom 8. Oktober noch etwas verklausuliert ausgesprochen, so enthielt Wilsons zweite Antwortnote vom 14. Oktober deutlich ultimativere Töne. Dieses Verlangen, das Darauf-Eingehen der deutschen Regierung und nicht zuletzt die sich immer stärker abzeichnende militärische Niederlage Deutschlands führten in der amerikanischen und britischen Presse zu wilden Spekulationen über einen Rücktritt und sogar eine Flucht des Kaisers, schon Wochen bevor diese dann tatsächlich eintraten.

Zum historischen Wert des „Tagebuchs"

Die Bedeutung der Aufzeichnungen Hoffmanns beruht natürlich nicht in Mitteilungen über das Ende des Kaiserreiches. Ihr besonderer Wert liegt in der Fokussierung auf die deutsche Kolonie Neuguinea. Quellen aus der späten Kolonialphase, insbesondere aus den Jahren 1913 und 1914, sind selten. Erhalten haben sich nur die im „Amtsblatt" veröffentlichten Berichte und – bruchstückhaft – einige amtliche Schriftstücke. Der Geschäftsverkehr und die für das Tagesgeschäft notwendigen Akten der Regierung in Rabaul verblieben auch nach der Übernahme der Verwaltung durch Australien weitgehend vor Ort. Sie sind dort nach der Invasion der Japaner ein Opfer des Pazifischen Krieges geworden. Edierte (und bis dato nicht veröffentlichte) Tagebücher und Erinnerungen von Kolonialdeutschen aus Neuguinea konzentrieren sich zumeist auf die Periode vor 1910. Auch liegt deren Schwerpunkt auf den Regionen unmittelbar um die kolonialen Zentren Friedrich-Wilhelmshafen/Madang und Herbertshöhe/Kokopo. Zudem ist die Perspektive entweder durch die Verwaltung geprägt oder vom Standpunkt der Missionen bestimmt. Hoffmann aber gehörte zu den Pflanzern, jener Gruppe der Kolonisten, die sich von Kolonialbehörde und

Mission deutlich unterschied, auch wenn in der kolonialen Gesellschaft gegenseitige Abhängigkeiten gegeben waren. Kritik an der Kolonialverwaltung, insbesondere ihrem obersten Vertreter, Gouverneur Hahl – dieser war in seinen Augen einheimischen Arbeitern gegenüber zu entgegenkommend[16] – findet sich ebenso wie an der, wie er es nannte, „überstürzten Verchristlichung der Eingeborenen"[17]. In seiner antikirchlichen, eher säkularen und antigouvernementalen Grundhaltung war Hoffmann ein typischer Vertreter der europäischen Pflanzer der kolonialen Epoche. Über diese Gruppe ist in der Vergangenheit viel gemutmaßt worden. „Egodokumente" aus ihren Reihen lagen aber bislang nicht vor. Hoffmanns „Tagebücher" bilden deshalb eine wichtige Erweiterung der historischen Quellengrundlage – selbst wenn sie eine Mischform von tatsächlichen Tagebucheinträgen und später hinzugefügten Erinnerungen darstellen sollten. Die Gefahr, dass das Geschehen idealisiert wurde, ist zwar grundsätzlich nicht auszuschließen,[18] doch enthalten die Aufzeichnungen hinreichend Belege für Misserfolge und tragische Erfahrungen, so dass ausgeschlossen werden kann, dass nachträglich das Erlebte von negativen Ereignissen purgiert worden ist. Dabei war Hoffmann trotz der vielen Schicksalsschläge ein dem Leben über generell positiv eingestellter Mensch. Hierin unterscheidet er sich deutlich von Stefan von Kotze[19], der die koloniale Frühzeit Neuguineas zwar ebenso aufmerksam, aber mit erkennbar sarkastisch-depressivem Unterton schilderte, wobei sich dem Leser unwillkürlich der Eindruck einstellt, der Verfasser wandere unablässig zwischen Alkoholsucht und Suizidgedanken.

Eine „Säuferkolonie" der europäischen Angestellten und Pflanzer war Neuguinea zumindest in Teilen auch noch vor Beginn des Weltkrieges, wie die Einträge bei Hoffmann belegen. Viele Ereignisse der späten Kolonie finden sich nur bei ihm. Dazu kommt, dass er durch seine Tätigkeit auf sogenannten Außenstationen auch Einblicke erhielt in Gegenden, die eher außerhalb des Augenmerkes der Kolonialverwaltung lagen. Hoffmann war ein geistesgegenwärtiger und guter Beobachter. Vom offensichtlichen Versuch der Japaner zu Beginn des Jahres 1915, Manus ihren besetzten deutschen Kolonialterritorien in Mikronesien hinzuzufügen, wissen wir sonst nur wenig. Seine europäischen Kollegen charakterisierte er mit Humor. Auch ethnologisch relevante Wahrnehmungen finden sich bei ihm.

Die indigene Bevölkerung wird von ihm zumeist als „Eingeborene" – ein Begriff, der in der Kaiserzeit durchaus auch noch von Deutschen für die Bevölkerung anderer deutscher Bundesstaaten verwendet wurde – oder als „Schwarze" bezeichnet. Daneben benutzt Hoffmann auch den Begriff „Einheimische" schon relativ häufig. „Braune" nennt er sie viermal, „Farbige" siebenmal. Dagegen vermeidet er den Aus-

---

16 Vgl. S. 88; Eintrag vom 4.12.1911.
17 S. 106; Eintrag vom 18.2.1912. Man vgl. auch seine Bemerkung S. 200 (16.1.1919), wo er den Kirchen vorwirft, sie würden in ihrem Umkreis das Selbstbewusstsein der einheimischen Bevölkerung in negativer Weise fördern.
18 Vgl. Loosen, *Deutsche Frauen in den Südsee-Kolonien*, 30.
19 *Aus Papuas Kulturmorgen. Südsee-Erinnerungen*, mehrere Auflagen (zum Teil unter anderem Haupttitel), zuerst Berlin 1905.

XV

druck „Neger" für die Bevölkerung Neuguineas überhaupt. Nur zweimal wird die einheimische Bevölkerung so tituliert, bezeichnenderweise beide Male, um seine Ablehnung des von den Australiern offensichtlich neu eingeführten Wortschatzes „bloody nigger" deutlich zu machen[20].

Bei seiner Einstellung zur einheimischen Bevölkerung und zu Nichteuropäern werden mehrere Dinge deutlich. Zum einen bewertet er dieselben natürlich aus seinen eigenen Erfahrungen heraus. Auf dieser Basis erfolgen Zuordnungen, sowohl positiver wie negativer Art. „Sauberkeit" nimmt für ihn dabei eine zentrale Rolle ein. Daneben bedingen ästhetische Gesichtspunkte eine hohe Relevanz. Die negativsten Urteile finden sich demnach bei Personen und Gruppen, denen er gleichermaßen Unsauberkeit und Hässlichkeit attestiert (oder unterstellt) wird. Umgekehrt beeindrucken ihn jene am meisten, deren Aussehen er mit „Schönheit" assoziiert und/oder die ihm eine besondere Reinlichkeit unter Beweis stellen. Singhalesen erschienen ihm rein äußerlich „ungemein ansprechend", indische Soldaten waren „imposante Gestalten". Positiv konnotiert er auch Intelligenz (Sikhs) oder Fleiß und Bescheidenheit (Chinesen). Ganz in dieses Muster passen für ihn die Manusleute, denn sie sind „Prachtkerle, groß und muskulös und außerordentlich sauber"[21]. Die von einer tropischen Hautkrankheit geplagten Menschen sind ihm dagegen „häßlich"[22]. Kleine Körpergröße wird offensichtlich fast selbstverständlich mit Hässlichkeit verbunden. Sie sind „klein und häßlich und erweckten den Eindruck tiefstehender Menschen" notiert er beim Besuch der Insel Bougainville[23] über eine Ethnie, die sich in seinen Augen deutlich abhob von den übrigen vorteilhaft beurteilten Bukas – „tadellos gewachsene Menschen", bis auf die Älteren zudem „sehr sauber"[24]. Die Hautfarbe spielt bei diesen Kategorisierungen für Hoffmann dagegen offensichtlich keine Rolle. Die – gegenüber den braunen Neuguinealeuten – tiefschwarzen Leute der nördlichen Salomonen werden äußerst positiv konnotiert; die jungen Mädchen trotz oder wegen ihrer Nacktheit als „Figuren wie von Künstlerhand aus Ebenholz geschnitten"[25] geschildert, ihre Tänze seien voller „Grazie, eine Hymne der Schönheit"[26]. Man hat meines Erachtens in der Diskussion um Rassismus den in vielen Quellen so augenscheinlichen Zusammenhang zwischen Rassismus und Ästhetik viel zu wenig Beachtung geschenkt und stattdessen das Phänomen immer wieder nur und sehr einseitig auf die Hautfarbe reduziert. Dabei könnten gerade Fragen nach der Entstehung, Herausbildung und der Änderung ästhetischer Kategorien unter Europäern – und auch anderen Ethnien – hilfreich sein, um die wissenschaftliche Aufarbeitung von Rassismus voranzubringen.

---

20 Vgl. S. 214 (20.2.1921).
21 S. 169/170. Eintrag unter dem Datum unterm 29.9.1914, faktisch nach dem 28.10.1914.
22 Einträge vom 23.4. u. 5.8.1908.
23 S. 98 (27.12.1911).
24 S. 94 (27.12.1911).
25 S. 95 (27.12.1911).
26 S. 97 (27.12.1911).

Hoffmann bleibt aber dennoch ein Kind seiner Zeit. Es finden sich auch bei ihm drastische Kommentare wie jene, die Nichteuropäer mit Affen verglichen[27]. Es sollte aber betont werden, dass er den Verhaltensvergleich mit Affen ebenso für und bei Europäern verwendet[28]. Nicht einen Einheimischen, sondern einen Deutschen beschimpft er offen als „einen dämlichen Affen"[29] Das vorherrschende Denken der Europäer kritisiert er dabei durchaus: „Sind wir die allein Maßgebenden?" vermerkt er am 14.2.1908. Auch stellt er frühere – negative – Urteile mit der zunehmenden Kenntnis der Leute wieder in Frage. „In vielen Dingen sind uns die Schwarzen eben durchaus überlegen" schreibt er am 28.6.1909 über die Dorfbewohner von Katakatai, die er ein Jahr zuvor (8.5.08) noch äußerst negativ beurteilte. Eine der nicht nur in europäischen Augen brutalsten Vorgehensweise mancher Ethnien – das Durchtrennen der Sehnen (um das Weglaufen, vor allem von Frauen, unmöglich zu machen) – rechtfertigt er für sich (8.7.1915) mit einem Totschlagargument, das man bis in die Gegenwart hören kann: „Bei uns hat es im Mittelalter noch schlimmere Grausamkeiten gegeben."[30]

Zur Edition

Die Vorlage wurde behutsam an die aktuell gültige Orthographie angepasst. Die Datumsangaben wurden exakt so wiedergegeben, wie sie vorgefunden worden, d.h. gelegentlich finden sich die Jahresangaben verkürzt, an anderen Stellen sind sie vollständig ausgeschrieben. Die Schreibweise der Namen folgte durchgehend der von Hoffmann vorgegebenen. Doch wurde in den erläuternden Anmerkungen gegebenenfalls auf die korrekte Namensschreibung hingewiesen. Zu beachten ist, dass nicht nur bei einheimischen Personen vielfach unklar bleiben muss, wie exakt deren Namen wiederzugeben sind. Auch bei vielen Europäern sind sowohl Vornamen wie Familiennamen durchaus strittig oder bis heute nicht wirklich gesichert, erst recht, was deren genaue Schreibweise angeht.

Hoffmanns Tochter Hilde Bauer hat nach der Rückgabe der Tagebücher versucht, über die Universität Hamburg eine Edition in die Wege zu leiten. Das war nicht erfolgreich. Sie trat Anfang der 90er Jahre zum ersten Mal an mich heran und gab mir Zugang zum Tagebuch. Das Original, oder auch nur Teile davon, war schon damals nicht mehr vorhanden. In der mir vorgelegten Abschrift fehlten etliche Seiten. Der

---

27 „Wie die Affen kletterten die schwarzen Matrosen in den Wanden hoch und setzten die Segel" (14.4.1908). Solche Assoziationen finden sich zeitgenössisch sogar bei Ethnologinnen. Tógura „verzog beim Lächeln das Gesicht zu einer affenartigen Grimasse"; Hilde Thurnwald, *Menschen der Südsee. Charaktere und Schicksale. Ermittelt bei einer Forschungsreise in Buin auf Bougainville, Salomo-Archipel*, Stuttgart 1937, 172.
28 S. 63: „Zwei verrückte Europäer [... hockten] wie die Affen auf einer Bambusstange" (12.9.1909).
29 S. 97.
30 S. 183.

Versuch, diese von jenen, die die Unterlagen zuvor „entliehen" hatten, zurückzuerhalten, blieb erfolglos. Bei der Durchsicht der noch vorhandenen Unterlagen vor Ort erwies sich aber sehr schnell, dass die Aufzeichnungen ihres Vaters in vielerlei Hinsicht die wissenschaftliche Forschung einen erheblichen Schritt weiterbringen konnten. So hatte der Pflanzer – aus dessen sozialen und beruflichen Umkreis bis dahin überhaupt keine schriftlichen Quellen von Deutsch-Neuguinea bekannt waren – Verhaltensweisen der indigenen Bevölkerung im Umfeld der europäisch-kolonialen Begegnung notiert, die noch heute im längst unabhängigen Papua-Neuguinea nachwirken.[31]

Hilde Bauer sei ebenso gedankt wie ihrem Sohn, Jörg Bauer, der die „erste" Abschrift und viele Original-Fotografien seines Großvaters nach dem Tode der Mutter vor der Zerstörung bewahrte. Um die Rettung der Tagebücher ebenso verdient gemacht haben sich Gisela und Hans-Jürgen Hoffmann. Ihnen ist es zu verdanken, dass ein Textkorpus in Gänze erhalten blieb. Ihrer Tochter, Isa Scholtissek, gebührt aber das Hauptverdienst dafür, dass die Aufzeichnungen ihres Urgroßvaters jetzt im Druck erscheinen können. Sie hat sich mit viel Geduld und Beharrlichkeit unermüdlich für die Veröffentlichung eingesetzt und selbst in vielfacher Weise, nicht nur mit einem erklärenden Vorwort und einer Zusammenfassung in Englisch, zu einer, wie ich hoffe, gelungenen Edition beigetragen. Schließlich danken die Herausgeber Melanie Chidester für die Durchsicht und Korrektur der englischen Übertragung. Die Universitätsbibliothek Bayreuth war mit ihrem umfangreichen Bestand zur deutschen Kolonialgeschichte außerordentlich hilfreich. Gabriele Krampf hat die Vorlage sorgfältig in eine druckfertige Vorlage verwandelt. Ein letzter Dank gilt dem Verlag Harrassowitz für seine Betreuung, Erfahrung und Kompetenz.

Hermann Hiery, Juni 2024

---

31 Zum indigenen Namenswechsel außerhalb von Initiation und christlicher Taufe vgl. Hiery, Das Deutsche Reich in der Südsee, 155.

Inhalt

Preface / Vorwort   V

Zur Einführung   VII

Aus meinem Leben   1

Buch 1   7

Buch 2   91

Buch 3   137

Quellen- und Literaturverzeichnis   233

Orts-, Personen- und Schiffsnamenregister   235

Karten   244

**Diary from the Bismarck Archipelago – Friedrich Hoffmann
as a planter in the German colony of New Guinea 1908-1921.
A Summary**   245

Bildanhang   251

Aus meinem Leben

Asuncion/Paraguay, den 11. August 1956.

Heute an meinem 73. Geburtstage will ich zu meinem Tagebuch ein Vorwort schreiben. Fast 50 Jahre sind darüber hingegangen, dass ich damit begann, Erlebnisse, soweit sie mir wichtig erschienen, einem Tagebuch anzuvertrauen. Im Laufe der Weltgeschichte sind 50 Jahre ein Nichts. Aber im Leben des Menschen bedeuten sie viel. Als ich 1884 das Licht der Welt erblickte, musste Frau Meier, als sie mir den Weg ins Freie bahnte, mit einer Petroleumlampe auskommen, während meine Eltern noch im trüben Schein einer Öllampe geboren wurden. Heute bin ich noch kein sehr alter Mann, und doch lebte ich schon zu einer Zeit, in der man das elektrische Licht noch nicht kannte und die praktische Verwendbarkeit des elektrischen Stromes noch in weiter Ferne lag. Ich glaube, es war im Jahre 1896[1], als ich mit meiner Schulklasse in Dresden zum Terrassenufer marschierte, um hier Spalier zu stehen. Der Grund dieser angenehmen Abwechslung und Ausfall des Schulunterrichts, war die feierliche Einweihung der ersten elektrisch betriebenen Straßenbahn in Dresden. Diese fuhr vom Terrassenufer nach Blasewitz. Der erste Wagen war blumengeschmückt. König Albert und Königin Carola von Sachsen[2], nebst den übrigen Mitgliedern der

---

1 Die erste Fahrt einer elektrisch betriebenen Straßenbahn in Dresden – und im ganzen Königreich Sachsen – fand am 6. Juli 1893 statt; vgl. Hermann Grossmann, *Die kommunale Bedeutung des Strassenbahnwesens beleuchtet am Werdegange der Dresdner Strassenbahnen*, Dresden 1903, 94. Bereits ein Jahr zuvor (1892) gab es Versuche mit Gasmotoren, die aber wenig erfolgreich waren. Die Elektromotoren besorgte die Firma Siemens & Halske. Der vertraglich festgelegte Höchstpreis für die Abnahme des Stromes betrug ab 1.1.1899 12 Pfennige pro Kilowattstunde; vgl. ebd., 99. Die letzte mit Pferdewagen befahrene Strecke in Dresden wurde am 1.8.1900 eingestellt; vgl. ebd., 111.

2 Zu König Albert (1828-1902, reg. 1873-1902) u. Königin Carola (1833-1907) von Sachsen, eines der populärsten Monarchenehepaare des kaiserlichen Deutschland, vgl. Sönke Neitzel, „Albert (1873-1902)", in: Frank-Lothar Kroll (Hg.), *Die Herrscher Sachsens. Markgrafen, Kurfürsten, Könige. 1089-1918*, München 2007, 279-289; Reinhard Delau, „Carola von Wasa (1833-1907). Die Rose von Sachsen", in: Ute Essegern (Hg.), *Sachsens heimliche Herrscher. Die starken Frauen der Wettiner*, Dresden 2008, 138-147. Auf kolonialen Karten Neuguineas findet sich noch die „König-Albert-Straße" zwischen den Salomoneninseln Buka und Bougainville, die heute aber schlicht „Buka Passage" genannt wird. Die „Albert Divide", „Albert Mountains" u. „Albert Range" in der Gulf Province von Papua-Neuguinea haben ihren Namen nicht nach dem ehemaligen sächsischen König, sondern nach dem Prinzgemahl von Königin Victoria. Dagegen findet sich bis heute „Queen Carola Harbour" als einfache englische Übertragung des deutschen „Königin-Carola-Hafen" an der Nordwestküste der nördlichsten Salomoneninsel Buka. Auf dem gegenüberliegenden Festland gibt es in der Nähe einen kleinen Weiler mit

königlichen Familie, nahmen an der Jungfernfahrt teil. Ich will nicht aufzählen, was es damals alles nicht gab, würde dies doch eine lange Liste ergeben. Aber etwas gab es damals, was heute selten geworden ist. Man hatte gute Nerven. [...]

In einer warmen Sommernacht, da hat der Storch ein Kind gebracht. Im Jahre des Heils am 11.8.1884, unter der glücklichen Regentschaft Kaiser Wilhelm des Ersten, beglückte ich mit meiner Ankunft das Ehepaar Theodor und Luise Hoffmann in Dresden-N.Bautznerstraße (Falken-Apotheke).

Meine erste Kindheitserinnerung, die mein noch unbelastetes Gehirn registrierte, spielte sich in einem Zirkus ab. Der „Dumme August", der vertraglich verpflichtet war, dumm zu sein, geriet beim Einrollen eines Teppichs in diesen, und wurde, wie in eine Roulade gepackt, hinausgetragen. Dieser belachte Vorfall erregte derart mein Gemüt, dass ich vom Schoß unseres Dienstmädchens abrutschte und unter der Bank landete.

Das nächste Erlebnis, dessen ich mich genau erinnere, spielte sich auf der „Saloppe" ab. [...] Hauptsächlich war sie ein Wasserwerk, welches Dresden mit Trinkwasser versorgte. Nebenbei war sie auch ein Ausflugsort. Dieses Gartenrestaurant lag gar lieblich am Elbestrand. Für Kinder war es ein Paradies, gab es hier doch alle Arten Schaukeln und sogar ein kleines Kinderkarussell. An höheren Festtagen wurden hier auch zur Verlustierung der Gäste Feuerwerke abgebrannt. [...] Meinen Scheitel hatten erst vier Lenze geküsst, so dass ich mir unter einem Feuerwerk nichts vorstellen konnte. Als aber dann die Raketen gen Himmel zischten, schrie ich entsetzt: „Jetzt brennt der Himmel an und alle Engel müssen verbrennen." Eine fremde Frau nahm mich auf den Arm, streichelte mich und sagte: „Die Englein schweben so hoch, dass ihnen das Feuer nichts tun kann." Das beruhigte mich. Dann gab mich die fremde Frau auf den Arm meiner Mutter und sagte: „Hier haben Sie Ihr Engelein." Das alles erschien mir gar sonderbar und prägte sich tief in mein Gedächtnis ein. Ich konnte nicht begreifen, dass ich plötzlich ein Engel geworden sein sollte. Meine beiden Schwestern waren betreffs dieser Unterstellung bestimmt nicht zu überzeugen. Auch hat mich während meiner Schulzeit keiner meiner Lehrer je mit einem Engel verglichen. [...]

Unweit unseres Hauses lag ein Fabrikgebäude. Die Produkte dieser Fabrik erregten im Herzen aller Jungen heiße Wünsche. „Hankes Bleisoldaten"[3] waren welt-

---

dem indigenisierten Namen „Karoala", vor allem aber eine „Karola Community School". Auch heißt noch heute eine Bucht nordöstlich der Insel Luf (westwärts von Manus) „Carola Bay". Der deutsche Naturforscher u. Ornithologe Aron Baruch/Adolf Bernhard Meyer (1840-1911), der 1872 Neuguinea bereiste, benannte einen Paradiesvogel, den Carola-Strahlenparadiesvogel (*Parotia carolae*, Englisch: Carola's parotia) nach der letzten Königin von Sachsen.

3   Gemeint sind wohl die Zinn- und Bleifiguren von Georg Heyde (27.8.1848-19.5.1928). Dieser eröffnete am 30. April 1872 in der Langestraße 35 (Parterre) in Dresden-Wölfnitz eine Zinngießerei (seit 1887 in der Alaunstraße 16, Dresden-Neustadt). In den Anfangsjahren waren auch Kinder als Arbeiter beschäftigt. Am 19. Juni 1877 wurde Heyde von der Gewerbeinspektion angezeigt, weil neun Kinderarbeiter, davon fünf unter zwölf Jahren unangemeldet in der Firma beschäftigt waren. Insbesondere seit der Jahrhundertwende entwickelte sich Heydes Firma

berühmt. Hier wurden nicht nur die deutsche Armee in Blei verewigt, sondern auch Soldaten aller Länder nachgebildet. Gegen Ende des vorigen Jahrhunderts blühte die deutsche Industrie gewaltig auf und mehrte sich das Volksvermögen ganz beträchtlich. Hanke wurde durch seine schönen Erzeugnisse ein schwerreicher Mann. Er fuhr mit seiner Familie in einer prächtigen Equipage, die mit herrlichen Pferden bespannt war. Man nannte ihn den Millionenhanke. Aber auch hier bewahrheitete sich Schillers Wort: „Des Lebens ungemischte Freude ward keinem Sterblichen zuteil."[4] Herr Hanke hatte ein verkrüppeltes Bein, so dass er an Krücken gehen musste. Außerdem war er etwas verwachsen. Von seinem Reichtum wusste ich nichts. Konnte mir auch nichts darunter vorstellen. Als aber einmal meine Mutter nach einer Begegnung mit Herrn Hanke „der arme Mann" sagte, empfand ich Mitleid mit ihm und wusste ich nun, dass er kein reicher, sondern ein armer Mann war. Armen Leuten muss man helfen! Eines Tages erhielt ich von meinem Vater für irgend eine Leistung zehn Pfennige und zwar mit der Erlaubnis, diese zu vernaschen. Ein Fall, der sich höchst selten ereignete, und so stürmte ich davon, um beim Kaufmann Malzbonbons zu kaufen. Auf dem Wege nach dort begegnete ich Herrn Hanke, der sich mühsam an seinen Krücken fortbewegte. Da schoss mir die Bemerkung meiner Mutter durch den Kopf: „Der arme Mann." Mein weiches Kinderherz rang sich schnell zu einer guten Tat durch. Ich lief zu dem armen Mann und wollte ihm die zehn Pfennige schenken. Erst mal begriff er wohl gar nicht, was ich von ihm wollte. Dann aber geschah etwas ganz Merkwürdiges. Er steckte die zehn Pfennige in seine Westentasche, die eine schwere, goldene Uhrkette zierte, und sagte zu mir: „Komm' mit!" In seiner Prunkvilla angekommen, ließ er sich auf einen großen Sessel nieder und nahm mich auf den Schoß. Er fragte mich viel, wollte wissen, wie ich heiße, wo ich wohne und von wem ich die zehn Pfennige bekommen habe. Ich war wohl ein aufgewecktes Kind und beantwortete tapfer alle Fragen.

Dann führte er mich durch die Fabrik und zeigte mir den Werdegang der Bleisoldaten. Recht verstehen konnte ich den Arbeitsgang wohl nicht, erinnere mich aber, dass es mir verwunderlich erschien, dass die Figürchen silberglänzend und nicht uniformiert aus den Formen kamen. Nach Besichtigung dieses Wunderwerkes schenkte mir Herr Hanke eine Packung Bleisoldaten. Darin war die ganze Schlacht von Sedan[5] enthalten. Herr Hanke trug mir noch auf, ihn recht bald wieder zu besuchen. […]

zu einem weltweit bekannten Marktführer bei der Produktion von Spielfiguren, insbesondere Zinnsoldaten. Heyde war 1902 Gründungs- und Vorstandsmitglied des „Verbands der Sächsischen Industriellen". Die Firma wurde bei der Bombardierung Dresdens schwer zerstört, existierte aber auch noch in der DDR. 1973 wurde sie verstaatlicht, am 7. Oktober 1999 endgültig aus dem Firmenregister gestrichen. Vgl. Markus Grein, *Mit Heyde-Figuren um die Welt*, Grimma 2003.

4   Aus der Ballade „Der Ring des Polykrates".

5   Die Entscheidungsschlacht im Französisch-Deutschen Krieg am 1./2. September 1870. Zum gescheiterten Versuch, den Sedanstag als nationalen Gedenktag zu etablieren, vgl. Hermann Hiery, *Deutschland als Kaiserreich. Der Staat Bismarcks. Ein Überblick*, Wiesbaden 2021, 110 u. 252-3.

Ich habe Herrn Hanke nicht wiedergesehen. Kurz nachdem fuhr Herr Hanke nicht mehr zweispännig wie bisher, sondern vierspännig, und zwar zum Friedhof. Also war Herr Hanke doch ein armer Mann. […]

Ein jeder Mensch erlebt Zeiten, deren er sich nicht gern erinnert und auch nicht gern erinnern lässt. Keine Periode war mir so verhasst wie die Schulzeit. Ausnehmen will ich einige Jahre, während denen ich das Glück hatte, Lehrer, die wirklich Pädagogen waren, zu haben. Diese wunderten sich oft, dass ich so schlechte Zeugnisse aus dem vergangenen Schuljahr mitbrachte und doch jetzt ein ordentlicher, fleißiger Schüler war. Im darauffolgenden Jahr war es gerade umgekehrt. Da wunderte sich der neue Lehrer, dass ich mit so guten Zeugnissen aufwarten konnte. Wenn ich heute darüber nachdenke, so kann ich nur sagen, dass es damals mehr Bildungsschuster wie gute Lehrer gab. Diese glaubten, mit harten Prügelstrafen die Lernfreudigkeit der Kinder zu fördern. Mich packt noch heute die Wut, wenn ich daran denke, für welche Nichtigkeiten geprügelt wurde. Es gehörte schon zu den Schwerverbrechen, wenn ein Schüler sich umdrehte. Meist hatten die Lehrer lange, dünne Rohrstöcke, mit denen sie die sogenannte Erziehungsfläche bearbeiteten. Selbst in den Mädchenklassen war es nicht viel anders. Jeder Lehrer hatte das Züchtigungsrecht, das er nach Herzenslust ausüben konnte. Meine Eltern hätten es gern gesehen, wenn ich das Maturus[6] erreicht und studiert hätte. Aber dazu reichten meine Geistesgaben nicht aus.[7] Auch war meinerseits der Wille nicht vorhanden. So begnügte ich mich mit einem mittelmäßigen Abgangszeugnis der Realschule, das die Berechtigung zur einjährig-freiwilligen Militärdienstzeit in sich schloss.

Mein innigster Wunsch war es, Förster zu werden. Aber leider wurde meinem Vater von berufener Seite abgeraten, einen Sohn Förster werden zu lassen, da dieser Beruf hoffnungslos überfüllt sei. Ein Onkel zweiten Grades, der mein Pate war, besaß ein am Stadtrand gelegenes, großes Gut. Kurz entschlossen trat ich bei ihm als Lehrling ein und wurde Landwirt. Hier lernte ich kennen, dass Lehrjahre keine Herrenjahre sind. Aber trotz der schweren Arbeit fühlte ich mich in diesem Beruf sehr wohl. Nach der Beendigung der Lehrzeit besuchte ich eine Landwirtschaftsschule und später, auf Wunsch meines Onkels, auch noch eine Handelsschule. Dieser gute Onkel hatte keine Kinder, und so war es eine ausgemachte Sache, dass ich der Erbe sein sollte. Man soll nie zu weit in die Zukunft planen. Ganz plötzlich starb meine Tante. Der liebe Onkel trauerte zwar sehr, was ihn aber nicht abhielt, nach gegebener Zeit eine sehr junge Witwe, die außer einem außerehelichen Sohn nichts einbrachte, zu heiraten. Schon war ich abgemeldet!

Der gute Onkel hat seinen Leichtsinn schwer gebüßt. Innerhalb von zwei Jahren hat ihn diese Canaille regelrecht zu Tode geärgert. Jetzt war sie eine reiche Frau und glänzende Partie. Aber auch sie wurde hart gestraft. Der Hochmutteufel packte sie

---

6 Lateinisch: reif, die Reife. Gemeint ist die Reifeprüfung, also das Abitur, das damals Maturitätsprüfung genannt wurde. In Österreich ist der Begriff „Matura" bis heute üblich.

7 Im 19. und frühen 20. Jahrhundert war die Einsicht in eigene Unzulänglichkeiten offensichtlich noch kein Problem.

und heiratete sie einen verkrachten Aristokraten. Dieser brachte es fertig, in wenigen Jahren den Musterbetrieb unter den Hammer zu bringen. Mir aber war das Glück hold. Ich bekam eine Anstellung in der landwirtschaftlichen Abteilung des Königlich Botanischen Gartens in Dresden. Hier verbrachte ich zwei der glücklichsten Jahre meines Lebens. Während dieser Zeit reifte bereits in mir der Plan, den Versuch zu unternehmen, nach Ablauf der Dienstzeit (Militärdienstzeit) in den deutschen Kolonien eine Anstellung zu erlangen. Dieser Gedanke wurde dadurch gefestigt, dass einer meiner Kollegen die gleiche Absicht hatte. Dieser Kollege wurde mir zum treuen, verlässlichen Freund. Nur in einem Punkte waren wir uns nicht einig. Er war mit Leib und Seele dem „Roten Kreuz" verschrieben. Dieser Weltorganisation opferte er restlos seine freie Zeit. Ich dagegen war ein Bruder „Lustig" und freute mich in allen Gangarten meiner Jugend. Mein Freund stellte eines Tages die Behauptung auf, dass ich nur äußerlich eine leichte Fliege sei, was aber hinsichtlich meines Inneren nicht zutreffe. Dann behauptete er, dass es mir sehr zuträglich sein würde, am gleichen Abend mit ihm zum „Roten Kreuz" zu gehen und mich zur Teilnahme an einem Kursus für Tropenkrankheiten anzumelden. So geschah es denn auch. Bei dem einen Kursus blieb es dann nicht. Ein Arzt, der mir wohlwollte, förderte mich in jeder Beziehung, und so erwarb ich ein bescheidenes, aber brauchbares Wissen. Dieses verhalf mir später dazu, bei der Neu-Guinea-Compagnie sofort engagiert zu werden. Bereits während meiner Militärdienstzeit war ich mit dieser Firma in Verbindung getreten. Kurz nach meiner Entlassung traf der Brief ein, durch den der Film meines Lebens ins Rollen kam.

Die folgenden Bücher wurden ursprünglich von mir mit der Hand geschrieben. Da aber die Termiten in Afrika ihre Zerstörungswut daran ausließen, habe ich mich aufgerafft und die vielen Blätter auf der Maschine abgetippt. Leider fanden die Termiten scheinbar meine Schreibkünste sehr geschmackvoll. Immer wieder musste ich zerstörte und beschmutzte Blätter abschreiben. Bei dieser Gelegenheit nahm ich auch viele Kürzungen vor. Es handelte sich dabei um Vorkommnisse, die wohl mich, aber keinen anderen Leser interessieren konnten.

Buch 1

1.1.[19]08

Als ich noch im sanften Schlummer lag, um mich von den Strapazen einer fröhlich verlebten Sylvesternacht zu erholen, brachte mir mein Vater den Brief, der für mein ferneres Leben entscheidend war, ans Bett. Neuguinea-Compagnie stand in großen Lettern auf dem Kopf des Briefumschlages. Schnell war dieser geöffnet. Der Inhalt war kurz, wie es bei wichtigen Briefen oft der Fall zu sein pflegt. „Wenn Sie gewillt sind, auf unseren Besitzungen in Deutsch-Neuguinea eine Stelle als Pflanzungsangestellter anzunehmen, ersuchen wir Sie, sich am 6.1., 11.00 - 1.00 Uhr, vorzustellen." So lautete der Inhalt des Schreibens, auf das ich schon seit Wochen gewartet hatte. Schnell war der Sylvesterkater verschwunden, und ich sah mich im Geiste bereits unter Palmen wandeln. Mein Vater saß stillversunken am Frühstückstisch und betrachtete mich mit sonderbarem Blick. Das beste war es nicht, was er über diese, unsere jüngste Kolonie[1], erfahren hatte.

Ich aber war glücklich. Endlich wird mein sehnlichster Wunsch, die Tropen mit eigenen Augen zu sehen, in Erfüllung gehen. Als junger, unbemittelter Landwirt erwarten mich hier in der Heimat keine goldenen Berge, und nur zu oft habe ich erlebt, dass ältere Kollegen umsatteln mussten, da für sie keine Möglichkeiten vorhanden waren, rentable Stellungen zu finden. Also lieber hinaus in die Welt. Die Kolonien benötigen auch junge, tüchtige Menschen.

8.1.1908

In sehr gehobener Stimmung kam ich gestern von Berlin zurück. Ich war mit der Neuguinea Compagnie einen vierjährigen Dienstvertrag eingegangen. Sogleich nachdem ich mich gemeldet hatte, empfing mich der Direktor, Professor Dr. Preuss[2]. Er richtete nur wenige Fragen an mich und legte mir dann den Vertragsentwurf vor. Ich war mit allen darin enthaltenen Punkten einverstanden. Eine Klippe mußte noch umsegelt werden, die ärztliche Untersuchung auf Tropendiensttauglichkeit. Der Vertrauensarzt der Neuguinea Compagnie hatte gegen meine Verwendung in den Tropen nichts einzuwenden.

---

1 Diese Behauptung ist sachlich unzutreffend. Die „jüngste" Kolonie war der 1900 deutsch gewordene westliche Teil des Samoa-Archipels.
2 Paul Preuß (1861-1926), deutscher Botaniker, seit 1905 Direktor der Neuguinea-Kompagnie; vgl. Heinrich Schnee (Hg.), *Deutsches Kolonial-Lexikon*, Bd. 3, Leipzig 1920, 101.

Wenige Stunden später unterzeichnete ich den Vertrag, der mich auf eine vierjährige Dienstzeit verpflichtete. Es wurde mir mitgeteilt, dass mein Dampfer bereits am 23.1. ab Genua fahren sollte. Der Direktor schüttelte mir die Hand, und so war mein Schicksal besiegelt. Wie es scheint, kann das Leben reich an Überraschungen sein. Ich wurde an den Kassierer verwiesen und erhielt hier 500,- Mark Ausrüstungsvorschuss ausgezahlt. Erschien mir das im Vertrag festgelegte, steigende Gehalt schon königlich, so war ich über die Summe, die mir mit der selbstverständlichsten Miene ausgezahlt wurde, so erstaunt, dass ich kaum meinen Namen unter die Quittung schreiben konnte. Auf der Straße angelangt, hatte ich das Gefühl, als ob man mir meine ungeheuren Erlebnisse ansehen müsse. Ich verspürte einen gewaltigen Hunger und besann mich, dass ich tagsüber noch nichts genossen hatte. Der Hochmutsteufel fasste mich, und rief ich eine Droschke an, denn zu Fuß zu gehen entsprach nicht meiner Stimmung. Ich ließ mich nach einem guten Restaurant bringen, und hier dinierte ich, wie es sich für einen Krösus gehörte. Natürlich musste ich auch das Berliner Nachtleben kennenlernen, was mir als vermögender Mann nicht schwer wurde. Den nächsten Tag fuhr ich heim und ließ mich von meinen Angehörigen gebührend bewundern. Natürlich musste ich einen der in Berlin erstandenen Tropenanzüge antun, den meine Schwestern totschick fanden.

10.1.1908

Die Tage gehen wie im Fluge dahin. Viele Abschiedsbesuche sind zu erledigen. Überall bin ich der gefeierte Mann. Es ist erstaunlich, wie wenig die meisten Leute über unsere Kolonien im Bilde sind. Nur wenige sind sich im Klaren, wo Neuguinea eigentlich liegt. Meine Großmutter ist beleidigt, dass Neuguinea noch weiter von Deutschland entfernt liegen soll als Togo, wo einst ihr Sohn, mein Onkel Richard, lebte. Dass es auf dieser Erde noch etwas Entfernteres als Togo geben soll, war ihr außerm Spaß. Meine Mutter hatte Tränen in den Augen, als sie zum Abschiedsessen rief. Das wird die letzte Eintragung in Deutschland sein. Mein Tagebuch will ich gewissenhaft führen. Was wird mich alles erwarten?

Genua, 23.1.08

Von Mutter und Geschwistern nahm ich zu Hause Abschied. Vater brachte mich allein zur Bahn. Ich war froh, als endlich der Zug abfuhr. Die Abschiedsstimmung war niederdrückend. Früh 11 Uhr kam ich in München an, wo ich tüchtig frühstückte. Bald ging die Fahrt weiter. Schon nach einer Stunde zog ein wunderbares Gebirge, das bayerische Hochland, an meinen Augen vorüber. Die Bergriesen waren mit hohem Schnee bedeckt. Flimmernd lag das Sonnenlicht auf den blendenden Bergen, und darüber spannte sich dunkelblau der Himmel. Von Innsbruck nach dem herrlich gelegenen Meran führte die Strecke über den Brennerpaß nach Verona. Die Nacht senkte sich hernieder und die Herrlichkeit entschwand meinen Blicken. Ich streckte mich behaglich aus und schlief fest ein. Ein gütiges Schicksal hatte mir ein leeres Abteil beschert. Ein schwarzuniformierter Mann weckte mich aus festem Schlummer: „Bagagestation!" hörte ich rufen. Also war ich in Italien. Der Zollbeamte fragte, ob ich Zollpflichtiges mitführe und verschwand, als ich verneinte.[3] […]

In Mailand angekommen, hatte ich nur soviel Aufenthalt, dass ich in Ruhe frühstücken konnte. Die Lombardei kam mir wie eine russische Steppe vor. Schnee und Eis und dazwischen traurige Weidenstümpfe. Doch mit der Zeit änderte sich das. Tunnel auf Tunnel folgte. Die Apeninnen wurden passiert. Der Schnee wurde immer weniger und die Luft milder. Als wir wieder einen Tunnel durchfahren hatten, tat sich ein ganz neues Bild auf. Grüne Matten zogen sich entlang der Berglehnen, auf denen Ziegen weideten. Ich öffnete das Fenster. Es wehte eine weiche, milde Luft, wie wir sie in Deutschland nur an schönen Frühlingstagen kennen. Vor dem Bahnhof eines kleinen Ortes standen zwischen Blumenbeeten Palmen. Es war also doch kein Traum. Vor zwölf Stunden herrschten noch zehn Grad Kälte, und hier standen Blumen und Palmen im Freien. Der letzte Tunnel war durcheilt. Die schöne Stadt Genua lag vor den erstaunten Augen im Sonnenglanz.

Im Bahnhof angekommen, gab ich einem Hoteldiener mein Gepäck und fuhr mit dem Omnibus des Hotels nach dem Hotel Bristol[4]. Als ich bei fünfzehn Grad Wärme durch die Stadt fuhr, die herrlichen Palmen und Blumen sah, kam ich mir wie verzaubert vor. Der Tag meiner Ankunft war ein Sonnabend. Auf den Straßen herrschte ein gewaltiger Verkehr. Die Geschäfte waren den ganzen Sonntag über geöffnet, bis in die Nacht hinein. Es fiel mir auf, wie wenig Frauen auf den Straßen zu sehen waren. Der Abend schien in dieser Hinsicht den Männern vorbehalten zu sein. Ich bummelte noch etwas in der Stadt herum. Der laute Charakter der Leute zeigte sich auch in dem gesamten Straßenleben. Es herrschte ein unglaublicher Trubel. Die Zeitungsjungen scheinen durch tolles Geschrei den Umsatz heben zu wollen. Ebenso die Droschkenkutscher, die auf jeden Fremden mit ihren Wagen losfahren, als bedeute ein Fahrgast die ewige Seligkeit. Die Hauptstraßen sind schön und breit angelegt, aber die Nebenstraßen umso enger. Da es scheinbar an Trockenplätzen fehlt, sind von Haus zu Haus Leinen gespannt, an denen nicht gerade allzu elegante Wäsche lustig im Winde flattert.

Am Abend besuchte ich mit einem Landsmann, den ich im Hotel kennenlernte, ein Varieté. Die Darbietungen waren recht gut, nur benahm sich das Publikum etwas sonderbar. Es wurde gepfiffen, getrampelt, mitgesungen und dann wieder toll applaudiert. Ob das Spektakel als Ovation oder das Gegenteil zu werten war, ist mir nicht klar geworden. Morgen werde ich mit meinem neuen Bekannten auf den Rigi-Kulm[5] fahren. Das soll einer der schönsten Aussichtspunkte Genuas sein.

---

3   Vor dem Ersten Weltkrieg existierte beim Grenzübergang in den europäischen Kernländern keine Ausweis-, sondern nur eine Zollkontrolle. Diese wurde gegenüber Individualreisenden eher zurückhaltend praktiziert.

4   Das „Bristol" war erst 1905 eröffnet worden. Es existiert bis heute (als „Bristol Palace").

5   Hier verwechselt der Autor den Genueser Aussichtshügel Righi mit dem Rigi-Kulm im Kanton Schwyz im Schweizer Mittelland.

Genua, 22.1.[6]08

Auf dem Rigi Kulm bin ich gewesen. Was ich aber auf dieser Fahrt erlebte, war alles andere als schön. Mit der Straßenbahn fuhren wir eine staubige Landstraße hinaus bis an den Fuß eines Berges. Hier bestiegen wir die Zahnradbahn, die uns in kurzer Zeit auf den Rigi Kulm brachte. In dem kleinen Garten eines Restaurants nahmen wir Platz und genossen von hier aus die herrliche Fernsicht. Genua ist gewissermaßen amphitheatrisch angelegt. Tief unter uns schimmerte das blaue Meer, der Golf von Genua. Große Ozeandampfer lagen an den Brücken der Hafenanlagen[7]. Der Golf war von unzähligen Fahrzeugen belebt. Das Auge konnte sich nicht sattsehen an so viel Schönheit, und nur schwer trennte ich mich von dem göttlich schönen Bild.

Auf der Rückfahrt ereilte mich ein Missgeschick. Beim Umsteigen von der Zahnrad- in die Straßenbahn wurde mir meine Brieftasche mit der gesamten Barschaft gestohlen. Ich trug die Brieftasche in der Brusttasche meiner Weste. Den Verlust wurde ich dadurch gewahr, dass mein Überzieher, das Jackett sowohl wie die Weste, zum Teil aufgeknöpft waren. Da es mein Prinzip ist, in jeder Situation die Ruhe zu bewahren, so suchte ich erst alle Taschen ab, ob ich nicht doch die Brieftasche versehentlich anderweit untergebracht hätte. Leider war dem nicht so. Ich verwünschte das ganze Italien samt seiner Bevölkerung. Jetzt erst erfasste ich das Ausmaß meines Unglücks. Es ist ein furchtbarer Zustand, plötzlich allein und ohne Geld in einem fremden Land zu sein. Ich verdächtigte im Innern meinen neuen Freund und zog in Betracht, dass er mich zu diesem Ausflug nur animiert habe, um mich mit oder ohne Komplicen zu bestehlen. Er stellte sich ebenso betroffen wie ich selbst es war, und borgte mir zehn Lire, damit ich telegrafisch um Zusendung von Geld ersuchen konnte. Hoffentlich erreicht mich die Sendung noch rechtzeitig. Die Ankunft des Dampfers ist für morgen Mittag gemeldet und wird er voraussichtlich übermorgen weiterfahren. Mein Freund oder Feind, wer weiß es, lud mich zum Abendessen ein. Wohl oder übel musste ich annehmen, um nicht zu hungern.

Genua, 24.1.08

Noch in der Nacht erhielt ich ein Telegramm des Inhalts, dass das Geld an den Kapitän des Dampfers telegrafisch überwiesen sei. Aber die Lazaronis[8] haben bei mir verspielt. Ich will froh sein, wenn ich das gelobte Land im Rücken habe.

---

6   So im Original, d.h. im „Tagebuch" folgt auf den 23.1.1908 der 22.1.1908.

7   Genua war der größte italienische Hafen für Auswandererschiffe.

8   Das zu Beginn des 20. Jahrhunderts noch gebräuchliche deutsche Fremdwort Lazaroni wurde damals allgemein für Obdachlose, Bettler, Gesindel verwendet. Der ursprüngliche italienische Begriff Lazzaroni bezeichnete die pauperisierte Unterschicht Neapels, darunter viele Straßenkinder, die sich u.a. durch Bettelei und Diebstahl durchschlugen. Vgl. die einfühlsame Jugenderzählung von Amalie Winter (Pseudonym für Amalie von Seebach, Freifrau von Gross, 1802-1879), *Die kleinen Lazzaroni von Neapel*, Berlin o.J. [1845]. Zu ihr: Ulrike Müller, Amalie Winter, Wiesbaden 2016.

Früh am Morgen ging ich zum Hafen um zu sehen, ob die „Bremen"[9] schon eingelaufen sei. Soeben hatte sie an der Pier festgemacht. Eine Menge Reisende gingen an Land. Die Sonne lachte über der blauen See und zeigte den Ankommenden das wunderschöne, im Halbbogen aufsteigende Genua in prächtigster Beleuchtung. Ob es wohl eine schlechte Vorbedeutung war? Matrosen trugen einen Sarg von Bord. Einen alten Engländer, der auf dem Wege nach Hongkong war, hatte den Abend vorher ein Schlafanfall getroffen. Aber das Leben ging dem Tode vor. Schnellstens ließ ich mich beim Kapitän melden, um zu hören, ob meine Geldsendung eingelaufen sei. Hier erfuhr ich zu meiner Freude, dass der Kapitän soeben die telegrafische Überweisung erhalten hatte. Das Geld war bei der Schiffsagentur deponiert und wurde es mir hier anstandslos ausgezahlt. Ich ging nun in mein Hotel, bezahlte die Rechnung, ließ eine Droschke kommen und fuhr mit meinem Gepäck zum Hafen. An Bord angekommen, empfing mich ein gar würdiger Herr, der Obersteward. Er ließ meine Koffer nach der Kabine bringen und zeigte mir den Raum, in dem ich fünf Wochen wohnen sollte. Ich hauste mit einem jungen Ingenieur zusammen, der nach Manila verpflichtet war. Ich konnte sehr bald feststellen, dass ich hinsichtlich meines Kabinengenossen Glück hatte. Er war ein äußerst netter und anständiger Mensch. Als das Schiff den Hafen verließ, dunkelte es bereits. Allzu schwer ist mir der Abschied von Genua nicht geworden. Ein Trompetensignal rief zum Abendessen. Jetzt besann ich mich auch, dass ich seit dem Frühstück nichts mehr gegessen hatte. Doch nun war Gelegenheit, das Versäumte nachzuholen. Die Verpflegung an Bord war vorzüglich und von einer großen Mannigfaltigkeit.

26.1.08

Gestern, gegen zehn Uhr abends, erreichten wir Neapel. Mit meinem Kabinengenossen und einem originellen Berliner gingen wir baldigst an Land. Da es Nacht war, ging uns das beste von Neapel, die Umgebung, verloren. Die Stadt hat mich etwas enttäuscht. Vor allem ließ die Sauberkeit sehr zu wünschen übrig. Ungewollt gerieten wir in ein elendes Viertel. Das schien die Kehrseite der Medaille zu sein. In schlecht erleuchteten Gassen schlich übles Gesindel herum. Uns erschien die Gegend nicht recht geheuer. Wir waren neugierig, und so kehrten wir in eine Weinstube ein […] Die Hälfte des Raums nahmen große Weinfässer ein. An den Tischen saßen zerfetzte und verkommene Menschen, die sich einem hier zu Lande beliebten Spiel hingaben, dessen Pointe wir aber nicht erfassten. Sie schlugen die Hände auf den Tisch und brüllten sich Zahlen ins Gesicht[10]. Anscheinend war der Wirt und auch die werten Gäste verwundert, dass wir ausgerechnet diese Kaschemme besuchten. Der Wein

---

9 Die „Bremen" war ein Postdampfer des Norddeutschen Lloyd, der seit 1897 wechselnd im Nordamerika- und Australien/Südseedienst eingesetzt wurde. Vgl. Arnold Kludas, „Deutsche Passagierschiffs-Verbindungen in die Südsee 1886-1914", in: Hermann Joseph Hiery (Hg.), *Die deutsche Südsee 1884-1914. Ein Handbuch*, Paderborn ²2002, 156-176.
10 Gemeint ist möglicherweise die *Smorfia napolitana*, ein traditionelles Zahlenspiel in Neapel.

war gut und lächerlich billig. Wir waren aber doch froh, als wir in eine belebtere Gegend kamen. In der Galeria Rafaeli besuchten wir ein großes Café, in dem eine sehr gute italienische Kapelle spielte.

Einige italienische Studenten, die an unserem Tische saßen, erboten sich, uns die nächtlichen Sehenswürdigkeiten Neapels zu zeigen, ein Angebot, welches wir gern annahmen. So führten sie uns unter anderem auch auf eine Rollschuhbahn auf der ein Betrieb wie im Berliner Eispalast herrschte. Da unser Schiff noch in der Nacht weiterfuhr, waren wir bald wieder an Bord, wohin uns die Studenten begleiteten. Sie verschmähten ein Glas deutsches Bier durchaus nicht. So befestigten wir den Dreibund[11] aufs Neue und verabschiedeten uns mit einem herzlichen Händedruck. Die mächtigen Schraubenflügel setzten sich in Bewegung. Weiter ging es dem Unbekannten entgegen. Wir durchfuhren als erstes Schiff nach dem furchtbaren Erdbeben die Straße von Messina, die bis jetzt für die Schiffahrt gesperrt war.[12] Durch unsere [Fern] Gläser konnten wir die schreckliche Verwüstung sehen, die dieses schwere Erdbeben angerichtet hatte.

31.1.08

Drei Tage sind wir durch das Mittelmeer gefahren und heute früh in Port Said gelandet. Das Schiff ging vor Anker. Alsbald kamen eine Menge Araber an Bord, die unter lautem Geschrei alles Mögliche zum Verkauf anboten. Auch hier gingen wir drei Getreuen, der Ingenieur, der Berliner und ich, an Land. Kaum hatten wir den Fuß an Land gesetzt, als uns schon die braunen Kerle umringten, die ihre Herrlichkeiten anboten. Es wurde mit allem Erdenklichen gehandelt. In Sonderheit mit Ansichtskarten, Perlenketten (echte böhmische), Spazierstöcken aus Rhinozeroshaut geschnitten, Dolchen, krummen Säbeln, Armbändern und anderem mehr. Die meisten dieser Sachen waren zweifelsohne europäischen Ursprungs. Das schadete aber nichts. Die Reisenden wollen Geld loswerden. Es ist amüsant, mit den braunen Gaunern zu handeln. Die meisten sprechen ein wenig Deutsch und verstehen es, ihre paar Brocken in recht humorvoller Weise anzubringen.

An Sehenswürdigkeiten hat die Stadt nicht allzu viel zu bieten. Das Verwaltungsgebäude der Suezkanal-Aktiengesellschaft ist ein im orientalischen Stil gebautes, imposantes Gebäude. Der gesamte Betrieb dieser eigenartigen Stadt ist auf den Fremdenverkehr eingestellt. Das Ganze erscheint wie ein ewiger Jahrmarkt. An Restaurationen und Cafés fehlt es nicht. In all diesen Lokalen spielen kleine Kapellen, und wird auf jede Art versucht, den Fremden anzulocken. Man sitzt im Freien und

---

11 Gemeint ist das seit 1882 bestehende Bündnis zwischen dem Deutschen Reich, Österreich-Ungarn und Italien.

12 Das große Erdbeben von Messina einschließlich der Nachbeben ereignete sich am 28. u. 29. Dezember 1908 und soll – nach zeitgenössischen Schätzungen – 170.000 Menschenleben gefordert haben; vgl. *Schulthess' Europäischer* Geschichtskalender 24/1908, 366. Vgl. Albert Zacher, Im Lande des Erdbebens, Stuttgart 1909. Bei dem vom Autor erwähnten Unglück muß es sich um ein Vorbeben gehandelt haben, das bereits ein Jahr zuvor stattfand.

winkt vergnügt den herumbummelnden Mitreisenden zu, die alle einen Schweif von Eingeborenen hinter sich herziehen. Ein jeder unterhält sich auf seine Art und lässt sich nach Herzenswunsch neppen. „Mein Err, kaufen Sie, billig." An junge Leute schleicht sich der Versucher. „Schöne Mädchen, Bauchtanz ganz echt, gommen Sie". Araber-Frauen und Mädchen sind bis an die Augen verhüllt. Auch die Nase ist durch eine gerundete Schiene verdeckt. Man kann nur die schwarzen, funkelnden Augen sehen. Ob die Frauen schön sind? Wer kann das sagen? Sie wissen aber auch, dass die Europäer sie äußerst interessant finden.

Das Klima ist zu dieser Jahreszeit sehr angenehm, ähnlich einem trockenen, schönen Sommertag in der Heimat. Schnell noch bei Simon Arzt, dem weltbekannten Tabakfabrikanten,[13] vorgesprochen und einige hundert „Echte" erstanden, dann war es Zeit, an Bord zu gehen. Bald ratterte das Ankerspill. Die Matrosen machten kurzen Prozess mit den Arabern. Wer nicht schnellstens verschwand, wurde per Express befördert.

Jetzt laufen wir in den Suez-Kanal ein. Blutig rot beleuchtet die untergehende Sonne die Wüste, und endlos dehnt sich das ungeheure Sandmeer. Der Kanal ist sehr schmal, und die Schiffe können nur an bestimmten Stellen aneinander vorbeifahren. Ich sitze schreibend an Deck und bin entzückt von dem gebotenen Farbenspiel. Längs des rechten Ufers begleiten uns einige Kamelreiter der ägyptischen Wüstenpolizei. Nur ganz langsam bewegt sich das Schiff vorwärts, an den Ufern hohe Wellen aufwerfend. Soeben begegnen wir einem mächtigen Engländer. Nur einige Meter Spielraum bleiben zwischen den Dampfern, so dass wir mit den Passagieren Zurufe und Grüße wechseln können. Es begegnen sich zwei Welten, Heimkehrer und Ausreisende. Die Nacht senkt sich nieder, und hell leuchten die Sterne. Im Speisesaal spielt die Kapelle, und die Passagiere beginnen, sich näher zu kommen. An Deck bilden sich Gruppen und Paare und Pärchen. Es scheint sich schon ein ganz netter Flirt zu entwickeln. Warum auch nicht? Noch ist man jung, und der Himmel hängt voller Geigen.

1.2.08

In der Nacht haben wir zwei Seen passiert, den Bittersee und den Timsahsee. Schon liegt Suez, der Ausgangspunkt des Kanals, hinter uns. Durch den Golf von Suez gelangen wir in das Rote Meer. Die Sonne meint es gut mit uns. Da die schwache Brise in der Fahrtrichtung weht, wird sie gänzlich wirkungslos. Offiziere wie Passagiere erscheinen in Weiß. Die Stewards reichen eisgekühlte Zitronenlimonade, die teils aus Bedürfnis, teil aus Langerweile genommen wird. Einige echtdeutsche Skatbrüder haben sich zusammengefunden und vertreiben sich die Zeit auf ihre Art. Ein katholischer Geistlicher liest in seinem Brevier. Wir jungen Leute, englischerseits auch die älteren Herrschaften, treiben Sport. Alle möglichen Spiele werden unternommen,

---

13   Zu Simon Arzt (ca. 1814-1910), einem von Port Saïd aus global agierenden Tabakproduzenten und Händler, vgl. Maurice Fargeon, *Les Juifs d'Egypte des origines à nos jours*. Kairo 1938.

von denen die beliebtesten Shofelboard[14], auch Deckbillard genannt, Ringwerfen und Wettlaufen sind.

2.2.08

Da gänzliche Windstille herrscht, wird die Hitze ungemütlich. Deutlich sehen wir den Berg Sinai liegen. Kahl und trostlos steht der mächtige Kegel in der sandigen Wüste. Unweit des Schiffes tummelt sich eine Herde Delphine, von den Seeleuten Schweinsfische oder Tümmler genannt. [...] In Mengen streichen fliegende Fische dicht über den Wasserspiegel dahin, um bald wieder in die Fluten zu tauchen. Es soll schon des Öfteren vorgekommen sein, dass solch ein nasser Gast an Bord geflogen kam. Heute passierten wir die Insel „Socotra"[15]. Einst ein wichtiger Handelsplatz, ist sie heute durch „Aden" überholt und zur Bedeutungslosigkeit verurteilt.

9.2.08

Aden in Sicht! Wir sind alle recht froh, das Rote Meer hinter uns zu haben. Die Nächte waren schrecklich heiß. Auch der Ventilator, den man die ganze Nacht laufen ließ, brachte keine Kühlung.

10.2.08

Gestern Mittag kamen wir in Aden an. Wie die meisten strategisch wichtigen Punkte auf Erden, so ist auch Aden englisch. Von diesem stark befestigten Felsennest aus sind die Engländer in der Lage, den Ausgang vom Roten Meer zum Indischen Ozean restlos zu beherrschen. Die Eingeborenen sind kleine, dürre Neger, die unter fürchterlichem Geschrei ihre Boote zur Verfügung stellen. [... Sie] boten Straußenfedern, Straußeneier und vieles mehr zum Kauf an. Waren die Eingeborenen von Port Said schon laut, so wurde mir hier das Geplärr zu toll. Ich fuhr mit meinen Freunden schleunigst an Land. Die Stadt selbst ist öde. Die Einwohner sind Araber, Neger und englische Soldaten. Unser Berliner äußerte sich dahin, dass er sich weigern würde, in Aden fotografiert zu hängen. Riesige, gänzlich kahle Felsen bilden einen Kessel, in dem Aden liegt. Regen gehört hier zu den größten Seltenheiten. Leider hatten wir nicht Zeit, die berühmten Cisternen, die große Sehenswürdigkeit Adens, zu besuchen. Hoffentlich ist dereinst auf der Heimreise dazu Gelegenheit.

Das Eingeborenengefängnis ist eine originelle Angelegenheit, die allerdings nicht gerade als human bezeichnet werden kann. Es besteht aus einigen Käfigen, die je nach Bedarf übereinander gestellt werden. Einige dieser Kisten waren von schwarzen Missetätern besetzt, die hier in dieser Bruthitze, in nicht gerade bequemer

14 Richtig: Shuffleboard, Deutsch auch Schiffelbord.
15 Zu dieser Inselgruppe vgl. Zoltán Biedermann, *Soqotra. Geschichte einer christlichen Insel im Indischen Ozean vom Altertum bis zur frühen Neuzeit*, Wiesbaden 2006.

Stellung, Zeit finden, über ihre Sünden nachzudenken. Die Häuser sind meist klein und schmutzig. In einem Hotel tranken wir eine Flasche deutsches Bier, das sich scheinbar auf der ganzen Welt großer Beliebtheit erfreut.

Der Dampfer tutete zum Zeichen, dass es Zeit sei, an Bord zu gehen. Unterdessen war gekohlt worden, Wasser und Frischproviant genommen. So waren wir nach dem weiten Sprung nach Colombo auf Ceylon gerüstet. Himmel und Wasser. Man beschäftigt sich, so gut es geht. Auch ein Kostümfest half, die Langeweile zu bannen. Glücklicherweise ist eine reichhaltige Bibliothek an Bord, von der viel Gebrauch gemacht wird. Einen großen Teil des Tages füllen die Mahlzeiten aus. Es ist dies immer eine lohnende Beschäftigung. Im Leben geht alles vorüber, so auch sieben Tage Seefahrt. Soeben laufen wir in den Hafen von Colombo ein.

11.2.08

Indien! […] Unter den Passagieren herrscht Unruhe und Aufregung. Ein jeder sehnt sich danach, auf die göttlich schöne Insel seinen Fuß zu setzen. Das Wahrzeichen Ceylons, der Adamspeak[16], ist bereits deutlich sichtbar. Eine Dampfpinasse kommt uns entgegen, mit ihr der Arzt, der die Quarantäne abnimmt, und der Lotse, dessen Amt es ist, uns sicher vor Anker zu bringen. Schon sehen wir das gewaltige Zollhaus. Majestätisch ragt der Leuchtturm auf. Wir sind in den wichtigsten Hafen Südasiens eingelaufen, dem Stapelplatz des Welthandels zwischen Ost und West.

Eine ungeheure Menge Schiffe liegen an den Schwimmbojen fest. Alle seefahrenden Nationen sind vertreten, England an der Spitze. Aber auch drei große deutsche Dampfer liegen hier, die durch ihre Sauberkeit angenehm auffallen, im Gegensatz zu einem Griechen, der neben uns liegt. Seitens der Eingeborenen beginnt eine wahre Regatta, um baldigst das Schiff zu erreichen. Die Bevölkerung will Geld verdienen. Taucher zeigen ihre Künste und warten darauf, dass die Passagiere Münzen ins Wasser werfen, die sie mit unglaublicher Sicherheit auf dem Grund zu finden wissen.

14.2.08

Mit dem Lloydtender fuhren wir Drei an Land. Eine breite Straße, mit mächtigen Bäumen eingefasst, führt durch das imposante Geschäftsviertel. Es ist unglaublich, welche Kostbarkeiten hier aufgehäuft sind. Vor allem scheint das Goldschmiedehandwerk in hoher Blüte zu stehen. Die Rikschaleute überboten sich in Höflichkeit, um einen Fahrgast zu bekommen. Da wir recht gemächlich fahren wollten, nahmen wir jeder einen solchen kleinen Wagen, der statt von einem Pferd von einem Menschen gezogen wird. Im lustigen Trab fuhren wir durch die Stadt. Es ist doch ein komisches Gefühl, einen Menschen als Zugtier zu benutzen. Bald ließen wir das Geschäftsviertel hinter uns und erreichten die Villenviertel. Hier war deutlich der

---

16 William Skeen, *Adam's Peak. Legendary, Traditional, and Historic Notices of the Samanala and Srí Páda with a Descriptive Account*, Colombo 1870.

Reichtum der Europäer zu bemerken. In prachtvollen Gärten liegen die freundlichen weißen Häuser, umzogen von luftigen Veranden.

Wir verließen die europäischen Ansiedlungen, und jetzt erst gewahrten wir voll und ganz die Pracht der Landschaft. Wir fuhren eine schöne Straße entlang durch Palmenhaine und wildtropische Gegenden. Mächtige Mangobäume gaben dem Weg Schatten. Hier wirkt die Schönheit der Natur sinnverwirrend. Eine fremde Welt tat sich unseren erstaunten Augen auf. Zu beiden Seiten der Straße liegen die niedrigen Hütten der Eingeborenen, meist aus Lehm gebaut und weiß getüncht, was dem Schönheitsgefühl der Singalesen entspricht. Auch hier wird gehandelt, vor allem mit Früchten. Überall werden Ananas, Bananen, Melonen und Mangofrüchte feilgehalten.

Die Singalesen sind ein ungemein ansprechender Typ. Die schmalen Gesichter haben etwas Sympathisches an sich. Würdevoll schreiten sie einher. Die Hautfarbe ist dunkelbraun und glänzend. Die Augen sind schön und klar, wirken aber etwas schwermütig. Merkwürdig dagegen wirkt die weibische Frisur. Das schöne, schlichte Haar ist schwarz wie Teer und zu einem Knoten geschlungen. Letzterer ist von einem oder gar mehreren hufeisenförmigen Schildpattkämmen gekrönt. Das entspricht durchaus nicht europäischem Geschmack. Aber sind wir die allein Maßgebenden?

Nach zweistündiger Fahrt erreichten wir Montlavinia[17], den bekanntesten Ausflugsort von Colombo. Montlavinia liegt auf einem Berg oder besser gesagt ist er, wie schon sein Name sagt, ein Berg, sogar ein Weinberg. Aber Wein war nicht zu sehen. Auch merkwürdig, dass er Montlavinia und nicht Monte la Vina heißt. Dieser Berg liegt unmittelbar an der See, und wenn es irgendwo auf Erden wirklich einmal ein Paradies gegeben hat, dann hat dieses sicher hier gelegen. Es erschien aber nicht der Erzengel Gabriel mit dem feurigen Schwert, um uns aus dem Paradies zu vertreiben, sondern ein weißgekleideter Singalesenboy, der uns höflich nach unseren Wünschen fragte. Als Leute von Welt bestellten wir Whisky-Soda, obgleich wir diesem Getränk keinen rechten Geschmack abgewinnen konnten. In dem mit allen Arten tropischer Gewächse bestandenen Garten hatten wir uns in den bequemen Korbstühlen niedergelassen und gaben uns ganz den neuen Eindrücken hin.

Wir blieben aber nicht lange ungestört. Ein indischer Zauberkünstler ließ sich neben uns nieder und führte uns unglaubliche Kunststücke vor. Entweder verfügte der Mann über übernatürliche Kräfte oder wir waren alle von einer Massensuggestion befangen. Unter seinem großen Tuch wuchs ein Mangobaum, der sogar Früchte trug. Aus einem toten Felsen ließ er einen munteren Quell hervorsprudeln, der auf ein Kommandowort wieder versiegte. Ein Knabe, der ihn begleitete, wurde in einen Korb gepackt, den er fest verschnürte. Mit einem scharfen Säbel durchstach er den Korb in allen Richtungen. Als er ihn wieder öffnete, war der Korb leer. Aber der

---

17 Mount Lavinia, ein Vorort von Colombo, ist bis heute ein Zentrum des Tourismus. Der Name geht zurück auf den zweiten britischen Kolonialgouverneur Ceylons, Thomas Maitland, der damit seine Geliebte, Lovina Aponsura, verewigen wollte; vgl. C. Willis Dixon, *The colonial administrations of Sir Thomas Maitland*, London 1939.

Junge kam lachend aus dem Gebüsch gesprungen. Da staunte sogar unser Berliner, den nichts so leicht aus der Fassung bringen konnte. Ganz benommen von all dem Seltsamen, gingen wir zu unseren Rikschaleuten, die friedlich im Schatten hoher Bäume ruhten. Im Laufschritt ging es zum Hafen zurück.

Da unser Schiff noch einen weiteren Tag in Colombo liegenblieb, beschlossen wir drei Getreuen, einen Abstecher nach Kandi[18] zu unternehmen. Wir benutzten die Eisenbahn, die ein wahres Kunstwerk ihrer Art ist und unter ungeheuren Kosten angelegt wurde. Anfangs ging die Fahrt durch die Ebene, durch Reisfelder, deren saftiges Grün sich stark von der übrigen Vegetation abhebt. Bananenpflanzungen wechseln mit hohen Bambusbeständen ab. Unter hohen Kokospalmen liegen die friedlichen Eingeborenendörfer. Doch jetzt ändert sich die Landschaft. Wir erreichen das Gebirge und sehen bereits Kandi vor uns liegen. Wundervoll ist der Ausblick in die tiefen, grünen Täler und die mächtigen Gebirgszüge. In Serpentinen und Schleifen zieht sich die Bahn durch das schwierige Gelände. Die Szenerie ändert sich ununterbrochen, und doch wird das Auge nicht müde, diese Landschaftsbilder in sich aufzunehmen. Es war bereits zwölf Uhr, als wir Kandi, unser Ziel, erreichten. Als wir den Zug verließen, umwehte uns eine milde, weiche Luft, die nichts mit der schwülen Atmosphäre der Küste gemein hatte. Kandi muss man als reine Singalesenstadt bezeichnen. Wie uns gesagt wurde, soll sie etwa 22.000 Einwohner zählen. Natürlich nahmen wir auch hier eine Rikschah. Die Rikschahleute wissen ganz genau, was der Europäer sehen will. Bald erreichten wir den berühmten Bergsee, der im Stadtinneren liegt, aber nicht eingeengt ist, sondern nach dem Landinneren von schwerbewaldeten Bergen umrahmt wird. Aber die größte Sehenswürdigkeit Kandis[19] ist der botanische Garten. Alles, was an tropischen Gewächsen nur zu erdenken ist, wurde hier zusammengetragen und kultiviert. Allein die riesige Orchideensammlung hätte schon die Fahrt nach hier gelohnt. Der Besuch des überaus reichhaltigen Palmariums bildete den Abschluss unserer Exkursion. Nachts fuhren wir zurück.

Unser Berliner war auf der Rückfahrt merklich still. Ob ihn die Eindrücke des Erlebten zum Schweigen brachten oder ob er nur müde war, blieb sein Geheimnis und uns ein Rätsel. Wir drei waren wirkliche Freunde geworden, so verschieden wie unsere Anschauungen im Allgemeinen waren. Der Berliner Großmogul stellte fest, dass wir drei die gesamte Weltwirtschaft vertreten, und zwar er als erster den Handel, der Ingenieur die Technik und ich die Landwirtschaft. Der Ingenieur sagte in seiner trockenen Art: „Vielleicht liegt auch noch was dazwischen." Voll der herrlichsten Eindrücke erreichten wir den Dampfer, der soeben vom Kohlenstaub gereinigt wurde. Colombo ist die wichtigste Kohlenstation Asiens. Todmüde gingen wir schlafen, um uns den nächsten Morgen auf hoher See beim Frühstück wiederzufinden.

---

18 Kandy, mit offiziellem Namen heute Senkadagala Siriwardhana Maha Nuwara, war die letzte Königsresidenz im vorkolonialen Sri Lanka; vgl. C. Gaston Perera, *Kandy fights the Portuguese. A military history of Kandyan resistance*, Colombo 2007.
19 Das war und ist eigentlich Sri Dalada Maligawa, der Zahntempel, mit der Zahnreliquie des Buddha: https://daladamaligawa.org. (27.2.2024).

19.2.08

Der längste Teil der Fahrt, ohne Land zu sichten, liegt vor uns. Der Norddeutsche Lloyd versteht es, seinen Passagieren auch die längsten Fahrten so angenehm wie möglich zu gestalten und tunlichst für Zerstreuung zu sorgen. Aber auch die Passagiere tun das Ihre und tragen dazu bei, Abwechslung zu schaffen. Unterhaltungsabende werden arrangiert, an denen jeder das zum Besten gibt, was er eben kann. An Spaßvögeln fehlt es natürlich auch nicht, die durch ihre originellen Einfälle meist reichen Beifall ernten. Auch gestern fand ein solcher Abend statt. Unter anderem war ein Flötensolo mit Klavierbegleitung angesagt. Am Piano saß eine Dame, die uns schon oft durch ihr wundervolles Spiel entzückte. Neben ihr hatte sich vor einem Notenpult der Flötenspieler aufgestellt. Der Künstler hielt einen kleinen Vortrag über das Konzertstück, das er mit seiner Begleiterin spielen wollte, dann begann seine Begleiterin mit einem schönen Vorspiel, und endlich setzte Herr Schröder die Flöte an den Mund. Totenstille herrschte. In dem Augenblick kam der Badesteward hereingeplatzt: „Herr Schröder, Ihr Bad ist fertig." Herr Schröder tat sehr verlegen und erklärte, dass es ihm peinlich sei, durch so einen profanen Zwischenfall heute Abend nicht spielen zu können. Erst war man etwas verblüfft, um dann in ein herzliches Gelächter auszubrechen. Natürlich hatte Schröder vom Flötenspiel keine Ahnung. Aber der Zweck war erreicht, es kam Stimmung auf.

Eine deutsche Operngesellschaft fuhr nach dem Fernen Osten, um daselbst zu gastieren. Die Mitglieder, die meist biedere Schwaben und liebenswürdige Menschen waren, sorgten für wirkliche Kunstgenüsse, die von den Passagieren dankbar entgegengenommen wurden. Nur die Skatbrüder hatten kein Verlangen nach Musik. Nach jedem beendeten Spiel entspann sich ein Wortgefecht. Aus dem Gestreite waren immer wieder die gleichen Worte zu hören: „Hätten Sie das, dann hätte ich das, dann hätten wir es gehabt…" Oft stiegen auch recht vergnügte Kneipabende, an denen ich gern und herzhaft teilnahm. So kam es auch vor, dass ich einmal infolge geistiger Umnachtung in die falsche Kabine geriet, in der eine ältliche Portugiesin wohnte, die aber über meinen Besuch nicht halb so entsetzt war wie ich über mein Versehen. Gott bewahre mich vor Wetterschaden!

26.2.08

Singapore liegt bereits hinter uns. Leider hatten wir wenig Zeit uns umzutun. Um möglichst viel zu sehen, nahmen wir drei ein Auto. Der alte Teil der Stadt, der von den Holländern, den einstigen Herren von Singapore,[20] angelegt wurde, ist heute nur noch Geschäftsviertel. Alte, in der ganzen Welt bekannte englische, deutsche und holländische Firmennamen sind zu lesen, und an den riesigen Speichern ihre Bedeutung zu ermessen. Das moderne Europäerviertel ist prunkvoll und zugleich prak-

---

20 Vgl. Kwa Chong Guan / Peter Borschberg (Hg.), *Studying Singapore before 1800*, Singapur 2018.

tisch angelegt. Am markantesten aber ist das Chinesenviertel. Es ist eine Großstadt für sich. Die Straßen waren überaus stark von Zopfträgern belebt, die den üblichen chinesischen Radau vollführten. Tausende von Rikschas durcheilten die Straßen von schwitzenden, muskulösen chinesischen Kulis gezogen, die viel schneller und ausdauernder als ihre singalesischen Kollegen in Colombo sind.

Es herrscht ein unbeschreibliches Chaos aller Nationen. Die Eingeborenen sind Malayen, die sich in jeder Hinsicht vom Inder stark unterscheiden. Zu geruhsamen Betrachtungen und Aufnehmen war keine Zeit. Jeden Augenblick änderte sich das Bild, und das bunte Getriebe verwirrte die Sinne. Zu Fuß gehende Europäer sieht man hier nicht. Wenn nicht per Auto oder Gespann, so wird die stets zu habende Rikscha benutzt. Die Vegetation und das Klima sind rein tropisch. In dem Gewirr von Gassen und Straßen wirkt die Hitze erdrückend. Wir waren froh, als wir außerhalb der Stadt im schattigen Garten eines Hotels Siesta halten und uns in Ruhe an einer Eislimonade laben konnten.

Besonders interessant waren mir die Kautschukpflanzungen (Castaloa[21]), die wir durchfuhren. Als Zwischenkultur hatte man Ananas gepflanzt. Die Früchte wurden gleich an Ort und Stelle in einer Fabrik konserviert. Singapore ist eine kleine, der malaiischen Halbinsel vorgelagerte Insel, die selbstverständlich britisch ist. Nur ein ganz schmaler Wasserstreifen trennt sie vom Festland. Dem schönen botanischen Garten mit dem Wasserreservoir, das die Stadt mit Trinkwasser versorgt, statteten wir noch einen kurzen Besuch ab. Dann ging es zurück an Bord, und alsbald verließen wir den Hafen, der von Schiffen aller Herren Länder belebt war.

5.3.1908

Die letzten fünf Tage der Reise verliefen ohne besondere Ereignisse. Gestern Abend ankerten wir in dem Hafen von Hongkong. Jetzt waren wir im Reich der Mitte. Die Koffer wurden gepackt. Es herrschte Abschiedsstimmung. Ein gewisses Gefühl der Wehmut erfasste mich, als ich die „Bremen" verließ, um an Land zu gehen. Fünf Wochen, bis jetzt die schönsten meines Lebens, war das Schiff mir eine Art Heimat geworden. Viele nette Menschen lernte ich kennen, und jedes Gesicht war mir vertraut. Noch einmal fanden wir drei uns im Rauchzimmer zusammen, und wohl zum letzten Mal in unserem Leben vereinte uns der Becher. Der Berliner sagte tiefsinnig: „Na ja, so jeht es immer, kaum jegrüßt jemieden." Wir haben treu zusammengehalten, und all das Schöne, was uns die Reise bot, gemeinschaftlich genossen. Dass man uns scherzhafterweise die „Dreieinigkeit" nannte, ließen wir uns gern gefallen.

---

21 Nach dem lateinischen Namen für den mexikanischen Gummi- bzw. Maulbeerbaum, *castilla elastica*. Zeitgenössisch auch "castilloa rubber" oder einfach "castaloa" genannt. Zu den Kautschukpflanzungen in Singapur vgl. Henry Nicholas Ridley/Robert Derry, *First annual report on experimental tapping of para rubber (Hevea braziliensis) at the Economic Gardens, Singapore, for the year 1904*, Singapur 1905.

Die Bremen hatte in Kaulun[22], am Festlande gegenüber der Insel Victoria, auf der Hongkong liegt, festgemacht. Mit den übrigen Passagieren fuhr ich samt meinen Habseligkeiten nach Hongkong hinüber. Ein imposantes Bild bot sich uns dar. Hongkong zeigte sich in einer wahren Festbeleuchtung. Scheinbar kennt man hier Sparsamkeit in Bezug auf Beleuchtung nicht. Einen besonders reizvollen Anblick bietet die hellerleuchtete Drahtseilbahn, die wie eine feurige Schlange den Peak, einen hohen Berg, der auf dem südlichen Teil der Insel Victoria liegt, hinaufkriecht.

Aus Sparsamkeitsgründen ging ich gleich an Bord des „Prinz Siegesmund"[23], der in zwei Tagen über Manila, Neuguinea, nach Australien in See gehen wird. Es ist auch dies ein Schiff des Norddeutschen Lloyds. Um noch an Land zu gehen, war es unterdessen zu spät geworden. So ging ich beizeiten schlafen, um den nächsten Morgen recht frisch zu sein. Ich nahm mir vor, das interessante Hongkong genau und eingehend zu besichtigen.

8.3.08

Ist das komisch! Auf dem „Sigismund" gibt es keine weißen Stewards außer dem Obersteward. Die ganze Bedienung besteht aus Chinesen. Dagegen sind die zur seemännischen Besatzung gehörigen Leute Malayen. Jetzt ist es doch zu merken, dass wir schon recht weit von Europa entfernt sind. Hier draußen ist der Europäer zu teuer, und deshalb werden die meisten Kräfte durch Asiaten ersetzt. Wie die Katzen schleichen die langbezopften Himmelssöhne um die Frühstückstafel. Gesprochen wird mit ihnen wenig. Sie halten einem jeden Passagier die Speisekarte unter die Nase und fragen: „What number you like?" (Welche Nummer wünschst Du). Die Speisen sind auf der Karte numeriert, und so spielt sich die Sache reibungslos ab. Einige Passagiere, die in der Heimat ihren Urlaub verlebten, sind nun auf der Rückreise

---

22 Die alte europäische Schreibweise für Gauluhng, Kowloon (wörtlich: neun Drachen). Die Halbinsel (10 km²) bildete einen der drei Teile der britischen Kronkolonie Hongkong, bestehend aus der eigentlichen Insel Hongkong (69 km²), die im Vertrag von Nanking (1842) „auf ewig" von China an Großbritannien abgetreten worden war, den nördlich von Kowloon gelegenen sogenannten „New Territories" (960 km², inkl. etwa 235 Inseln), die im zweiten Vertrag von Peking (1898) von China für 99 Jahre an Großbritannien verpachtet wurden und eben Kowloon selbst, das, ebenso wie Hongkong, kein Pachtgebiet war, sondern im ersten Vertrag von Peking (1860) direkt von China an Großbritannien abgetreten worden war; vgl. Bert Becker in: Hermann Hiery (Hg.), *Lexikon zur Überseegeschichte*, Stuttgart 2015, 344-5 u. Steve Tsang, *A Modern History of Hong Kong*, Hongkong 2004.
23 Richtig: *Prinz Sigismund*. Neben *Prinz Waldemar* Reichspostdampfer, seit Ende 1903 vom Norddeutschen Lloyd im Verkehr von Australien über die deutschen Kolonien Neuguineas und Mikronesiens kurzfristig nach Singapur, danach nach Hongkong und Japan eingesetzt. Ergänzt seit 1904 durch den *Willehad*, befuhren sie die Strecke Sydney-Brisbane-Rabaul-Friedrich-Wilhelmshafen-Maron-Jap-Angaur-Manila-Hongkong-Kobe und zurück im Wechsel unverändert bis 1914 alle vier Wochen. Vgl. Kludas, „Deutsche Passagierschiffs-Verbindungen in die Südsee", 167-169 u. 174.

nach Neuguinea begriffen. Mit denen werde ich mich anvettern, um möglichst viel über meine neue Heimat zu erfahren.

Von Bord aus bietet sich ein interessanter Anblick dar. Der riesige Hafen ist stark belebt. Englische Kriegsschiffe der verschiedensten Typen liegen vor Anker, um auch hier die Macht Albions[24] zu vergegenwärtigen. Ein von einer Großmacht ausrangiertes Kanonenboot verkörperte die Gewalt Siams. Wie ich hörte, ist es das einzige Kriegsschiff Siams, welches noch für Hochseefahrten zu verwenden ist. Jedem Tierchen sein Pläsierchen, auch dem weißen Elephanten! Zwei abgetakelte, alte englische Fregatten liegen seit Jahren hier vor Anker, davon dient die eine als Lazarettschiff, die andere als Sitz der Hafenpolizei. Dampfer liegt an Dampfer. Alle Nationen geben sich hier ein Stelldichein. Schwer arbeiten die Winschen[25] und bergen die kostbaren Lasten des fernen Ostens in die gewaltigen Laderäume der Schiffe, die, beladen mit den Erzeugnissen der modernen Staaten, über Weltmeere kommen. Es ist der ewige Kreislauf des Tauschhandels. Ungeheuer ist die Menge der chinesischen Sampans (Boote), vermittelst der die Chinesen ihren vielseitigen Geschäften nachgehen.

Den nächsten Morgen nahm ich mir so einen Sampan und ließ mich an Land rudern, um mir nun in aller Ruhe Hongkong anzusehen. Wir landeten in dem Viertel der großen Hotels, Banken und Geschäftshäuser. Durch eine breite, vornehme Straße führt der Weg nach der Bahnstation der Peakbahn. Am Fuße des Peak stehen große englische Kasernen. Hier liegen rein indische, aber auch europäische Regimenter. Die indischen Soldaten sind imposante Gestalten. Ein jeder hat reichlich das Gardemaß, und prachtvoll passt der hohe Turban zu den dunklen, scharfgeschnittenen Gesichtern. Ein schwarzer Vollbart scheint zur Tradition zu gehören. Weniger imposant sind die langen, dünnen Beine, die durch die Wickelgamaschen besonders hervorgehoben wurden. Eine mitreisende Bayerin sagte: „Gut schauens aus, aber Wadeln habens net."

Die Mannschaften dieser Regimenter rekrutieren sich aus Sikhs, einem sehr intelligenten und auch kriegerischen, indischen Volksstamm. Sie haben ihre eigene Sprache und auch eigene Religion. Sie unterscheiden sich sehr vorteilhaft von den

---

24 Ursprünglich aus dem Lateinischen (albus, alba, album) „der Weiße" (im Deutschen wird aktuell noch verwendet die „Albe" als Bezeichnung für ein weißes Meßgewand; Albino, Album), wurde der Begriff schon in römischer Zeit als Namenszuschreibung hochgelegener Landschaften (z.B. Albaner Berge, Albanien, Alb, Alpen) verwendet. Davon abgeleitet, meinte „Albion" eigentlich Hochland. Seit Plinius (*Historia naturalis* 4, 102) und Avienus (*Ora maritima*, 112) bürgerte sich die Bezeichnung Albion (wegen seiner hohen Felsenufer und den bekannten Kreidefelsen von Dover) als Synonym für Britannien ein. Im Deutschen wurde der Begriff vor allem poetisch verwendet. Erhalten geblieben ist aus dem Französischen („la perfide Albion") die negative Zuschreibung „perfides Albion", perfidious Albion, das die angeblich rücksichts- und gewissenlose englische Außenpolitik charakterisieren soll. Zur Verwendung des Begriffes in der Historiographie vgl. beispielhaft: Geneviève Tabouis, *Albion perfide ou loyale? De la guerre de 100 ans à nos jours*, Paris 1938, oder Norman Bentwich, ‚*Perfides Albion?*' England und die Engländer, Tel Aviv 1939. Zum Wort an sich: A.(dolf) J. Storfer, *Wörter und ihre Schicksale*, Wiesbaden 1981, 323-327.

25 Seilwinden.

meisten anderen indischen Volksstämmen. Östlich der Kasernen zieht sich ruhig und vornehm gelegen, am Peak aufsteigend, das Europäerviertel hin. Auf dem Gipfel des Peaks erhebt sich das vornehmste Hotel Hongkongs. Hier steigen die Reisenden ab, denen das Schicksal eine wohlgefüllte Brieftasche bescherte. Nach Westen gesehen erstrecken sich die älteren Europäersiedlungen, die aber heute nur noch als Geschäftsviertel zu bezeichnen sind. Hier gibt es auch ein deutsches Cafe, in dem echt deutsches Fassbier verschänkt wird. Auf einer Anhöhe gelegen, befinden sich die alten englischen Bastionen, die in der Neuzeit parkähnlich ausgebaut wurden. Alte Geschütze erzählen von Kämpfen, die hier früher getobt haben. Von hier aus bietet sich dem Auge eine herrliche Fernsicht über den Hafen und nach der Stadt Kolun.

Aber all dies interessierte mich nicht so sehr wie das Eingeborenenviertel, das sich ohne merklichen Übergang an das europäische Geschäftsviertel anschließt. Hier war echtes China. In Holzhäusern wohnen zusammengepfercht unglaublich viele Menschen. Es gibt wohl auf Erden kaum ein bescheideneres Volk wie die Chinesen, in Sonderheit die Kulis, die Arbeiter. So ein Kuli beansprucht für sich kaum so viel wie man in Europa einem Hund gewährt. Eine Tasse Tee, eine Schüssel Reis, zu den Hauptmahlzeiten etwas gedorrten Fisch, das ist alles, was der Kuli braucht, um zehn bis zwölf Stunden schwer zu arbeiten. In den offenen Werkstätten wird fleißig gearbeitet. Ich bin noch nicht dahinter gekommen, wann die Menschen schlafen. Wie ich zu meinem Erstaunen sehe, wird auch die ganze Nacht gearbeitet. Chinesische Schneider nehmen Aufträge für zwölf weiße Europäeranzüge entgegen und verpflichten sich, diese in 24 Stunden abzuliefern. Meistens dauert es gar nicht so lange, und der Himmelssohn überreicht mit der ewig lächelnden Miene die zwölf Anzüge. Ich glaube, dass in der unfassbaren Genügsamkeit hinsichtlich Ernährung, Kleidung und Unterkommen einmal die wirkliche gelbe Gefahr[26] für den Europäer liegen wird.

Die chinesischen Bankhäuser bestehen aus luftigen Räumen, die nach allen Seiten offen sind. Hier rollt der mexikanische Dollar, die Währung der ganzen chinesischen Küste. Wie es kommt, dass gerade hier der mexikanische Dollar kursiert, ist mir vorläufig noch schleierhaft[27]. Ein solcher Dollar steht durchschnittlich im Kurs unserer Mark 1:2. Hier habe ich Geld eingewechselt und mich amüsiert, mit welch

---

26 „Gelbe Gefahr": Verdeutschung der ursprünglich angloamerikanischen Bezeichnung „Yellow Peril". Die sozialdarwinistische Zuschreibung für Chinesen, aber auch Japaner, entstand in den 1870er Jahren im Westen der Vereinigten Staaten in der „Befürchtung, die bevölkerungsreichen asiatischen Länder könnten [...] für Europa und die USA zu einer ernsten Bedrohung im ‚Kampf ums Dasein' werden"; Christoph Kuhl in: Hiery (Hg.), *Lexikon zur Überseegeschichte*, 288. Vgl. Heinz Gollwitzer, *Die Gelbe Gefahr*, Göttingen 1962; Yorimitsu Hashimoto, *The ‘Yellow Peril'. Anglo-Japanese Perspective, 1893-1913*, Diss. Lancaster 2008.

27 Der nach seinem Prägebild so genannte Adlerdollar (Peso del águila), der Silberpeso der Republik Mexiko, war – ähnlich wie der Maria-Theresientaler in der Levante – vor dem Ersten Weltkrieg im ganzen pazifischen Raum eine Art universales Zahlungsmittel. Bei einem Silbergehalt von 902 7/9 Tausendteilen betrug das Feingewicht 24,433 Gramm bei einem Rauhgewicht von 27,0643 Gramm. Im Deutschen Reich rechnete man für den Adlerdollar bei einem vor 1914 über Jahrzehnte relativ konstanten Silberkurs von 125 Mark für 1 kg Silber 3,054 Mark.

unglaublicher Geschwindigkeit der Bankbeamte jedes Geldstück, das er einnimmt, durch Daraufbeißen auf seine Echtheit prüft. Sehr interessant sind die Goldschmiede- und Intarsienwerkstätten. Unter Meisterhänden entstehen schöne Ringe, Uhrketten und sonstige Schmuckgegenstände aus hellem Gold. Natürlich sind Drachen und Götzen die Hauptmotive, die verwendet werden. Schwarze Metallzigarettenetuis werden mit gar grausigen Drachen verziert, die aus einzelnen, feinen Goldplättchen zusammengesetzt sind. Diese winzigen Plättchen werden jedes einzeln mit einer Pinzette gefasst und in das schwarze Metall des Etuis eingeschlagen. Hier konnte ich nicht widerstehen. Ich fing an zu handeln und zog eine Zehndollarnote hervor, die dem gelben Künstler sichtlich in die Augen stach. Dollar um Dollar handelte ich herunter. Unter 15 Dollar wollte er sich nicht drücken lassen. Da steckte ich resigniert meine Note ein und ging weiter, genau wissend, dass der Gelbe mir nachkommen würde. So war es auch. Er schnatterte in irgendeiner Sprache und hielt mich am Rock fest. Dann verdrehte er die Augen und zog ein Etui hervor, das auch sehr schön, aber viel kleiner war als das, in welches in mich verliebt hatte. Jetzt wurde mir das Feilschen über, und ich riss mich los von dem alten Gauner. Im selben Moment hatte ich mein Etui in der Hand, und zwar das richtige. Der Liebling des Himmels Ah So und So erhielt die Note, und so war uns beiden geholfen.

Unterdessen war es Zeit geworden, an das eigene leibliche Wohl zu denken. Erinnert wurde ich durch die vielen chinesischen Garküchen daran, dass es Mittagszeit war. Spaßig sind diese fahrenden Küchen, und wenn nicht ein scharfer Geruch nach Zwiebeln, Knoblauch und anderen Ingredienzien die Speisen umwoben hätten, hätten die Sachen ganz appetitlich angemutet. Goldbraun gebratene Hühner, ganze am Spieß geröstete Schweine und knusprig gebratene Hunde wurden feilgehalten und von scheinbar besser situierten Chinesen portionsweise erstanden und mit dem unvermeidlichen Reis an Ort und Stelle verzehrt. Andere derartige Küchen führten gänzlich undefinierbare Gerichte, die von Kulis in Porzellanschüsseln mit Stäbchen statt mit Messer und Gabel verzehrt wurden. Nach europäischen Begriffen scheinen all diese Speisen sehr wohlfeil zu sein. In einer Rikscha fuhr ich nach dem Europäerviertel, um angenehm zu speisen. Das heißt, leicht war es nicht, dahin zu kommen. Sowie man sich hier zu Lande in eine Rikscha setzt, wird man mit tödlicher Sicherheit nach einem Bordell gefahren, und grinsend öffnet der Kuli die Tür des Hauses, von dessen Besitzer er Prozente erhält. Dabei ist es ganz gleich, ob es früh, mittags, abends oder des Nachts ist. Stets landet man vor einem solchen Hause, das von Japanerinnen, Chinesinnen oder auch von Jüdinnen[28], deren Heimat Galizien ist, bewohnt wird. Nach langem Hin und Her bequemte sich der Kuli, mich nach dem Europäerviertel zu fahren. In dem deutschen Cafe aß ich vorzüglich zu Mittag und hatte noch den Vorteil, eine Menge Landsleute hier zu treffen.

---

28 Der übliche Transport der Prostituierten aus Europa erfolgte über Alexandria, Kairo bzw. Port Said, Bombay, Colombo, Singapur, Hongkong und Schanghai; vgl. Edward J. Bristow, *Prostitution and Prejudice. The Jewish Fight against White Slavery 1870-1939*, Oxford 1982, 182.

Gegen Abend besuchte ich ein chinesisches Teehaus, dessen Betrieb mich sehr interessierte. Das Haus hatte drei Stockwerke und spielte sich in allen drei Etagen ein reger Betrieb ab. In den unteren Räumen verkehrten die besseren Chinesen mit ihren Damen. Letztere fuhren in der Rikscha vor und ließen sich von den Kulis in das Lokal tragen und wie kleine Kinder auf den Stuhl setzen. Sie konnten nur sehr schlecht gehen. Die künstlich total verkrüppelten Füße steckten in bunten Porzellanschuhen, die sich allenfalls als Aschenbecher, aber nicht als Fußbekleidung eigneten.[29] An kleinen, runden Bambustischen trank man Tee und aß Reiskuchen und anderes sehr gutes, aber außerordentlich süßes Gebäck. Mit dem Tee, der aus grünen Teeblättern bereitet wurde, konnte ich mich nicht anfreunden, zumal er ohne Zucker genossen wurde. In der zweiten Etage war die Sache nicht so vornehm. Europäer waren hier nicht anzutreffen. Auf Schemeln hockte allerlei Volk und trank den heiligen Tee. Es herrschte ein Spektakel, der geradezu fürchterlich war. Ein jeder schnatterte, scheinbar ohne Wert auf eine Antwort des anderen zu legen. Die schöne Sitte, den Partner in seiner Rede nicht zu unterbrechen, die auch manchen hochzivilisierten Europäern Schwierigkeiten bereitet, kennt man hier scheinbar gar nicht. Auch ließ die Sauberkeit sehr zu wünschen übrig. Sie genügte eben gerade chinesischen Ansprüchen.

Anderntags unternahm ich mit einem Passagier des Sigismund eine Fahrt auf den Peak, dessen Kuppe wir in etwa zehn Minuten Fahrt mit der Drahtseilbahn erreichten. Ein wundervoller Fernblick über den Hafen lohnte die Fahrt. Die großen Schiffe, die im Hafen lagen, erschienen wie Kinderspielzeug in Waschschüsseln. Nachdem wir im Peakhotel[30] eine kleine Erfrischung zu uns genommen hatten, gingen wir zu Fuß den in vielen Serpentinen sich windenden Weg zur Stadt zurück.

10.3.08

An Bord des Sigismund lebt es sich recht behaglich. Vergnügungsreisende sind nicht an Bord, sondern Menschen, die fern der Heimat arbeiten und streben wollen, um sich ihr Leben außerhalb der althergebrachten Linie zu zimmern. Ein Mitreisender, der bereits einen Dienstvertrag von vier Jahren hinter sich hatte und auch im Dienste der Neuguinea Comp. stand, schilderte mir das Pflanzerleben als sehr schön und interessant. Er hat sich in den vier Jahren so viel erspart, dass er jetzt in der Lage ist, sich ankaufen zu können. Also scheinen die Aussichten keine schlechten zu sein.

13.3.08

Jetzt legen wir die letzte Strecke unserer Reise zurück und werden voraussichtlich in sechs bis sieben Tagen Neuguinea erreichen. Gestern früh liefen wir Manila, die

---

29 Zu der jahrhundertelang in China praktizierten künstlichen Verformung der weiblichen Füße vgl. Dorothy Ko: *Cinderella's Sisters. A Revisionist History of Footbinding*, Los Angeles 2005.
30 Das Peak Hotel stand von 1888-1936 an der Stelle der gegenwärtigen Peak Galleria am damaligen Endbahnhof der Peak Tram.

Hauptstadt der Philippinen, an. Die Einfahrt in den Hafen von Manila wird von zwei kleinen, aber stark befestigten Inseln gebildet. Manila war ehemals spanischer Besitz und wurde den Spaniern im Spanisch-Amerikanischen Krieg abgenommen.[31] Jetzt sind die Philippinen starke amerikanische Flottenstützpunkte, die für den Fall kriegerischer Verwicklungen mit Japan von hohem strategischen Wert sein können.[32] Die Bay von Manila besitzt eine enorme Ausdehnung. Gerade als wir einfuhren, hielt ein amerikanisches Geschwader Schießübungen ab. Die gewaltigen Kriegsschiffe mit ihren hohen Türmen rasten durch die Bay, unausgesetzt auf schwimmende Scheiben feuernd. Dicker schwarzer Qualm stieg aus den Schornsteinen, und Blitz um Blitz zuckte aus den schweren Geschützen. Es war ein imposantes Schauspiel, und unwillkürlich stieg die Frage in mir auf: Gegen welche Nation werden die drohenden Rohre dereinst im schweren Kampf gerichtet sein? Fast drei Stunden dauerte die Fahrt durch die Bay von Manila. Auch hier lagen eine Menge Schiffe vor Anker und herrschte ein reger Verkehr im Hafen. Einen Vergleich mit Hongkong darf man allerdings nicht anstellen, denn ein Welthafen ist Manila durchaus nicht. Im Hintergrund der Stadt steigt ein Gebirge auf, das scheinbar dicht bewaldet ist. Der Charakter dieser Stadt ist ein durchaus spanischer, dem man aber doch wieder den Eindringling Amerika anmerkt. Dicht am Hafen liegt die Eingeborenenstadt. Sie besteht aus niedrigen, primitiven Häusern. Die Ureinwohner sind Malayen, die sich aber stark mit Spaniern vermischt haben. Überall trifft man Halbblut an, von dem man oft nicht weiß, ob sie sich zur weißen oder gelben Rasse zählen.

Die europäischen Bewohner sind bei weitem vorwiegend Spanier, die hier durchaus gemäß ihrer Landessitten leben. Selbst auf den allabendlichen Corso, der sich auf einem großen, runden Platz im Stadtinneren abspielt, wird nicht verzichtet. Die ehemaligen Herren des Landes, nebst ihren Damen, fahren in eleganten Gespannen einher und winken sich unter Lachen und Scherzen Grüße zu. Die Damen tragen noch immer den schwarzen Schleier, der die Schönheit oder das Gegenteil verhüllt. Scheinbar leben die Menschen hier recht sorglos und erweckte das ganze Getriebe den Eindruck unbekümmerter Heiterkeit.

In der Mitte des Platzes spielte eine amerikanische Militärkapelle ihre lustigen Weisen. Anscheinend hat sich die spanische Bevölkerung mit dem Verlust der Herr-

---

31 Zur spanischen Kolonialherrschaft vgl. John Leddy Phelan, *The Hispanization of the Philippines. Spanish Aims and Filipino Responses 1565-1700*, Madison 1959; Alejandro Fernandez, *The Spanish Governor General in the Philippines*, Quezon City 1971. Wegen seiner inhaltlichen Breite immer noch sehr informativ zur zeitgenössischen Situation ist Jean (-Baptiste) Mallat (de Bassilan), Les Philippines. Géographie, mœurs, agriculture, industrie et commerce des colonies espagnoles dans l'Océanie, 2 Bde., Paris 1846.

32 Zur strategischen Bedeutung der Philippinen aus US-amerikanischer Sicht: William Howard Gardiner, „The Philippines and Sea Power", *North American Review* 216 (1922), 165-173. Zur US-amerikanischen Kolonialherrschaft: Romeo V. Cruz, *America's Colonial Desk and the Philippines, 1898-1934*, Quezon City 1974. Die amerikanische Eigenperzeption zur Zeit der Reise des Autors beschreibt C. (harles) H. (arcourt) Forbes-Lindsay, *The Philippines under Spanish and American Rule*, Philadelphia 1906.

schaft über Manila abgefunden und betrachtet sie die Amerikaner nicht mehr als Feinde. Der Amerikanische Dollar hat wohl auch hier seine Macht, mehr als die amerikanischen Kriegsschiffe bewiesen. Hauptsächlich ist es wohl die weltbekannte Manilazigarre, der hier die Bevölkerung ihren Reichtum verdankt. Katholische Geistliche, angetan mit der Sutane, gehören zum Straßenbild. Vor allem scheinen sich hier die Jesuiten festgesetzt zu haben.[33] Originell wirken die Zöglinge der Jesuitenschule, die genau wie ihre Meister in Kutte und dem bekannten großen, seitlich aufgebogenen Hut einherstolzieren. Selbst sechsjährige Knirpse tragen schon mit Würde die Kutte. In einem der vielen spanischen Cafés tranken wir eine vorzügliche Flasche Wein. Bei untergehender Sonne verließen wir den Hafen von Manila.

16.3.08

Gestern abend erreichten wir Jap und damit die erste Station der deutschen Kolonie Neuguinea. Jap gehört zu den Karolinen, die ebenfalls einst spanischer Besitz waren und in den neunziger Jahren von Deutschland käuflich erworben wurden.[34] Wegen des hohen Seegang konnten wir nicht vor Anker gehen, sondern waren gezwungen zu treiben. Vom Land kam ein Tender, um Ladung und Post in Empfang zu nehmen, was aber wegen des schlechten Wetters mit Schwierigkeiten verbunden war. An Bord des Lloydtenders befanden sich einige Eingeborene, und ich war erstaunt, welch großer, schöner und kräftiger Menschenschlag[35] hier lebte. Es wurde mir gesagt, dass dieses Volk rassenmäßig gänzlich abweichend von den Eingeborenen Neuguineas und des Bismarckarchipels sei. Scheinbar handelt es sich, der hellen Hautfarbe und dem glatten, langen Haar nach zu urteilen, um Stammverwandte der Malayen. Jap ist durch ein Kabel mit Hongkong verbunden[36].

---

33 Zu den Jesuiten in den Philippinen vgl. H.(orácio) de la Costa, SJ, *The Jesuits in the Philippines 1581-1768*, Cambridge/Mass. 1961 (Binnensicht der Jesuiten) u. R. L. Green, *Tropical Idolatry. A Theological History of Catholic Colonialism in the Pacific World, 1568-1700*, Lanham 2018 (säkular-kritische Perspektive).

34 Im Anschluss an den Spanisch-Amerikanischen Krieg (1898) erwarb Deutschland die Karolinen, Nordmarianen und die Palau-Inseln gegen eine Summe von 25 Millionen Peseten. Der Vertrag vom 12. Februar 1899 in: *Deutscher Reichstag. Drucksachen*, Aktenstück Nr. 394, Berlin 1899, S. 2503.

35 Zum Zusammenhang zwischen Rassismus und Ästhetizismus vgl. Sarah Reimann, *Die Enstehung des wissenschaftlichen Rassismus im 18. Jahrhundert*, Stuttgart 2017, 144-168.

36 Zur Deutsch-Niederländischen Telegraphengesellschaft und der von ihr 1905 errichteten Kabelstation auf Jap vgl. Schnee (Hg.), *Deutsches Kolonial-Lexikon*, Bd. 1, 356-357 u. v.a. Reinhard Klein-Arendt, „Die Nachrichtenübermittlung in den deutschen Südseekolonien", in: Hiery (Hg.), *Die deutsche Südsee 1884-1914*, 177-197.

19.3.08

So bin ich nun endlich in Neuguinea angekommen. Gestern mittag erreichten wir Friedrich-Wilhelmshafen (wurde später in „Madang" umgetauft)[37], den größten Ort des deutschen Teils der riesigen Insel Neuguinea. Ich bin einfach hingerissen von der landschaftlichen Schönheit dieses Landes. Der Hafen wird von einer Insel und einer Bucht des Festlandes gebildet. Der Dampfer machte an der Lloydbrücke, auf der mächtige Schuppen stehen, fest.

Europäer in blenden weißen Anzügen schienen den Dampfer sehnsüchtig erwartet zu haben. Eine Menge farbiger Arbeiter, die als einziges Kleidungsstück ein rotes Lendentuch trugen, standen bereit, sich auf die Ladung zu „stürzen". Kaum lag das Schiff fest, kamen die Europäer, alles Deutsche, an Bord. Der Rauchsalon füllte sich mit weißen Gestalten, die sich anscheinend für das große Ereignis einen rechtschaffenen Durst aufgespart hatten. Gab es doch an Bord des „Prinz Sigismund" Fassbier von Eis. Scheinbar ist man hier zu Lande kein Freund von Traurigkeit. Der Steward war kaum den Ansprüchen gewachsen. Ein jeder wollte so bald als möglich seinen halben Liter haben. Bis in die späte Nacht hinein dauerte das fröhliche Gelage. Dampfertag ist das größte Ereignis und wird dementsprechend gefeiert.

Aus dem riesigen Schuppen lief Lori um Lori[38], beladen mit Kopra, dem Hauptausfuhrprodukt Neuguineas, heraus. Über dem Hafen schwebt der widerlich-süße Geruch der Kopra, der als typisch für die Kolonie zu bezeichnen ist. Mit fürchterlichem Geschrei schleppte die schwarze Gesellschaft die Säcke herbei,[39] die immer 16 zu 16 Sack mittels Schiffswinsch in den Laderaum versenkt wurden. Die Eingeborenen haben zum Teil recht sympathische Gesichter. Aber merkwürdig, welch verschiedenes Aussehen die Leute haben. Teils sind sie pechschwarz, andere ganz hellhäutig, und andere wieder kaffeebraun wie Singalesen. Auch in anderer Hinsicht scheint hier ein wahres Babylon von Volksstämmen zu herrschen. Ob es sich hier um Leute verschiedenster Stämme handelt oder ob die Eingeborenen ein derartiges Mischvolk sind, das werde ich später erfahren.

---

37 Zur Diskussion um die Umbenennung, die schon zu deutsch-kolonialer Zeit geführt wurde und die historische Genese des Namens „Madang" (eine Insel in Finschhafen), vgl. Arthur J. Knoll / Hermann J. Hiery (Hg.), *The German Colonial Experience. Select Documents on German Rule in Africa, China, and the Pacific 1884-1914*, Lanham 2010, Dok. Nr. 247, 261-262.

38 Vom Hafen führten Schienen zu den Kontoren der wichtigsten Handelsgesellschaften, die von Transportwagen bedient wurden. Der ältere Begriff „Lori" (aus Englisch „lorry") wurde im Deutschen zunehmend von „Lore" ersetzt. Zu den Kleinbahnen in der deutschen Kolonie Neuguinea vgl. Bob McKillop / Michael Pearson, *End of the Line: A History of Railways in Papua New Guinea*, Port Moresby 1997, 8-40.

39 Ähnlich die Erfahrung des Luxemburger Schriftstellers Norbert Jacques, *Südsee. Ein Reisebuch*, München 1922, der dazu notierte: „Es kam mir nun vor, als ob das belfernde Juchzen, mit dem sie im Angesicht der Aufpasser sich über die Säcke stürzten, wie über Bälle zum Spiel, um sie dann doch liegen zu lassen, Hohn sei gegen Europa", ibid., 15-16.

Ich ging an Land, um mir Friedrich-Wilhelmshafen (Madang) aus der Nähe zu betrachten. Der freundliche Ort liegt eingebettet in einem Wald von Kokospalmen.[40] Die Europäer bewohnen saubere, weißgestrichene Holzhäuser, was den Wohnstätten einen sehr anheimelnden Charakter verleiht. Saubere Wege führen in verschiedenen Richtungen durch die Ansiedlung. Auch ein Hotel besitzt F.W.Hafen, welches recht primitiv ist.

Vielen Eingeborenen begegnete ich auf den Straßen, meist Papuas[41], den Einwohnern der Insel Neuguinea. Die Papuas sind meist mittlerer, kräftiger Statur und kaffeebrauner Hautfarbe. Imposant wirkt die mächtige Haartracht, die mit Blumen besteckt, schön ausgekämmt, den Kopf wie eine Mähne umgibt. Die Papuas sind durchaus reinrassisch und ohne weiteres von anderen Eingeborenen zu unterscheiden. Bei dem beschriebenen Völkergemisch, welches mir bei meiner Ankunft im Hafen auffiel, handelt es sich um angeworbene Leute, die sich aus allen möglichen Stämmen zusammensetzen. Gegen Abend ging die Sigismund in See, und wurde nun die letzte Etappe der langen Reise zurückgelegt.

31.3.08

Das Ziel ist erreicht. Der „Sigismund" liegt an der Pier in Rabaul. Die Einfahrt in die Blanchebucht bietet viele Naturschönheiten. Rabaul liegt auf der großen Insel Neupommern und entwickelt sich als die zukünftige Hauptstadt der Kolonie.[42] Der westliche Teil der großen Bucht wird von den drei mächtigen Kratern: Mutter, Nordtochter und Südtochter[43] gebildet, die in gigantischer Großartigkeit unmittelbar aus der See aufsteigen.

---

40 Zur Geschichte Madangs vgl. James Sinclair, *Madang*, Madang 2006.
41 Mit dem Begriff „papua(h)" bezeichneten die Malaien vor dem Europäerkontakt alle benachbarten Ethnien mit krausen Haaren, insbesondere aber jene auf der Insel Neuguinea im Osten, mit der seit alters her Handelsbeziehungen bestanden. Die Bezeichnung wurde mit der europäischen Kolonisation generalisierend auf alle Einwohner Neuguineas übertragen, heutzutage in der irrigen Annahme, das Wort sei indigen. In Papua-Neuguinea selbst werden als „Papua" ganz explizit nur die Bewohner der früher britischen, dann australischen Kolonie Papua bezeichnet. In der deutschen Kolonie bezeichnete man die Bewohner der Nordostküste Neuguineas (Madang und Umgebung) als „Tamul".
42 Rabaul wurde ab 1907 planmäßig als zukünftige Hauptstadt der Kolonie errichtet. Dabei wurde der frühere Kolonialname Simpsonhafen bewusst zugunsten einer einheimischen Bezeichnung aufgegeben. Bis heute wird aber indigen darüber gestritten, wo der Name ursprünglich herkommt und welche Ethnie ihn zuerst verwendete. In Kuanua, der Sprache der ortsbestimmenden Tolai, soll die Bezeichnung ursprünglich „Mangrovenwald" bedeuten und daran erinnern, dass vor Errichtung der Stadt hier keine einheimischen Siedlungen bestanden. Faktisch wurde Rabaul am 1.10.1909 Sitz der Verwaltung, ab 10.1.1910 auch offiziell Sitz von Gouvernement und Obergericht.
43 „Mutter": Kombiu; „Töchter": Tawurwur (auch Kaie, Ghaie; englische Schreibung: Tavurvur) und Rabalanakaia. Die Vulkane werden immer wieder aktiv. Historisch bekannt sind die Ausbrüche 1878, bei der die Raluan-Insel entstand, aus dem sich ein neuer Vulkan, der im Englischen einfach „Vulcan" genannt wird, entstand und jene von 1937 und 1994, die Rabaul

Doch heute ist zum Schreiben keine Zeit mehr, da ich in einigen Stunden mit einem kleinen Dampfer, dem Roland[44], nach Kokopo fahre. Nachdem der Roland vom Sigismund eine Ladung Eis übernommen hatte, das in Säcken verpackt von Australien kam, fuhr der kleine Dampfer nach Kokopo ab, das der Sitz der Neuguinea Compagnie und des Gouvernements ist[45]. Der fast grelle Mondschein ließ die Bucht in märchenhafter Beleuchtung erscheinen.

Der Kapitän des Roland war ein freundlicher Mann, der mich auf mancherlei Interessantes aufmerksam machte. Mitten in der Blanchebucht liegen die Bienenkörbe, zwei mächtige Felsblöcke, die in den siebziger Jahren während eines starken Erdbebens plötzlich aus der Tiefe auftauchten.[46] Wie mir der Kapitän sagte, sind diese sechzig und siebenzig Meter hoch. Im Laufe der Zeit haben sich Bäume und sogar einige hohe Kokospalmen festgewurzelt, die nebst Strauchwerk dem kahlen Felsen ein schönes Kleid geben.

An einer kleinen Brücke legte der Roland an, auf der uns bereits einige Hotelboys erwarteten, um das Gepäck nach dem Hotel Deutscher Hof zu bringen, welches unmittelbar am Strand liegt[47].

In einer luftigen Halle saßen an langer Tafel einige Herren, die mich freundlich aufforderten, bei ihnen Platz zu nehmen. Der Hotelwirt erfreute sich des wenig schmeichelhaften Beinamens „Grober Gottlieb".[48] Dass er seinen Beinamen nicht so ganz zu Unrecht führte, musste ich bald erfahren, und zwar als ich ihn höflich bat, mich den nächsten Morgen 6 Uhr wecken zu lassen. Hier scheint ein Gastwirt ein gar großes Tier zu sein und es durchaus unter seiner Würde zu finden, auf die Wünsche seiner Gäste einzugehen, wenn selbe auch noch so berechtigt sind. Na soll er schimpfen, der alte Grobian! Ich stellte mich meinen neuen Bekannten vor und

zerstörten.

44 Zum Schlepper „Roland" vgl. Hans Minssen, *Maschine Achtung! Leinen los! Zehn Jahre Führer des Reichspostdampfers „Manila"*, Berlin 1944, 102-103.

45 Deutsch-kolonial zunächst „Herbertshöh", dann „Herbertshöhe" (nach Bismarcks Sohn Herbert, dem Staatssekretär des Auswärtigen Amtes), „von den Eingeborenen noch immer Kokopo benannt" (Schnee (Hg.), *Deutsches Kolonial-Lexikon*, Bd. 2, 57); war von 1899-1909 Sitz des Gouvernements und damit Hauptstadt der Kolonie Deutsch-Neuguinea. Kolonialverordnungen in einheimischer Sprache verwendeten ebenfalls den Namen „Kokopo", vgl. den Beleg in Hermann Joseph Hiery, *Fa'a Siamani. Germany in Micronesia, New Guinea and Samoa 1884-1914*, Wiesbaden 2020, 63. Kokopo ist Kuanua (Sprache der Tolai) und bedeutend "steil", auch „Hang- oder Felsabrutsch". Heute am Meer liegend, wo sich die deutsche Kolonialsiedlung Herbertshöhe ausbreitete, befindet sich das alte Tolaidorf Kokopo wenige hundert Meter landeinwärts in einer hügeligen Landschaft.

46 Vgl. die einheimischen Reaktionen auf das plötzliche Erscheinen der beiden Felseninseln bei Burkhard Vieweg, *Big Fellow Man. Muschelgeld und Südseegeister. Authentische Berichte aus Deutsch-Neuguinea 1906-1909. Der Verfasser berichtet von den Erlebnissen seines Vaters Karl Vieweg*, Weikersheim 1990, 73.

47 Das Hotel (in Tok Pisin „Haus Drink" genannt) war von der Neuguinea-Kompagnie errichtet worden und diente ihren neu eingetroffenen Angestellten so lange als Quartier, bis sie ihr eigenes Wohnhaus beziehen konnten; vgl. Vieweg, *Big Fellow Man*, 82.

48 Pächter des Hotels war der Sachse Otto Höpfel.

wurde bald in ein heiteres Gespräch gezogen. Auch stellte sich heraus, dass einige Landsleute aus Sachsen anwesend waren. Mit einem Herrn Katzer[49] hatte ich sogar die Schulbank gedrückt. Einigen der Herren hatte man Spitznamen gegeben, die aber scheinbar gelassen aufgenommen wurden. So nannte man einen Herr Maier zum Unterschied zu verschiedenen anderen Maier, die es in der Kolonie gibt, Maier mit dem Tz[50]. Was es für eine Bewandtnis mit dem Tz hat, werde ich wohl später erfahren. Ein Gouvernementsbeamter wurde wiederum Maier genannt, obgleich er gar kein Maier war, sondern Warnike hieß[51]. Eisbier bedeutet hier einen Genuß, den man nicht täglich haben kann. Mit wahrer Wonne werden die beschlagenen Gläser betrachtet, um dann den frischen Trunk durch die Kehle laufen zu lassen.

Bald weihte man mich in das allgemein beliebte Würfelspiel Rassel-Dassel ein. Jede Flasche wurde einzeln ausgespielt, was den Reiz der Sache noch erhöhte. Gegen 12 Uhr trennten wir uns. Ich ging nach meinem Zimmer und war sehr über die Riesendimensionen des Tropenbettes erstaunt. Der Apparat war zwei Meter lang und ebenso breit. An einem hohen eisernen Gestell war das Moskitonetz angebracht, das den Schläfer vor den Stichen der Moskitomücke bewahren soll.

Den nächsten Morgen meldete ich mich bei dem Administrator der N.G.C., Herrn Ehemann[52]. Hier erfuhr ich, dass ich etwa vierzehn Tage in Herbertshöhe im Hotel wohnen sollte, um mich im hiesigen Centralhospital der N.G.C. über die Krankheiten der Eingeborenen und deren Behandlung informieren zu können. Da ich an einem längeren Sanitätskursus in Deutschland teilgenommen hatte, sollte ich auf der etwa fünfzehn Kilometer landeinwärts gelegenen Pflanzung Tobera[53] nebst meiner Tätigkeit als Pflanzer ein Eingeborenenhospital übernehmen. Herr Ehemann ist der echte Typ eines Überseekaufmanns. Viel überflüssige Worte wurden nicht verloren. Er be-

49 Martin Katzer (1880-1915), Kassierer der Neuguinea-Kompagnie; vgl. Karl Baumann, Dieter Klein, Wolfgang Apitzsch, *Biographisches Handbuch Deutsch-Neuguinea 1882-1922*, Fassberg ²2002, 179.

50 Gemeint ist Anton Mayer, Bürogehilfe bei der kaiserlichen Regierung; vgl. ebd., 240. Dort wird seine Ankunft in Neuguinea allerdings auf den 30.4.1908 datiert.

51 Zu Karl Warnecke, genannt „Master Meyer", Gerichtsschreiber, dann Gouvernementssekretär in Herbertshöhe, im Oktober 1911 kommissarischer Stationsleiter von Nauru, † dort 29.3.1913, vgl. Vieweg, *Big Fellow Man*, 85 u. 89. Warnecke ist nicht zu verwechseln mit dem Landmesser Wilhelm Wernicke; ebd., 85, u. Hermann Hiery, „Das Massaker von St. Paul (1904). Neue Ergebnisse und Interpretationen", in: *Jahrbuch für Europäische Überseegeschichte* 18 (2018), 151-183, hier 175.

52 Fritz Ehemann war Administrator der Neuguinea-Kompagnie in Herbertshöhe. Auf Grund seiner herausgehobenen Stellung wurde er auch in den Gouverneursrat von Deutsch-Neuguinea berufen. Foto in: Noel Gash, June Whittaker, *A Pictorial History of New Guinea*, Milton 1975, 210 (Abb. 457, dort fälschlicherweise als "Ehrman" bezeichnet).

53 Die Pflanzung existiert bis heute. Sie liegt etwa vier Kilometer entfernt von Ramale, wo während des Zweiten Weltkrieges die deutschen Missionare der Herz-Jesu-Mission von den Japanern in Kriegsgefangenschaft gehalten wurden und südwestlich von Bitapaka, dem Standort der 1914 errichteten Funkstation.

gleitete mich zu dem Hause des Stationsheilgehilfen und stellte mich dort Herrn Krakovski[54] vor, der mich in die Behandlung der erkrankten Schwarzen einführen sollte.

Wir gingen alsbald in das Hospital. Die meisten Fälle waren chirurgischer Art. Üble brandige Geschwüre schienen zur Selbstverständlichkeit zu gehören. Hier wurden etwas starke Anforderungen an die Geruchsnerven gestellt. Unterdessen erschien der Arzt, ein älterer gemütlicher Sanitätsrat[55], dessen rote Nase gegen die hier herrschenden Düfte scheinbar abgestumpft war. Einige brandige Sehnenentzündungen wurden aufgeschnitten und kurzer Hand mit dem Wundlöffel ausgekratzt. Die armen Teufel schnitten Gesichter, einige schrien vor Schmerz, die meisten aber sahen den Eingriffen an ihrem Körper gelangweilt zu, ohne mit der Wimper zu zucken. Diese Menschen scheinen noch gute Nerven zu haben. Auch Lungen- und Brustfellentzündungen sind sehr häufig und verlaufen zum Teil tödlich. Eine sehr böse Krankheit, die schon unendliche Opfer gekostet hat, und noch kosten wird, ist die Dysenterie (blutige Ruhr). In einer Isolierbaracke lagen gegen zwanzig Leute, die sich meist in einem jämmerlichen Zustand befanden. Durch die Unfähigkeit, Nahrung zu sich zu nehmen, waren die armen Menschen meist in einem erbarmungswürdigen Ernährungszustand. Die Kranken lagen auf Holzpritschen und ließen den Stuhl, der nur noch aus Schleim und Blut bestand, unter sich. Für die armen Opfer dieser Seuche wird alles getan, was in Menschenkräften steht. Trotz allem geht der größte Teil der Erkrankten zu Grunde. Meist handelt es sich hier um neuangeworbene Arbeiter, die durch die Seefahrt und die ungewohnte Reiskost geschwächt und wohl auch an und für sich nicht so widerstandsfähig sind. Doch will ich nicht vorgreifen und später, wenn ich selbst Erfahrungen gesammelt habe, mehr darüber schreiben.

26.3.08

Herbertshöhe ist reizend gelegen. Von dem hügligen Gelände, auf dem die Angestelltenhäuser verstreut liegen, bietet sich dem Auge eine entzückende Fernsicht. In nördlicher Richtung sind bei klarem Wetter, was hier meist der Fall zu sein scheint, die gewaltigen Gebirge von Neu-Mecklenburg, die sich bis zu einer Höhe von 2000 Metern auftürmen, zu sehen. Es ist eine wildromantische Gebirgswelt, deren höchste Erhebungen wohl kaum je eines Menschen Fuß betreten haben. Neumecklenburg und Neu-Pommern sind hier durch einen schmalen Wasserstreifen, den St. Georgskanal, getrennt, in dem oft eine sehr hohe See steht. In westlicher Richtung liegen die bereits beschriebenen Krater, die Wahrzeichen von Simpsonhafen. Der Fuß dieser Berge ist dicht bewaldet, während die Bergkuppen meist von Grassteppen bedeckt

---

54 Josef Krakowsky, Heilgehilfe der Neuguinea-Kompagnie in deren Krankenhaus für einheimische Arbeiter in Herbertshöhe/Kokopo.

55 Wahrscheinlich Wilhelm Wendland, Regierungsarzt. Dessen eigenen Erinnerungen, *Im Wunderland der Papuas. Ein deutscher Kolonialarzt erlebt die Südsee*, Berlin 1939, enthalten Falschaussagen und sind deshalb quellenkritisch nur mit besonderer Vorsicht heranzuziehen. Zum Gesundheitswesen in Deutsch-Neuguinea: Margrit Davies, *Public Health and Colonialism. The Case of German New Guinea 1884-1914*, Wiesbaden 2002.

sind. Die Krater sind tot, oder sollen es angeblich sein. Wenn aber die Erdbeben, die hier sehr häufig auftreten, wirklich so stark sind, wie es mir geschildert wurde, so kann ich an den Tod der drei Riesen nicht recht glauben.

Es gibt kaum ein lieblicheres Bild als das, welches sich mir täglich von der Veranda des Hotels bietet, wenn abends die Sonne in all ihrer Pracht untertaucht und die Bergzinnen vergoldet leuchten. In der See spiegelt sich ein entzückendes Farbenspiel. Das Hotel ist von einer gutgehaltenen Gartenanlage umgeben. An den brandroten Hibiskusblüten schaukeln sich winzige Vögelchen, eine Kolobriart[56]. Am Strand liegen Eingeborene und singen melancholische Lieder. Das alles versetzt in eine ganz eigenartige Stimmung, der man sich nicht entziehen kann.

Der Übergang vom Tag zur Nacht ist ein auffallend kurzer. Eine Dämmerung, wie wir sie in Europa gewöhnt sind, gibt es hier nicht. Um 6 Uhr geht die Sonne ebenso schnell auf, wie sie abends um 6 Uhr untergeht. Fast altväterlich wirken die Petroleumlampen, die hier allgemein Verwendung finden. Sehr unangenehm machen sie die Moskitos bemerkbar, die scheinbar frisch importiertes Blut besonders schätzen. Diese Mücken sind eine üble Zugabe, auf die wir hier alle gern verzichten würden. Nach Sonnenuntergang wird die Plage besonders unangenehm. Die Quälgeister stechen mit Vorliege an Körperteilen, an denen sie nicht gleich zu bemerken sind. Oft saugen sich diese Biester derart voll Blut, dass sie kaum noch fliegen können. Ekelhaft ist es, wenn Mücken, die sich bereits an einem anderen Opfer vollgesogen haben, sich bei einem selbst noch einen Nachtisch holen wollen. Aber weit schlimmer, als die Stiche sind, ist die Malaria, die durch die Moskiten mit tödlicher Sicherheit übertragen wird. Wo viel Sonne ist, ist auch viel Schatten.

---

56 In Neuguinea existieren keine Kolibris (Trochilidae), die nur in Amerika vorkommen. Allerdings gibt es sehr kleine, farbenprächtige (Sing-)Vögel, die auf Grund ihrer äußeren Erscheinung sehr an Kolibris erinnern: die Sonnenvögel (Nectariniidae). Sie ernähren sich hauptsächlich von Blütennektar, besitzen Schnäbel, die denen der Kolibris ähneln und führen kurze, sehr schnelle Flugbewegungen aus, die wegen ihres „Schwebens" durchaus kolibriähnlich anmuten; vgl. Brian J. Coates, *The Birds of Papua New Guinea including the Bismarck Archipelago and Bougainville*, Alderley 1990, 304-307 u. v.a. P.(ater) Otto Meyer, MSC, *Die Vögel des Bismarckarchipel. Ein Hilfsbuch zur Erkennung der Vogelarten*, Vunapope 1936, 27. Meyer nennt für den Bismarckarchipel zwei Arten: das gelbe (*cinnyris jugularis flavigaster* Gould) und das etwas größere schwarze (*cinnyris sericea corinna* Salv.) Sonnenvögelchen. Die gelbe (oben grünlich, Männchen mit schwarzglänzender Kehle) Art wurde von den Tolai „Tega vol" genannt, war auf allen Inseln des Bismarckarchipels u. auf Manus weit verbreitet u. kam damals sogar auf den Pflanzungen vor. Das schwarze (Weibchen aber oben grünlich, Kopf u. Hals grau, unten hellgelb) Sonnenvögelchen war ein Waldvogel. Wegen der geschlechtsabhängigen Farbunterschiede wurden von den Tolai auch zwei verschiedene Namen gebraucht: „Tege taburur" für das Männchen u. „Tabaur" für das Weibchen. Nur für Anir/ die Feni-Inseln vermerkte Meyer eine weitere Art oder Unterart: *cinnyris sericea eichhorni.*

1.4.08

Pünktlich traf die erste Malaria ein. Vor drei Tagen fühlte ich abends ganz plötzlich einen starken Schüttelfrost. Mir wurde erbärmlich elend zumute. Lächelnd holte mein Lehrmeister das Fieberglas, welches bereits 39 Grad anzeigte. Also schnell ins Bett. Dieser Zustand ist geradezu jämmerlich. Vor allem machten sich starke Genickschmerzen unangenehm bemerkbar. Kopfschmerzen, unter denen die meisten Malariakranken sehr zu leiden haben, blieben glücklicherweise aus. Aber dafür stellte sich ein anderer netter Zugabeartikel ein, „Roter Hund"[57], eine Art Hitzepickel. Das war bald noch übler als die Malaria selbst. Am ganzen Körper rötete sich die Haut und erzeugte das wenig schöne Gefühl, auf Nadelkissen zu liegen. Ganz unerträglich wurde der Zustand, als ich trotz der Warnung Krakowskys ein kühles Duschbad nahm. Ich bekam einen wahren Wutanfall und kratzte mich wie ein infizierter Affe. Die Haut rötete sich noch schlimmer, und ich gebrauchte viele der neuaufgenommenen Flüche, deren Anwendung leider auch keine Linderung brachte. „Da, da, da haben Sie den Salat", sagte Krakowsky, der etwas stotterte, wenn er sich erregte. Er tränkte einen Wattebausch mit Alkohol und rieb mich damit von oben bis unten ab. Da wurde mir klar, dass Alkohol doch recht unangenehme Wirkungen haben kann. Am liebsten hätte ich laut gebrüllt, so brannte der sonst so sympathische Stoff auf der Haut. Aber bald legte sich das Brennen, und nach mehrfacher Anwendung des Mittels war diese niederträchtige Erscheinung im Schwinden. Das Fieber hielt drei Tage an und erreichte in der zweiten Nacht mit 41 Grad seinen Höhepunkt. Jetzt fühle ich mich wieder wohl, wenn ich auch noch recht schlapp bin. Natürlich muss ich tüchtig Chinin schlucken, welches ein recht unangenehmes Ohrensausen hervorruft.

Übermorgen ist Ostern. Die Angestellten der Neuguinea-Comp. sind mit dem Kapitän des Anwerbeschiffes „Senda"[58] einig geworden, eine Osterfahrt zu unternehmen. Der Administrator gab gerne seine Einwilligung dazu. Wenn es mein Zustand erlaubt, nehme ich an der Fahrt teil. Den Tag nach Ostern soll ich dann nach der Pflanzung Tobera übersiedeln, um mit meiner eigentlichen Tätigkeit zu beginnen. Wie im Fluge ist die Zeit vergangen. Im Sanitätsdienst bin ich jetzt so weit ausgebildet, dass ich mich wohl getrauen kann, diesen Posten selbständig auszufüllen. Allerdings ist mir der Beruf als Pflanzer bei weitem sympathischer als die Doktorei.

Das Pidgin-Englisch, welches man als Esparando[59] der Südsee bezeichnen könnte, ist ein Sprachgemisch, das zum größten Teil der englischen Sprache entnommen ist, aber stark mit malayischen und auch portugiesischen Brocken vermengt ist

---

57 Medizinisch miliaria genannt; ein stark juckender Hautausschlag, der durch unsachgemäße, zu enge Kleidung und Schwitzen im feuchtheißen Klima vorkommt. Vgl. Anthony Neville Gordon Clark, *Tropical sweat duct occlusion. A study of miliaria rubra, miliaria pallida, tropical anhidrotic asthenia and related factors in sweat duct occlusion in the tropics*, M.D. Leeds 1951; Stephen Keith Tyring, Omar Lupi, Ulrich R. Hengge (Hg.), *Tropical dermatology*, Edinburgh ²2017.
58 Richtig: Senta, Kapitän Wilke; im Original durchgehend falsch „Senda" geschrieben.
59 Richtig: Esperanto.

und ein sprachliches Kuriosum darstellt.[60] Diese einfache Sprache, die für englische Ohren entsetzlich klingen mag, hat den Vorteil, dass sie sehr leicht zu erlernen ist. Da unter den Eingeborenen der Südsee unzählige, völlig voneinander abweichende Sprachen herrschen, bürgerte sich nach und nach das Pidginenglisch ein, welches an den chinesischen Küsten und an der Westküste Afrikas, wenn auch in etwas veränderter Form, ebenfalls als Verkehrssprache dient.

14.4.08

Den Malariaanfall habe ich schnell überwunden, und wenn ich mich auch noch recht schlapp fühlte, so war das kein Grund, an der Osterreise nicht teilzunehmen. Ostersonnabend gegen sechs Uhr gingen wir an Bord der „Senta", die auf der Reede von Herbertshöhe vor Anker lag. Kapitän Wilke empfing uns mit den Worten: „Na meine Herrens, dann wulln wir dat uns mal recht gemütlich machen." Er ist ein echter, alter Seemann, der aus seinem Herzen keine Mördergrube macht. Seit vier Jahren fährt er die „Senta", einen etwa achtzig Tonnen Segelschoner, der einen bereits stark befahrenen Eindruck erweckte. Die unter den Eingeborenen wohlbekannte „Senta" ist ein ausgesprochenes Anwerbeschiff, das zur Rekrutierung farbiger Arbeiter im Dienst der Neuguinea Compagnie steht. Ebenso werden damit die Arbeiter, die ihren dreijährigen Kontrakt erfüllt haben, in die Heimat befördert. Die Zeiten der sogenannten Schwarzdrossler[61] sind endgültig vorüber. Als Deutschland seine mächtige Hand auf das Land legte, wurde die Arbeiteranwerbung durch äußerst strenge Gesetze geregelt, so dass es heute praktisch unmöglich ist, einen Eingeborenen zur Arbeit zu zwingen. Außer dem Kapitän befand sich noch ein zweiter Europäer an Bord, der Bootsmann Schulz, den auch seine Freunde nicht als durchaus feinen Mann bezeichneten. Da er hohen Wuchses und starker Hand war, erfreuten sich seine derblustigen Späße, womit er gern im angetrunkenen Zustand seine Mitmenschen unterhielt, nicht gerade großer Sympathien. Die Besatzung des Schiffes, die sogenannte Crew,

---

60 Neben den genannten Sprachen und Elementen aus Fidschi sind indigen-melanesische (außer dem Kuanua der Tolai vor allem Worte aus New Ireland/Neumecklenburg und Neu Hannover), spanische und vor allem (durch die Kolonialzeit befördert) deutsche Wurzeln erkennbar; F(rancis) Mihalic, SVD, *The Jacaranda Dictionary and Grammar of Melanesian Pidgin*, Milton 1971. In der Kolonialzeit wurde die Kreolsprache auch „Tok boi" (nach den Arbeitern auf den Pflanzungen) genannt.

61 Deutsche Übertragung für „blackbirding", das gewalttätige, mehr oder weniger unregulierte Einfangen melanesischer Arbeiter für europäische Pflanzungen, welches an Sklavenjagden erinnerte, ursprünglich vor allem für die Zuckerrohrplantagen in Queensland, dort „kanaka traffic" genannt. Die Unterbindung dieser Praxis diente dem Deutschen Reich als öffentliche Begründung für das koloniale Einschreiten in Neuguinea. Den besten Überblick hierzu im Deutschen bietet Hermann Mückler, *Australien, Ozeanien, Neuseeland* (Neue Fischer Weltgeschichte Bd. 15), Frankfurt a.M. 2020, 374-378. In englischer Sprache sind zu nennen: Tracey Banivanua-Mar, *Violence and Colonial Dialogue. The Australian-Pacific Indentured Labor Trade*, Honolulu 2007, u. die ältere Studie von Edward Wybergh Docker, *The Blackbirders. The Recruiting of South Seas Labour for Queensland, 1863-1907*, Sydney 1970.

bestand aus kräftigen, gutgenährten, schwarzen Burschen. An der Fahrt nahmen etwa dreißig mit Übermut geladene junge Menschen teil.

Der Kapitän gab das Kommando zum Ankerlichten und da keinerlei Hilfsmaschinen an Bord waren, musste das Ankerspill durch Menschenkraft in Betrieb gesetzt werden. Wie die Affen kletterten die schwarzen Matrosen in den Wanden hoch und setzten die Segel. Mit einer schwachen Landbrise bewegten wir uns langsam vorwärts. Trotz der Finsternis leuchtete der Himmel tiefblau, und fast grell hob sich das Kreuz des Südens aus der Sternenpracht hervor. Die Osterreisenden saßen oder lagen in Gruppen an Deck, so wie sie sich gerade zusammengefunden hatten. Im Laderaum hatte sich eine Bar etabliert, die starken Zuspruch fand. Bald kam man ins Erzählen, und wechselten heitere Erlebnisse mit gar schaurigen Abenteuern, die der Eine oder Andere erlebt haben wollte. Merkwürdigerweise spielten sich diese grausigen Vorkommnisse immer in anderen Erdteilen ab, so dass sie außerhalb jeden Zweifels standen. Die Schilderung einer Elefantenjagd in Kamerun wurde durch den blöden Zwischenruf: „Hören Sie auf! Ich kann kein Blut sehen!" roh unterbrochen.

Am Bug wurde eine Laute gestimmt, und dann sang Mayer mit dem tz mit einer überraschend schönen Stimme ein Volkslied. Verhauene Schnaderhüpferl[62] stiegen, die von einer schaurigen Ballade, nach der sich sechs Freier wegen einer teuflischen Laura das Leben nahmen, überboten wurde. Für die Nacht war ein jeder mit Decken und Kissen gerüstet. Ein Schiffsdeck ist zwar kein Paradiesbett, aber das starke Tropenbier half über den Mangel an Komfort hinweg. Gegen Morgen fiel rasselnd der Anker, was unter allgemeinem Gähnen zur Kenntnis genommen wurde. Wir lagen vor der kleinen Insel „Kabakon"[63]. Mit einem gewaltigen Kessel duftenden Kaffees erwarb sich der Schiffskoch die Sympathien der Passagiere. Es gibt wohl auf Erden keinen friedlicheren Anblick als so eine kleine, von bunten Korallenriffen umhegte, Südseeinsel. Über die See und die Landschaft breiteten sich alle Farben, die die Natur hervorzuzaubern fähig ist, strahlend aus, und bot sich uns ein Bild urnatürlicher Schönheit dar.

Die Insel Kabakon ist Eigentum des Sonnenmenschen Engelhard[64]. Ich hatte schon viel von dem sonderbaren Heiligen gehört. Aus wohlhabendem Hause stam-

<hr/>

62 So werden Scherzlieder, häufig mit derben Inhalten und aus dem Stegreif getextet, genannt, die vornehmlich in der Alpenregion gesungen wurden (und noch werden). Deren Popularität illustriert eine Sammlung, die der Reclam Verlag bereits 1892 herausgab: Fritz Gundlach, *Tausend Schnadahüpfln*, Leipzig 1892.

63 Eine kleine, nicht ganz 800 m² große Koralleninsel nordwestlich von Kerawara, wo sich von 1887-1890 die wichtigste Station der Neuguinea-Kompanie im Bismarckarchipel befand. In Kerawara amtierte von 1889 bis 1890 auch als Vertreter des Kaiserlichen Kommissars Georg Schmiele. Beide Inseln bilden den südlichsten Teil der Duke of York (Neulauenburg)-Gruppe.

64 August Engelhardt (1875-1919), der Gründer der „Kokovoren" bzw. des „Sonnenordens", hat nach seiner modernen „Entdeckung" durch Dieter Klein („Neuguinea als deutsches Utopia: August Engelhardt und sein Sonnenorden", in: Hiery (Hg.), *Die deutsche Südsee 1884-1914*, 450-458) sowohl wissenschaftlich (Sven Mönter, *Following a South Seas Dream: August Engelhardt and the Sonnenorden*, Auckland 2008) wie medial ein breites Interesse gefunden. Christian Kracht hat ihn in seinem Roman *Imperium*, Köln 2012, ein bleibendes, durchaus

mend, befiel ihn die Idee, dass der Mensch nur in den Tropen leben könne und sich ausschließlich von Kokosnüssen ernähren müsse. Er nennt sich Pflanzer und Schriftsteller und gibt die Monatsschrift „Sonne, Tropen und Kokosnuss" heraus. So war ich nun sehr gespannt, dieses eigentümlichen Menschen Bekanntschaft zu machen. In zwei Booten fuhren wir an Land, durchquerten die Insel und erreichten bald die Pflanzung des „Kokoworen", wie er sich und seine Anhänger bezeichnete. Er hat sogar in Deutschland die Bewegung der Kokoworen ins Leben gerufen, die am schönen Elbestrand in Weinböhla bei Dresden ihren Sitz hat und von ihm mit Kokosnüssen beliefert wird. Die begeistertsten seiner Jünger waren ihm nach der Südsee gefolgt, wo sie sich aber bald als unwürdig erwiesen. Nachdem sie sich den Magen gründlichst verdorben hatten, verfluchten sie die Lehre des Apostels und drehten dem paradiesischen Eiland den Rücken zu. Zwei der „Kokoworen" blieben ihrem Meister treu, die aber leider sehr bald starben.

Engelhards Pflanzung befand sich in gutem Zustand, und bleibt es anzunehmen, dass ihm diese reichliche Erträge abwirft, die er aber sicher seiner Idee opfern wird. Bald langten wir in Engelhards Behausung an, die aus einem netten Holzhäuschen bestand. Er saß an seinem Schreibtisch und hatte, vertieft in seine Arbeit, unser Kommen eben erst bemerkt. Als einziges Kleidungsstück diente ihm ein Lendentuch, derart, wie es die Eingeborenen tragen. Die Haut, von der Sonne stark gebräunt, hätte hinsichtlich ihrer Farbe einem Indianer zur Zierde gereicht. Den Christuskopf krönte eine mächtige Mähne, ein Haar, das schwer und fettig glänzend, bis auf die Schultern hing. Aber aus den Augen des Sonnenmenschen leuchteten Güte und Wunschlosigkeit. Zweifelsohne handelte es sich um einen sehr gebildeten Menschen, der im Suchen nach der Urform menschlicher Lebensweise zu dieser, uns lächerlich erscheinenden, Erkenntnis kam.

Diese Art Rohkost scheint aber nicht bekömmlich zu sein. Seinen langen, dürren Körper konnte man durchaus nicht als Idealgestalt bezeichnen. An beiden Beinen trug er Verbände, und zahlreiche Narben deuteten darauf hin, dass tropische Ekzeme zum Normalzustand gehörten. Schon des Öfteren musste er entkräftet und wegen der immer wieder auftretenden Geschwüre das Hospital in Herbertshöhe in Anspruch nehmen. So einsam wie er lebte, war er doch kein Eigenbrötler, sondern stand er durchaus mit der Außenwelt in Fühlung. Bald kam eine rege Unterhaltung in Fluss. Über die letzten Ereignisse des Reichstages sprach er in der Art eines wohlinformierten Berichterstatters.

Naturgemäß unterhielt man sich hauptsächlich über die Ereignisse, die die Kolonie betrafen, und zeigte es sich hierbei, dass ihm auch ein kleiner Klatsch nicht uninteressant war. Seine eigene Sache berührte er mit keinem Wort. Dagegen liebte er gute Witze und legte keinen Wert darauf, dass deren Pointen besonders zahm waren. Zum Abschied verteilte er verschiedene Exemplare seiner Zeitschrift. Als ich die-

kritisches Andenken gewidmet. Den bis gegenwärtig schwer durchschaubaren Vorgängen um den Tod einzelner Mitglieder des Sonnenordens widmete der nordirische Kriminalschriftsteller Adrian McKinty seinen Kriminalroman *The Sun is God*, London 2014.

se an Bord las, kamen mir doch hinsichtlich Engelhards Geisteszustand Bedenken. Durch den ständigen Genuß von Kokosnüssen will er immer gottähnlicher werden. Das Fleisch, als Nahrung verwendet, nennt er Leichenfraß, und das Gemüse bezeichnet er als dem Vieh gehörig. Auch Gedichte enthielten die Heftchen, die weder schön noch gut verfasst waren. An dieser Zeitschrift setzt er schwer Geld zu.

Bald waren wir wieder an Bord und segelten in Richtung Kilba[65]. Auf der Fahrt nach dort trieben wir allerhand Kurzweil. Leere Flaschen wurden über Bord geworfen und mit Gewehren zerschossen. Trotz der Haifischgefahr sprangen wir über Bord und schwammen hinter dem langsam segelnden Schiff her. Der Kapitän ließ zur Sicherheit ein Boot aussetzen, das uns aufnahm, wenn wir ermüdeten. Gegen Abend erreichten wir unser Ziel. Auf dieser Insel lebte eine deutsche Familie, die uns sehr freundlich aufnahm. Ein dreißig Mann starker Besuch gehörte ganz bestimmt nicht zu den Alltäglichkeiten auf Kilba. Aber die Pflanzersfrau und die beiden Töchter, zwei nette, junge Mädels, brachten es fertig, uns alle irgendwie zu platzieren und sogar für ein kleines Essen zu sorgen. Allerdings hatten wir Konserven und reichlich Getränke mitgenommen, und so waren wir bald in einer übermütigen Stimmung, die in einem Tanz auf dem Rasen vor dem Hause ihren Höhepunkt erreichte. Dreißig Tänzer und drei Damen ergab ein Verhältnis, wie es sich ein Backfischherz nicht schöner erträumen konnte.

Gegen zwei Uhr morgens verabschiedeten wir uns von unseren freundlichen Gastgebern, um im üblichen, malerischen Durcheinander noch einige Stunden zu schlafen. Bei Morgengrauen, als der Anker gehievt werden sollte, erwartete uns eine recht unangenehme Überraschung. Der Anker hatte sich zwischen zwei mächtigen Korallenblöcken derart festgeklemmt, dass alle Hilfsmittel, mit denen man versuchte, den Anker loszubekommen, versagten. Zwei Mann der schwarzen Besatzung bewaffneten sich mit Brechstangen, tauchten auf den Grund und versuchten, den Anker loszubrechen. Alle Bemühungen waren erfolglos und blieb nun nichts anderes übrig, als die Ankerkette zu kappen. Ein schwerer Anker und vierundzwanzig Faden Ankerkette ließen wir als Ostergabe an Neptun auf dem Meeresgrund zurück. Der Administrator war von dem Resultat unserer Reise nicht sehr begeistert. An Bord der Senta lernte ich meinen zukünftigen Vorgesetzten Schmidt-Burk[66] kennen, mit dem voraussichtlich ein recht gutes Arbeiten sein wird. Gegen 5 Uhr nachmittags erreichten wir Herbertshöhe.

Noch am selben Tage ritten wir nach Tobera, der Pflanzung, welcher ich zugeteilt wurde, die Schmid-Burgk verwaltet. Es war bereits stockfinster, als wir Tobera erreichten. Nachdem wir in Schmid-Burgks schönem Hause zu Abend gegessen und

---

65 Pflanzung Kiba/Kipa, südwestlich vom Vulkan Mt. Ulawun, ca. 60 km nördlich von Bialla; heute Provinz West New Britain.

66 Hans Schmid-Burgk, damals Pflanzungsassistent der Neuguinea-Kompagnie. Er war einer der wenigen Deutschen, denen es gelang, auch nach ihrer Enteignung durch die australischen Behörden der Ausweisung aus Neuguinea zu entgehen; vgl. Baumann/Klein/Apitzsch, *Biographisches Handbuch*, 406-407. Die unterschiedlich (falsche) Schreibung im Original wurde im weiteren Text korrigiert.

einen tiefen Begrüßungsschluck getan hatten, brachte mich mein Lehrmeister nach einem netten, freundlichen Bungalow, das mir voraussichtlich für Jahre als Wohnung dienen wird. Schmid-Burgk trug mir noch auf, mich den nächsten Morgen sechs Uhr vor seinem Hause zum Leinemachen einzufinden, ein Auftrag, für den mir vorläufig der Begriff fehlte.

Zur festgesetzten Zeit fand ich mich ein, und wurde mir nun die Bedeutung des Wortes „Leinemachen" bald klar. Die farbigen Arbeiter hatten sich fast militärisch in zwei Gliedern, die Aufseher vor der Front, aufgestellt. Schmid-Burgk musterte mit Blicken eines Hauptmanns seine Truppe, um sie aber zu recht friedlichen Beschäftigungen zu kommandieren. Die meisten Leute wurden zum Grasschlagen und Hacken von Baumscheiben benötigt. Hier gedeiht nämlich nichts so gut als das Gras, das sogenannte Kunai oder Allan-Allang[67], ein hartes, fast schilfartiges Gewächs, was übermannshoch wird. Aber auch zum Einsammeln der reifen Nüsse und Aufschlagen derselben wurden viele Arbeitskräfte beansprucht. Etwa dreißig Weiber zogen mit Geschnatter davon, um ihrer Hauptbeschäftigung, dem Kopraschneiden, nachzugehen. Auch die Einzelkommandos erforderten eine große Anzahl Leute. Da brauchte man Ochsenjungen als Karrenführer, Arbeiterköche, Arbeiter für Wege- und Brückenbau und andere zum Ausheben von Wassergräben. Über die Kultur der Kokospalmen, die Ernte und deren Aufbereitung werde ich später, wenn ich Erfahrungen in diesem Fach gesammelt habe, berichten. Auf munteren Ponys ritten wir zu den Arbeitsstätten und erklärte mir Schmid-Burgk die Arbeitsmethoden, die hierzulande allgemein angewendet werden.

Vorläufig war ich noch meines Lehrmeisters Gast und vereinte uns bald ein kräftiges Frühstück, das mir etwas üppig erschien. Ein sog. zweites Frühstück[68] kennt man hier nicht. So gestärkt gingen wir nach dem Hospital, das in unmittelbarer Nähe meines Hauses liegt. Die Einrichtungen des Hospitals sind in kleinerem Maßstab die gleichen wie in Herbertshöhe. Es handelt sich hier um ein Centralhospital, dem auch die Arbeiter der benachbarten Pflanzungen zugeführt werden. Schmid-Burgk überließ mich jetzt meinem Schicksal und beauftragte mich, nach Beendigung des Hospitaldienstes in die Pflanzung zu kommen, um auch hier meinen Dienst kennenzulernen. Mir war zumute wie einem Studenten der Medizin, der im Examen seine praktischen Kenntnisse beweisen soll. Nur hatte ich einen Vorteil für mich, es lagen

---

67 Deutsch: Silberhaargras (*Imperata cylindrica*); der Tok Pisin-Ausdruck „kunai" kommt aus der Kuanua-Sprache der Tolai und bedeutet „langes Gras", was auf die enorme Größe der Pflanze (sie soll ein Wachstum von bis zu drei Metern erreichen können) anspielt. Das Gras ist sehr scharfkantig und entbrennt leicht. Es kommt in ganz Neuguinea vor und gilt als „pest", Unkraut.

68 Im Kaiserreich im Adel, im Bürgertum und vor allem in der Bauernschaft weit verbreitet. In Süddeutschland und in der Kuk-Monarchie („Gabelfrühstück") auch von der Handwerkerschaft praktiziert, wo es sich – wie teilweise unter den Bauern – bis heute erhalten hat. Es wird, abhängig vom Beginn der jeweiligen Arbeit, um 9, 10 oder erst 11 Uhr eingenommen – der späte Zeitpunkt markiert in vielen Teilen Süddeutschlands dagegen bereits den Beginn des Mittagessens.

keine kritischen Augen auf meiner Tätigkeit. Da unter Eingeborenen komplizierte Krankheiten sehr selten sind, werden in allgemeinen meine Kenntnisse ausreichen. Meine Sprechstunde nahm zwei Stunden in Anspruch. Dann zog ich den weißen Kittel aus, bestieg mein munteres Rösslein und war nun wieder Pflanzer.

Von elf bis ein Uhr wird Mittagspause gehalten. Diese angenehme Unterbrechung verkündet die Stationsglocke.[69] Die Arbeiter erhalten täglich zwei Reisportionen und wöchentlich zweimal frisches oder auch Salzfleisch. Bei Regenwetter werden auch Tee und Zucker[70] verabreicht, eine Angelegenheit, die von den Schwarzen hoch geschätzt wird.

Jetzt musste noch eine wichtige Sache erledigt werden, und zwar die betreffs der Dienerschaft für mich. Ich habe zwei Leute zu beanspruchen, für die mir monatlich je zehn Mark in Rechnung gesetzt werden. Es ist landesüblich, dass man einen Hausjungen und ein Waschmädel ins Haus nimmt. Als die Leute zum Essenempfang angetreten waren, gingen wir die Reihen ab, um das passende Hauspersonal zu finden. Ein netter Hausboy war bald gefunden. Aber betreffs des weiblichen Wesens entstanden einige Schwierigkeiten. Sie sollte waschen, bügeln und kochen können, nicht zu alt und auch nicht hässlich sein.[71] Auch auf Sauberkeit wurde großer Wert gelegt. Das bedeutete Ansprüche, denen gar nicht so einfach zu genügen war. Nach Vorschrift der Firma darf kein Farbiger gezwungen werden, als dienstbarer Geist zu fungieren. Die holden Schönen wussten schon, um was es sich handelte und sahen diesem großen Moment mit Spannung entgegen. Auf die Frage hin, wer sich freiwillig zum Dienst bei dem neuen Master melde, erhob sich ein allgemeines Gekichere. Einige wollten geschamig erscheinen und drehten uns die Rückseite zu. Andere wieder hielten sich die Augen zu – ich bin blind und sehe nichts. Dann trat eine vor die Front und sagte zu mir: „Me like work long jou[72]." (Ich will für Dich arbeiten.) Das war die richtige. Sie ist zwar nicht mehr ganz jung, aber adrett und sauber, ein Vorzug, der sehr hoch einzuschätzen ist. Mangeri ist ihr Name. Der Junge ist ein bildhübscher Bengel, pechschwarz und etwa zwölf Jahre alt. Seines Stammes nach ist er ein Buka[73], ein Salomonsinsulaner. Wie dieser kleine Wildling, der erst vor kurzem

69 Tok Pisin: „belo", angekündigt durch Glockenschlag („bell") auf den Pflanzungen.
70 Die Beschreibung „Tee *und* Zucker" statt „Tee *mit* Zucker" trifft die Praxis exakt. Der Genuß des mit reichlich Zucker verdickten Tees hat sich als historische Gewohnheit in Papua-Neuguinea bis in die Gegenwart erhalten.
71 Unter dem Begriff „Waschfrau" verbarg sich seit den kolonialen Anfangsjahren faktisch die indigene Konkubine alleinstehender männlicher Siedler und Pflanzer. Die Praxis, im deutschen Kolonialismus öffentlich abgestritten (vgl. Wilhelm Wendland, *Im Wunderland der Papuas. Ein deutscher Kolonialarzt erlebt die Südsee*, Berlin 1939, 16) wird eindeutig bezeugt (und fotografisch belegt) vom ungarischen Ethnologen Lajos Biró (1856-1931), der sich sechs Jahre lang (1896-1902) in Deutsch-Neuguinea aufhielt; vgl. Gábor Vargyas, *Data on the Pictorial History of North-East Papua New Guinea*, Budapest 1986, Kapitel zwei: „‚Ol meri': Papuan wives and European husbands", 41-53.
72 Tok Pisin: "Mi laik wok long yu".
73 Buka ist eigentlich die nördlichste der Salomoninseln, die (gegenwärtig noch) zu Papua-Neuguinea gehört. Im Tok Pisin heißt „buka" schwarz und, davon abgeleitet, werden alle

von seiner weltfernen Insel kam, sich in einer europäischen Junggesellenwirtschaft zurechtfinden wird, bleibt abzuwarten.

23.4.08

Gestern trat meine Hausdame ihren Dienst bei mir an, und kam ich mittags sehr erwartungsvoll heim, ob wohl Mangeri irgendetwas Essbares beschafft habe. Und siehe da! Der Tisch war sauber gedeckt, und lächelnd brachte die schwarze Köchin eine Schüssel mit Makkaroni nebst feingeschnittenem Schinken auf den Tisch. Sie hatte einfach meine Vorräte durchsucht, und was ihr dienlich schien bereitet. Das war für mich eine Überraschung, hatte ich doch nicht für möglich gehalten, dass so ein Kannibalenmädchen kochen könne. Auch an Unterhaltung ließ sie es nicht fehlen und berichtete die unglaublichsten Dinge. Früher habe sie bei einer weißen Frau ge-arbeitet, die habe „Gras german"[74] (falsches Haar) gehabt und am Abend die Zähne herausgenommen. Ich winkte aber dankend ab und verzichtete auf weitere indiskrete Informationen. Aber nun wußte ich, dass Mangeri doch nicht so unkultiviert ist, wie ich glaubte, hatte sie doch schon in dem Haushalt einer weißen Frau gearbeitet. Ein Umstand, von dem ich den Nutzen hatte. Jedenfalls lernte ich durch das Geplapper sehr schnell Pidginenglisch. Mangeri gab mir den guten Rat, einen Schießjungen anzustellen, der für mich Tauben und Wildschweine schießen sollte. Diesen Rat wer-de ich befolgen, da sich dadurch die Verpflegung abwechslungsreicher und billiger gestalten wird.

Mit den Eingeborenen komme ich gut aus. Sie nennen mich Master Doktor und haben scheinbar Vertrauen zu mir gefasst. Schmid-Burgk zerstörte ein wenig diese Illusionen und erklärte mir, dass Kranksein für die Eingeborenen vor allem Befrei-ung von der so wenig geschätzten Arbeit bedeute und sie daher zum Master Doktor das größte Vertrauen haben, der sich von ihnen am leichtesten auf den Leim führen lasse. Das unterschiedliche Aussehen der farbigen Arbeiter, das mir bei meiner An-kunft in der Kolonie sehr auffiel, erklärt sich daraus, dass der Bedarf an Arbeitern in den verschiedensten Teilen der Kolonie durch Anwerben gedeckt wird.

Die Eingeborenen Neupommerns, der größten Insel des Bismarckarchipels, zer-fallen in verschiedene Stämme, die äußerlich, sowohl wie in ihren Sprachen, stark voneinander abweichen. Die Gazellehalbinsel[75], auf der Herbertshöhe und Simpson-

---

Bewohner der nördlichen Salomoninseln (Buka, Bougainville und Nissan), die sich durch ihre schwarze Hautfarbe äußerlich von den übrigen Melanesiern abheben, so genannt.

74 „Gras giaman", Tok Pisin: falsches Haar, Perücke.

75 Heute: Gazelle Peninsula (ein einheimischer Name existiert nicht), benannt nach der gedeckten Korvette Gazelle, die 1859 auf der königlich-preußischen Werft Danzig vom Stapel lief. Ursprünglich als Kriegsschiff gebaut mit 380 Mann Besatzung und mit sechs großen und 20 leichten Kanonen ausgerüstet, wurde sie 1874 auf Wunsch von Reichskanzler Bismarck zu einem Expeditionsschiff umgebaut und dafür die Bewaffnung um die Hälfte vermindert. Im Juni 1874 verließ sie unter Kommandant Georg Freiherr von Schleinitz (1834-1910) Kiel mit dem Ziel, über Afrika, Südostasien, den Pazifik und Südamerika, die Welt zu

hafen liegen, werden von einem sehr hässlichen Volksstamm bewohnt, der den als sehr hässlich bekannten Eingeborenen Australiens auffallend ähnlich ist. Meist sind sie mittlerer Statur und von dunkelbrauner Hautfarbe. Zum großen Teil sind diese unschönen Menschen mit einer ekelhaften Hautkrankheit, dem Ringwurm,[76] behaftet. Die Benennung dieser Krankheit wirkt irreführend, da es sich hierbei nicht um einen Wurm, sondern um einen Hautpilz handelt, der sich ringförmig über die gesamte Haut fortpflanzt. Dieser Pilz ist sehr leicht übertragbar. Besonders widerlich ist der süßliche Geruch, den die vom Ringwurm Befallenen an sich haben. Bei keiner Rasse der Südsee ist diese ekelhafte Hautkrankheit so stark vertreten als es bei den Neupommern der Fall ist. Als gefährliche Krankheit ist der Ringwurm nicht anzusprechen. Die davon Befallenen kratzen sich ununterbrochen, was den Europäer mit der Zeit zur Verzweiflung bringen kann. Das einzige Mittel gegen diese Hautkrankheit ist Petroleum, dem man Schwefelblüte zusetzt und damit die Haut einreibt. Diese Kur ist aber sehr langwierig und dadurch, dass der Eingeborene keinerlei Interesse daran hat, von dieser Krankheit befreit zu werden, sehr schwer durchzuführen.

28.4.08

Als ich gestern Mittag heimging, hörte ich schon von Weitem ein Gekeife. Mangeri schimpfte wie ein Rohrspatz, und Tränen der Wut liefen ihr über die Wangen. Nichtsdestoweniger ließ sie sich durch meine Ankunft stören, nur dass sie sich jetzt deutscher Schimpfworte bediente. Ich war bass erstaunt über das gute Deutsch, was ihr auf diesem Gebiet zur Verfügung stand. Du Siwein (Schwein), du Kameel, du Appe (Affe) waren noch die harmlosesten Schimpfworte. Die weiteren, die sie gebrauchte,

umsegeln und dabei astronomische, biologische, ethnologische, geodätische, geologische und meteorologische Untersuchungen vorzunehmen. Es war die erste wissenschaftliche Weltreise der Reichsmarine. Angelaufen wurden u.a. Liberia, der Kongo, die Kerguelen, Neuguinea, die Salomonen, Fidschi, Tonga und Samoa. Auf der Reise wurde enorm viel wissenschaftliches Material gesammelt, sie kostete aber insgesamt 16 Besatzungsmitgliedern das Leben. 1875 verweilte sie etliche Wochen im später so genannten Bismarckarchipel vor der nach ihr benannten Halbinsel. Zum Schiff vgl. Hans H. Hildebrand, Albert Röhr, Hans-Otto Steinmetz, Die deutschen Kriegsschiffe. Biographien – ein Spiegel der Marinegeschichte von 1815 bis zur Gegenwart, Bd. 2, Herford ³1993, 128-131; zur Expedition: *Die Forschungsreise S.M.S. „Gazelle" in den Jahren 1874 bis 1876 unter Kommando des Kapitän zur See Freiherrn von Schleinitz*, hg. von dem Hydrographischem Amt des Reichs-Marine-Amts, 5 Teile (Bde.), Berlin 1888-1890. Der Reisebericht ist, versehen mit einer Einleitung von Thomas F. Rohwer, seit 2022 als e-book verfügbar. Dazu: *Tagebuchnotizen des Oberbotteliers Rudolph Buchwald*, Hamburg 1999.

76 Ringwurm (tinea; Dermatophytose), eine Hautkrankheit, die durch Pilzsporen ausgelöst wird, wie der Autor selbst ausführt. Die Krankheit wird durch die hohe Luftfeuchtigkeit in den Tropen befördert und kommt dort auch gegenwärtig noch sehr häufig vor, in Tok Pisin *grile* bzw. *grille* genannt. Zur Erkrankung vgl. Friedrich A. Bahmer, *Tropische Hautkrankheiten. Epidemiologie, Diagnostik und Therapie*, Erlangen 1984. Den damaligen Stand der europäischen Medizin vermittelt Albert Plehn, „Die tropischen Hautkrankheiten", in: Carl Mense (Hg.), *Handbuch der Tropenkrankheiten*, Bd. 1, Leipzig 1905.

will ich nicht aufführen, da sich diese in Schriftdeutsch unschön ausnehmen. Der Hausboy war das Opfer ihres Zorns. Der hübsche Bengel lachte aus ganzem Herzen, zeigte seine prachtvollen Zähne, aber leider keine Reue. Nun erfuhr ich auch den Grund der schweren Erregung. Mangeri wollte einen Hahn braten und gab Erar, das ist der Name des Hausboys, den Auftrag, den edlen Vogel zu rupfen. Auch hatte sie ihm gesagt, dass er den Hahn vorher abbrühen solle. Was hatte aber nun der arme Sünder in seiner schönen Unschuld getan? Er hat den Hahn samt Federn und in unausgenommenem Zustand schön gar gekocht. Mangeri hatte das Unheil zu spät bemerkt, da sie mit Bügeln der Wäsche beschäftigt war. Der so zubereitete Hahn, der in einer schmutzigen Tunke schwamm, verdarb mir den Appetit auf Brathuhn erst mal gründlichst. Meinem Hund Zira dagegen schmeckte der gefiederte Braten gar prächtig.

Mangeri hat sich einen anderen Namen zugelegt und wünscht von nun an, Lotte gerufen zu werden.[77] Dieser entspricht durchaus ihrer gehobenen Position. Weiß der liebe Himmel, wo sie ihn aufgeschnappt hat.

30.4.08

Auf der Pflanzung Tobera, die sich auf eine Fläche von sechshundert Hektar erstreckt, werden drei Kulturen betrieben, und zwar Kokospalmen, Kaffee und Kautschuk. Seit einigen Tagen ist es meines Amtes, die Ernte und Aufbereitung des Kaffees zu überwachen. Bei Erwähnung dieses Vorganges will ich einiges über die

---

77 Namenswechsel sind auch heute noch in Papua-Neuguinea sehr gebräuchlich. Zu Beginn des Kontaktes mit den Europäern war es bei vielen Ethnien üblich, den eigentlichen Eigennamen zu verschweigen. Es herrschte die Vorstellung, dass jemand, der den Namen kennt (und nennt), über die Person eine besondere Verfügungsgewalt besitze. In der Kolonialzeit kam die Aufteilung in *haidennem*, den indigenen Namen, und *kristennem* (der Vorname, den man in der Regel bei der Taufe erhielt), den „europäischen" Namen, auf, die bis in die Gegenwart üblich ist. Dazu existierten Sippennamen, die man mit den in Deutschland früher üblichen Hausnamen vergleichen könnte, und besondere Ruf- oder Spitznamen. Eigentliche Nachnamen im europäischen Sinne existierten nicht. Diese wurden und werden „neu" gebildet, beispielsweise in dem man den *kristennem*, d.h. den europäischen Vornamen des Vaters, als Familien- und Nachnamen übernimmt bzw. weiterführt. Es ist deshalb auffällig, dass heutzutage eine ganze Reihe europäischer, zum Teil noch deutscher, vor allem aber englischer Vornamen, als „einheimische" Nachnamen geführt werden. So belegten die *Papua New Guinea White Pages* von 2011 etwa Andreas (3), Andrew (22), George (21), Johannes (1), John (41), Michael (27), Otto (8), Paul (21), Peter (33), Timothy (12), Thomas (30) oder Tom (21) als Nachnamen (Anzahl der Häufigkeit in Klammern angegeben). Nicht ungewöhnlich war es, Namen von Vorbildern oder Namen, an denen man einfach Gefallen fand, als eigene zu übernehmen. Nicht-autonome Namenswechsel kamen ebenfalls vor. Sie wurden sowohl von Europäern wie von Einheimischen gegenüber Dritten praktiziert. So wurden europäische Namen indigenisiert, wenn sie den indigenen Sprachvorstellungen nicht entsprachen. Vgl. für die Indigenisierung und Übernahme deutscher Namen aus der Politik (z.B. Bismarck) Hermann Joseph Hiery, *Das Deutsche Reich in der Südsee (1900-1921). Eine Annäherung an die Erfahrungen verschiedener Kulturen*, Göttingen 1995, 154-155.

Gewinnung des Kaffees sagen. Hier an der Küste gedeiht der Liberiakaffee am besten. Diese Sorte erfreut sich in Europa keiner besonderen Beliebtheit. Wie schon sein Name sagt, ist seine Heimat das an der Westküste Afrikas gelegene Liberia, die bekannte Negerrepublik[78]. In diesem Lande liegt die Kaffeekultur restlos in Negerhänden. Hier wird der Kaffee beim Aufbereiten nicht behandelt, sondern misshandelt, so dass dafür nur geringe Preise erzielt werden. Ganz entgegengesetzt liegt hier der Fall in Neuguinea. Aus sorgsam ausgesuchtem Saatgut werden Pflänzlinge gezogen, von denen wiederum nur die kräftigsten ausgepflanzt werden. Im Alter von vier Jahren beginnt der Liberia-Kaffee zu tragen. Er gehört zu den wenigen Sorten, die nicht periodisch, sondern beständig tragen. Das bedingt, dass diese Kaffeebäume gleichzeitig Blüten und Früchte hervorbringen. Diese Früchte, die in der Reife eine schöne rote Farbe annehmen, nennt man Kirschen. Letztere werden von schwarzen Weibern gepflückt, die dabei eine ziemliche Geschicklichkeit erreichen.

In der Aufbereitungsanstalt werden die Kirschen durch den sogenannten Bulber[79] getrieben, eine Maschine, die die Fleischhülle entfernt und gleichzeitig diese von den Bohnen scheidet. Jede Kirsche enthält zwei Bohnen, die nun in die Fermentierbekken, das sind etwa zwei Meter lange und ein Meter breite Zementbassins, geschüttet werden. Das Fermentieren ist von großer Wichtigkeit, da hiervon zum Teil die Güte des Kaffees abhängt. In der Fermentierung begriffener Kaffee wirkt durchaus nicht appetitlich. Diese üble braune Schmiere, in der sich Blasen bilden und die einen widerwärtigen Geruch ausströmt, ist aber Gegenstand größter Aufmerksamkeit des Kaffeepflanzers. Der Gärungsprozess ist beendet, wenn beim Befühlen die Bohnen in der Hand knirschen. Nach Eintritt diesen Stadiums wird der Kaffee gewaschen. Zur Aufbereitung des Kaffees wird viel Wasser benötigt. Aus diesem Grunde wurde hier ein starkfließender Bach abgedämmt und mit einem Schützen versehen, vermittelst dem man den Wasserstrahl regulieren kann.

Die gewaschenen Bohnen werden nun auf die Darre ausgebreitet, und besorgt hier die Sonne das Geschäft des Trocknens, welches etwa zehn bis vierzehn Tage in Anspruch nimmt. So weit der Kaffee hier im Lande verbraucht wird, muss er noch die Schälmaschine passieren, in der die Pergamenthülle entfernt wird. Dagegen wird der Exportkaffee ungeschält versandt. Durch diese sorgfältige Behandlung des Kaffees und von Klima und Boden begünstigt, ist der Neuginea-Liberia-Kaffee in Deutschland sehr gut bewertet worden. Auf dem Markt wird er aber nicht als Liberiakaffee gehandelt, sondern unter irgendeinem anderen Namen.

---

78 Zum Unternehmen der American Colonization Society, befreite US-amerikanische Sklaven an der Westküste Afrikas anzusiedeln und vor Ort quasi-koloniale Strukturen aufzubauen (die 1847 proklamierte staatliche Unabhängigkeit wurde von den USA erst 1862 anerkannt), vgl. u.a. Amos J. Beyan, *The American Colonization Society and the creation of the Liberian state. A historical perspective, 1822-1900*, Lanham 1991; Eric Burin, *Slavery and the peculiar solution. A history of the American Colonization Society*, Gainesville 2005; Claude Andrew Clegg, *The price of liberty. African Americans and the making of Liberia*, Chapel Hill 2004.

79 Von bulbus (lat.), Knolle, Zwiebel.

Jetzt habe ich auch meine Antrittsbesuche in der Nachbarschaft erledigt. Unser nächster Nachbar, der die Pflanzung Gunanur[80] verwaltet, Herr Schütze[81], ist ein netter Kerl. Er ist ehemaliger Kavallerieoffizier, dessen Laufbahn durch eine versoffene Geschichte sehr zeitig erledigt wurde. Wie man erzählt, soll er mit einigen Gleichgesinnten ein Klavier aus der zweiten Etage auf die Straße gestürzt haben. Ob das stimmt, weiß ich nicht, spielt auch keine Rolle. Jedenfalls ist er ein freundlicher Mensch, mit dem sich voraussichtlich gut Nachbarschaft halten lässt. Hierzulande ist es ganz gleichgültig, zu welcher Tageszeit man einen Europäer besucht, ergeht immer an den Hausboy der geläufige Befehl: Boy bottle Bier! Ob es nun ganz richtig ist, bei der Hitze Bier zu trinken, sei dahingestellt. Tatsache ist aber, dass es stets schmeckt. Auch ist es die einfachste Art, seinen Gast zu bewirten. Schmid-Burgk hatte sich auch eingefunden, und so war bald eine rege Unterhaltung im Gang. Erst wurde ein wenig gefachsimpelt und dann die lieben Mitmenschen ausgiebig durchgehechelt, was aber nicht im bösen Sinne, sondern im harmlosen, heiteren Sinne geschah. Ich musste viel von Deutschland erzählen. Auch an dem Kriegsgeschehen im Balkan hatte man großes Interesse.[82]

Ein solcher Besuch ist nicht so bald erledigt, so wie es in der Heimat der Fall zu sein pflegt. Hier hält man seine Gäste fest. Wir blieben zum Abendessen und bestiegen, nicht mehr ganz eisernfest auf den Beinen, erst um Mitternacht die Pferde. Noch des Öfteren musste ich solche anstrengenden Besuche unternehmen, bis ich endlich all den näher- und weiterwohnenden Nachbarn mich als der neue Mann vorgestellt hatte.

---

80 Ca. zehn Kilometer südlich von Kokopo, mittig zwischen Ulagunan und Bitagalip gelegen.
81 Zu ihm vgl. Baumann/Klein/Apitzsch, *Biographisches Handbuch*, 423.
82 Gemeint ist die Orient-, spezifischer die Bosnienkrise von 1908. Bosnien und die Herzegowina waren nach dem Russisch-Türkischen Krieg seit 1878 von Österreich-Ungarn verwaltet worden, gehörten aber völkerrechtlich weiterhin zum Osmanischen Reich. Die innerosmanischen Turbulenzen nach der Revolte der sog. Jungtürken im Juli 1908 wirkten sich vor allem auf die bislang noch de jure Konstantinopel unterstehenden europäischen Territorien aus. Am 5. Oktober 1908 erklärte sich Bulgarien für vollständig unabhängig; aus dem Fürsten- wurde ein Zarentum. Einen Tag später erklärte Kreta einseitig den Anschluss an Griechenland. Zeitgleich mit der Unabhängigkeitserklärung Bulgariens annektierte Österreich-Ungarn Bosnien und Herzegowina, nachdem mit Russland vorab Einverständnis erzielt worden war. Die Krise entwickelte sich vor allem aus dem Gegensatz zwischen Österreich-Ungarn und Serbien, das seinerseits nationale Interessen in Bosnien und der Herzegowina reklamierte und zum Krieg gegen Österreich-Ungarn rüstete. Der Konflikt wurde durch ein Abkommen zwischen Österreich-Ungarn und dem Osmanischen Reich am 26. Februar 1909 beigelegt. Österreich-Ungarn zog sich aus dem sog. Sandschak Novi Pazar wieder zurück; das Osmanische Reich anerkannte im Gegenzug die Annexion des größeren Teiles von Bosnien und der Herzegowina an. Vgl.: Wilhelm Mauritz Carlgren, *Iswolsky und Aerenthal vor der bosnischen Annexionskrise. Russische und österreichisch-ungarische Balkanpolitik 1906-1908*, Uppsala 1955; Horst Haselsteiner, *Bosnien-Hercegovina. Orientkrise und südslavische Frage*, Wien 1996; Hasan Unal, *Ottoman foreign policy during the Bosnian annexation crisis, 1908-1909*, Manchester 1992.

8.5.08

Gestern besuchten Schmid-Burgk und ich ein Eingeborenendorf namens Katakatai[83]. Bei Morgengrauen bestiegen wir die Pferde und ritten auf einem Eingeborenenfahrt durch manneshohes Allang-Allang[84]. In diesen Grasfeldern herrscht tagsüber eine unbeschreibliche Hitze. Die Luft flimmerte wie über einem Schmelzofen. Endlich erreichten wir den Busch, wie man auch hier den schwersten Urwald nennt[85]. Aber auch hier war keine Kühle zu spüren, aber er bot Schatten. Aus einem Felsen sprudelte herrlich klares Wasser, das uns als Labsal diente, da wir nichts Trinkbares mitgenommen hatten. Nach zweistündigem Ritt näherten wir uns dem Dorfe. Elende Köter mit langen, spitzen Ohren kläfften uns an.[86] Wir durchqueren Eingeborenenfelder, die mit Süßkartoffeln, Taros, Tapioka, Mais und Bananen bepflanzt waren. Hier bekam ich einen Begriff von der Fruchtbarkeit des Landes. Endlich erreichten wir das Dorf und begrüßten uns die Eingeborenen mit dem wunderschönen Gruß „Ho!" Diese Silbe wird kurz und hart ausgestoßen. Natürlich erwiderten wir die Höflichkeit in gleicher Weise. Ist denn soviel abstoßende Hässlichkeit möglich? Abgesehen von dem Ringwurm, mit dem die meisten behaftet waren, tun sie ihr möglichstes, recht hässlich zu wirken. Lange Ziegenbärte scheinen als besondere Zierde zu gelten. Die groben Gesichter wirkten durch die breiten Nasen, deren Flügel mit den Zähnen des fliegenden Hundes gespickt waren, direkt abstoßend. Das Haar mit Kalkbrei zu zottigen Strähnen gedreht, erinnerte an das Fell eines alten verwahrlosten Pudels. Aus den dunkelbraunen Augen leuchtete verborgene Wildheit und Heimtücke.

Der Hauptzweck unseres Besuches bestand darin, die Eingeborenen, die sehr viele Kokospalmen besitzen, zu bewegen, ihre Kopra an uns zu verkaufen. Unter Kopra versteht man den getrockneten Kern der Kokosnuss. Das gewaltige Handelsabkommen wurde, genau wie es in Europa auch der Fall zu sein pflegt, mit einem picfellow

---

83 Etwa zwei Kilometer westlich von der Stelle, wo sich heute die Grundschule von Bitapaka befindet.

84 Kunaigras, s. Anm. 67.

85 Die Verwendung der Bezeichnung „bush" für Urwald war (und ist) in Neuguinea üblich. Dagegen wurde und wird der Begriff „Dschungel" bzw. Englisch „jungle" so gut wie nie verwendet.

86 Neuguineahunde bellen nicht, sondern kläffen oder heulen wolfsähnlich. Ob die im Hochland vorzufindenden, sog. „singenden Hunde", wirklich Wildhunde sind, ist bis in die Gegenwart unter Zoologen umstritten. Manche halten sie für Verwandte des australischen Dingos. Außer Fledermäusen wird die Säugetierfauna Neuguineas von Beuteltieren bestimmt. Die Katze ist mit Sicherheit erst rezenten Ursprungs und wurde mit dem Europäerkontakt eingeführt. Gelegentliche Berichte über ein Vorkommen des Beutelwolfes (Tasmanischer Tiger) in abgelegenen Bergregionen Papua-Neuguineas und Irians wurden bislang nicht verifiziert. Zum Neuguineahund vgl. Tim Flannery, *Mammals of New Guinea*, Chatswood 1995, 56 u. 58 u. v.a. Peter D. Dwyer / Monica Minnegal, "Wild dogs and village dogs in New Guinea: Were they different?" Australian Mammalogy 38,1 (2016), 1-11. DOI: 10.1071/AM15011; online verfügbar: https://minerva-access.unimelb.edu.au/items/5c86d2c9-8d51-5bb4-897a-5aa5752072f3/full (18.1.2024).

doc-doc[87] (einer großen Aussprache) eingeleitet. Der Häuptling, eine ganz besondere Schönheit, war hinsichtlich des Marktpreises sehr wohl informiert und verstand, die Vorteile für sein Dorf zu wahren. Schmid-Burgk kannte seine Freunde und nannte erst mal einen sehr niedrigen Preis, der durch allgemeines Ausspucken abgelehnt wurde. Aber endlich wurde doch ein Abkommen erzielt, das mit abermaligen heftigen Ausspucken und durch Ausstoßen der Silbe „Ah" als annehmbar bezeichnet wurde. Alle erwachsenen Dorfbewohner waren Betelkauer. Die Betelnuss wird gleichzeitig mit Blättern eines Pfefferstrauchs[88] und einem Zusatz von Schlemmkreide[89] gekaut. Diese Zusammensetzung nennen die Eingeborenen merkwürdigerweise „Boy". Das Betelkauen wirkt sehr speichelziehend, und ist dadurch der Genießer genötigt, wie eine Brunnenfigur zu speien. Die zerkaute Betelnuss färbt den Speichel blutrot, was das Unappetitliche der Sitte noch besonders hervorhebt.

Doch zurück zum Koprahandel! Die Eingeborenen, Kanaker[90] genannt, versprachen, die Kopra zum festgesetzten Preis zu liefern. Die Festsetzung des Preises geht sehr einfach vor sich. Es geht stets darum, für wieviel Nüsse eine Mark bezahlt wird. Wir einigten uns auf zwanzig Nüsse. Ob nun unsere schwarzen Geschäftsfreunde die Nüsse wirklich anliefern, ist die zweite Frage. Die Eingeborenen sind unglaublich unzuverlässig.

Aus Neugier betrat ich eine Eingeborenenhütte und konnte feststellen, dass der Mensch mit wenig Komfort auskommen kann. Einige Bambusstangen dienten als Bett, das einzige Möbelstück, was vorhanden war. An den Wänden hingen etliche Speere, die wohl noch aus der Zeit stammten, da man täglich mit Überfällen seitens feindlicher Nachbarn rechnen musste. Über einem schwelenden Feuer bereitete ein schmutziges Weib die bescheidene Mahlzeit. Der bissige Hüttenrauch dient gleichzeitig als Schutz gegen die Moskitenplage. Zufrieden mit unseren Erfolgen traten

---

87 Tok Pisin: *bikpela toktok*.

88 Der Betelpfeffer (*piper betle*) enthält ein ätherisches Öl und einen Farbstoff, der beim Kauen die charakteristische rote Färbung hervorruft, die ausgepuckt wird; vgl. die Beiträge von Voigt, Betel, Betelnuß, Betelpalme und Betelpfeffer in: Schnee (Hg.), *Deutsches Kolonial-Lexikon*, Bd. 1, 191-192.

89 Tok Pisin: *kambang*, ein aus Muschelschalen oder Korallen gewonnener Kalk. Das Wort kommt aus der Tolaisprache, Kuanua: *kabág* (auch *kábag*): weiß; Kalk, Mehl, (Weiß-)Brot.

90 Als „Kanaken" wurden in der deutschen Kolonie die Küstenbewohner Neupommerns, insbesondere der Gazelle-Halbinsel, die Tolai, bezeichnet. Der Begriff kommt ursprünglich aus dem Hawai'ianischen und bedeutet „Mensch". Der abwertend-abfällige Bedeutungswandel setzte noch vor Mitte des 19. Jahrhunderts in der indigenen Gesellschaft Hawai'is ein, in der sich die oligarchische Elite auch sprachlich von den gemeinen „kanaka" absetzen wollte. Die zunehmend pejorativ-rassistische Bedeutung verstärkte sich aber durch die Verwendung unter der Schiffsbesatzung der europäisch-amerikanischen Walfänger und auf den Zuckerrohrplantagen Queenslands. Die Selbstbezeichnung „Kanaka" ist in Teilen Papua-Neuguineas und vor allem auf Neukaledonien bis heute gebräuchlich; vgl. den Artikel von Hermann Hiery: „Kanaka, Kanake", in: Hermann Hiery (Hg.), *Lexikon zur Überseegeschichte*, zweite erweiterte u. korrigierte Ausgabe, im Druck.

wir den Heimweg an und freuten uns auf ein kühles Bad und eine kräftige Mahlzeit. In den Tropen strengt so ein Marsch weit mehr an, als es in der Heimat der Fall ist.

14.7.08

Das Leben auf einer Pflanzung ist ein sehr geregeltes. Täglich erhebt man sich zur gleichen Zeit, nimmt die Mahlzeiten pünktlich ein und geht ebenso pünktlich schlafen. Da das feucht-heiße Klima sehr erschlaffend wirkt, ist diese Regelmäßigkeit zur Erhaltung der Gesundheit sehr angebracht. Natürlich gibt es auch in dieser Hinsicht Ausnahmen, die ebenso nötig wie die Regel sind. Mit Freude und Interesse versehe ich meinen Dienst und habe mich in die zuerst völlig fremden Verhältnisse gut eingelebt.

Obgleich mir der Pflanzungsdienst bei weitem mehr Freude bereitet, als es bei dem im Hospital der Fall ist, bin ich aber auch hier ganz bei der Sache und helfe meinen schwarzen Patienten, so weit es in meinen Kräften steht. Das größte Hindernis, das sich bei der Heilung erkrankter Eingeborener in den Weg stellt, ist ihre Unwissenheit. Vor allem habe ich bei Dysenteriefällen viel Mühe, sie vor falscher Diät zu bewahren. So ging schon mancher Schwarze in die ewigen Jagdgründe, da er trotz strengsten Verbots Nahrungsmittel zu sich nahm, die sofort zu schwersten Komplikationen führten. Auch an unglückseligen Umständen, durch die Eingeborene ihr Leben lassen mussten, fehlte es nicht. Vor einigen Tagen erhielt ich die Nachricht, dass bei meinem Nachbarn ein Arbeiter schwer verletzt sei. Hier angekommen, konnte ich nur noch den Tod feststellen. Zwei Leute waren wegen eines Taschenmessers in Streit geraten und behauptete jeder, der Besitzer dieser Kostbarkeit zu sein. Der eine der Kampfhähne hatte in Ermangelung einer Tasche das geöffnete Messer durch einen Armring, den er am Oberarm trug, gezogen. Der Rivale wollte es ihm entreißen, wobei er ihm die Schlagader durchschnitt. Es wäre eine Kleinigkeit gewesen, den Arm abzubinden, aber dazu sind die Leute zu einfältig. Statt schnell zu ihrem Master zu laufen, haben sie ruhig zugesehen, wie der arme Kerl verblutete.

11.8.08

Die Eingeborenen sind doch ein merkwürdiges Völkchen. In ihrem Tun und Empfinden sind sie Kinder, bei denen Einfältigkeit, Hass und Zwietracht, genauso wie Gutmütigkeit, in einem Hause wohnen. Dass es unter ihnen oft zu blutigen Fehden kommt, liegt zum Teil an der Verschiedenheit der Stämme, aus denen die Belegschaften der Pflanzungen bestehen. So auch gestern Abend. Schmid-Burgk und ich saßen friedlich auf der Veranda meines Häuschens und unterhielten uns gerade über die Vorteile und Nachteile der Ehe, ein Thema, das hier sehr oft zur Diskussion steht. Vom nahen Arbeiterdorf dröhnten dumpf die Garamuts[91], riesige, aus ausgehöhlten Baumstämmen hergestellte Trommeln. Wilder Gesang und das Geklapper der Mu-

---

91 Dem Kuanua, der Sprache der Tolai, entlehnt, ging das Wort in das Vokabular des Tok Pisin

schelrasseln, die ähnlich wie Kastagnetten gehandhabt werden, tönten durch die helle Mondnacht. Das Sing-Sing[92] war in vollem Gange. Den Arbeitern war es gestattet, Sonnabend-abends nach getaner Arbeit nach Herzenslust zu tanzen und zu singen, ein Vergnügen, das sich oft bis in die Morgenstunden hinzog. Plötzlich trat Totenstille ein. Garamut und Gesang verstummten, ein Zeichen, dass etwas Außergewöhnliches im Gange war. Jetzt erhob sich ein fürchterliches Geschrei. Weiber kreischten, Kinder brüllten, und ein hartes Aneinanderschlagen von Hölzern verriet, dass man sich mit sogenannten Schädelspaltern zu Leibe ging. Ein Arbeiter kam keuchend angelaufen und rief: „Oll boy hi faith."[93] (Die Leute schlagen sich.) Um größeres Unheil zu verhüten, war es unsere Pflicht, energisch einzugreifen.

Für alle Fälle steckte ich die Browning[94] ein. Im Arbeiterdorf angekommen, fanden wir ein tolles Durcheinander vor. Beim Schein des lodernden Feuers, das beim Sing-Sing nie fehlen darf, sahen wir, wie die Kampfhähne mit diesen gefährlichen Schädelspaltern aufeinander einschlugen. Schmerzvolles Gejammere zeugte davon, dass es bereits Verwundete gab. Wir fuhren wie ein Donnerwetter zwischen die feindlichen Parteien, und dank der Autorität, die der Europäer hier besitzt, war der Kampf bald zu Ende. Zwei blutende Helden wälzten sich am Boden. Als wir nach der Ursache des Streites fragten, erhob sich ein solches Geschnattere, dass es unmöglich war, auch nur ein Wort zu verstehen. So ließen wir die Aufseher kommen, die uns Aufschluss über den Vorfall gaben. Es handelte sich, wie meist bei solchen Fällen, um das schöne Geschlecht. Ein Mann aus Neu-Hannover hatte seine Frau, die aus Neu-Mecklenburg stammte, verprügelt. Das holde Kind hatte ihren Gemahl gemein beschimpft und ihm eheliche Untreue vorgeworfen. Die Landsleute der Frau fühlten sich in ihrer Stammesehre gekränkt, und die Neu-Hannover-Leute ergriffen selbstverständlich des Ehemanns Partei. Beiderseits geschah das ganz einfach aus

ein. Indigen wurde damit der sog. Neuguinea-Teakbaum (*vitex cofassus*) bezeichnet, der sich durch ein besonders hartes Holz auszeichnet. Zu diesem Baum vgl. Dieter Mueller-Dombois / F. Raymond Fosberg, *Vegetation of the tropical Pacific islands*, Heidelberg / New York 1998, 57-81. Die Übertragung auf die Schlitztrommel erfolgte wegen der Herstellung aus dem Holz des Neuguinea-Teakbaumes. Zur garamut-Schlitztrommel vgl. Johannes Eberlein, MSC, „Die Trommelsprache auf der Gazellehalbinsel (Neupommern)", *Anthropos* 5 (1910), 635-642; Walter Graf, „Einige Bemerkungen zur Schlitztrommel-Verständigung in Neuguinea", *Anthropos* 45 (1950), 861-868.

92 *Singsing*, Tok Pisin, heute für im Prinzip jedes einheimisches Fest, ursprünglich nur für jene, die mit Tanzveranstaltungen verbunden waren.

93 Tok Pisin: „Ol boi i pait".

94 Eine sog. Selbstladepistole, entwickelt von dem US-Amerikaner John Moses Browning und vertrieben durch die belgische Waffenproduktionsfirma Fabrique Nationale. Gemeint könnten sein die Browning no. 1, FN Modell 1900, 7,65mm und sieben Schuß im Magazin; die Browning no. 2, FN Modell 1903, 9mm und sieben Schuß oder auch FN Modell 1906, die mit einem Gewicht von nur 367 Gramm und einer Länge von 11,4 cm (6,35mm, 6 Schuß) besonders gut in der Hosentasche transportiert werden konnte. Die Browning-Pistolen waren wegen ihrer Kleinheit und Leichtigkeit als „pocket pistols" (Taschenpistolen) besonders beliebt und wegen ihrer Treffsicherheit und ihres schnellen Nachladens so berühmt, dass im allgemeinen Sprachgebrauch jede Taschenpistole, egal welchen Fabrikats, als „Browning" bezeichnet wurde

Zugehörigkeitsgefühl zur Sippe[95], wobei Recht oder Unrecht gar nicht in Betracht gezogen wurden. Angehörige anderer Stämme beteiligten sich aus Liebe zum Sport an der Schlägerei, und so kam der schönste Kirchweihspektakel zustande. Dampfende, keuchende Menschen umringten uns und versicherten, dass der liebe Nächste ein ganz gemeiner Mensch sei. Die Gemahlin des rohen Ehemanns verdaute unterdessen schreiend die bezogene Tracht Prügel.

Nun widmete ich mich den beiden verwundeten Kämpen. Der eine presste die Hände gegen das Gesicht und stöhnte herzzerreißend während ihm reichlich Blut durch die Finger rann. Der andere hielt sich den Kopf und stierte stumpf vor sich hin. Ich ließ die armen Kerle nach dem Hospital bringen, verband ein gebrochenes Nasenbein und flickte eine Schädelwunde. Als völlige Ruhe eingetreten war, erholten wir uns vermittelst einiger Flaschen starken Bieres. Schmid-Burgk warf sich in den Liegestuhl und sagte: „Das sind nun so die kleinen Abwechslungen in diesem schönen Lande. Aber ich freue mich, dass das alte Schandmaul mal eine gründliche Abreibung bezogen hat." Er hatte recht. In jeder Klatschgeschichte, die das Dorf beunruhigte, spielte die böse Sieben irgendeine Rolle.

Soweit wäre nun alles in bester Ordnung gewesen, wenn die Sache nicht noch ein böses Nachspiel, das ein Menschenleben kostete, gehabt hätte. Als Erar am anderen Morgen den Entenstall öffnen wollte, fand er zu seinem Erstaunen die Tür aus den Angeln gehoben vor. Als ich gerade in die Pflanzung gehen wollte, rief Erar mit vor Entsetzen bebender Stimme: „Tamburan inside long Huse-Patok![96] (Ein Teufel ist im Entenhaus.)" Am Boden hockte eine dunkle Gestalt, deren Augen weit geöffnet waren. Der Ehemann der alten Vettel, um deren Willen gestern der Streit ausbrach, hatte sich in sitzender Stellung mit einem großen, roten Taschentuch erdrosselt. Die Enden des Taschentuches hatte er sich um die Finger gewickelt, und mit einer geradezu unfassbaren Willenskraft das um den Hals gewickelte Tuch zugezogen.[97] Da bereits die Leichenstarre eingetreten war, blieb nichts anderes übrig, als den armen Selbstmörder in der von ihm eingenommenen Stellung zu beerdigen. Den bösen Weibsteufel prügelten die Landsleute ihres Mannes so ausgiebig, dass ich das Täub-

---

95 *Wantok*, Tok Pisin: derselben Sprache zugehörig, die besondere Zugehörigkeit zur eigenen Gruppe; Gruppenegoismus. Vgl. Sabine Jell-Bahlsen, „Wantok, payback and compensation. A letter from Papua New Guinea", *Dialectical Anthropology* 23 (1997), 97-109; Michael Steven, *The wantok connection in Papua New Guinea*, Port Moresby 1978 (Institute of Papua New Guinea Studies, no. 42).

96 *Tambaran insait long haus pato*, Tok Pisin. *Tambaran* ist ein Kuanua-Begriff, der ins Tok Pisin eingegangen ist. Er bezeichnet den Ahnengeist bzw. die Ahnengeister; allgemeiner auch: Gespenst, Gespenster. Im Tok Pisin gibt es einen ähnlichen Begriff, der aus Lavongai (Neuhannover) stammt: *masalai*. Ursprünglich einen Wassergeist/Wassergeister bezeichnend, wird die Bezeichnung heute sehr allgemein für alle Formen von Geistwesen verwendet.

97 „Während das Erwürgen fast ausnahmslos auf Fremdeinwirkung zurückzuführen ist, kommen Todesfälle durch Erdrosseln auch unfallmäßig und im Rahmen von Selbsttötungen vor." S. Pollak/A. Thierauf-Emberger, „Strangulation-Erdrosseln", *Rechtsmedizin* 4 (2023), https://www.springermedizin.de/leichenschau/autopsie/strangulation-erdrosseln/25313968 (20.4.2024).

chen für längere Zeit ins Hospital aufnehmen musste, wo sie unter der Rubrik „Innere Erkrankungen" geführt wurde. So geschehen an meinem Geburtstage, dem ersten, den ich in der Südsee verlebte.

21.10.08

Schön sind die Tropen, aber heimtückisch sind sie auch. Kurz nach meinem Geburtstage warf mich abermals eine schwere Malaria darnieder. Trotzdem ich sofort Chinin nahm, stieg die Temperatur bedenklich an. Für gewöhnlich pflegt bei Malaria das Fieber gegen Morgen zu weichen oder wenigstens abzusinken. Aber diesmal trat die Malaria bösartig auf. Bereits früh stand die Temperatur auf 38-39 Grad und stieg gegen Abend auf 41 Grad, so dass ich des Öfteren die Besinnung verlor. Da mein Zustand immer bedenklicher wurde, ließ mich meine Firma nach dem Hospital Herbertshöhe bringen. Kein Mittel schlug an, und täglich enttäuschte das Fieberglas den Arzt. Drei Wochen tobte sich die Malaria in meinem Körper aus. Dann endlich trat Besserung ein. Während dieser Zeit und der Nachkur habe ich vierzig Gramm Chinin geschluckt. Meine Hände zitterten wie die eines Jubelgreises. Aber ein junger, gesunder Körper erholt sich bald. Die Tage der Erholung brachte ich auf dem Liegestuhle zu und war täglich aufs Neue von dem herrlichen Landschaftsbild, das sich von hier aus dem Auge bot, entzückt.

Scheinbar steht zur Zeit ein ungünstiges Gestirn über meinem Lebensweg, kaum genesen, packte mich eine noch schlimmere Krankheit. In wenigen Tagen sollte ich aus dem Hospital entlassen werden und freute mich darauf, nach dem geliebten Tobera heimkehren zu dürfen. Da lief der in der Südsee stationierte Kreuzer „Komeran"[98] ein, an dessen Mast die Quarantäneflagge wehte. Typhus an Bord! Bereits eine Stunde später wurden vier typhuskranke Matrosen ins Hospital eingeliefert. Am Nachmittag desselben Tages krachten drei Salven durch den Frieden der Landschaft. Ein trauriger Gruß! Fern der Heimat brachte man drei junge Seeleute zur ewigen Ruhe. Auf dem lieblich gelegenen Friedhof von Herbertshöhe[99] werden sich drei Hügel erheben und drei schlichte Holzkreuze in glühender Sonne Zeugnis geben

---

98 Kleiner Kreuzer *Cormoran*, Stapellauf 1892 von der kaiserlichen Werft Danzig, Besatzung ca. 160 Mann, ausgerüstet mit acht Schnellfeuerkanonen. Da die *Cormoran* am 26.9.1903 in Danzig außer Dienst gestellt wurde und erst nach einer Grundüberholung am 1. Mai 1909 wieder als Stationsschiff der Südsee auf die Reise geschickt wurde, kann sie im Oktober 1908 nicht in Neuguinea gewesen sein. Wahrscheinlich verwechselt der Schreiber das Schiff mit der nahezu baugleichen *Condor*, die in der Tat im Oktober 1908 unter dem Kommando von Korvettenkapitän Georg Ahlert, von den Marshallinseln kommend, Neuguinea anlief. Vgl. Hildebrand/Röhr/Steinmetz, *Kriegsschiffe*, Bd. 2, 17-18 (*Condor*) u. 18-20 (*Cormoran*). Ein Foto der *Condor* findet sich bei Hermann Joseph Hiery, *Bilder aus der deutschen Südsee. Fotografien 1884-1914*, Paderborn 2005, 103.

99 Der „deutsche" Friedhof Kokopos ist erhalten und befindet sich unterhalb der Bistumsanlage (der früheren Mission) Vunapope. Bis vor etwa 15 Jahren kümmerten sich deutsche Patres und Brüder um den Friedhof. Seitdem diese nicht mehr vorhanden sind, verfällt der Friedhof zunehmend.

von braven Matrosen, die sich freiwillig zum Dienst in der Südsee gemeldet hatten und nun dieser heimtückischen Krankheit zum Opfer fielen. Sollen diese Opfer, die unseren Kolonien gebracht werden, nie umsonst gewesen sein!

Eines Nachts wurde ich durch lautes Schreien geweckt, das aus dem isolierten Raum, in dem die Typhuskranken untergebracht waren, tönte. Ein im Delirium rabiat gewordener Matrose bedrohte die wachhabende Schwester, die in ihrer Angst um Hilfe rief. Ich eilte in den Isolierraum, und hier gelang es mir mit Mühe, die Schwester aus den derben Händen des Matrosen zu befreien. Gemeinsam brachten wir den Kranken zur Ruhe, der auch bald erschöpft einschlief.

Was ich befürchtete, trat ein. Ich musste in Quarantäne bleiben. Dass die für mich so unangenehme Maßnahme sehr berechtigt war, bestätigte sich durchaus. Nachdem ich schon glaubte, aller Gefahr enthoben zu sein, erkrankte ich ebenfalls an Typhus. Tagelang lag ich bewusstlos und fühlte kaum, dass man mich mit Bädern und Übergießungen behandelte. Als das Bewusstsein zurückkehrte, fühlte ich mich so elend und zerschlagen, dass mir auch der Tod völlig gleichgültig gewesen wäre. Ich litt unter einem unsäglichen Hungergefühl. Eines Abends hörte ich, wie der Arzt zur Schwester sagte, dass es wohl das Beste sei, mich so bald als möglich heim nach Deutschland zu schicken. Der Gedanke, die Südsee verlassen zu müssen, war mir furchtbar. Diese Angst gab mir die Kraft zum Willen, gesund zu werden, um nicht als tropenuntauglich das Land verlassen zu müssen. Ein Blick in den Spiegel zeigte mir allerdings ein trauriges Bild: Das Haar war mir stark ausgegangen und die Gesichtsfarbe ledrig und fahl. Der eiserne Wille ist eine gute Medizin. Bald trat Besserung ein, und drei Wochen später wurde ich geheilt entlassen. Ich freute mich kindlich darauf, endlich meine Tätigkeit wieder aufnehmen zu können.

Aber der finstere Stern war noch nicht gewichen, und es kam ganz anders als ich hoffte. Gerade als ich mich beim Administrator gesund meldete, lief die „Senta", derselbe Segelschuner, mit dem wir Ostern die fröhliche Fahrt unternahmen, ein. Auch die Senta hatte die Quarantäneflagge gehisst. Diesmal handelte es sich um Dysenterie, die schreckliche blutige Ruhr. Auf einer fast dreimonatlichen Reise wurden siebzig Leute angeworben. Da brach diese Seuche aus und begann eine Höllenfahrt, wie sie nur im schaurigsten Seemannsroman geschildert werden konnte. Die armen Schwarzen lagen wimmernd an Deck, und da sie zu schwach waren, sich zu erheben, ließen sie den blutigen Stuhl unter sich, wodurch der Ansteckungsgefahr kein Halt mehr geboten werden konnte. Täglich wurden Tote in die See versenkt. Da auch der größte Teil der schwarzen Schiffsbesatzung erkrankte, mussten die beiden Europäer, der Kapitän und der Bootsmann, die schon seit Wochen kaum Zeit zum Schlafen fanden, auch deren Dienst zum Teil mit übernehmen. Eine langandauernde Windstille tat das Übrige dazu, der beiden Nerven zu zermürben. Das Trinkwasser, das wegen Mangels an Feuerholz nicht abgekocht werden konnte, war total verseucht. Endlich lag das Unglücksschiff im Hafen vor Herbertshöhe vor Anker. Die Kranken wurden schnellstens in das Hospital eingeliefert, wobei bereits etliche auf dem Transport nach dort starben, die sofort beerdigt wurden. Auf den Holzpritschen lagen armselige Gestalten, die der Krankheit keinerlei Widerstand entgegenzusetzen hatten.

Da der Arzt und der Heilgehilfe gar nicht in der Lage waren, die vielen Kranken zu behandeln, wurde mir nun von der Administration mitgeteilt, dass ich vorläufig im Hospital für Eingeborene in Herbertshöhe Dienst tun müsse. Eine mit dysenteriekranken Eingeborenen belegte Baracke ist im Allgemeinen nicht der passende Aufenthalt für einen gerade vom Typhus geheilten Europäer. Diese Feststellung half mir aber nichts, war ich doch der Einzige, der dafür in Frage kam.

22.11.08

Tage des Grauens liegen hinter mir, während Tote und noch lebende Gerippe meine Gesellschaft waren. Um den armen Menschen zu helfen, wurden alle Mittel, die zur Verfügung standen, angewendet. Die Heilung wurde durch die veränderte Lebensweise und ebenso Ernährung, denen die Leute jetzt unterworfen waren, sehr erschwert. Die Neuangeworbenen waren an Feldfrüchte gewöhnt und vertrugen den Reis, der allgemein als Arbeiterverpflegung üblich ist, in keiner Form. Wir versuchten, die Leute mit Büchsenmilch zu ernähren. Der Versuch scheiterte daran, dass den Eingeborenen das Milchtrinken eine unbekannte Angelegenheit war.[100] Auch Sago, in Milch oder Rotwein gekocht, wurde mit dem Ausdruck des Ekels abgelehnt. Den Leuten Medikamente einzuflößen war fast unmöglich. Sie pressten die Zähne krampfhaft zusammen und waren weder im Guten noch im Bösen zu bewegen, den Mund zu öffnen. Unter Anwendung von Gewalt erhielten die Kranken täglich zweimal Tannineinläufe[101]. Die Anwendung dieses Mittels gehört zu den Beschäftigungen, die ich voraussichtlich Zeit meines Lebens in grauenhafter Erinnerung behalten werde. Diese neuangeworbenen Leute kamen von den weitentlegenen St. Matthiasinseln[102], und kann man sie nur als Wilde bezeichnen, die eine Krankenbehandlung im europäischen Sinne gar nicht begreifen können. Sie mögen wohl der Ansicht sein, dass sie der Europäer vergiften will. Die harmlosen Kinder der Wildnis sind nämlich zum Teil ganz raffinierte Giftmischer.

7.12.08

Endlich hatte sich die Seuche ausgetobt, und wurde ich in Gnaden entlassen. Froh bestieg ich mein Reitpferd, das mich schnell nach Tobera brachte. Schmid-Burgk begrüßte mich mit den freundlichen Worten: „Na, leben Sie noch? Sie totgesagter Lei-

---

100 Laktoseintoleranz ist in Papua-Neuguinea üblich; vgl. den Beitrag von Fritz Höffeler in Hermann Hiery (Hg.), *Lexikon zur Überseegeschichte*, zweite erweiterte u. korrigierte Ausgabe, im Druck.

101 Tannin wird auch heute noch zur Behandlung von Durchfallerkrankungen eingesetzt.

102 Sapper, Thilenius, Hambruch und Krauß, „Mussau oder St. Matthias", in: Schnee (Hg.), *Deutsches Kolonial-Lexikon*, Bd. 2, 606-608. Die Inselgruppe liegt nordwestlich von Lavongai (Neuhannover).

chenheinrich[103]?" Ich wusste, wie das gemeint war, und bald hatten wir eine Flasche Bier beim Wickel, die die Perspektive zu weiterhin guter Zusammenarbeit anzeigte.

18.12.08

Das häufige Auftreten von Erdbeben gehört zu den hässlichsten Eigenschaften, mit denen das Land behaftet ist. Gerade Neupommern nimmt den zweifelhaften Ruhm in Anspruch, eine der erdbebenreichsten Gegenden der Welt zu sein. Die wellenartigen Bewegungen der Erdoberfläche, die sich bei Erdbeben einstellen, sind oft so stark, dass die häuslichen Gebrauchsgegenstände lustig im Hause umherkollern und, soweit sie aus Glas oder Porzellan bestehen, zu Bruch gehen, wie der Seemann sagt. Allerdings ist es auch schon des Öfteren vorgekommen, dass selbst Möbelstücke, wie schwere Schränke, umgekippt sind. Jedoch habe ich nie gehört, dass dabei jemand zu Schaden gekommen sei.

Eine Einsturzgefahr besteht dabei im Allgemeinen nicht, da diese Häuser aus Langhölzern und Brettern konstruiert sind und sich den starken Stößen gegenüber wie große Kisten verhalten. Diese leichten Holzhäuser springen und tanzen während der Beben auf den Zementsockeln lustig umher, und fühlt sich der Neuling durch die Naturerscheinung bedrückt, d.h. dass er sein Haus fluchtartig verlässt. Mit der Zeit gewöhnt er sich daran und wundert sich nicht besonders, wenn sein eisernes Bett im Schlafzimmer Rollschuh fährt. Hat der Europäer Sinn für ländlichen Humor, belässt er die Rollen am Bettgestell, hat er aber keinen Humor, so wird er, empört über die Spazierfahrt seiner Baba, die kleinen, lustigen Rollen abschrauben.

28.12.08

Nun ist das erste Weihnachten, das ich in der Kolonie verlebte, glücklich überstanden. Auch während dieser Tage hat mich das Heimweh nicht geplagt. Eigentlich war dazu auch gar keine Zeit vorhanden.

Am Heiligen Abend fuhren Schmid-Burgk und ich mit einem flotten Gespann nach Herbertshöhe. Hier fand ein großer Empfang statt. Unser Direktor Professor Dr. Preuß, der alle zwei Jahre eine Inspektionsreise nach hier unternimmt, war diesmal gerade zum Weihnachtsfest hier angekommen. Alle erreichbaren Angestellten waren für den Heiligen Abend und ersten Feiertag seine Gäste. Aber auch die farbigen Arbeiter hatte man nach Herbertshöhe beordert, um hier ihren Teil vom Weihnachtsfest zu erhalten. Nach der allgemeinen Begrüßung fand die Tafel statt, die dem Hotelwirt viel Lob einbrachte. Bald stiegen Reden und Erwiderungen darauf, die meist humoristisch gehalten waren. Man bemühte sich sichtlich, keine wehleidige Stim-

---

103 Nicht in den Wörterbüchern von Adelung, Grimm oder Duden. Vielleicht abgeleitet von dem bekannten Ausspruch Gretchens zu Faust: „Heinrich, mir graut's vor dir!" Goethe, *Faust* 1, 4610 oder von Heinrich Heines Gedicht „Da hab ich viel blasse Leichen" (1827). In der NS-Zeit Bezeichnung für mehrere brutale SS-Schergen.

mung aufkommen zu lassen. Eine Gabenlotterie, die uns allen recht nette Geschenke beschwerte, tat das ihre zur Verschönerung des Festes. Auch an Vortragskünstlern fehlte es nicht, die für ihre lustigen Darbietungen reichen Beifall ernteten. Nur der kleine von Stosch[104] fiel ein wenig aus der Rolle. Seiner eigenen Ansicht nach hatte er sich zu stark die Nase begossen und war sanft an der Tafel entschlummert. Professor Preuß weckte ihn mit den Worten: „Nun tragen Sie aber auch mal was vor." Von Stosch blinzelte mit den Augen und sagte mit ablehnender Geste: „Man soll die Perlen nicht vor die Säue werfen." Ob unserem Herrn Direktor diese Antwort gefallen hat, wird sein Geheimnis bleiben. Auf der Kasuarine[105], die den Tannenbaum ersetzen musste, brannten die Kerzen nieder, und noch einmal wanderten die Gedanken der Heimat zu, die nun in Schnee und Eis erstarrt lag. Schöner war es wohl auch heute hier, aber feierlicher in der Heimat.

Der erste Feiertag war der große Tag der Arbeiter der Neuguinea Compagnie. Weit über tausend Schwarze führten ihre Tänze vor. Zu diesem Zweck hatten sie sich gar festlich geschmückt. Das schöne Haar war durch ausgiebiges Kämmen zur feingelockten Haarkrone aufgebaut, die man mit bunten Blumen besteckt hatte. Ein neues Lendentuch und ein weißes Hemd vervollständigten den Festschmuck. Stirn und Schläfe zierten geschmackvoll gemalte Arabesken. Bald ertönten die Garamuts, die riesigen Trommeln, und die ersten Gruppen traten zum Tanze an. Da die Zeit nicht ausgereicht hätte, jeden Stamm einzeln tanzen zu lassen, mussten immer mehrere Stämme gleichzeitig ihre Sing-Sings vorführen, was ein sinnenverwirrendes Bild ergab. Gar prachtvoll waren die Tänze der Papuas, die, geschmückt mit Paradiesvogelfedern, verblüffend natürlich die Vögel ihrer Heimat nachahmten.

Ein wahres Höllenkonzert vollführten die Bukas (Salomonsinsulaner). Diese pechschwarzen Kerle hüpften im Kreise herum und entlockten Bambusflöten der verschiedensten Dimensionen eine aufreizende, aber durchaus harmonische Melodie, die sich endlos wiederholte. Wer über keine Bambusflöte verfügte, sang dazu die gleichen Töne. Die Bukas sind als grausam berüchtigt, und diese Stammeseigenschaft kam in ihren Tänzen voll zum Ausdruck.

Die Neumecklenburger führten wahre Balletts auf, die betreffs Rhythmus und Grazie nichts zu wünschen übrig ließen. Auch die Kriegstänze der Neupommern waren gut durchdacht. Sie atmeten Kampfesmut und Wildheit. Allen Tänzern leuchtete die Lust am Spiel aus den Augen, und gaben sie sich heiter der Festtagsfreude

---

104   Ob er mit Waldemar Stosch, Angestellter der Neuguinea-Kompanie (vgl. Baumann/Klein/ Apitzsch, *Biographisches Handbuch*, 439), identisch ist, erscheint fraglich. Der wahrscheinlichste Kandidat ist Georg Friedrich von Stosch (1882-1945), Schiffskapitän, aus einer zunächst depossedierten Nebenlinie des schlesischen Adelsgeschlechts. Vgl. *Genealogisches Handbuch des Adels*, Bd. XVIII, Limburg 1989, 468. Eine Verwandtschaft mit der mecklenburgischen Adelsfamilie von Storch ist dagegen so gut wie ausgeschlossen.

105   Mehrere Arten, u.a. *casuarina equisetifolia, grandis, oligodon* und *orophila*, kommen in Neuguinea vor; vgl. Dieter Mueller-Dombois / F. Raymond Fosberg, *Vegetation of the tropical Pacific islands*, Heidelberg / New York 1998. Auf den ersten Blick erinnern sie Europäer an Nadelbäume.

hin. Glühend bestrahlte die Sonne den Festplatz, und dunkler Staub des Lavabodens stand wie eine Wolke über den Tanzgruppen. Aber Hitze und Staub waren nicht imstande, die Freude zu stören.

Nach Beendigung der Tänze begannen die Spiele, deren Führung die jüngeren Angestellten in die Hand nahmen. Besonderer Beliebtheit erfreute sich das Tauziehen, dem sich die Insulaner mit wahrer Todesverachtung hingaben. Hieß es doch, dem anderen Stamm die eigene Überlegenheit zu beweisen. Es war sehr schwer, es den Kämpfern beizubringen, dass es beim Sport reell zugehen soll. Ihrer Meinung nach waren diese Spiele Kämpfe, die zwischen zwei Rassen ausgetragen wurden und mithin jedes Mittel, das Vorteile bietet, erlaubt sei.

Auch der Klettermast fehlte nicht, dessen Krone die herrlichsten Dinge trug, wie Taschenmesser, Mundharmonikas, Maultrommeln, Gürtel u.a.m. Leider war der Stamm etwas sehr stark mit Seife eingerieben, ein Umstand, der das Klettern sehr erschwerte. Aber unsere Freunde wussten sich zu helfen und rieben nun ihrerseits den Stamm mit Sand ein. Die Weiber spielten „Blinde Kuh" und „Sackhüpfen", wobei sie sich gar nicht ungeschickt anstellten. Gewonnen wurde natürlich in jedem Falle.

Nun stieg der Clou des Tages. Unsere schwarzen Gäste wurden bewirtet. Achtunddreißig Schweine, die man in Bananenblätter gehüllt und zwischen heißen Steinen geröstet hatte,[106] kamen zur Verteilung. In fabelhafter Geschwindigkeit wurden die Tiere in möglichst gleichgroße Stücke zerlegt und an die hungrigen Tänzer und Tänzerinnen verteilt. Ebenso waren mehrere tausend Kilo Feldfrüchte aufgestapelt, die ebenfalls reißend Absatz fanden. Zank und Neid gab es bei der Verteilung nicht, und zog ein jeder hochbefriedigt mit seinen Schätzen seinem Arbeitsplatz zu.
Mit der sinkenden Sonne trat tiefe Ruhe ein. Der Abendwind trieb bunte Papierfetzen, in denen die Herrlichkeiten verpackt waren, vor sich her, und abgekämpfte Europäer sanken erschöpft in die bequemen Hotelstühle: „Boy, bottle Bier!"

26.1.09

Hinsichtlich der Nachbarschaft hat sich viel, eigentlich alles, verändert. Schmid-Burgk ist nach Neuguinea[107] versetzt worden, was mir aufrichtig leid tut. Sein Nachfolger, ein Herr Buschmann[108], der seinen Urlaub in Deutschland verlebte, wird in einigen Tagen hier eintreffen. Hoffentlich wird die Zusammenarbeit mit ihm ebenso angenehm sein, wie es mit Schmid-Burgk der Fall war.

Mit unserem Nachbarn Schütze in Gunanur hat sich eine sehr böse Sache zugetragen, die ihn seine Stellung gekostet hat. Aber dem nicht genug, musste er fluchtartig die Kolonie verlassen. Kurz nach Weihnachten feierte er seinen Geburtstag, zu

---

106 In Tok Pisin: *mumu*, Erdofen.
107 Gemeint ist das sog. Festland, heute „New Guinea mainland" genannt. Die koloniale Bezeichnung „Kaiser-Wilhelmsland" war – außerhalb offizieller Werke – bereits um 1908 außer Gebrauch gekommen, was der Eintrag deutlich belegt.
108 Vgl. Baumann/Klein/Apitzsch, *Biographisches Handbuch*, 55.

dem wir natürlich auch eingeladen waren. Schmid-Burgk hatte mich schon gewarnt, denn er hatte schon des Öfteren die Erfahrung machen müssen, dass Schütze im betrunkenen Zustand unzurechnungsfähig, ja direkt gefährlich wird. Unglückseligerweise war auch das Saufgenie von Stoch[109] anwesend, und dauerte es gar nicht lange, waren die beiden schwer bezecht, was an und für sich kein großes Unglück gewesen wäre, wenn die Sache harmlos geblieben wäre, was aber leider nicht der Fall war. Aus purem Übermut stülpte von Stoch dem Schütze eine brennende Petroleumlampe über den Kopf, die glücklicherweise verlöschte. Schütze erlitt nur einige leichte Brandwunden davon, die ihn aber so wild machten, dass er den kleinen von Stoch bei Kopf und Kragen nahm und ihn wie einen Stein durchs Fenster warf. Das war für uns das Zeichen zum Aufbruch, von dem Schütze nichts merkte, da er eingeschlafen war. Wir hörten noch Gewehrschüsse, eine Angelegenheit, der wir keine Bedeutung beilegten, da diese bei Schütze meist als Abschluss der Feier galten. Den nächsten Morgen erschien unser Administrator Ehemann in Tobera, dem eine böse Stimmung unschwer anzumerken war. Er fragte Schmid-Burgk und mich über die Vorkommnisse des Festes bei Schütze aus und verlangte, strikte Wahrheit zu hören. Wir erzählten ihm genau, was sich zugetragen hatte und dass wir uns nach der Affäre mit von Stoch gedrückt hatten. Nun erzählte uns Herr Ehemann, was sich Schütze nach unserem Weggang für ein tolles Stück geleistet hatte. Das Arbeiterdorf war von ihm in Brand gesteckt worden, und dem nicht genug, hatte er einige Arbeiter angeschossen. Bei dem Brand hat auch die Pflanzung Feuer gefangen und war dadurch ein großer Schaden entstanden. Schütze wurde fristlos entlassen. Aber auch die Staatsanwaltschaft griff ein und erhielt Schütze eine gerichtliche Vorladung. Jedoch gab man ihm Gelegenheit, mit dem nächsten Dampfer nach Australien zu verschwinden. Später wurde er wegen Brandstiftung und allermöglichen Vergehen in Abwesenheit zu einer mehrjährigen Gefängnisstrafe verurteilt. Das alles hatte der Alkohol auf dem Gewissen. Scheinbar litt Schütze bereits an Delirium. Nach Gunanur kam nun der kleine Haeberlin[110], ein nettes, feines Kerlchen, mit dem ich mich sehr anfreundete.

13.3.09

Schon wieder ist eine Alkoholaffäre[111] zu berichten, die aber gänzlich harmlos verlief, und für die sich auch der Staatsanwalt nicht interessierte. Von Herbertshöhe bis

---

109   So im Original, wobei handschriftlich ein „s" eingefügt wurde, also „v. Stosch". Siehe Anm. 104.

110   Heinrich Haeberlin; vgl. Baumann/Klein/Apitzsch, *Biographisches Handbuch*, 124.

111   Der Ethnologe Richard Thurnwald, der eineinhalb Jahre zuvor, im Juli 1907, in Herbertshöhe weilte, schrieb über seine Eindrücke von der kolonialen Gesellschaft: „Bier, Whiskey, Sekt, Portwein, Jungen prügeln, Poker spielen, schwarze Weiber [...]. Abends gibt es großen Radau mit Schreien, fluchen, Zanken und stimmungs- und gefühlvollen alten Kneipliedern, besoffene Reden steigen u. abgrundtiefer Blödsinn blüht. Am nächsten Morgen Kater, der in Schnaps ersäuft wird, dann wird ein Junge wieder mal halb zu Tode geprügelt – man schämt

Tobera wird zur Zeit eine Feldbahn gelegt. Gebaut wird diese von Papa Stift[112], einem alten Berliner Original, von dem zahlreise Anekdoten in der Kolonie kursieren. Dieser alte Herr war dem Alkohol in keiner Form feindlich gesinnt. Sein Sprichwort lautete: „Wasser jiess ick mir nicht gerne in die Stiefel, jeschweije denn in den Magen." Mit seinem Bahnbau war Stift unterdessen in Gunanur gelandet, und beehrte er den kleinen Haeberlin mehr mit seinem Besuch als diesem lieb war. Das wäre ja nun nicht schlimm gewesen, jedoch kam er auch zu Besuch, wenn Haeberlin nicht zu Hause war und befreundete sich dann eingehend mit dessen Whiskyflasche. Da Stift an das Leben keine Ansprüche stellte, verzichtete er auf ein Glas und trank fröhlich aus der Flasche, was wiederum Haeberlin gar nicht schätzte und sich darob bitter bei mir beklagte. Ich versprach, Abhilfe zu schaffen. Einige Tage später ritten Haeberlin und ich nach Herbertshöhe. Jetzt musste ich aber mein Versprechen einlösen und Stift das Whiskytrinken, wenigstens so weit es sich um Haeberlins Flasche handelte, abgewöhnen. Zu diesem Zweck hatte ich Chininlösung mitgebracht, die ich in eine Whiskyflasche füllte und recht verführerisch auf den Tisch stellte. Hinsichtlich der Farbe sind beide Flüssigkeiten nicht zu unterscheiden, umso mehr aber im Geschmack. Chininlösung ist gallebitter, gehört also nicht zu den wohlschmeckenden Getränken.

Wir hatten in Herbertshöhe viel zu erledigen, verlebten dann einen lustigen Abend im Hotel und hatten über alles das Papa Stift und die Whiskyflasche vergessen. Nun war es Sitte, dass wir auf unserem Heimweg noch bei Papa Stift einkehrten und bei ihm eine Flasche Bier tranken. Das wollten wir auch diesmal nicht versäumen. Leider wurde uns aber ein sehr übler Empfang zuteil. Aus Stifts zahnlosem Mund, vor dem sich Haeberlin so sehr ekelte, kamen geradezu strafbare Beleidigungen geflogen, von denen „Dumme Jungen" die harmloseste war. Da wussten wir, was es geschlagen hatte. Papa Stift hatte Chinin genommen. Haeberlins Hausjunge führte uns vor, wie der Master Lapun[113] (Lapun ist ein älterer Herr, der Damen nicht mehr gefährlich werden kann) gespuckt habe und schimpfend davon gegangen sei. Später haben wir uns mit Lapun wieder versöhnt. So ganz glaubte er unseren Versicherungen, dass er einem bösen Zufall zum Opfer gefallen sei, doch nicht. „Ich habe janz jenau jesehen, wie det schwarze Aas jejrient[114] hat." Damit meinte er Haeberlins Hausjungen.

28.6.09

Mit Vorliebe gehe ich auf Jagd, soweit man hier überhaupt von Jagd reden kann. Großes jagdbares Wild gibt es außer Wildschweinen überhaupt nicht. Aber umso mehr

    sich oft dass man ein Weißer ist." Thurnwald am 10.7.1907 an Alfred Ploetz, zitiert von Marion Melk-Koch, *Auf der Suche nach der meschlichen Gesellschaft: Richard Thurnwald*, Berlin 1989, 79.
112 Emil Stift; vgl. Baumann/Klein/Apitzsch, *Biographisches Handbuch*, 438.
113 *Lapun*, Tok Pisin (ursprünglich aus der Sprache von Lavongai/Neuhannover): alt, gebrechlich; alte Frau oder alter Mann; zweite Bedeutung: (durch langjährige Kenntnisse) erfahren.
114 Gegrient" von grienen, Berlinerisch für (schadenfroh) grinsen.

Vögel sind vorhanden, in Sonderheit Tauben. Es ist dies eine ganz außerordentlich große und schmackhafte Art. Auch Papageien und Kakadus[115] sind in der Küche gar wohl zu verwenden. Sie ergeben eine vorzügliche Suppe. Eigentlich ist mir bei meinen Jagdausflügen das Schießen die Nebensache, sondern macht es mir mehr Freude, frei und ungebunden durch die Wildnis zu streifen. Mein treuer Hund Cira und der Hausboy Erar begleiten mich meist auf meinen Entdeckungsreisen. Meist reite ich so weit es irgend geht, um dann den Weg zu Fuß fortzusetzen. Der einzige Wegweiser, nach dem ich mich orientieren kann, ist ein einfacher, aber sicher funktionierender Kompaß. Ohne Erars sicheren Blick und seinem ausgesprochenen Jagdinstinkt würde ich wohl meist ohne Beute nach Hause kommen. Es ist außerordentlich schwer, die Tauben, die meist auf sehr hohen Bäumen sitzen und grünliches Gefieder haben, zu erkennen. Oft ist Erar ganz verzweifelt, wenn ich die Tauben, an die er mich so schön zum Schuß herangebracht hat, nicht sehen kann. Wenn dann die Tauben fortfliegen, ist es mir ganz unerklärlich, dass ich sie nicht gesehen habe. Da ich über sehr gute Augen verfüge, habe ich aber schon in dieser Hinsicht einige Fortschritte gemacht, so dass ich mir bereits in letzter Zeit des Öfteren ein Lob von Erar erworben habe.

Wenn ich mit diesem bildschönen Jungen allein durch die Gegend streife, kommen mir so einige Gedanken. Dieses Kind ist unter Kannibalen[116] aufgewachsen und hat von keiner Seite die sogenannte Zivilisation auf ihn eingewirkt, und trotzdem hat der Junge ein Benehmen an sich, was mir immer wieder zu denken gibt. Ich kann es nur mit angeborenem Takt bezeichnen. Das Sichere seines Auftretens mag er wohl durch die Selbständigkeit, die er als Knabe in seiner Heimat im vollsten Maße genießt, hervorgerufen sein. In mir meldete sich der europäische Schulmeister, und fühlte ich mich verpflichtet, den kleinen Heiden in die Kunst des Rechnens einführen zu müssen.

---

115   Otto Meyer verzeichnet sechs Kakaduarten, neun eigentliche Papageien und drei Loris für den Bismarckarchipel. Darunter befinden sich: der bekannte weiße Kakadu (in Kuanua: *Muar*), der Zwergkakadu (Kuanua: *Kulkulit pal a taqa*), der Edelpapagei (*Kalagar*), ein grüner (*Qiliqil*) und verschiedene rotgefärbte Papageien (Rotbrustpapagei: *Kuliga*, Rotwangenpapagei: *Mumur*, rotkehliger grüner Papagei: *Iga*). Als selten vermerkte Meyer den Fledermauspapagei *loriculus tener*, auf Deutsch Bismarckpapageichen genannt, u. v.a. den Breitschwanzlori *lorius amabilis* Stresemann (ohne die übliche schwarze Kopfplatte), indigen *Leme* genannt, der nur im Gebirge von Nakanai und in der Umgebung von Ulamona bekannt war u. der heute als ausgestorben gilt; vgl. Meyer, *Vögel des Bismarckarchipel*, 16-17 u. 50-51, sowie Lorius amabilis (Stresemann's lory) – The Recently Extinct Plants and Animals Database (recentlyextinctspecies.com) (20.4.2024).

116   Die Unterstellung, die indigenen Bewohner Neuguineas seien per se Kannibalen gewesen, ist ein typisch europäisches Vorurteil der Zeit, das auch heute noch anzutreffen ist. So behauptete US-Präsident Biden am 17. April 2024 gegen jede Evidenz, sein Onkel sei in Neuguinea Kannibalen zum Opfer gefallen (https://www.snopes.com/fact-check/biden-uncle-cannibals/ 20.4.2024). Das ändert nichts daran, dass einige Ethnien, bzw. gewisse Gruppen innerhalb dieser Ethnien, tatsächlich Anthropophagie praktizierten. Vgl. die sorgfältige historische Untersuchung von Simon Haberberger, *Kolonialismus und Kannibalismus. Fälle aus Deutsch-Neuguinea und Britisch-Neuguinea 1884-1914*, Wiesbaden 2007.

Also fragte ich ihn, wieviel Kokosnüsse er besitzen würde, wenn er in jeder Hand drei habe. Darauf betrachtete er seine Hände und sagte: gar keine. Mit Beispielen und Annahmen darf man den Eingeborenen nicht kommen, da versagen sie gänzlich. Plötzlich sprang Erar zur Seite, winkte und flüsterte mir zu: „Herr, hier sind Schweine gezogen, zwei große und ein kleines. Das eine große hat ein krankes Bein." Aus den Spuren hatte er sofort die Anzahl der Schweine errechnet, also kann er doch rechnen, nur nicht mit Kokosnüssen, die er gar nicht besitzt.

Ich kam zum Schuss und brachte einen großen Eber zu Strecke. Diese Beute ist für mich sehr nützlich zu schießen, da das Fleisch die Firma als Arbeiterverpflegung pro kg Lebend-Gewicht mit 50 Pfennig bezahlt. Auf diese Art verdiente ich so ganz nebenbei monatlich 100,- bis 200,- Mk. Also musste ich schnellstens nach Hause gehen, um Leute zu holen, die die erlegte Beute zur Pflanzung bringen, wo das Fleisch sofort an die Arbeiter verteilt werden muss, da es sonst durch die große Hitze verdirbt. Die Leute stellten fest, dass der Eber an einem Vorderlauf eine tiefe, vernarbte Speerwunde hatte.

Einmal wäre mir das Herumstreifen beinahe schlecht bekommen. Mein kleiner Jagdgefährte und ich waren eifrigst hinter einem Rudel Wildschweinen her. Es gelang aber nicht, zum Schuss zu kommen. Ich gab die Jagd auf und ruhte schweißtriefend auf einem gestürzten Baumstamm aus. Von fern hörte ich ein merkwürdiges, brausendes Geräusch, was manchmal stärker, dann wieder schwächer zu vernehmen war. Als ich fragte, was dies dumpfe Brausen sei, sagte er: „Water fall dowen."[117] So war anzunehmen, dass ein Wasserfall in der Nähe sei. Diesen musste ich natürlich entdecken. So gingen wir immer dem Geräusch nach. Nach mühevollem Durchzwängen durch den dichten Urwald mit seinen teuflischen Schlingpflanzen kamen wir in eine enge Felsenschlucht, durch die ein schäumender Bach floß. Noch eine Biegung, und wir hatten ein herrliches Bild vor uns. Von einer Höhe von etwa achtzig Metern stürzte donnernd das Wasser herab, schlug auf halber Höhe auf eine Felsplatte auf, zerstiebte in Millionen Tropfen, fand sich wieder zusammen und schlug schwer wie Blei in die Schlucht hinein. Auf meine Frage hin, ob der Wasserfall nicht herrlich anzusehen sei, antwortete Erar etwas überlegen: „Sun shi go down."[118] Er hatte recht, die Sonne ging unter. Da es in den Tropen keine Dämmerung gibt, war es eine Viertelstunde später finstere Nacht. Unglücklicherweise hatte ich meinen Kompass vergessen. Mir fielen Geschichten ein, von Menschen, die sich im Urwald verirrten und nie wieder gefunden wurden.

Im Allgemeinen verfüge ich über einen guten Ortssinn, aber leider nur am Tage. Nachts versage ich in dieser Hinsicht gänzlich. So dauerte es gar nicht lange, und ich wusste nicht mehr, in welcher Richtung wir uns fortbewegten. Bekanntermaßen ist ein Orientieren nachts im Urwald unmöglich. Erar war von dieser Exkursion in keiner Hinsicht begeistert, sondern hatte vor Teufeln aller Arten eine heillose Furcht. Diese Wilden verlieren ihren Spürsinn, wenn sie sich von Teufeln umgeben glauben.

---

117 Tok Pisin: *wara i pundaun.*
118 Tok Pisin: *san i go daun.*

Ich erzählte Erar, dass die Teufel sich nicht an die Europäer heranwagen. Aber diese Zusicherung beruhigte ihn doch nicht völlig und zog er vor, recht sehr in meiner Nähe zu bleiben. Freundlich, wie ich mich stets bemüht habe, zu allen Menschen zu sein, schlug ich Erar vor, zu versuchen, uns aus der grünen Hölle herauszuführen. Ich ließ ihm gern den Vortritt. Meine Uhr zeigte die achte Stunde an, und war noch keine Hoffnung vorhanden, je aus diesem schrecklichen Walde herauszufinden. Ich hatte mich dazu entschlossen, für heute das Umherirren aufzugeben und hoffte nur noch auf die aufgehende Morgensonne, dass ich mich durch sie einigermaßen betreffs der Richtung orientieren könne. Plötzlich spurte Erar wie ein Dackel und schlug in raschem Schritt eine bestimmte Richtung ein. Bald machte sich Hüttenrauch bemerkbar und wussten wir nun, dass wir in nächster Nähe eines Eingeborenendorfes waren. Wenige Minuten später erreichten wir das Dorf Katakatai. Noch nie waren mir Eingeborene so sympathisch als es hier der Fall war.[119] Gerade diesen Leuten hatte ich oft bei Erkrankungen geholfen und vor wenigen Tagen einem Kind, das im Sterben lag, durch einige Injektionen das Leben gerettet. Hier nannte man mich nur Masta Dokta. Natürlich ließ ich mir hier nicht merken, wie mir zumute war. Der Häuptling gab mir einen jungen Kerl als Führer mit. Aber eine Kokosnuss musste ich vor dem Abmarsch noch trinken. Gar erstaunt war ich, was mein Erar, der noch vor kurzem vor dem Teufel zitterte, hier für eine gewaltige Klappe losließ. Solch einen Helden gab es einfach nicht wieder. Nach einem zweistündigen Marsch kamen wir endlich in Tobera an. Lotte schimpfte auf Erar, der aber ihrem Alter noch nie Respekt entgegenbracht hatte. Merkwürdigerweise machte sie Erar dafür verantwortlich, dass wir so spät nach Hause kamen.

Anderntags fragte ich Erar, warum er beim Suchen eines Ausweges aus der Wildnis eine ganz bestimmte Richtung eingehalten habe. Er behauptete, den Hüttenrauch lange vorher gerochen zu haben. In vielen Dingen sind uns die Schwarzen eben durchaus überlegen.

Der neue Stationsleiter, Herr Buschmann, hat hier nur eine kurze Gastrolle gegeben. Er hatte schwere Differenzen mit der Firma, die zu seiner Entlassung führten. Was sich da abgespielt hat, haben wir nie richtig erfahren. Scheinbar handelte es sich um Zusicherungen, die die Firma angeblich nicht einhielt.

18.7.09

Gestern traf Buschmanns Nachfolger Hofmokel[120] hier ein, den die Eingeborenen, da sie seinen Namen nicht aussprechen können, in Master Muck-Muck[121] umtauften.

---

119 Eine diametrale Umkehr von den unterm 8. Mai 1908 notierten Kaskaden von Negativzuschreibungen.
120 Maximilian Hofmokel; vgl. Baumann/Klein/Apitzsch, *Biographisches Handbuch*, 158.
121 *Mukmuk*, Tok Pisin für gerösteten Sago. Der Name spielt also wahrscheinlich darauf an, dass Hofmokels Aussehen (bzw. dessen Gesicht) die einheimische Bevölkerung an gerösteten Sago erinnerte. Sago ist weiß, weich, kugelförmig.

Unter diesem Namen wird er wohl auch dereinst in die Annalen der Südsee eingehen. Auch einen neuen Assistenten hat uns das Schicksal beschert. Aus irgendeinem Grunde erhielt er auf der Ausreise den Spitznamen „Bienenstich". Dieser schöne Name traf eher ein als er selbst. Sein richtiger Name ist Schimmelpfennig[122].

Bienenstich ist ein netter Mensch, mit dem ich mich bereits sehr angefreundet habe. So jung er ist, hat er doch schon viel erlebt. Von Beruf ist er Forstassistent. Vordem war er Kadett auf einem Schulschiff der Handelsmarine, musste aber wegen eines Augenfehlers diese Karriere aufgeben. Er erzählt gern von tollen Fahrten, die er angeblich auf dem Schulschiff „Charlotte"[123] erlebt haben will. Sogar um Kap Horn will er gefahren sein, einen Mastbruch erlebt und sich freiwillig gemeldet haben, die Taue vom Vortopp, der über Bord gegangen war, zu kappen. Wir erlaubten uns ganz bescheiden, diese gewaltigen Abenteuer zu bezweifeln. Aber da kamen wir bös an. Bienenstich war beleidigt und ließ uns das sehr stark fühlen. Das hätte er nicht tun sollen, denn nun bekamen wir Oberwasser, denn so grün waren wir doch auch nicht mehr, um zu glauben, dass ein Schulschiff um Kap Horn segelt.[124] Haeberlin sagte, dass man bei einem Mann, der erst Seemann und dann Förster geworden sei, dürfe man es mit der Wahrheit nicht so genau nehmen. Daraufhin zerschlug Bienenstich in schönem, männlichem Zorn sein Bierglas, oder vielmehr das meine, nannte uns armselige Landratten und ging nach Hause.

Das alles störte die Freundschaft keineswegs. Es steckte viel Abenteuerblut in ihm, und ward er ein gewaltiger Jäger und Buschläufer. Da uns die Dienstpferde zu zahm erschienen, kauften wir uns australische Vollblutpferde, ein Luxus, den wir uns hinsichtlich unserer sonstigen bescheidenen Lebensweise wohl leisten konnten, zumal wir sehr anständig verdienten. Am Sonnabendabend bis Montag früh waren wir keine Pflanzungsassistenten, sondern einsame Pfadfinder und Urwaldjäger. Da wir scheinbar unsere Pferde etwas überfütterten, benahmen sich diese nach Wildwestart recht bockig, was den Reiz der Sache noch ganz besonders hob. Zu diesen Ausflügen nahmen wir keine Schwarzen mit, da sich Dienerschaft für richtige Gauchos nicht geziemte. So wurde also nur das Nötigste in den Satteltaschen verstaut.

Bienenstich trägt ein rotes Tuch um den Hals, so hat er es angeblich in Südamerika schon früher stets getan. Sein Haupt ziert ein mächtiger Sombrero. An seiner Linken baumelte ein schweres Bowiemesser[125]. Man konnte nie wissen! Irgendwo, an

122   Friedrich Schimmelpfennig; vgl. Baumann/Klein/Apitzsch, *Biographisches Handbuch*, 401.

123   Die Kreuzerfregatte Charlotte, benannt nach der ältesten Tochter des damaligen Kronprinzen und nachmaligen Kaisers Friedrich III., lief im September 1885 in Wilhelmshaven vom Stapel. Sie war das letzte Segelkriegsschiff in Deutschland und diente als Schulschiff der kaiserlichen Marine. An Bord wurden 50 Seekadetten und 230 Schiffsjungen ausgebildet; vgl. Hildebrand/Röhr/Steinmetz, *Kriegsschiffe*, Bd. 2, 11-13.

124   Ebd., 12, ist eine Umrundung von Kap Hoorn nicht explizit nachgewiesen, wohl aber eine „große Auslandsreise" von Juli 1902 bis März 1903 mit Besuch von „Häfen in Brasilien, Uruguay und Westindien".

125   Richtig: Bowie; ein Messer mit für damalige Verhältnisse sehr großer und vor allem breiter Klinge; benannt nach James Bowie (1796-1836), einem US-amerikanischen Pionier, der

einer möglichst wild-romantischen Stelle, wurde dann Halt gemacht, die Pferde an-gepflockt und aus Knüppeln und Zweigen ein Dach hergestellt. Bald prasselte dann ein Lagerfeuer, über dem gar merkwürdige Gerichte entstanden. Selbstverständlich durfte nur Selbstgeschossenes verwendet werden. Aber für alle Fälle nahm ich stets heimlich einige Büchsen Konserven mit. Darüber sah Bienenstich großmütig hin-weg. Es verdroß ihn sehr, dass ich nicht Pfeife rauchte, sondern einer Ägyptischen[126] den Vorzug gab. Aber die Eintracht wurde dadurch nicht gestört. Dann lagen wir ausgestreckt am Lagerfeuer, und in dieser wundersamen Stille des tropischen Ur-walds erzählten wir uns alles, was uns bewegte, was wir erlebt haben und noch vom Leben erwarteten. Da merkte ich, dass Bienenstich ein weicher, sensibler Mensch war, der mit dem Leben nicht leicht fertig wurde. Daraus ging hervor, dass selbst sein hässlicher Fehler, öfters so greulich aufzuschneiden, den gleichen Ursprung hatte. Er wollte durch bestandene Abenteuer andere glauben machen, dass er eine starke Persönlichkeit sei.

12.9.09

Auf Krokodiljagd gehe ich mit Bienenstich bestimmt nicht wieder. Sein Ehrgeiz war es schon seit langer Zeit, ein Krokodil zu schießen. Zwei Sonntage hintereinander ging er allein in den Busch und tat gar geheimnisvoll, als habe er eine Goldader entdeckt. Ich war froh, dass er mich nicht aufforderte mitzugehen, denn ich hatte auch manchmal ganz entschieden das Bedürfnis, mich von den Strapazen der Wo-che auszuruhen, etwas zu lesen und Tagebuch zu schreiben. Letzteres bezeichnete Bienenstich als fade. Er erzählte mir sehr aufgeregt, dass er am Warangoi, einem breiten Fluss[127], gewesen sei und dort eine Menge Krokodile beobachtet, aber nicht geschossen habe, da er wusste, dass das Schießen auf schwimmende Krokodile meist zwecklos ist, da diese angeschossen sich auf dem Grund festbeißen. Ob diese An-nahme wirklich stimmt, kann ich nicht mit Sicherheit behaupten. Tatsache ist aber, dass angeschossene Krokodile meist auf Nimmerwiedersehen verschwinden.

Das Ende der langen Rede gipfelte darin, dass wir den nächsten Sonnabenda-bend unbedingt auf Krokodiljagd gehen müssten. So blass Bienenstich sonst war, so leuchteten jetzt die Wangen vor lauter Begeisterung. Er berichtete weiter, dass er mit einigen Schwarzen eine regelrechte Kanzel gebaut habe, von der aus man wie in der

beim Gefecht um Alamo fiel. Zum Messer vgl. Matthias Recktenwald, *Bowie-Messer, ein amerikanischer Mythos*, Stuttgart 2003; Elisabeth Soppera, „Bowie Knives, die Magnums unter den Kampfmessern", *Internationales Waffen-Magazin* 12 (1994), 98-105; zur Person: Dietmar Kuegler, *Jim Bowie, der Löwe von Texas*, Wyk auf Föhr 2002 (unkritisch); Clifford Hopewell, *James Bowie Texas fighting man. A biography*, Austin 1994 (geht auch auf seine Rolle als Sklavenhalter und Sklavenhändler ein).

126   Gemeint ist: Zigarre; vgl. den Eintrag vom 31.1.1908 und Anm. 13.
127   Neben dem Toriu der bedeutendste Fluss der Gazellehalbinsel vgl. Schnee (Hg.), *Deutsches Kolonial-Lexikon*, Bd. 3, 675. Nahe der Mündung befand sich eine Pflanzung der Neuguinea-Kompagnie.

Schießbude Krokodile abschießen könne. Meine Zwischenbemerkung, dass ich noch nie in einer Schießbude Krokodile geschossen habe, ignorierte er. Auch verfügte er bereits über eine meiner jungen Ziegen, die als Köder in nächster Nähe der Kanzel angebunden werden sollte.

Von dem Gedanken, mich am Ufer des Warangois eine lange Nacht von Moskiten stechen zu lassen, war ich nicht restlos begeistert. Aber ich wollte kein Spielverderber sein und sagte zu. Am nächsten Sonnabend ritten wir dem wilden Abenteuer entgegen. Diesmal hatte ich aber durchgesetzt, dass wir einige Schwarze mitnehmen, da diese auf Jagd sehr nützlich sein können. Kurz vor unserem Ziel ließen wir die Pferde unter der Obhut eines Pferdejungen zurück und gingen die letzte Strecke zu Fuß. Bienenstich zeigte mir voller Stolz sein Werk. Ich behauptete zwar, dass das eher eine Luftschaukel und keine Kanzel sei, die zwei Europäer und einen Eingeborenen tragen könne. Aber Bienenstich wusste das besser und war der Meinung, dass er als gelernter Jäger davon mehr verstehen würde wie ich blutiger Laie, was ich zwar einsah, aber trotzdem misstrauisch blieb. Die arme Ziege, die uns den Anmarsch mit lieblichem Geblöke verschönt hatte, wurde mit einem kurzen Strick an ein Bäumchen gebunden. Sie begann unverzüglich, ihren Zweck zu erfüllen und schrie jämmerlich nach ihrer Mutter.

Die Kanzel war unmittelbar am Flussufer aus Bambusstangen errichtet und erweckte durchaus nicht den Eindruck eines stabilen Baues. Auch eine Leiter, aus gleichem Material angefertigt, war vorhanden, vermittelst der wir die Schaukel bestiegen. Schmiegsam und wohlgefällig neigte diese sich einige Grad zur Seite. Der Bau war gut drei Meter hoch. Mir erschien sie zwanzig Meter hoch zu sein. Bienenstich, der Schwarze und ich bestiegen die Schaukel, die dadurch in leichte Schwingungen versetzt wurde. Ab und zu krachte etwas, und auf meine Frage hin, was das sei, sagte Bienenstich, dass mir sicher vor Angst ein Hosenknopf abgesprungen sei. Auch die Plattform der Jammerkanzel war mit Bambus belegt, der ganz erstaunlich dort drückte, wo ein weiches Kissen hingehört hätte. Keiner von uns Dreien getraute sich zu bewegen, da sofort die Kanzel darauf wie ein Seismograf reagierte. Schwärme von Moskitos überfielen uns, so dass wir Höllenqualen ausstanden, wie Indianer am Marterpfahl. Wir getrauten uns der Quälgeister nicht zu erwehren, da dadurch der Seismograf in Schwingungen versetzt wurde. Mir war nicht viel wohler wie dem Zicklein zumute, das seiner Angst durch lautes Geblöke Ausdruck geben konnte, was mir leider nicht gestattet war. Bei jedem Luftzug schaukelten wir wie die Rohrdommeln. Der Vollmond beleuchtete die wildromantische Gegend und zwei verrückte Europäer, die statt in ihren guten Betten unter Moskitonetzen zu schlafen, wie die Affen auf einer Bambusstange hockten. Ich hätte gern nach der Uhr gesehen, brachte aber den Mut dazu nicht auf.

Der Schwarze flüsterte: „Bubuk hi cam[128] (ein Krokodil kommt)." Zehn Schritt vor uns lag das Biest und starrte das arme Zicklein an, das vor Schreck zu brüllen

---

128 Tok Pisin: *pukpuk i kam.* Neben der gewöhnlichen Bedeutung "Krokodil", wird „pukpuk" auch für Personen verwendet, die an der Ringwurm-Krankheit (s. Anm. 83) leiden: *pukpuk-*

aufhörte. Der Oberkörper des Krokodils ragte etwa zur Hälfte aus dem Wasser. Wir waren uns vorher einig geworden, dass Bienenstich auf den Schädel und ich möglichst aufs Blatt halten wollten. Alle Bedingungen für einen sicheren Schuss waren gegeben. Unter Vermeidung aller unnötigen Bewegungen nahmen wir die Gewehre hoch, zielten kurz und ließen gleichzeitig fliegen. Was sich nun ereignete, währte nicht viel länger als einige Sekunden. In das Krachen der Schüsse mengte sich das Splittern von Bambusstangen. Ich hatte plötzlich das Gefühl, dass sich der Mond viele tausend Meilen von der Erde entferne. Dann erhielt ich einen bösen Schlag vor den Kopf und fand mich im seichten Wasser wieder. Einen Meter von mir entfernt jammerte Bienenstich ganz gottjämmerlich. Er war mit dem Rücken auf einen harten Gegenstand aufgeschlagen und blieb ihm die Luft weg. Unser schwarzer Begleiter stand am Ufer, hielt sich den Kopf und sagte: „Hat bellong you, he fait him bell bellon me[129]." Dein Kopf hat meinen Kopf geschlagen. Das konnte ich bestätigen. Jetzt galt es vor allen Dingen, Bienenstich zu helfen. Glücklicherweise hatte er sich scheinbar keine ernstlichen Verletzungen zugezogen. Aber einen herben Verlust hatte er zu beklagen. Sein Gewehr fiel bei dem Zusammenbruch unserer Kanzel in den Fluss und war nicht mehr zu finden. Auch das Krokodil war spurlos verschwunden. Mit sehr gemischten Gefühlen zogen wir der Heimat zu. Bienenstich hinkte, und ich schlotterte vor Kälte, da ich gänzlich durchnässt war. Mangeri, die jetzt Lotte hieß, wurde roh aus dem Schlaf geweckt und musste heißes Wasser bringen, das durch Zusatz von Rum in Grog verwandelt wurde. Lotte war schlecht bei Laune und wurde ziemlich frech. Sie fragte uns, wo denn das Krokodil sei, das wir geschossen hätten, und warum wir denn nachts baden gingen. Sie merkte aber bald, dass keine gute Stimmung herrschte und lenkte schnell ein. Der Sonntag wurde vor allem dem Schlaf gewidmet, den wir auch redlich verdient hatten.

Als wir Herrn Hofmokel unser Abenteuer berichteten, sagte er nur: „So ein Blödsinn dahier." Des Zusatzes „dahier" bediente er sich stets bei Fällen, die seine Missbilligung erweckten. Hofmokel ist Thüringer und scheint man sich dort ohne das alberne „dahier" nicht präzise ausdrücken zu können.

Der gute Muck-Muck ist überhaupt so ein Kapitel für sich. Er ist ein befähigter Mensch und sehr erfahrener Pflanzer und weiß, was er will. Dienstlich können wir Assistenten uns gar keinen besseren Vorgesetzten wünschen. Er verlangt von uns nicht mehr als was recht und billig ist. Es ist jammerschade, dass der Mann einen gar so hässlichen Fehler hat. Er ist maßlos eitel. Wir haben mit seiner Eitelkeit schon oft Experimente angestellt. Da genügte es völlig, wenn man eine kleine Bemerkung darüber fallen ließ, wie schön und musikalisch er pfeife. Dann sagte er: „In mir schwingt Musik, aber von so ein bisschen was Höherem haben Sie eben keine Ahnung. Doch ist es schon immerhin ein Zeichen dafür, dass Sie nicht ganz unmusikalisch sind." Danach rückten wir mit unserem Anliegen heraus, das dann auch sofort genehmigt

---

man und *pukpukmeri* sind also keine „Krokodilmänner" bzw. -frauen, sondern Personen, die an *tinea* erkrankt sind.

129   Tok Pisin: *het bilong yu i paitim bel blo mi:* „Dein Kopf ist auf meinen Bauch geschlagen".

wurde. Bienenstich sowohl wie Haeberlin ärgerten sich über diese Tölpeleien maßlos. Mir persönlich machte so etwas einen Heidenspaß. Warum sollte der Mann nicht auch eine Schwäche haben? Haben wir doch alle unsere Fehler.

5.6.10

Ich wurde vor kurzem der Kautschuk-Abteilung zugewiesen und fühle schon am frühen Morgen den Vorzug dieser Beschäftigung. Wenn die anderen Angestellten noch friedlich schliefen, rückte ich bereits mit meiner Truppe ab. Denn der Kautschuk darf nicht länger – besser gesagt später – als bis etwa einhalb zehn Uhr gezapft werden. Mein Spezialtrupp besteht aus zwölf Mann, die mit Zapfmessern, die den Hufmessern ähnlich sind, in die Rinde der Kautschukbäume Schnitte einkerben. Je nach Sorte der Bäume werden sogenannte V-Schnitte, Fischgrätenschnitte oder Lilienschnitte angebracht. In diesen so erzeugten Wunden tritt der milchweiße Saft heraus. Unterhalb des Schnittes wird ein Metallbecher mit seinem scharfen Rand in die Rinde gesteckt, so dass die Milch in den Becher fließt. Ist die Wunde ausgeblutet, wird die Milch aus den Bechern in Kannen gefüllt. Nur während der kühlsten Tageszeiten ist es möglich zu zapfen, da sonst die Milch zu schnell gerinnen würde. Ist das Zapfen beendet, wird die Milch zur Koagulieranstalt gebracht. Hier wird sie in großen Fässern gewaschen, was vermittelst eines sehr einfachen Verfahrens vor sich geht. Da die Milch leichter als Wasser ist, schwimmt sie obenauf. Das Wasser wird durch die am unteren Teil der Fässer angebrachten Hähne abgelassen und so lange frisches Wasser nachgefüllt, bis aller Schmutz entfernt ist. Während des Waschens beginnt die Milch bereits zu koagulieren, d.h. zu gerinnen und verdichtet sich zu einer zähen, klebrigen Masse. Um diese nun zu einer gründlichen Koagulation zu bringen, wird sie entweder gekocht oder mit Chemikalien versetzt. Dieser so gewonnene Kautschuk wird nun unter starkem Druck gepresst, so dass schon jetzt der größte Teil der Feuchtigkeit entweicht. Die so entstandenen Kuchen werden auf Hürden getrocknet. Danach werden sie etwa hundert zu hundert Stück in Ballen gepresst und unter der Bezeichnung Plantagengummi nach dem Bestimmungsland verschifft. Zur Zeit steht der Gummi enorm hoch im Preis. Die letzte Notierung lag bei MK 20,- pro kg. Die Firma wird es sehr bedauern, dass ihre Kautschukpflanzungen noch so jung und die Ernten dementsprechend gering sind. Wir haben hier Ficus elastica, Hevea brasiliensis und Manihot[130] angepflanzt. Es bleibt nun abzuwarten, welche dieser Sorten sich am besten bewähren wird.

11.12.10

Die Schwarzen sind Halunken, mitunter recht originelle Halunken. In einer humanen Anwandlung kaufte ich für meine Arbeiter einen Fußball und lehrte sie das Fußball-

---

130   Vielleicht *manihot esculenta*, Maniok, Kassawa; aus den Knollen der Wurzeln wird Tapioka gewonnen, die in Papua-Neuguinea gerne zur Speisezubereitung Verwendung findet.

spiel, welches sie schnell erfassten. Auch für mich war es eine Freude, abends, nach getaner Arbeit, dem frohen Treiben zuzusehen. Manchmal konnte ich nicht umhin, mich an dem Spiel zu beteiligen. Ganz ihrem Charakter entsprechend versuchten die Sportbegeisterten zu mogeln, was dann oft zu Streitigkeiten führte, die ich als Schiedsrichter schlichten musste. Jedenfalls war ich für eine Zeit der gute Master. Nach einiger Zeit fiel es mir auf, dass nicht mehr gespielt wurde. Auf meine Frage hin, warum der Fußball nicht mehr Trumpf sei, sah ich verlegene Gesichter. Da erinnerte ich mich, dass in der letzten Zeit der Ball nach Beendigung des Spiels nicht mehr, wie sonst, zu mir ins Haus gebracht wurde. Es war nicht schwer zu merken, dass hier irgendetwas nicht stimmte. Jetzt verlangte ich aber sehr energisch zu erfahren, wo der Ball abgeblieben sei. Nun wurde mir von einem der sonst so eifrigen Spieler folgende glaubwürdige Geschichte erzählt: Von einer Nachbarpflanzung sei ein großer, starker Boy gekommen, der sich am Spiel beteiligte. Plötzlich habe dieser starke Mann dem Fußball einen so gewaltigen Tritt versetzt, dass er hoch in die Luft geflogen sei, „hi go, go, go ent top to much, hi go finnish altogether, me not mor look him.[131]" (Er ging, ging, ging ganz sehr hoch, dann war er weg und wir sahen ihn nicht mehr.) So eine freche Bande! Der schöne Fußball war und blieb verschwunden. Ich aber habe mir Witz gekauft und werde nie wieder humane Anwandlungen bekommen. Hofmokel tröstete mich damit, dass ich seiner Meinung nach nie gescheit werden würde „dahier".

20.12.10

Vor einigen Tagen erhielt Hofmokel einen Brief, der auf seinem edlen Gesicht sichtliches Entzücken auslöste. Freundlich lächelte er mich an und sagte: „Sie sollen es als erster erfahren, ich bin Hauptassistent geworden." Ich gratulierte zu dieser Beförderung und wünschte alles Gute. Dabei dachte ich auch ein wenig an mich. Denn es tauchte bei mir sofort die Frage auf, wer nun Leiter von Tobera werde. In meiner Bescheidenheit konnte ich keinen geeigneteren Mann als mich selbst finden. Hofmokel tat auch eine diesbezügliche Bemerkung: „Na hoffentlich kann ich Ihnen auch bald gratulieren." Da ich gern Näheres wissen wollte, wandte ich meine alte, bewährte Taktik an und äußerte, dass er in dieser Hinsicht doch wohl falsch unterrichtet sei. Da kam ich aber schön an: „Mein Lieber, wenn ich das sage, weiß ich auch, warum, und wenn ich Sie bei der Administration in Vorschlag bringe, ist die Sache gemacht, da können Sie Gift drauf nehmen – dahier." Gift werde ich nicht nehmen, aber eine große, tiefe Freude ist in mir. Endlich wird sich mein innigster Wunsch erfüllen.

Bienenstich war sehr erstaunt, mich beim gemeinsamen Mittagsmahl in auffällig guter Stimmung anzutreffen. Unter dem Siegel der Verschwiegenheit erzählte er mir, dass Hofmokel Hauptassistent geworden sei, er habe es ihm als vertrauliche Neuigkeit mitgeteilt. Am Nachmittag kam Haeberlin mit dem Allerneusten an und war sehr enttäuscht, dass er uns mit nichts dienen konnte. Er hatte auch schon von meiner

---

131 Tok Pisin: *i go, go, go antap tumas, i go pinis olgeta, mi no moa lukim em.*

bevorstehenden Beförderung erfahren. Am Abend wurde in Tobera schwer gefeiert. Ich will nicht versäumen, den lieben Leser aufzuklären, was es mit dem Posten eines Hauptassistenten auf sich hat. Diese Beförderung gilt gewissermaßen als Vorstufe zu dem himmelhohen Posten eines Administrators. So konnte man es dem guten Muck-Muck auch nicht übelnehmen, dass er ob dieser Beförderung hochbeglückt war.

26.12.10

So wurde es wieder einmal Weihnachten, das dritte, das ich in der Südsee verlebte. Da zur Zeit eine ziemliche Trockenheit herrschte, war es nötig, dass ein Europäer wegen der durch die Trockenheit bedingten Feuersgefahr während der offiziellen Weihnachtsfeier, die, wie jedes Jahr, in Herbertshöhe stattfand, auf der Pflanzung blieb. Merkwürdigerweise hatte ich das Bedürfnis, Weihnachten allein zu verleben. Dieser Einstellung schob der harmlose Bienenstich edle Motive meinerseits unter. Das war in meinem Leben der erste Heilige Abend, den ich allein verlebte. Briefe, die bereits vor drei Tagen eingetroffen waren, und die ich heldenhaft erst am Weihnachtsabend öffnete, halfen mir über die Einsamkeit hinweg. Das heißt das Öffnen war keine Heldentat, aber Briefe drei Tage ungeöffnet aufzubewahren, das kann man in Betracht der Einsamkeit, in der wir hier leben, unbedingt als Heldentat bezeichnen.

Am ersten Feiertag hatte ich ein Erlebnis, das sehr leicht böse Folgen für mich hätte haben können. Um mich ein wenig zu bewegen, ging ich am Heiligen Abend etwas spazieren und kam auf meinem Wege auch an dem Kaffeeschuppen vorbei. Vor diesem liegen die Fermentierbecken, die zum Teil mit Kaffee zur Gärung aufgefüllt waren. Um den Grad der Fermentierung zu prüfen, sprang ich in ein leeres Becken und wollte in dem benachbarten Becken den Kaffee befühlen. Dabei war ich direkt auf eine aufgerollte Schlange gesprungen. Da es im Archipel keine Giftschlangen gibt[132], war ich auch nicht sonderlich erschrocken, zumal hier die Schlangen durchaus nicht angriffslustig sind. Aber das Vieh war erschrockener als ich, ging an mir hoch, riss das Maul auf, zischte wütend und hatte sichtlich die Absicht zu beißen. Dabei wickelte sie sich um meine Beine, wobei sie eine Kraft entwickelte, die ich nicht für möglich gehalten hätte. Glücklicherweise bekam ich das Biest am Hals zu

---

132 Die Angabe ist richtig, wenn man das Meer ausschließt. Im ganzen Bismarckarchipel fehlen die auf dem „Festland" von Neuguinea, vor allem im südlichen Teil (also dem eigentlichen Papua), sehr verbreiteten Giftschlangen. Weder der Bismarck-Ringpython, noch die Pazifik-Boa oder die durch ihre auffällige Kopfform gefährlich aussehende und relativ häufige Neuguinea-Boa sind giftig. Dagegen sind die in der Bismarck-See vorkommende Zeilenschlange (*laticauda laticauda*) wie die Gelbbauch-Seeschlange (*hydrophis* platurus, früher *pelamydrus pauensis*) giftig. Vgl. für die Kolonialzeit Franz Werner, „Reptilien und Batrachier von Deutsch-Neu-Guinea", *Verhandlungen der kaiserlich-königlichen zoologisch-botanischen Gesellschaft in Wien* 51 (1901), 602-614; Heini Hediger, „Beitrag zur Herpetologie und Zoogeographie Neubritanniens und einiger umliegender Gebiete", *Zoologische Jahrbücher* 65 (1933/34), 442-582.

fassen und konnte ich mich erstmal der Bisse erwehren. Es ist ja eine bekannte Tatsache, dass man einer Schlange die Kraft abschnüren kann, wenn man Gelegenheit hat, sie unterhalb des Kopfes zu umklammern. Dass diese Annahme stimmt, kann ich bestätigen. Solange ich den Hals fest zudrückte, ließ die Umklammerung sofort nach. Da mir aber die Hände erlahmten, trieb ich mit meiner Schlange ein ganz nettes Gesellschaftsspiel. Bad kam sie zum Zuge und bald ich. Da das Biest immerhin zwei Meter lang war, gefiel mir dieser Sport auf die Dauer durchaus nicht. Endlich gelang es mir, die Schlange aus dem Becken zu schleudern, eine Handlungsweise, die sie durchaus nicht übel nahm, sondern schnellstens versuchte zu verschwinden. Aber ihre Lebenszeit war abgelaufen. Mein Schießjunge kam von der Jagd zurück, sah das Untier und schon knallte er ihr eine Ladung Schrot in den Kopf. Nun tat mir das arme Vieh auch noch leid. Diese Schlangen sind so harmlos und dabei so nützlich, dass niemand daran denkt, ihnen etwas zu leide zu tun. Die liebevolle Umklammerung seitens der Schlange hinterließ erstmal ganz nette blaue Flecke. Um auch ein Andenken an meinen Kampf mit dem Drachen zu haben, ließ ich dem Untier das Fell über die Ohren ziehen. Eigenartige Tiere sind die Schlangen. Nachdem die Haut abgezogen war, arbeitete das Herz noch eine Stunde lang weiter. Als ich Bienenstich von meinem Abenteuer mit der Schlange berichtete, war ich in seinen Augen ein Held. Hofmokel sagte: „Ganz nett ausgedacht. Aber wenn es wahr ist, dann konnte die Sache böse ablaufen – dahier."

30.1.11

Seit einigen Tagen bin ich wohlbestallter Stationsleiter von Tobera. Bis jetzt ist mir noch nicht viel Zeit geblieben, über mein Glück nachzudenken. Die Übernahme der Pflanzung und der Umzug ins Leiterhaus erforderten soviel Arbeit, dass ich noch nicht zur Besinnung gekommen bin. Jetzt wohne ich in einem schönen großen Dreizimmerhaus, um das sich nach allen Seiten eine breite Veranda zieht. Hofmokel ist nach einem herzhaften Abschiedstrunk mit Sack und Pack abgezogen.

Nachtrag nach 46 Jahren

Freund Muck-Muck ging nach dem Ersten Weltkrieg nach Argentinien und baute sich im Laufe von dreißig Jahren am Altos-Parana, dem Grenzfluss zwischen Argentinien und Paraguay in der deutschen Kolonie Eldorado Missiones[133], eine große Yerba[134]-Pflanzung auf. Hier lebte er friedlich und beschaulich bis zu seinem 76. Le-

---

133 Heute die Stadt Eldorado in der argentinischen Grenzprovinz Misiones. Zur Kolonie vgl. die Selbstbeschreibung durch deren Gründer A(dolf) J(ulius) Schwelm, *Some thoughts on colonisation*, o.O. 1932 und den Jubiläumsartikel vom 29.9.2021 in der Regionalzeitung „El Territorio. Noticias de Misiones", online zugänglich unter: https://www.elterritorio.com.ar/noticias/2021/09/29/721805-festejos-a-102-anos-de-la-llegada-de-julio-schwelm (19.1.2024).
134 Gemeint ist die Produktion von Mate-Tee; vgl. Wilhelm Kolbe, *Yerba-Mate-Tee. Eine Sonderkultur Argentiniens im Vergleich zum Teeanbau in aller Welt*, Burscheid 2005.

bensjahr. Am Heiligen Abend 1955 nachmittags 3 Uhr wurde er von zwei Banditen am hellerlichten Tage in seinem Hause überfallen und auf die grauenhafteste Weise mit den fürchterlichen Macheten (Buschmesser) ermordet.

Das hatte der gute Muck-Muck wirklich nicht verdient. Jetzt, nachdem wir beide alt geworden sind, tut es mir leid, dass ich dem braven Muck-Muck in meinem Tagebuch nicht gerecht geworden bin. „Leichtfertig ist die Jugend mit dem Wort." Als so junger Dachs war ich mir noch nicht darüber klar, dass alle Menschen ihre Vorzüge und ihre Fehler haben.

Asuncion / Paraguay, den 11. Januar 1956
gez. Friedrich Hoffmann

Auch Bienenstich hat uns verlassen. Er fährt zur Abwechslung wieder einmal zur See. Einer der Schiffsoffiziere der „Siar"[135] ist erkrankt und musste nun Bienenstich einspringen. Er ist hinsichtlich dieser Abwechslung begeistert. Da uns eine herzliche Freundschaft verband, stimmte uns der Abschied etwas wehmütig. Nun ist es aus mit den Wildwestspielen.

Mein neuer Posten bringt viel Freude, aber auch sehr viel Verantwortung mit sich. Es ist eben keine Kleinigkeit, eine Sechshundert-Hektar-Pflanzung, auf der drei Kulturen betrieben werden, zu bewirtschaften. Zum Unglück bin ich jetzt ganz allein auf der Pflanzung. Ein für Tobera bestimmter Assistent trifft erst in etwa sechs Wochen ein. Er ist bereits auf der Ausreise begriffen.

Ich habe eine sehr böse Sache hinter mir, die leicht schlimme Folgen nach sich ziehen konnte. Vor einiger Zeit wurden mir von der Firma zwanzig neue Arbeiter zugewiesen, und zwar Leute aus dem Inneren Neuguineas. In einem Schreiben der Administration legte man mir ans Herz, diese Leute recht gut zu behandeln, da diese Anwerbung der erste Versuch sei, hier im Archipel mit Eingeborenen aus dem Inneren Neuguineas zu arbeiten[136] und weitere Anwerbemöglichkeiten von der Behandlung dieser Leute unbedingt abhängig seien. Sehr entzückt war ich von der Sendung frisch importierter Kannibalen[137] nicht, da ich wusste, dass diesen Wildlingen der Begriff Arbeit gänzlich fremd war. Dazu kommt noch, dass keiner dieser Leute auch

135   Die 1902 in Bremen gebaute „Siar" war mit 325 BRT nach der „Ysabel" der größte Dampfer der Neuguinea-Kompagnie; vgl. Kludas, „Deutsche Passagierschiffs-Verbindungen in die Südsee", 175.

136   Zunächst erschien es auch auf dem „Festland" (dem sog. Kaiser-Wilhelmsland) als unmöglich, lokale Arbeitskräfte auf längere Zeit für die Pflanzungsarbeit zu gewinnen. Daher wurden nahezu ausschließlich Arbeiter aus dem Bismarck-Archipel oder Asiaten angeworben und eingesetzt. Ein Umschwung begann erst 1890, als der Ungarndeutsche Gyulas Winter in Finschhafen erfolgreich ein System eingeführt hatte, das auf der Grundlage des indigenen *wantok*-Prinzips (s. Anm. 95) beruhte. Dabei wurden indigene Arbeiter nicht individuell, sondern nur kooperativ und immer zusammen mit anderen Arbeitern aus der gleichen Ethnie/Sprachgruppe eingesetzt; vgl. Hiery, *Fa'a Siamani*, 43.

137   Vgl. die Ausführungen zu Anmerkung 116.

nur ein Wort Pidginenglisch versteht, so dass jede Verständigung ausgeschlossen bleibt. Europäische Arbeitsgeräte sind ihnen gänzlich fremd, so dass die Kerle gewissermaßen dressiert werden müssen, was eine große Geduld erfordert, über die in den Tropen nicht jeder Europäer verfügt. Da diese Leute aus dem fieberfreien Hochland[138] kamen, erkrankten sie sehr bald an Malaria. So dauerte es auch garnicht lange, da lag die ganze Gesellschaft im Hospital. Hier haben sie sich aber doch recht nützlich erwiesen. In kurzer Zeit gab es keine Ratten mehr, die bisher als rechte Plagegeister auftraten. Im Rattenfang leisteten die Helden Unglaubliches. Ein Griff – und schon hatten sie ein zappelndes Scheusal in der Hand und bissen ihm das Genick durch. Dann wurde das Kleinwild in Blätter gewickelt, geröstet und mit großem Appetit verzehrt. Die anderen Arbeiter ekelten sich maßlos vor der Rattenfresserei. Auch Eidechsen und sonstiges Getier waren vor ihnen nicht sicher. Den Brüdern flüssiges Chinin einzugeben, war ein fast unmögliches Unternehmen. So blieb nichts anderes übrig, als ihnen Chinininjektionen zu geben. Um das durchführen zu können, mussten vier starke Männer zum Festhalten zugezogen werden.

Endlich waren sie von der Malaria geheilt und konnte nun damit begonnen werden, ihnen die Verwendbarkeit einer Hacke vorzuführen. Selbst der beste und friedlichste Aufseher verlor dabei die Geduld. Die Kannibalen wollten einfach nicht. Wurde ihnen die segensreiche Arbeit mit der Hacke vorgeführt, legten sie sich ins Gras und versuchten, über die Arbeitszeit im Schlafe hinwegzukommen. Dabei frassen die Genossen genau die doppelten Rationen, als sie die anderen Leute bekamen. Natürlich rief das bei den anderen Arbeitern große Unzufriedenheit hervor. Aber ich hatte den Auftrag, die Kerle nach Herzenslust fressen zu lassen, was diese sich begeistert gefallen ließen. Untereinander waren sie streit- und zanksüchtig. Das artete mitunter so aus, dass sie mit den schweren Buschmessern aufeinander losgingen. Einmal kam gerade der Administrator Ehemann dazu, als sich die Kampfhähne richtig ineinander verbissen hatten. Dem war das nun doch zu viel und schlug er erbarmungslos mit seinem Stock dazwischen, was aber keinen großen Erfolg brachte. Ich freute mich über die nette Szene außerordentlich, sah doch nun mein Herr Vorgesetzter einmal selbst, was er mir mit diesen Urviechern aufgeladen hatte.

Ich muss aber bei der Schilderung der Neuguinealeute noch hervorheben, dass durchaus nicht alle Eingeborenen von Neuguinea solche üblen Burschen waren. Auf vielen Pflanzungen wurde nun mit diesen Papuas gearbeitet und benahmen sich diese Menschen in keiner Beziehung schlechter oder auch besser, als es bei Leuten von anderen Volksstämmen der Fall zu sein pflegte. Aber diese Kerle, mit denen man mich belastet hatte, stammten aus den Hochländern und waren noch in keiner Weise mit

---

138 Es ist sehr unwahrscheinlich, wenn auch nicht völlig ausgeschlossen, dass die erwähnten indigenen Arbeiter tatsächlich aus jener Region kamen, die heute in Papua-Neuguinea als „Hochland" (highlands) bezeichnet wird. Wahrscheinlicher ist, dass sie aus den Berggebieten westlich von Finschhafen stammten, das nach und nach durch ev.-lutherische Missionare aus Neuendettelsau in Kontakt mit Europäern geriet.

der Zivilisation in Berührung gekommen. Sie waren scheinbar auch bei der Menschwerdung von ihrem Schöpfer stiefmütterlich bedacht worden.

Vor einigen Tagen fehlte früh beim Antreten einer dieser Leute. Das war mir sehr unangenehm, da ich gleich ahnte, dass da irgendetwas nicht in Ordnung sei. Den ganzen Tag blieb der Vermisste unsichtbar. Am Nachmittag wollte ich nochmals meine Arbeiter kontrollieren, als mir ein großer Trupp Eingeborener mit Gesang entgegenkam. Diese Art zu singen gefiel mir nicht recht. Es war mehr ein Ausstoßen wilder, aber rhythmischer Töne, das bekannte Sing-Sing bellon kai-kai man[139] (der Menschenfressergesang). Dieser Gesang wird allerdings auch oft scherzeshalber nach erfolgreicher Wildschweinjagd gesungen. Als die Leute näher kamen, merkte ich sehr bald, dass sie sehr aufgeregt waren. Auch sah ich nun, dass sie einen Menschen angeschleppt brachten, dessen Hände und Füße gefesselt waren und durch die so zusammengeschnürten Glieder ein Knüppel gezogen war, an dem er von zwei Eingeborenen auf den Schultern getragen wurde. Das unglückselige Opfer war der entlaufene Neuguineamann. Einer der Leute zeigte mir mit wenig freundlicher Miene seine rechte Hand, an der der Daumen nur noch an einigen Sehnen hing. Nun erfuhr ich auch, warum man den Neuguineamann in so wenig humaner Weise transportierte. Bereits seit Wochen merkten die Eingeborenen, dass ihre Feldfruchtpflanzungen bestohlen, und dem nicht genug, auch verwüstet wurden. Noch nie war es ihnen gelungen, einen dieser Attentäter festnehmen zu können. Nun hatten sie aber Wachen aufgestellt und diese sahen, dass die Diebe meine Neuguineaaleute waren. Der Mann mit der verletzten Hand hatte versucht, einen der Schufte festzunehmen, der ihm dabei die Bisswunde beibrachte. Vor allem versuchte ich nun, die Leute einigermaßen zu beruhigen und versprach Schadenersatz, Schmerzensgeld[140] und strengste Bestrafung der Verbrecher. Ein junger Bengel schlug mir vor, die Kerle zu erschießen. In der Stimmung dazu war ich so einigermaßen. Ich marschierte mit dem Trauerzug nach der Station und hielt ein furchtbares Strafgericht ab. Die Neuguineaaleute wurden gefesselt und der Reihe nach über die Kiste gelegt. Die Geschädigten durften selbst als Schafrichter fungieren, was sie mit großer Genugtuung besorgten. Jeder der Diebe bekam fünfundzwanzig aufgezählt, eine Handlung, durch die ich mich selbst strafbar machte, da ich nur zu einer Strafe bis zu zehn Hieben befugt bin.[141] In diesem Falle nahm ich aber die Verantwortung auf mich, denn eine mil-

---

139 Tok Pisin: bel(l)o kaikai, Essenszeit. Hier ist aber wahrscheinlich eher der Genitiv „bilong", heute meist abgekürzt mit „blo", gemeint. kaikai man, Menschen verspeisen; Kannibale, Kannibalismus.

140 Tok Pisin: bekim, Englisch: compensation, pay back, die landesweit und ethnienübergreifend verbreitete Grundvoraussetzung für die (Wieder)herstellung von Gerechtigkeit. Vgl. die Literatur zu Anm. 95 u. Jacob Kerenga, *The law of compensation for personal injuries and wrongful deaths in Papua New Guinea*, Port Moresby 2007, sowie Andrew Strathern / Pamela J. Stewart, *Peace-making and the imagination. Papua New Guinea perspectives*, St. Lucia 2011, u. Jean Zorn / Peter Bayne (Hg.), *Lo bilong ol manmeri. Crime, compensation and village courts*, Port Moresby 1975.

141 Prügel als koloniale Disziplinarstrafe in Neuguinea: vgl. Hiery, *Fa'a Siamani*, 75-78.

de Strafe hätte die Bestohlenen durchaus nicht befriedigt. Auch war meine Geduld gegenüber diesen Scheusälern zu Ende. Für den abgebissenen Daumen bezahlte ich zwanzig Mark Schmerzensgeld, eine Summe, die große Zufriedenheit auslöste. Die verletzte Hand wurde im Hospital kunstgerecht verbunden und dem armen Teufel ans Herz gelegt, in einigen Tagen wiederzukommen, um den Verband zu erneuern. So hatte ich nun nach bestem Wissen und Gewissen für alle Beteiligten Recht gesprochen und war der festen Überzeugung, dass damit der Fall erledigt sei. Aber bald musste ich feststellen, dass dem nicht so war.

Das soeben geschilderte Erlebnis spielte sich an einem Donnerstag ab. Den Sonnabend darauf fiel mir mittags, als ich aus der Pflanzung heimkam, eine stattliche Versammlung Eingeborener auf, die um die Station herumlungerten. Auf meine Frage hin, was sie denn vorhätten, wurde mir gesagt, dass sie Bung[142] (Markt) abhalten wollten. Das taten sie jeden Sonnabend und wäre die Sache unverdächtig gewesen, wenn auch die Weiber, die stets die Feldfrüchte zwecks Verkauf an meine Arbeiter heranbrachten, anwesend gewesen wären. Wenn bei irgendeinem Unternehmen der Eingeborenen die Weiber unsichtbar sind, so ist dies erfahrungsgemäß ein schlechtes Zeichen. Mein Hauspersonal lief mit bekümmerten Mienen umher. Lotte war ganz grau im Gesicht und sagte mir mit zitternder Stimme: „All Kanak hi like kill him you."[143] (Die Eingeborenen wollen dich erschlagen.)

Um einen Beweis meiner großen Ruhe zu erbringen, rief ich nach dem Mittagessen, was mir der Hausjunge schlotternd auf den Tisch setzte. Mein Schießjunge Anton bewachte mit geladenem Gewehr mein Mittagsmahl. Er war wie Blücher für die Offensive und entwickelte mir aus dem Handgelenk einen Schlachtenplan, der an Blutrünstigkeit nichts zu wünschen übrig ließ. Das einzig Brauchbare des Angriffsplanes war, erstmal vermittelst der Stationsglocke alle Arbeiter zusammenzurufen. Ich ließ Feueralarm läuten. Gleichzeitig nahm ich meine Parabellum (große Mehrladepistole mit Ansatzkolben) und übte mich von ungefähr darin, Popaias[144] von einem in der Nähe stehenden Baum zu schießen. Innerhalb weniger Sekunden krachten zehn Schuss aus der gefährlichen Waffe und zehn durchschlagene Früchte lagen am Boden. Der Wirtschaftshof hatte sich unterdessen mit Eingeborenen angefüllt, die alle mit bösen, finsteren Gesichtern umherliefen. Meine erfolgreiche Schießübung gab ihnen sichtlich zu denken.

Immer mehr Kanaken fanden sich ein und schätzte ich die Volksversammlung auf fünfhundert Menschen. Zu meiner unerfreulichen Überraschung bemerkte ich jetzt drei mit Schrotflinten bewaffnete Eingeborene, die als sogenannte Schießjungen in Diensten von Europäern standen. Ich habe es stets für einen großen Leichtsinn gehalten, diesen Leuten Gewehre in die Hände zu geben, statt sich ortsfremder Leute als Schießjungen zu bedienen. Das Gouvernement gestattet es sogar, sogenannten sicheren Leuten Gewehre anzuvertrauen. Wozu das führen kann, hat man vor einigen

---

142 Tok Pisin für jede Art von Versammlung, Zusammenkommen.
143 Tok Pisin: *Ol kanaka i laik kilim yu.*
144 Richtig: Papayas, Früchte des Melonenbaums (*carica papaya*).

Jahren in den Bayningbergen[145] auf Neupommern erlebt, wo durch diesen Leichtsinn acht Missionare und Schwestern ihr Leben lassen mussten.[146]

Jetzt blieb mir gar nichts anderes übrig, als alles daran zu setzen, die Gewehre in meine Hand zu bekommen. Davon ausgehend, dass Eingeborene sehr leicht zu verblüffen sind, ging ich zu den Leuten hin und nahm ihnen, wie selbstverständlich, die Waffen ab und brachte sie in mein Haus. Nun merkten die Helden, wie sie sich ins Bockshorn hatten jagen lassen. Auch die übrigen Kanaken besannen sich nun, dass sie ihrer besten Waffen verlustig gegangen waren. Jetzt wurde mir doch ganz bedenklich klar, dass die Bande wirklich Böses im Schilde führte. Unterdessen waren meine Arbeiter am Hause angelangt. Den meisten sah man die Angst, die sie vor den Kanaken hatten, schon von weitem an. Aber die Bukas (Eingeborene der Salomoninseln) waren sichtlich kampfbegeistert, bewaffneten sich mit langen Haumessern und wollten unverzüglich die Schlacht eröffnen. Ich hatte die größte Mühe, die Leute von Handlungen, die schlimme Folgen nach sich gezogen hätten, abzuhalten. Vielen dieser Kampfhähne stand vor Wut der Schaum vor dem Mund und wollten sie sich durchaus nicht belehren lassen, dass wir abwarten mussten, bis wir angegriffen würden. Wir befanden uns eben auf deutschen Boden und mussten gemäß deutscher Gesetze handeln, um uns nicht selbst ins Unrecht zu setzen.

Immer mehr Kanaken fanden sich ein, die ungeniert Waffen trugen, die aus Speeren und Äxten bestanden. Zum Glück kennen die hiesigen[147] Eingeborenen Pfeil und Bogen nicht. Mit Schwarzen, die mit diesen Waffen vertraut sind, ist es sehr gefährlich, sich in einen Nahekampf einzulassen.

Unter meinen Arbeitern befanden sich acht ehemalige Polizeisoldaten[148], die sich mir in ruhiger und vernünftiger Art zur Verfügung stellten. Diese Leute bewaffnete ich mit Gewehren verschiedenster Art, deren Handhabung ihnen durchaus geläufig war.

Da ich merkte, dass die Lage immer ernster wurde, kam ich zu dem Entschluss, die Administration in Herbertshöhe telefonisch[149] von dem, was hier vor sich ging, zu

---

145 Richtig: Bainingbergen.
146 Im sog. Massaker von St. Paul wurden am 13. August 1904 insgesamt zehn europäische Missionare, darunter fünf Nonnen, ermordet, dazu eine unbekannte Zahl einheimischer Katholiken. Zur Tat und den Hintergründen vgl. Hermann Hiery, „Das Massaker von St. Paul (1904). Neue Ergebnisse und Interpretationen", in: *Jahrbuch für Europäische Überseegeschichte* 18 (2018), 151-183.
147 Im Original unterstrichen.
148 Eine Schutztruppe wie im deutsch-kolonialen Afrika existierte in den Südseekolonien des Kaiserreiches nicht. In Neuguinea bestand aber eine auch mit schweren Waffen ausgerüstete Polizei, deren Mitglieder „Polizeisoldaten" genannt wurden; vgl. August I(brum) K. Kituai, *My gun, my brother. The world of the Papua New Guinea colonial police 1920-1960*, Honolulu 1998.
149 Ein öffentliches Telefonsystem existierte in der deutschen Kolonie Neuguinea seit 1906, als der Fernsprechverkehr in Herbertshöhe und Umgebung eröffnet wurde; vgl. Hiery, *Das Deutsche Reich in der Südsee*, 185-186, u. W. Schmidt / Hans Werner (Hg.), *Geschichte der deutschen Post in den Kolonien und im Ausland*, Leipzig ²1942, 293-356.

benachrichtigen. Aber ich rief vergebens an. Die harmlosen Kinder der Südsee hatten den Leitungsdraht durchschnitten. Nun wusste ich, was die Glocke geschlagen hatte, und musste dementsprechend gehandelt werden, obgleich ich keine Ahnung davon hatte, warum mir die Kanaken zu Leibe wollten.

Der Zwischenfall mit den Neuguinealeuten war beigelegt und lebte ich bisher mit den Eingeborenen im besten Einvernehmen. Ich ließ nun meine Polizeisoldaten scharf laden und hielt eine Rede an das aufgeregte Volk, in der ich sie ermahnte, vernünftig zu sein und friedlich auf ihre Dörfer abzuziehen. In dem Moment erhielt ich von einem der Polizeisoldaten einen Stoß, dass ich zur Seite taumelte. Ein Speer zischte an meinem Kopf vorbei und zersplitterte an der Wand des Hauses. Der alte Soldat hatte bemerkt, dass einer der Kanaken zum Wurf mit dem Speer ausholte und mich aus der Schussbahn gestoßen. Also wurde es bitterer Ernst. Ich ließ eine Salve über die Köpfe der Eingeborenen feuern, die eine fabelhafte Wirkung ausübte. Wie wildgewordene Pferde stieben die Helden davon. Sie stürzten übereinander weg, überschlugen sich und liefen, was die Beine hergaben. Mein Pferd hatte ich gesattelt am Hause stehen. Ich saß auf und gab den Befehl zur Verfolgung des fliehenden Feindes. Der Gaul war durch den Schlachtenlärm wild geworden und keilte nach allen Seiten aus. Den ehemaligen Soldaten rief ich zu, über die Köpfe zu feuern, was sie gründlichst taten. Die Bukas waren nicht mehr zu halten und stürmten hinter den Flüchtenden her. Es entspann sich ein Höllenspektakel, der sich mit Worten gar nicht beschreiben. lässt Die Kanaken brüllten vor Todesangst, die Bukas ließen ihren schauerlichen Kriegsruf ertönen und die Soldaten feuerten unentwegt in die Luft, ob aber nur in die Luft, war nicht festzustellen. Die Kanaken flüchteten durch die Kaffeepflanzung und suchten die Brücke am Kaffeeschuppen zu erreichen. Hier kam es zu tollen Szenen. Jeder wollte die Brücke zuerst passieren, um sich in Sicherheit zu bringen. Rücksichtslos ging es über die Gestürzten hinweg. Die größte Angst hatten die Kanaken vor meinem Pferde[150], das abwechselnd bäumte und schlug. Mit lautem Krachen brach die einfache Holzbrücke zusammen und fanden sich die Schnellläufer im Wasser wieder. Die feindliche Armee war gründlichst geschlagen und hoffte ich, dass nun der Krieg zu Ende sei. Aber meine Leute belehrten mich eines Besseren. Sie waren fest überzeugt, dass die Kanaken sich nachts wieder sammeln und gegen Morgen den Angriff mit größtem Menschenaufgebot wiederholen würden. Ich war

---

150 In Kulturen, unter denen das Pferd unbekannt war, wie in Amerika und im Pazifik, spielte das domestizierte Pferd eine erhebliche Rolle bei der Durchsetzung des europäischen Kolonialismus. Vgl. Heiko Schnickmann, „Pferde", in: Hiery (Hg.), *Lexikon zur Überseegeschichte*, 639-640; R. B. Cunninghame Graham, *The horses of the conquest*, London o.J. (1930). Der Herausgeber ist bei seinen „oral history"-Projekten in Papua-Neuguinea immer wieder darauf hingewiesen worden, welchen großen Eindruck das unbekannte und riesige Tier auf die einheimische Bevölkerung gemacht hat. Beim Erstkontakt mit europäischen Reitern wurden Reiter und Tier als ein einziges, zusammengehöriges Lebewesen angesehen. Die Vorstellung eines riesigen Tiermenschen, eines „Ungeheuers" (*wanpela bikpela masalai, monsta*) wurde noch durch die scheinbare Inaktivität des Pferdes verstärkt, wenn der Reiter abstieg und sich vom Tier löste (oder später wieder aufstieg).

nun doch recht misstrauisch geworden und ließ die wackeren Soldaten und die Bukas auf dem Hausplatz biwakieren. Damit sie alle bei Stimmung blieben, spendierte ich einen Sack Reis und ein Fass Salzfleisch. So wurde fürs erste aus dem Überfall ein Freudenfest. Hell flammten die Lagerfeuer auf, wild tanzten die Bukas und aufreizend ertönte der Kriegsgesang. Mir war es eigen zumute und erlebte ich nun das, was ich dereinst so oft, glühend vor Begeisterung, gelesen und ersehnt hatte. Aber auch ein bitteres Gefühl war in mir. Warum wollten mir diese Menschen an Leib und Leben, die von mir nur Gutes erfahren hatten? Wie oft waren sie in ihrer Not zu mir gekommen, um Hilfe zu suchen. Einem Häuptlingssohn, dem eine abfallende Kokosnuss einen Schädelbruch geschlagen hatte, rettete ich sein junges Leben. Wie bang sah mich damals der Vater des verletzten Knaben an, als das Leben des Kindes an einem Faden hing, und heute trachtet mir dieser Vater nach dem Leben. Ich heilte Verletzungen aller Art und hatte stets das Gefühl, dass mir die Schwarzen doch ein wenig dankbar seien, und wenn sie dieser Regung nicht fähig sind, so glaubte ich, dass sie in mir einen Menschen erkennen, der es gut mit ihnen meint. Ich habe einmal in irgendeinem Buch den Satz gelesen: „Lieber küsst der Mensch seinem Feind die Füße, als seinem Wohltäter die Hände." Unverfälscht ist die Natur des Schwarzen und so handelt er rein menschlich, wenn er den hasst, der über ihm steht, denn Hass ist immer die Rache des Schwächeren, ganz gleich, ob er von dem Stärkeren Gutes oder Böses empfing.

Ich war aber wahrhaftig nicht gesinnt, mich von der verhetzten Menge wie einen tollen Hund erschlagen zu lassen. Ruhig und besonnen erwog ich jede Möglichkeit, ein Unheil abzuwehren. Sollten die Kanaken doch so wahnsinnig sein und tatsächlich zum Angriff übergehen, dann sollten sie auch die Folgen spüren und merken, dass ein Weißer sich seiner Haut zu wehren weiß. Die ehemaligen Soldaten postierte ich rings um das Haus auf die Veranda. Die Bukas, die vom Tanz und dem vielen Futtern müde geworden waren, schliefen nun auf dem Hofe in ihre Decken gehüllt. Mein Schießjunge Anton, der die Neupommernsprache beherrscht, kam von einem Patrouillengang zurück und berichtete, dass er sich in einem Wassergraben bis an die lagernden Kanaken geschlichen habe und dort hörte, dass wahrhaftig ein Angriff für den nächsten Morgen geplant sei. Auch habe er festgestellt, dass sogar Eingeborene von weit entfernten Dörfern angerückt seien. War denn dieses Volk total verrückt geworden?

Trotz der ersten Lage spielte sich auch eine heitere Szene ab. Plötzlich ertönte wildes Geschrei und hörten wir einen Trupp Menschen im schnellsten Tempo kommen. Ich wollte sofort mobil machen, aber meine Leute behaupteten, dass dies keine Kanaken, sondern die Neuginealeute seien. So war es auch. Sie kamen angestürmt wie die wilde Jagd. Obgleich sie die Ursache des Aufstandes waren, hatte ich ihre geschätzte Existenz gänzlich vergessen. Sie hatten sich vor Angst tief in den Urwald zurückgezogen. Ob sie nun dort tatsächlich von den Kanaken aufgestöbert wurden oder ob sie sich nicht sicher fühlten, war nicht festzustellen. Jedenfalls waren sie da und hatten das Bedürfnis, ihr wertvolles Leben in Sicherheit zu bringen.

Es herrschte eine schreckliche Schwüle und ballte sich ein Gewitter zusammen, dessen Ausbruch auch nicht lange auf sich warten ließ. Bald setzte ein heftiger Sturm ein, der aber keine Erfrischung brachte. Es dauerte nicht lange, bis die ersten Tropfen fielen. Bald folgte ein Getöse wie in einer Völkerschlacht. Blitz und Schlag war eins. Ein schwerer Regen, wie ich noch keinen erlebte, ging nieder. Dieses Höllenkonzert passte prächtig zu unserer Stimmung. Meine kampfwütigen Bukas verzogen sich ernüchtert unter mein Haus, das auf hohen Sockeln ruhte. Wenn die Eingeborenen jetzt Schneid gehabt hätten, wären wir verloren gewesen. Immer toller schüttete der Himmel seinen Segen aus. Die Pflanzung verwandelte sich in einen See. Der Morgen graute, und noch immer goß es in Strömen. Es erfolgte kein Angriff. Meine Arbeiter meldeten, dass die Kanaken noch in der Nacht abgezogen seien.

Gegen Morgen erschienen Ehemann und Hofmokel. Beide waren schwer bewaffnet. Sie hatten bereits Gerüchte eines Überfalls gehört, glaubten aber nicht recht daran und wollten nicht blinden Alarm schlagen. Sie waren nun doch einigermaßen erstaunt, als ich ihnen erzählte, was sich hier zugetragen hatte. Nun wurde Kriegsrat gehalten und besprochen, was hier am besten zu tun sei. Vor allem bat ich darum, mich von den Neuguineakerlen zu befreien. Es wurde beschlossen, selbe nach Neumecklenburg zu bringen. Es blieb noch die Frage zu erörtern, soll die Affäre der Regierung offiziell angezeigt werden oder nicht. Wir wurden uns einig, dies nicht zu tun, da das wohl große Vernehmungen, aber keine Erfolge mit sich bringen würde. Die Regierung ist für solche Anzeigen gar nicht dankbar, da diese viel Schreibereien verursachen und Rückfragen seitens des Kolonialamtes nach sich ziehen und vor allem Zeitungsnotizen erscheinen, die höchst unerwünscht sind. Aber die Sache war doch ruchbar geworden und wurde nachgeforscht und dann festgestellt, dass die Gerüchte übertrieben seien, und es sich in diesem Falle lediglich um eine Zusammenrottung gehandelt habe, der keinerlei Bedeutung beizumessen sei.

Nach einigen Tagen kamen meine Freunde, die Kanaken, höchst unbeschwert, um mir einen Besuch abzustatten und stellten sich harmlos wie neugeborene Lämmer. Sie wollten mir, wie üblich, die biedere Rechte schütteln. Ich sagte ihnen aber, dass ich Hände, die nach mir schlagen wollten, nicht mehr anrühre. Hühner, die sie mir zum Geschenk sandten, schickte ich zurück. Auch durften sie den Markt nicht mehr vor meinem Haus, sondern nur noch an der Grenze der Pflanzung abhalten, womit ich ihr Geschäft sehr schädigte. Meine Sympathien für die Eingeborenen waren stark erschüttert. Wie es sich im Laufe der Zeit herausstellte, waren die Eingeborenen von ihren Zauberern zu dieser wahnsinnigen Handlung aufgeputscht worden. Es sollte ein Racheakt für den Frevel, den sich die Neuguinea-Leute zuschulden kommen ließen,[151] sein.

151 Möglicherweise erklärt sich die Aggressivität der Lokalbevölkerung durch eine Verletzung religiöser Orte durch die vom Festland Neuguineas eingeführten Arbeiter. Diese mögen aus indigen-lokaler Perspektive tatsächlich einen Frevel, ein Sakrileg, begangen haben. Dass sie sich selbst dieser Tatsache nicht bewusst waren, gilt in Neuguinea nicht als Entschuldigungsgrund. Es gilt vielmehr der einfache Grundsatz: Ursache und Wirkung/Folgen, durchaus vergleichbar mit dem europäisch-römischen Rechtsgrundsatz: „Ignorantia legis non excu-

21.4.1911

Das Leben hat ernste und heitere Seiten. Vorigen Sonntag fand in Herbertshöhe ein großes Preisschießen statt. Dieses Ereignis gehörte zu den heiteren Seiten des Koloniallebens und will ich, da es so einen tragischen Abschluss nahm, die Begebenheit in einer kleinen Erzählung verewigen.

Schuss auf Schuss krachte. Die Ansiedler von Herbertshöhe im Bismarckarchipel waren vollzählig versammelt. Preisschießen bedeutet eine beliebte Abwechslung des täglichen Einerleis. Auf dem Schießstand, auf dem sonst schwarze Soldaten zu Kunstschützen ausgebildet wurden, herrschte reges Leben. Kundige Hände legten ein Fass Bier auf, und mit wichtiger Miene schlug der Wirt des Hotels „Deutscher Hof" den Spund aus. Das Fass wurde in Eis gepackt, welches am Morgen mit dem Dampfer aus Sydney eingetroffen war. Ein Ansiedler hatte das Fässchen gestiftet, und so brachte die fröhliche Schar ihren Dank in dem schönen Lied zum Ausdruck: „Unser Müller lebe hoch, viele, viele Jahre noch. Dieses wünscht aus Herzensgrund der Herbertshöher Sängerbund." „Danke, Leute, danke", sagte Müller großartig.

Mit kritischen Mienen verfolgten die Schwarzen die Schießresultate und nickten Beifall, wenn ein guter Schuss getan wurde. Die Stimmung wurde immer ausgelassener. Im Triumphzug brachte man den Schützenkönig nach dem „Deutschen Hof", und wurde hier das Bundesschießen gewaltig gefeiert.

Ein Maschinist, der sich großspurig Ingenieur nannte, renommierte gewaltig mit seinen Leistungen und zollte sich stark Anerkennung, dass es ihm gelungen sei, eine Drahtseilbahn, die wegen irgendwelcher Beschädigung lange außer Betrieb war, wieder in Gang gesetzt zu haben. Er feierte sich so ausgiebig, dass er bald rechtschaffen bezecht war. Immer wieder sang er sein Lieblingslied „Dem Ingenieur ist nichts zu schwer"[152].

---

sat". Ebenso wird der Europäer, der wahrscheinlich das Vergehen gar nicht selbst begangen hat, als Hauptverantwortlicher für den Frevel gesehen, denn er war es ja, der erst die fremden Arbeiter ins Land gebracht hat. Zum Phänomen an sich: Pamela J. Stewart, *Sacred revenge in Oceania*, Cambridge 2019.

152 Das Ingenieurlied (1871). Text: Heinrich Seidel, Pastorensohn aus Mecklenburg (1842-1906), Ingenieur und Poet, Kinderbuchautor; Melodie: Krambambuli, ist der Titel des Tranks – ein studentisches Trink-, Kommerslied von vor 1750. Die erste von vier Strophen lautet wie folgt:

Dem Ingenieur ist nichts zu schwere –
Er lacht und spricht: »Wenn dieses nicht, so geht doch das!«
Er überbrückt die Flüsse und die Meere,
Die Berge unverfroren zu durchbohren ist ihm Spaß.
Er thürmt die Bogen in die Luft,
Er wühlt als Maulwurf in der Gruft,
Kein Hinderniss ist ihm zu groß –
Er geht drauf los!

Zu Heinrich Seidel vgl. Friedrich Mülder: *Heinrich Seidel. ... Wie er ein Poet und Ingenieur gewesen ... Ein Lebensbild*, Hamburg 1997.

Es wurden Reden gehalten, die mit echtem Südseehumor gewürzt waren. Auch des Schützenkönigs wurde in ehrenden Worten gedacht. Eine kräftige Biermusik setzte ein: „Sind wir nicht zur Herrlichkeit geboren…" Meditsch[153], der Maschinist, sang auf diese Melodie sein Lieblingslied von dem Ingenieur, dem nichts zu schwer ist. In die Fröhlichkeit hinein schmetterte ein Hahn sein Kikeriki. Ein jeder zog seine Uhr und wurde festgestellt, dass es Zeit sei, das schöne Fest zu beenden. Nur Meditsch wollte davon nichts wissen. Er wollte durchaus weiterfeiern. Ein biederer Sachse gab ihm den guten Rat, nun endlich „vernüftsch zu werden und heeme zu gehen". Es half weder Zureden noch Grobwerden, unser Meditsch war nicht zu bewegen, endlich das Feld zu räumen. Plötzlich ging es wie eine Verklärung über sein Angesicht, und sah man es seinen schönen Zügen an, dass er über etwas nachdachte. Jetzt war er zu Kompromissen bereit und erklärte, von einer Nachfeier seinerseits absehen zu wollen, wenn wir übrigen uns verpflichten würden, ihn per Drahtseilbahn nach Raniolo[154], woselbst er zu tun habe, zu befördern. Mit Vergnügen gingen wir darauf ein und führten unseren Ingenieur nach der Abfahrstelle der Drahtseilbahn, die sich unweit des Hotels befand.

Raniolo, die Endstation der Drahtseilbahn, liegt ungefähr 500 Meter Luftlinie von Herbertshöhe entfernt, in einer Höhenlage von ca. 100 Meter. Diese Drahtseilbahn war ein primitiver Handbetrieb, mit dem Arbeiterverpflegung hin- und Kopra zurückbefördert wurden. Für Personenverkehr war sie wahrlich nicht eingerichtet. Meditsch nahm in einer der kleinen Lowris[155] Platz und schlief sofort ein. Wir übrigen aber setzten vermittelst einer großen Handwinde den Apparat in Bewegung. Unser guter Meditsch verschwand in die finstere Nacht seinem Ziele entgegen. Knarrend stieg die kleine Lowri mit seiner kostbaren Fracht am steilen Seil hinauf. Unverdrossen drehten wir die schwere Winde, bis jemand die Ansicht äußerte, dass wir nun genügend geleiert hätten und für Meditsch die gesunde Höhenluft das beste Mittel zur Ernüchterung sei. So stellten wir die schwere Arbeit ein, ließen Meditsch auf halber Höhe hängen, bestiegen die Pferde und ritten heim, wozu es nebenbei bemerkt die höchste Zeit wurde, da unser Dienst um sechs Uhr begann. Der Montagmorgen ist von jeher für Angestellte eine unangenehme Einrichtung gewesen. Um einen Ausgleich zu schaffen, sind dann die Herren Vorgesetzten umso mobiler. Statt dass sie versuchen, sich in die seelischen Zustände ihrer Untergebenen zu versetzen, tun sie gerade das Gegenteil und glauben, sich Stufen in den Himmel zu bauen, wenn sie mit List und Tücke harmlose Menschen bei kleinen Unregelmäßigkeiten überraschen.

So auch der Administrator Streng[156], der in seiner Gemütsrohheit beschloss, die Pflanzung Raniolo montags früh sechs Uhr zu inspizieren. Er bestieg einen Elefan-

---

153 Vgl. Baumann/Klein/Apitzsch, *Biographisches Handbuch*, 241.

154 Im Hinterland von Kokopo; heute ein Vorort von Kokopo.

155 Lowry (spr. Lóhri), niedriger, oben offener Eisenbahnwagen, mit niedriger Einfassung zum Transport von Gütern, meist Kohlen; bei Kohlenbeförderung gewöhnlich 90 bis 100 Zentner enthaltend, deshalb auch als Begriff für Kohlengewicht verwendet.

156 Nicht in Baumann/Klein/Apitzsch, *Biographisches Handbuch*. Wohl nicht identisch mit dem Polizeimeister Streng, der erst am 3. Juni 1911 in Rabaul eingetroffen sein soll (ebd., 441).

ten, so nannte man wegen dessen gewaltigen Ausmaßen sein Pferd. Als er am Deutschen Hof vorbeikam und hier das Trümmerfeld vergangener Freuden sah, setzte er den Elefanten in Trab, denn heute war der bürokratischen Engherzigkeit gute Beute sicher. Sein Weg führte unter den Seilen der Drahtseilbahn hindurch. Da begegnete Herrn Streng gar Merkwürdiges. Aus Himmelshöhen hörte er eine gequälte Stimme seinen Namen rufen. Erstaunt blickte er um sich. Aber weit und breit konnte er kein Lebewesen erblicken. „Herr Streng, Herr Streng!", so tönte es aus den Lüften. Der Elefant wurde zum Stehen gebracht. Da Herr Streng weder an Geister glaubte, noch anzunehmen war, dass ein Papagei seinen Namen rufe, hielt er für seine Pflicht, der Sache auf den Grund zu gehen. Endlich wurde ihm klar, dass die Stimme nur aus einer der Lowris kommen konnte. Jetzt hatte der Gestrenge den Rufer erspäht. Hoch in den Lüften erschien über den Rand einer Lowri ein roter Haarschopf.

Herr Streng war seitens seiner Untergebenen einiges gewöhnt. Aber das, was er hier sah, setzte seiner Meinung nach allem die Krone auf. In gar gewaltigen Galoppsprüngen raste er davon, holte einige Arbeiter herbei, die unter respektlosem Gefeixe das Opfer der brutalen Jugend zurückleierten. Vorläufig sagte Meditsch gar nichts, sondern ließ Herrn Streng reden. Auf die Frage hin, wie er denn in die Lowri gekommen sei, schaute Meditsch seinen hohen Vorgesetzten an und sagte: „Keine Ahnung."

19.5.11

So wechselt Ernstes mit dem Heiteren und immer habe ich eine gewisse Dankbarkeit für das Erleben von Interessantem, Eigenartigem und Außergewöhnlichem in mir. Mancher meiner Bekannten mag wohl mit Bedauern an mich denken und glauben, dass man in einem solchen Lande wie Neuguinea an Langerweile zugrunde gehen muss. So ist es nun aber doch nicht. Der Tag ist voll und ganz mit Arbeit ausgefüllt. Da bleibt keine Minute für die Langeweile übrig. Ist der Arbeitstag zu Ende, reite ich gern noch eine Stunde durch die Pflanzung. Auf diesen abendlichen Ritten habe ich schon manches gesehen und beobachtet, was ich am Tage nie bemerkt hätte. Hinter manchen Schlich der Eingeborenen bin ich so gekommen, die den Master zu dieser Zeit in seinem Haus wähnten. Oder ich fand auf diesen beschaulichen Ritten Palmen, die ganz frisch von Schädlingen angefallen waren, so dass ich sie noch vor der Zerstörung retten konnte. Aber zum mindesten fand ich mich selbst und das ist auch etwas.

Zu Hause angekommen, wird dann ein erfrischendes Bad genommen und dann mit bestem Appetit getafelt. Dann liege ich behaglich auf meinem Liegestuhl und lese. Viele Abende verbringe ich mit Schreiben von Briefen oder es kommt das vielbelächelte Tagebuch zu seinem Recht. Dadurch ist mir Langeweile ein unbekannter Begriff geblieben. Da man in den Tropen zeitig schlafen geht, ist der Abend an und für sich nicht sehr lang. Viel Interessantes bietet auch das Eingeborenenhospital und die schwarzen Patienten. So wurde zum Beispiel vor etwa einem halben Jahr von einer Nachbarpflanzung ein Mann eingeliefert, der wegen einer Erkrankung des linken

Beines nicht mehr laufen konnte. Da alle angewandten Mittel fehlschlugen, überwies ich ihn in das Haupthospital nach Herbertshöhe. Hier wurde Knochentuberkulose im Knie festgestellt. Da ich gerade in Herbertshöhe war, als dem armen Teufel das Bein oberhalb des Knies abgenommen werden sollte, wollte ich der Operation beiwohnen. Der Heilgehilfe hatte alles vorbereitet. Aber als der Arzt kam, um die Operation vorzunehmen, war und blieb der Patient spurlos verschwunden. Wie es sich dann herausstellte, hatte ein schwarzer Hospitalwärter, der etwas Deutsch sprach, dem Patienten, einem Landsmann von ihm, verraten, was diesem bevorstand. Daraufhin hat sich der Patient trotz des kranken Beines englisch empfohlen[157]. Die Sache wurde dem Gouvernement gemeldet, das den Ausreißer suchen ließ. Aber diese Suchaktion blieb erfolglos.

Vor etlichen Tagen begrüßte mich freudestrahlend ein Eingeborener und fragte mich, ob ich ihn nicht wiedererkenne, und da stellt es sich heraus, dass es der entlaufene Kranke war, der eigentlich zu Unrecht fidel auf zwei Beinen lief. Hier stand ich vor einem Rätsel. Das seinerzeit so schwer erkrankte Bein war durchaus gesund. Der Knochen fühlte sich an der erkrankten Stelle rauh und kratzig an, was aber scheinbar der Gebrauchsfähigkeit keinen Abbruch tat. Als einige Zeit darauf Dr. Born[158], der Vertreter Dr. Wendlands, der sich auf Urlaub befand, nach Tobera kam, führte ich ihm den Wunderknaben mit der Voraussetzung vor, dass diesen der Fall sehr interessieren würde. Dem war aber mitnichten so. Der hochnäsige Doktor würdigte den Mann keines Blickes und war sichtlich wütend. Da stand ich wieder vor einem Rätsel. Natürlich versuchte ich, von dem Geheilten zu erfahren, bei welchem Wunderdoktor er in Behandlung gewesen sei. Ich bekam aber immer wieder die gleiche Antwort: „Kanak hi mak him.[159]" (Kanaken haben es gemacht.) Mit diesem Vorkommnis ist wieder bewiesen, dass die Eingeborenen auch über Heilmethoden verfügen, von denen sich unsere Mediziner noch nichts träumen lassen.

Scheinbar haben es böse Geister in diesem Jahre besonders auf mein junges Leben abgesehen. Um in die einseitige Reiskost etwas Abwechslung zu bringen, kaufte ich Feldfrüchte von den benachbarten Eingeborenen auf, und zwar von denselben Kanaken, die mir seinerzeit ans Leder wollten. Aber Geschäft ist Geschäft. Vor allem handelte ich Taros, die im Geschmack der Kartoffel, im Aussehen der Futterrübe ähnlich sind, ein. Um die Sache zu beschleunigen und den Eingeborenen ein wenig die Faulheit zu stärken, kam ich ihnen mit meinen Leuten und einem Ochsenkarren

---

157 Die Redewendung ist wahrscheinlich von angelus/angelicus abgeleitet, nicht von den Engländern. Sich so schnell und unsichtbar entfernen wie ein Engel, der seinen Gruß oder Auftrag ausgeführt hat.

158 Dr. Walter Born, Regierungsarzt in Neuguinea und Mikronesien. Er förderte die Ausbildung einheimischer Medizinalfachkräfte und entwickelte das System der „Heiltultul", vgl. Margrit Davies, *Public Health and Colonialism. The Case of German New Guinea 1884-1914*, Wiesbaden 2002, 117-118, 148-149, 159, 161 u. v.a. 202. Davies beurteilt ihn und seine Tätigkeit ausgesprochen positiv: "Born contributed more than any other doctor to the development of health services for the native population"; ebd.

159 Tok Pisin: *Kanaka i mekim.*

ein Stück entgegen. Unter einem großen, schattigen Baum wurden die gewaltigen Abschlüsse getätigt. An einem Ast hing die große Federwaage, und bekam der Lieferant seine Ware nach Gewicht bezahlt. So auch gestern. Die Ochsenkarren waren schon vollgeladen und sollte eben die Rückfahrt angetreten werden, als sich noch einige Nachzügler einstellten, die auch noch mit mir Geschäfte machen wollten. Da auch der Luluwai[160] (Häuptling) erschien, zog sich die Angelegenheit, sehr gegen meinen Willen, in die Länge. Unterdessen hatte sich der Himmel verfinstert und zog ein Gewitter herauf. Schnell wurden die Ochsen eingespannt, und sollte die Rückfahrt vor sich gehen, als auch schon das Unwetter losbrach. Im Augenblick war ich völlig durchnässt. Ein grell leuchtender Blitz fuhr zischend nieder und schlug in den Baum ein, unter dem ich mich mit den Kanaken aufhielt. Für den ersten Augenblick wusste ich gar nicht, was geschehen war. Der Blitz hatte den Baum gespalten und starke Äste abgeschlagen. Mein Pferd riss sich los und raste, vor Schreck wild geworden, davon. Mir war zum Erbrechen übel und konnte ich mich nur mühsam fortbewegen. Einige Eingeborenenweiber waren ohnmächtig geworden, kamen aber bald wieder zu sich. Glücklicherweise hatte niemand ernstlichen Schaden genommen. Da mein Pferd in Richtung Heimat durchgegangen war, musste ich zu Fuß gehen, was sehr unangenehm war.

Zu Hause angekommen, herrschte bereits wieder schönster Sonnenschein, und vom Gewitter war nur noch aus der Ferne ein dumpfes Grollen zu hören. Ich legte mich zu Bett und schlief volle zwölf Stunden und stand frisch und munter auf. Aber in Zukunft werde ich es vermeiden, während eines Gewitters mich unter einem Baum aufzuhalten.

21.6.11

Gestern ist meine Hilfskraft, der neue Assistent, angekommen. Bis jetzt weiß ich eigentlich von ihm nicht viel mehr, als dass er Schulz[161] heißt und von Beruf Gärtner ist. Er ist die Schweigsamkeit selbst und lässt sich jedes Wort abkaufen. Das ist bis zu einem gewissen Grad kein Fehler und ist mir lieber, als ein Herr von der Kolonialschule, der schon als fertiger Pflanzer in die Kolonie kommt und von dem wir lernen können, wie eine Pflanzung aufgezogen werden muss. Gestern habe ich meiner schweigsamen Hilfe etwas Anleitung hinsichtlich Wundbehandlungen schwarzer

---

160 *Luluai*, ursprünglich ein Kuanuawort, das einen Anführer im Krieg bezeichnete, ging das Wort in Tok Pisin ein. Es wurde für Einheimische verwendet, denen eine besondere Rangstellung zukam und die im Auftrag der Kolonialregierung richterliche Entscheidungen treffen durften, um indigene Streitfälle zu schlichten. Das System war vom kaiserlichen Richter Dr. Albert Hahl 1898 zuerst auf der Gazellehalbinsel eingeführt worden. Als Gouverneur dehnte Hahl diese Form indirekter Kolonialverwaltung nach und nach auf die ganze deutsche Kolonie Neuguinea aus. Vgl. Hermann Joseph Hiery, „Die deutsche Verwaltung Neuguineas (1884-1914)", in: ders. (Hg.), *Die deutsche Südsee 1884-1914*, 277-311, hier 301-303.

161 Unklar, welcher Schulz gemeint ist; möglicherweise Hermann Schulz, vgl. Baumann/Klein/Apitzsch, *Biographisches Handbuch*, 420-421.

Arbeiter gegeben. Es fiel mir schon auf, dass er dabei die Augen so merkwürdig verdrehte. Plötzlich lag er auf dem Zementfußboden des Hospitals. Er war ohnmächtig geworden. So jung und kräftig er ist, scheinen seine Nerven solchen Samariterdiensten nicht gewachsen zu sein.

Nun ist auch der kleine Haeberlin versetzt worden, und zwar nach einer Außenstation an der Nordküste Neupommerns. Das tut mir sehr leid. Er war ein famoser Nachbar und Kollege. Statt seiner verwaltet jetzt ein Herr Krafft[162] die Pflanzung Gunamur[163]. Dieser ist ein witziger Berliner, der über einen herrlichen Humor verfügt. Neulich Abend ist ihm eine tolle Sache passiert. Er war bei mir zu Besuch und ritt gegen elf Uhr von hier weg. Als ich gerade schlafen gehen wollte, kam er zurück geritten und behauptete, von irgend jemandem eine Backpfeife bekommen zu haben. Ein ehemaliger Gardemann, hoch zu Ross…, das schien mir nun doch unmöglich zu sein. Der freundliche Geber dieser Backpfeife müsste ja ein ausgesprochener Riese gewesen sein. Ich lachte Krafft herzhaft aus, wie dieser es im umgekehrten Falle auch getan haben würde. Aber Krafft war von seinem Irrtum nicht zu überzeugen, sondern wollte sogar im Vorbeireiten für einen Moment die feindliche Hand gefasst haben.

Der Sache musste auf den Grund gegangen werden. Ich ließ Laternen kommen und wir gingen, den gefährlichen Riesen zu suchen. Einen Riesen haben wir nicht gefunden, aber einen Schwarzen, der sich nach alter, lieber Sitte erhängt hatte. Um seine Frau oder auch ein schwarzes Mädchen, das seine Liebe nicht erwiderte, zu ärgern, hatte er sich an diesen Baum, unter dem Krafft im Finstern im flotten Trabe längs ritt, aufgeknüpft.[164] So hatte sich Krafft gewissermaßen die Backpfeife bei dem Erhängten abgeholt. Meine Leute schnitten den Selbstmörder ab und brachten ihn nach dem Hospital. Krafft aber wusch sein Gesicht, wusch und wusch, desinfizierte sich von innen und außen mit Alkohol und behauptete, dass ihm übel geworden sei. Er ließ sich auch gern dazu überreden, bei mir über Nacht zu bleiben.

19.7.11

Die Hauptkultur der Südsee ist die Kokospalme. Ich will in meinem Tagebuch auch etwas über deren Kultur und Verwertung berichten. Die ausgereiften Nüsse werden in Saatbeete ausgelegt, in denen sie sechs bis acht Monate verbleiben. In dieser Zeit sind die Nüsse ausgetrieben und bereits zu etwa fünfzig Zentimeter hohen Pflanzen herangewachsen. Nun sind die Palmen so weit, dass sie in das freie Land ausgepflanzt werden können. Das zum Bepflanzen vorbereitete Land wird mit Pflanzlöchern, die

---

162   Werner Krafft, vgl. Baumann/Klein/Apitzsch, *Biographisches Handbuch*, 204.

163   Heute: Gunanur, etwa acht Kilometer südlich von Kokopo, in der Mitte zwischen Ulagunan und Bitagalip gelegen, an der Straße zwischen Vunapope und Tobera.

164   In der Tat kommt Selbstmord als Versuch, Andere zu schädigen, bei vielen Ethnien Neuguineas vor. Beispielhaft: Pamela J. Stewart / Andrew Strathern, „The ultimate protest statement. Suicide as a means of defining self-worth among the Duna of the Southern Highlands of Papua New Guinea", *Journal of Ritual Studies* 17 (2003), 79-89.

einen genauen Abstand von zehn Metern ausgehoben werden, versehen und zwar derart, dass die Palme nach allen Seiten einen Spielraum von zehn Metern hat.

Das am schwersten zu überwindende Problem bei der Kultur der Kokospalmen ist die lange Wartezeit, bis diese Palmen Früchte tragen. Erst im zehnten Jahre bringt die Kokospalme hohe Erträge. Nun ist es aber nicht etwa so, dass man Palmen pflanzt und gemütlich abwarten kann, bis diese tragen. Im Gegenteil, die Kokospalme erfordert eine ungeheure Pflege. Wie von bösen Mächten gezaubert, wächst das Unkraut unerhört, endlos. Da heißt es nun gegen Ankämpfen. Die Unkrautvernichtung wird auf verschiedene Art betrieben. Die am meisten angewendete Methode ist das Hakken. Wenn man sich vergegenwärtigt, dass die Mindestgröße einer rentablen Pflanzung hundert Hektar ist, so kann man sich einen Begriff machen, was an Arbeit und Geldmitteln erforderlich ist, um diese mit Menschenhänden von Unkraut sauber zu halten. Hundert Hektar sind eine Million Quadratmeter. Tobera ist 600 Hektar groß. Ein guter Arbeiter kann, je nach Dichte des Unkrauts, täglich etwa 600-800 qm hakken, sodass durchschnittlich ein Mann an einem Hektar 14 Tage arbeiten würde. Um eine Pflanzung so viele Jahre pflegen zu können, gehört ein großes Kapital dazu. Es ist nicht zu hoch veranschlagt, wenn man einen Hektar bis zum vollen Ertrag mit 1000,- Mk Unkosten kalkuliert.

Eine schwere Sorge bedeutet auch die Schädlingsbekämpfung. Die Palmen werden von den verschiedensten Schädlingen bedroht und können bei Unachtsamkeit ganze Kulturen vernichtet werden. Ganz besonders schlimme Feinde sind die Herzblattkäfer[165], die wie der Name schon sagt, die Herzblätter zerstören. Auch der Nashornkäfer ist ein übler Bursche, der großen Schaden anrichtet. Der Bösartigste ist aber der Rüssel- oder Palmenbohrer[166]. Dieser befällt die Palmen jeglichen Alters, und zwar dringt er von den Wurzeln aus in das Mark der Palme ein und zerstört selbe unfehlbar, wenn es nicht gelingt, seiner, durch tiefes Einschlagen von Löchern in den Stamm, habhaft zu werden. Zur Vernichtung dieser und noch vieler anderer Schädlinge eignen sich Kinder ganz besonders gut. Diese müssen täglich ihre Jagdbeute abliefern. Bei besonders starkem Auftreten dieser Feinde werden Prämien gezahlt. Ganz auszurotten werden diese gefährlichen Insekten nie sein. Dafür sorgen auch die Eingeborenen und finden die Käfer in deren Beständen stets ungestörte Brutplätze. Auch unter schädlichen Bakterien hat die Kokospalme zu leiden, aber ganz besonders unter denen, die Herzblattfäule erzeugen. Hand in Hand mit diesen arbeitet der Nashornkäfer, der vermittelst seiner Bürsten und Härchen die Fäulnisbakterien von einer Palme zur anderen weiterträgt. Von Herzblattfäule befallene Palmen sind fast immer dem Tod geweiht.

---

165 Familie *chrysomelidae* mit etwa 50.000 Arten, viele davon ausgesprochene Schädlinge wie etwa der Kartoffelkäfer.

166 Zu diesen Käfern vgl. J. Linsley Gressitt, "Hispine beetles from the South Pacific (coleoptera, chrysomelidae)", *Nova Guinea* 8 (1957), 205-324; G. Allan Samuelson, *Alticinae of Oceania. Coleoptera, Chrysomelidae*, Honolulu 1973.

Vielfach werden von solchen erkrankten Palmen die Herzblätter herausgeschnitten. Jedoch hilft dieses Verfahren, wenn es sich tatsächlich um Herzblattfäule handelt, nur in den seltensten Fällen, abgesehen davon, dass von einer derart operierten Palme nicht mehr viel erwartet werden kann.

Die junggepflanzten Palmen werden vielfach von Wildschweinen ausgescharrt und gefressen. Auch zweibeinige Schweine gehören zu den Feinden der Pflanznüsse und ist es leider gar keine Seltenheit, dass Eingeborene Pflanznüsse herausreißen, aufschlagen und, genau wie die anderen Schweine auch, fressen. Das ist eine große Gemeinheit, die gar nicht schwer genug bestraft werden kann. Der Eingeborene hat es durchaus nicht nötig, sich auf diese niederträchtige Art zu ernähren. Wir rechnen hierzulande vom Auspflanzen bis zum Ertrag mit etwa 20 Prozent Verlust. Die zerstörten Palmen müssen natürlich sofort nachgepflanzt werden.

Der Aufbau einer Pflanzung erfordert aber noch unendlich viele andere Arbeiter. Da sind Wege und Brücken zu bauen, Gräben zu ziehen, Schuppen, Häuser, Ställe zu errichten und vieles andere mehr.

Sind dann endlich die langen Wartejahre vorüber und die Pflanzung kommt ins Tragen, dann atmet der Pflanzer, der auch um eine ganze Reihe Jahre älter geworden ist, auf. Obgleich er jetzt die Schulden, die sich während der vielen Jahre ganz beträchtlich aufgehäuft haben, bezahlen muss, hat er doch das Schwerste überstanden. Bei vernünftiger Wirtschaft ist auch das bald geschafft und kommt dann der herrliche Moment, in dem er sich sagen kann: Alle Not, Mühe und Kummer haben sich bezahlt gemacht. Nun kann er auch an einen Erholungsurlaub in der Heimat denken. Bei Anlagen, die durch Großfirmen unternommen werden, liegen die Verhältnisse ganz ähnlich, nur heißt hier die Parole: Dividende.

Also die Palmen tragen, und damit beginnt der angenehmere Teil der Arbeit, die Ernte. Ist die Nuss völlig reif (totgereift), fällt sie von selbst ab. Von Zeit zu Zeit werden die abgefallenen Nüsse gesammelt, aufgeschlagen und der Kern herausgeschnitten. Diese Schnitzel werden auf Darren gebracht und getrocknet. Die einfachste, aber am wenigsten zuverlässige Methode ist die Sonnentrocknung. Die Kopra wird auf Hürden geschüttet und besorgt die Sonne das Geschäft des Trocknens. Da wir aber hier sehr starke Niederfälle haben, sind künstliche Darren vorzuziehen. Diese Darren sind meist langgestreckte, gutschließende Häuser, in denen vermittelst Heizanlagen Hitze erzeugt wird. Während die Sommertrocknung meist vier bis sechs Tage in Anspruch nimmt, erledigen die künstlichen Darren diesen Prozess in vierundzwanzig Stunden. Das so hergestellte Produkt kommt unter dem Handelsnamen „Kopra" auf den Markt. Die Kokosnuss enthält, abgesehen von dem Fruchtwasser, fast 50 Prozent Wasser, welches durch die Trocknung entzogen wird. Die so gewonnene Kopra wird nun in Säcke verpackt und verschifft. Hier wird sie in Ölmühlen gemahlen und unter ungeheurem Druck gepresst. Auf diese Art wird das Kokosöl gewonnen. Die Kopra enthält ca. 50 Prozent reines Öl. Dieses Öl wird zur Herstellung von Butterersatz, wie Palmin, Palmona und Margarine verwendet. Auch in der Schokoladenindustrie wird enorm viel Kokosöl verwendet.

Hat die Kokospalme viel Arbeit, Mühe, Sorgen und Kosten beansprucht, so ist sie doch auch wiederum sehr dankbar. Sie trägt reichlich sechzig Jahre unentwegt Früchte und gibt so unendlich mehr zurück als sie gefordert hat. Ein guter Durchschnittsertrag ist dann erreicht, wenn der Hektar, also 100 Palmen, pro Jahr eine Tonne (1000 kg) Kopra ergibt. Die Kopra ist naturgemäß völlig vom Weltmarktpreis abhängig. Momentan steht die Kopra auf ca. Mk 500,- pro Tonne ab Hafen.

27.8.11

Schön ist die Jugendzeit, auch in der Südsee, obgleich so manches fehlt und uneingestanden hart vermisst wird. Es sind dies die weißen Mädchen. Nur einmal in ein Paar liebe, fröhliche Augen sehen dürfen! Man wird hinsichtlich seiner Ansprüche bescheiden. Da es aber so etwas Schönes in diesem Lande nicht gibt, muss man sich begnügen und sucht man statt der zarten die rauhere Gesellschaft der Junggesellen auf. Mit Vorliebe reiten wir Sonnabends, nach getaner Arbeit, nach Herbertshöhe. Hier findet man im Hotel stets gleichgesinnte Seelen. Krachend fahren die Kugeln in die Kegel. Hier tobt sich die Jugend gründlich aus. Die älteren Herrschaften sitzen beim gemütlichen Skat, und so kommt jeder auf seine Kosten. So startete neulich ein großes Preiskegeln, bei dem auch ich nicht fehlen durfte. In bereits sehr lustiger Stimmung ritten Krafft und ich nach Herbertshöhe. So ein Sonnabend Abend hat doch irgend etwas ganz besonders, fast etwas Feierliches an sich. Es ist wohl die Vorfreude auf eine Freude, die oft gar keine Freude wird.

In Herbertshöhe angekommen, war bereits das Preiskegeln in vollem Gange und hatte man uns schon schmerzlich vermisst. Diesmal artete die Fröhlichkeit ein wenig aus und steigerte sich der Übermut bedenklich. Zwei kühne Pflanzen erschienen hoch zu Ross auf der Kegelbahn und wollten vom Pferd aus die Kugeln laufen lassen. Aber die Pferde waren vernünftiger wie die Reiter und verweigerten den Dienst. Da ritten die Helden in die Billardhalle und spielten beritten Billard, womit sie immerhin einigen Erfolg erzielten. Sie zerschlitzten bei diesen Reiterspielen das Billardtuch, zerschlugen, allerdings ohne Absicht, zwanzig Gläser und brachen mit den Pferden den Fußboden durch. Alles in allem ergab eine herrliche Rechnung, und da die Reiter der Neuguinea-Compagnie angehörten, noch derbe Belobigungen seitens des Administrators.

Ich fühlte mich in diesem Trubel und überspannten Verrücktheiten nicht mehr wohl und ließ mein Pferd satteln, um nach Hause zu reiten. Natürlich wurde ich für verrückt erklärt, nachts um zwei Uhr in stockfinsterer Nacht nach Hause reiten zu wollen. Ich ließ mich aber nicht abhalten und trabte frisch von dannen. So ganz spurlos war der böse Alkohol auch an mir nicht vorüber gegangen. Ob ich nun auf dem Pferd eingenickt bin oder die dichte Finsternis daran Schuld war, weiß ich nicht. Jedenfalls verritt ich mich derartig, dass ich überhaupt nicht mehr wusste, wo und in welcher Gegend ich mich befand. Unbegreiflicherweise hatte ich auch den Weg verloren und irrte in einer fremden Pflanzung umher. Da in dieser Pflanzung steile Anhänge vorhanden waren, bestand die Gefahr, einen recht niedlichen Sturz zu tun.

Nach langem Umherirren fand ich endlich einen Weg, wusste aber nicht, wohin dieser führte. Da aber alle Wege Zweck und Ziel haben, ritt ich friedlich diesen entlang. Leider war ich in der falschen Richtung geritten und statt nach Tobera an die Küste zurück, die sich schon von weitem durch das Donnern der Brandung bemerkbar machte. Es blieb mir nun nichts anderes übrig, als nach dem Hotel zurückzukehren und mich gründlich auslachen zu lassen. Im Geiste überlegte ich mir eine glaubwürdige Ausrede, die meine Rückkehr begreiflich machen sollte, als sich dicht neben mir ein fürchterliches Gebrüll erhob. Ja war denn die Hölle los? Oder hatten sich Löwen nach Neupommern verirrt? Nie werde ich diese entsetzlichen Töne vergessen. Mein Pferd, an und für sich schon nicht sehr ruhigen Charakters, bäumte steil auf und ging vorschriftsmäßig durch. Wahnsinnig vor Angst stürmte es in Schnellzugsgeschwindigkeit davon, der Brandung entgegen. Hier angekommen, stoppt es plötzlich, dass ich wie eine Rakete davonflog und ich mich in der wild schäumenden Südsee wiederfand. Mein Gaul aber sauste ab, und merkwürdig, der Richtung entgegen, in der das Untier so furchtbar gebrüllt hatte. Gänzlich ernüchtert, krabbelte ich aus dem Wasser und lief nun triefend wie ein Seehund hinter meinem Zossen[167] her.

Bald fand ich ihn auch, friedlich grasend, in Gesellschaft der wilden Bestie, die sich nach näherer Information als Eselshengst entpuppte, der, verliebt wie alle Esel es sind, meine rossige Stute mit seinem Liebesgesang angehimmelt hatte. Nichts kann so gefährlich werden wie ein verliebter Esel. Ich schmeichelte ihm und bettelte mich an mein Lottchen heran und ritt abgekühlt, müde und im Herzen böse nach dem Hotel zurück. Unbemerkt ging ich schlafen. Meine Handtasche mit einem Reserve-Anzug und dem Pyjama stand noch in meinem Zimmer, da ich meinem Boy die Order gab, erst den nächsten Tag selbe nach Tobera zu bringen. Den nächsten Morgen war man nicht wenig erstaunt, mich am Frühstückstisch anzutreffen. Der schlaue Krafft sagte: „Na ja, Sie sind eben nur mal um das Hotel herumgeritten, um unangefochten schlafen gehen zu können." Auf dem Heimweg erzählte ich ihm mein Abenteuer, von dem er sichtlich begeistert war. Später erfuhr ich, dass der Eselshengst der katholischen Mission[168] gehörte, woselbst er entlaufen war, da er scheinbar nicht für das Zölibat schwärmte. Nebenbei bemerkt war dieser der einzige vierbeinige Esel, der hier im Lande lebte.

11.11.11

Auch in den Tropen gibt es einen Alltag, der zwar nicht immer schön, aber unbedingt nötig ist, und eigentlich das Dasein ausmacht. Wie öde und schwer eine Reihe festlicher Tage zu ertragen sind, weiß jeder Mensch, wenigstens jeder Mitteleuropäer. Die Eingeborenen der Südsee vertragen von solchen Festtagen mehr wie wir Europäer, und doch habe ich die Erfahrung gemacht, dass auch auf diese Eingeborenen zu lange Ruhepausen ungünstig wirken können. Sehr oft kommt es dann zu Schlägereien

167 Aus dem Jiddischen in die Umgangssprache übernommen: Gaul.
168 Die Herz-Jesu-Mission in Vunapope.

wie ich sie schilderte, oder auch zu anderen Ausschreitungen. Allgemein bekannt ist hier das sogenannte Amoklaufen. Darüber ist schon viel geschrieben worden, aber scheinbar sind sich die Gelehrten über die Beweggründe des Amoklaufens nicht einig. Ich persönlich habe darüber meine eigenen Ansichten und schiebe es den Festtagen, an denen die Eingeborenen sich tage- und nächtelang den wilden Tänzen hingeben, zu. Langwährende Festlichkeiten arten gern aus. Das ist bei Schwarz und Weiß das gleiche. So gibt es wohl in Europa keine Gemeinde, in der nicht einige Menschen als Radaubrüder verschrien sind, die jede Festlichkeit stören. Ein sinnlos betrunkener Europäer, der wie ein Wandale haust, seine Mitmenschen angreift und in unflätiger Weise beschimpft, ist meiner Meinung nach genauso als Amokläufer zu betrachten wie ein Schwarzer, der sich am Tanz und durch übermäßiges Betelnusskauen berauscht hat. Die Wirkung und der Ausgang sind jedenfalls die gleichen. Genauso wie der schwerbezechte Wüterich den nächsten Tag vor seinem üblen Benehmen keinen rechten Begriff mehr hat und wieder der friedliche Arbeiter ist, ebensowenig weiß der Amokläufer nichts mehr davon, dass er mit der Axt oder dem Haumesser seine Landsleute in die Flucht geschlagen hat. In letzterem Falle kommt noch dazu, dass der Eingeborene glaubt, dass der Amokläufer vom bösen Geist besessen ist. So ist es zu erklären, dass Hunderte von Menschen vor ihm fliehen, statt ihn zu werfen und zu fesseln. Gerade dadurch wird sich so ein wild gewordener Schwarzer einer gewissen Macht bewusst. Gerät er dabei einmal an den Falschen, ist es meist mit der ganzen Wildheit vorbei. Nicht jeder Schwarze ist so dumm, vor einem Amokläufer auszureißen – zumal, wenn er mit Bestimmtheit annehmen kann, dass er dem Amokläufer körperlich weit überlegen ist. Ein paar derbe Maulschellen genügen oft, der Komödie ein schnelles Ende zu bereiten. Natürlich ist es auch schon oft vorgekommen, dass so ein schon von Haus aus nicht ganz zahmer Geselle in diesem halb gewollten Rauschzustand zum Mörder wurde. Es ist bezeichnend, dass in Gegenden der Kolonie, wo die Regierung in der Lage ist, schwarze Verbrecher zur Rechenschaft zu ziehen, das Amoklaufen nur noch in sehr harmloser Weise auftritt.

So auch hier in Tobera. Schon des Öfteren hat hier ein Arbeiter des Nachts die heitere Ruhe des Arbeiterdorfs gestört. Voller Entsetzen kamen die Leute zu mir und riefen: „Nakuwei hi long-long[169]." (Nakuwei ist verrückt geworden.) Wie mich der Wildgewordene kommen sah, entlief er in die Pflanzung. Gestern Nacht wurde ich wieder wegen diesem Nakuwei aus dem Schlaf geweckt, da er long-long war. Zwei starke Aufseher waren dieser Affären genauso überdrüssig wie ich und hatten den Amokläufer gefaßt und ihm die Hände auf dem Rücken verschnürt. Sie trieben ihn in nicht allzu freundlicher Weise vor sich her und gaben mir den freundlichen Rat: „Is god joy giv him one fellow then lon Arsch.[170]" (Es ist gut, Du gibst ihm zehn auf den A….) Die Leute hatten vollkommen recht. So geschah es auch. Ich hätte nie für möglich gehalten, dass ein Geisteskranker durch ein rein äußerliches Mittel so schnell

---

169 Tok Pisin: *Nakuwei i longlong. Longlong*, ursprünglich aus der Tolaisprache (Kuanua): verrückt, durchgedreht; durcheinander, verwirrt; dumm, albern; unwissend.

170 Im Tok Pisin von heute: *em i orait; givim wanpela ten long as.*

und gründlich geheilt werden kann. Bei jedem Hieb beteuerte er, dass er nie wieder long-long werden würde. Nach dem zehnten Hieb konnte er ohne jedes Risiko entlassen werden. Nach den Diagnosen meiner Aufseher sind Rückfälle nicht zu erwarten.

4.12.11

Professor Preuß weilte seit einiger Zeit wieder einmal im Lande, um sich davon zu überzeugen, ob die Theorien des grünen Tisches sich mit der Praxis decken. So manches mag nun wohl in der Wirklichkeit anders aussehen, als es schön frisiert in der Aufsichtsratssitzung vorgetragen wurde. Wenn Professor Preuß nach hier kommt, bringt er stets für einen Teil der Angestellten Überraschungen mit. Eine sehr hässliche Überraschung hatte er für Hofmokel in der Tasche. Er wurde seines Postens als Hauptassistent enthoben, eine Maßnahme, die mir unverständlich war. Wenn Hofmokel auch seine Fehler hat, so ist er doch ein durchaus tüchtiger Mensch. Es ist wohl anzunehmen, dass er kündigen und selbst etwas aufziehen wird.

Auch mir ist schon ein leichter Wink zugegangen, dass ich mit einer Versetzung zu rechnen habe, und zwar auf eine große Außenstation. Ich will es aber nicht bereden und schön in Ruhe abwarten, was die Zukunft bringen wird. Wenn überall große Ereignisse in der Luft liegen, darf sich mein Hauspersonal dem auch nicht erschließen und mit etwas Neuem aufwarten. Meinen netten Hausjungen Erar habe ich an die Luft setzen müssen, da er sich frech und faul benahm. Im Guten und im Bösen war es ihm nicht beizubringen, dass er auch Pflichten habe, denen er nachkommen muss. Dieser Umschlag seiner Qualitäten liegt aber ein Vorkommnis zu Grunde, das ihn einfach unbrauchbar gemacht hat. Vor einiger Zeit kam der Gouverneur[171] durch Tobera. Er befand sich in Begleitung eines Regierungsrates, mit dem er mein unwürdiges Haus betrat. Ich war leider nicht zugegen und versäumte so den historischen Moment. Erar nahm den seltenen Besuch entgegen. Seine Exzellenz geruhte sich mit Erar, der scheinbar sein Wohlgefallen erregt hatte, in ein Gespräch einzulassen, das damit endete, dass er Erar einen hübschen und guten Boy nannte. Auch verehrte er ihm eine Zigarette. Das war für Erar Grund genug, überhebend, frech und nachlässig zu werden. Er wusste ganz genau, wie hoch eine Freundlichkeit seitens dieser gewaltigen Persönlichkeit einzuschätzen war und nun benahm er sich dementsprechend. So wurde ich durch falsche Loyalität meinen sonst so braven Hausjungen los.

Auch Lotte kam mit einer Neuigkeit an. Sie teilte mir sehr verlegen mit, dass sie heiraten wolle und zwar meinen Schießjungen. Ich war damit einverstanden und freute mich, dass sie sich einen so ordentlichen Kerl ausgesucht hatte. Im Stillen

---

171 Dr. Albert Hahl, „ein Mensch, ein Gelehrter und erst nachher Beamter"... „von hohem Intellekt, demokratisch, den Eingeborenen verliebte Gesinnung bezeigend", der Augenzeuge und Luxemburger Schriftsteller Norbert Jacques, *Südsee. Ein Reisebuch*, München 1922, 73 u. 121. Zu Hahl vgl. Hermann Joseph Hiery, „Die deutsche Verwaltung Neuguineas (1884-1914)", in: ders. (Hg.), *Die deutsche Südsee 1884-1914*, 277-311, hier 299-303.

bewunderte ich den Mut des Freiers. Denn Lotte ist im Laufe der Jahre etwas sehr selbstständig geworden und sich durchaus ihres Wertes bewusst.

Der Hauptgrund, dass Lotte diese Ehe eingehen wollte, ist wohl darin zu suchen, dass seit einiger Zeit eine Japanerin meinem Haushalt vorsteht. Kam da ein Mann zu mir, den ich nur flüchtig kannte und bat mich, seine Japanerin, während er auf Urlaub nach Deutschland geht, zu mir zu nehmen. Ich war ob dieses Angebots etwas erstaunt und fragte ihn, wie er denn gerade mich mit dem verlockenden Angebot beehrte. Er antwortete mit einer Frage: „Haben Sie einmal vier Japanerinnen während eines schweren Unwetters aufgenommen und sie mit Tee bewirtet?" Ich lachte und sagte: „Ja, das stimmt." „Sehen Sie, da war meine Hulailai[172] dabei. Jetzt will sie durchaus bei Ihnen bleiben, das heißt natürlich nur, bis ich wiederkomme." Ich bin zwar kein Unmensch, aber ein bisschen komisch war mir die Sache doch. Also kam Hulailai zu mir. Wenn ein Mann mit Frauen schlechte Erfahrungen gemacht hat und von der Weiblichkeit nichts mehr wissen will, so empfehle ich ihm nur, sich eine Japanerin zu nehmen. Er wird dann bestimmt von seiner Aversion geheilt. Leider dauerte dieser Idealzustand nur einige Monate. Es kam ein Brief aus Japan. Hulailais Vater wünschte, dass seine Tochter heimkomme. So ein Wunsch ist nach japanischer Sitte ein Befehl, dem unbedingt Folge geleistet wird. Wenn ich je in meinem Leben unter einer Trennung gelitten habe, so war es jetzt gründlich der Fall. Ich werde diesem guten Menschenskind immer nachtrauern.

8.12.11

An Hofmokels Stelle fungiert jetzt hier ein Herr Richter[173] als Hauptassistent. Er ist ein ganz famoser Mensch, der mir gleich bei der ersten Begegnung außerordentlich sympathisch war. Da es sein Prinzip ist, jeden Angestellten so selbstständig wie möglich, aber unter voller Verantwortung, arbeiten zu lassen, wird er sehr viel erreichen, da es jedem Angestellten darum zu tun ist, etwas zu leisten, um vorwärts zu kommen.

12.12.11

Heute habe ich die Mitteilung erhalten, dass ich nach Neu-Mecklenburg versetzt werde, um dort die große Pflanzung Fissoa[174] zu übernehmen. Bereits am 17. des Monats fahre ich mit der „Siar" nach dort. Dabei wird mir eine ganz besondere Vergünstigung gewährt, und zwar insofern, dass ich an einer zweimonatigen Reise mit der „Siar" teilnehmen kann, wobei mir Gelegenheit geboten wird, einen großen Teil unserer schönen Kolonie kennen zu lernen. Die Reise wird über Neu-Mecklenburg Süd, Lihir, Nissan und die Salomoninseln führen.

172   Offensichtliche Verballhornung eines japanischen Namens, der aktuell nicht eruierbar ist.
173   Max Richter. Zu ihm: Baumann/Klein/Apitzsch, *Biographisches* Handbuch, 381 (mit Foto).
174   Liegt an der Ostküste von New Ireland (Neumecklenburg), an der nach dem deutschen Bezirksamtmann benannten Boluminski Highway, nicht ganz auf halbem Wege zwischen Kavieng (Käwieng) und Namatanai. Die Pflanzung besteht bis heute.

Buch 2

18.12.1911 An Bord der „Siar".

Gestern feierte ich in Herbertshöhe im Hotel „Deutscher Hof" meinen Abschied. Alle Nachbarn, Freunde und Bekannte fanden sich ein, mit mir einen tiefen Trunk zu tun. Eine gar stattliche Runde hatte sich versammelt, und wurde meiner in freundlichen Abschiedsreden gedacht. Mich bedrückte ein etwas wehmütiges Gefühl, hieß es doch, aus dem Kreise lieber Freunde zu scheiden, mit denen mich gar viele ernste und heitere Erlebnisse verbanden. Wenn auch meine Versetzung in jeder Hinsicht eine Verbesserung meiner Position bedeutete, so war es doch fraglich, ob mir das Schicksal noch einmal so glückliche Jahre wie die auf Neupommern bescheren würde.

Die Siar ist kein Luxus-Dampfer, sondern ein schlichtes, braves Dampferchen, das 500 ts sein Eigen nennt. Sie ist zweckentsprechend eingerichtet und sehr seetüchtig, so dass man sich wohl und geborgen fühlen kann, vorausgesetzt, dass man seefest ist. Wir halten Kurs auf Neu-Mecklenburg-Süd, woselbst wir noch heute Nacht vor Anker gehen werden.

Mein Freund Schimmelpfennig, den ich aber nun nicht mehr mit seinem Spitznamen „Bienenstich" nennen werde, da er sich sonst in seiner Ehre als Schiffsoffizier gekränkt fühlen könnte, freute sich genauso wie ich auch, dass wir gemeinsam eine weite Fahrt durch die bunte Inselwelt erleben können. Da auch Kapitän Ramstal[1] ein guter Bekannter von mir ist und die übrigen Mitglieder der Besatzung nette Leute sind, verspricht die Fahrt recht gemütlich zu werden. Der erste Offizier, ein Mann gewaltiger Ausmaße, ein Landsmann aus Sachsen, ist erst einige Tage an Bord und wird nun auf der Siar seine erste Reise machen. Schimmelpfennig fährt als zweiter Offizier. Ferner sind noch zwei Maschinisten an Bord. Der erste verkörpert den Typ eines pflichtgetreuen Seemaschinisten. Selten habe ich einen so schweigsamen Menschen erlebt wie diesen Maschinisten. Wie mir Schimmelpfennig sagte, öffnet er nur dienstlich den Mund. Sein Spitzname ist „Moltke"[2], der ja auch ein großer Schweiger war. Der „Zweite", ein kurzer, dicker Hamburger, ist ein Original und verfügt über einen unbesiegbaren Humor. Die Heizer sind Chinesen und die übrige Besatzung Eingeborene.

---

1 Heinrich Ramstahl, vgl. Baumann/Klein/Apitzsch, *Biographisches Handbuch*, 372.
2 Helmuth Graf von Moltke, preußischer Feldmarschall (1800-1891); vgl. Roland G. Foerster (Hg.), *Generalfeldmarschall von Moltke. Bedeutung und Wirkung*, München 1991; Wolf Hanke, *Moltke. Hommage an einen großen Preußen*, Hamburg 2000.

19.12.1911

Gestern liefen wir ein auf Neumecklenburg gelegenes Dorf an. Hier setzten wir einige Arbeiter, die ihren Kontrakt beendet hatten, an Land und versuchten, neue Leute anzuwerben. Da diese Gegend zu oft von Anwerbeschiffen angelaufen wird, war unser Erfolg kein günstiger. Die Eingeborenen hier leben in so einem paradiesischen Zustand, dass sie es durchaus nicht nötig haben, für den Europäer zu arbeiten. Auch sind jetzt große Pflanzungen im Entstehen begriffen, die den Arbeitsfreudigen Gelegenheit bieten, ohne seine Heimat verlassen zu müssen, Erwerb zu finden. Neu-Mecklenburg-Süd ist ein herrliches Stückchen Land. In blauer Höhe türmen sich die riesigen Gebirge auf, die steil von der Küste aus aufsteigen. In verschwenderischer Schönheit spielt die Natur in allen Farben. Tiefblau leuchtet die See, und in wilder Brandung rollen die Wogen über buntschillernde Korallenriffe, um sich am Strand in weißen Schaum zu lösen. Die Dörfer sind von frohen, sorglosen Menschen bewohnt, denen Hasten und Jagen nach Erwerb noch unbekannte Begriffe sind. Die gute Mutter Erde spendet ihren Kindern gar reichlich und schützt sie vor Hunger und Sorgen. Ehe die Sonne hinter den Bergen versinkt, taucht sie noch einmal die liebliche Landschaft in bunte Strahlen, und unter Gezwitscher der Vögel senkt sich die Nacht über die glückliche Insel.

27.12.1911

Am Heiligen Abend warfen wir vor der Insel Sap-Sap[3] Anker und hatten damit Buka[4], die Salomons-Inseln, erreicht. Nicht viele Menschen werden das liebe Weihnachtsfest so eigenartig und doch so schön verleben, wie es uns sechs Seefahrern in tiefer, prachtvoller Wildnis beschieden war. Wir lagen in einem Archipel unzähliger, größerer und kleinerer Inseln, die meist mit schwerem Urwald bedeckt sind. Durch das glasklare Wasser schimmern die Märchengärten der Korallenbänke hervor, die von Schwärmen blauer, roter und buntfarbener Fische belebt sind. Laut dröhnte das Echo der Dampfsirene von Insel zu Insel und meldete den dunklen Bewohnern, den Bukas, unsere Ankunft an.

3　Unklar, welche Insel gemeint ist. Keine Angabe im vom Reichs-Marine-Amt herausgegebenen *Südsee-Handbuch. II. Teil: Der Bismarck-Archipel*, Berlin 1912, das ansonsten sehr ausführlich und auch zuverlässig ist. Vielleicht das Inselchen Japāru (heute Yaparu) im Königin-Carola-Hafen (Queen Carola Harbour), benannt nach Carola (1833-1907), der sehr populären ehemaligen Königin von Sachsen (1873-1902).

4　Buka ist die nördliche, kleinere der beiden größten Inseln der nördlichen Salomonen. Vgl. Sapper/Krauß in: Schnee (Hg.), *Deutsches Kolonial-Lexikon*, Bd. 1, 251. Die gesamte Bevölkerung der nördlichen Salomonen wird aber nach dieser Insel in Papua-Neuguinea „Buka" genannt. Sie sprach sich bei einer Volksabstimmung im November/Dezember 2019 mit 98,3 % für die politische Unabhängigkeit der nördlichen Salomonen aus. Diese soll frühestens 2025 und spätestens 2027 Wirklichkeit werden.

Bald schossen unzählige Kanus durch die See. In jedem dieser bootsähnlichen Kanus befanden sich etwa zwanzig schwarze Gestalten. Diese Fahrzeuge hatten im Gegenteil von den mir bis jetzt begegneten keinen Ausleger. Sie waren auch nicht, wie sonst allgemein üblich, aus einem Baumstamm hergestellt, sondern kunstvoll aus einzelnen Brettern zusammengefügt, genau gesagt, genäht. Die Salomons-Insulaner sind Meister im Paddeln, und war es ein selten schöner Anblick, wie sie mit großer Geschicklichkeit die leichten Fahrzeuge selbst durch die wildeste Brandung trieben. Bald war unser Schiff von einer ganzen Flotte umgeben.

Die großen, schlanken, tiefschwarzen Eingeborenen, die stolz die mächtigen Haarkronen trugen, musterten uns mit undurchdringlichen Mienen. Unsererseits wurde festgestellt, dass sie weder einen gutmütigen noch freundlichen Eindruck erweckten. Nichts wirkt so komisch, wie der Fall, dass man in solch einer weltvergessenen Gegend von einem mit Pfeil und Bogen bewaffneten, wilden Krieger plötzlich mit seinem Namen angerufen wird. „Mahlzeit Master Hoppmann! Jou no safee me?[5] (Kennst Du mich nicht?)" Dieser Buka, der früher bei mir in Tobera gearbeitet hatte, freute sich sichtlich, seinen alten Master in seiner Heimat begrüßen zu können. Mit Erlaubnis des Kapitäns ließ ich ihn an Bord kommen und beschenkte ihn reichlich mit Tabak und Lendentüchern. Über dieses Wiedersehen habe ich mich ebenso wie der brave Schwarze gefreut. Die Sonne sank, und der Himmel schmückte sich in allen Farben des Regenbogens. An Land gingen Feuer auf, und man spürte fast greifbar den tiefen Frieden der Natur.

Der chinesische Koch wusste, dass die Europäer heute ihr liebstes Fest feiern, und so trug er seinerseits durch Verbesserung und Verlängerung der Menage zur Verschönerung des Festes bei. Zur Tafel erschienen wir in schneeweißen Anzügen und ließen uns, in Ermangelung einer Gans, ein Spanferkel gar herrlich schmecken. Nach dem Essen schüttelten wir uns die Hände und wünschten einander frohe Weihnachten. Als wir aus dem Salon heraustraten, erwartete uns eine Überraschung. An Deck erstrahlte in hellem Kerzenschein ein Tannenbaum, und das unvermeidliche Grammophon spielte: „Stille Nacht, heilige Nacht." Und es war eine stille, heilige Nacht. Als Weihnachtsstern leuchtete das Kreuz des Südens über uns. Kein Lüftchen regte sich, und nur ganz sachte glucksten die weichen Wellen gegen die Bordwand. Scheinbar war auch Neptun in Weihnachtsstimmung und schloss Frieden mit uns. Vielleicht war er aber in der Nordsee so stark beschäftigt, dass er für uns keine Zeit hatte. Zum Kaffee spendierte der Kapitän einen echten Dresdner Christstollen, der in Zinkblech eingelötet die weite Reise überstanden hatte. Muckes Christstollen[6]! Wel-

---

5 Tok Pisin: *Malsait, Masta Obman, yu no save long mi? Malsait* (Mahlzeit) war im deutschen Neuguinea die gängige Begrüßungsformel der einheimischen Bevölkerung gegenüber den Europäern. In katholischen Gebieten wurde auch *grisgot* (Grüß Gott) gebraucht, teilweise auch noch nach der Unabhängigkeit.
6 Vgl. Michael Schulze, *Stollen. Geschichte und Gegenwart eines Weihnachtsgebäcks*, Leipzig 2009.

cher Deutsche in Übersee kennt ihn nicht? Wenn aber der Deutsche gar ein Sachse ist, dann beglückt ihn der süße Gruß aus der Heimat doppelt.

Zu den Klängen einer Ziehharmonika sangen wir Weihnachtslieder. War unser Gesang auch nicht künstlerisch, so kam er doch aus gutgestimmten Herzen. Dem kleinen, sonst so lustigen Hamburger kollerten zwei Tränen über seine Ziehharmonika. Das war sein Weihnachtsopfer an die Heimat.

Eine mächtige Bowle verjagte Trübsinn und Heimweh, und nun kam auch unser Hamburger ins richtige Fahrwasser. Er spielte und sang: „Snuten und Poten dat is een scheun Gericht, dortau son lütten Speckaal, wat Betteres givt es nich.[7]“ Aus waren Glanz und Herrlichkeit. Die Schiffsglocke schlug vier Glasen, und die Diensthabenden gingen ihre Kameraden ablösen.

Diese Weihnachten werden mir stets eine liebe Erinnerung bleiben. Den ersten Feiertag herrschte reges Leben an Bord. Die schwarze Schiffsbesatzung schmückte sich zu Tanz und Spiel. Weihnachten ist in der Kolonie schon zum traditionellen Fest geworden, das alle Firmen ihren Arbeitern bieten. Hier wurden die Eingeborenen von Sap-Sap dazu eingeladen und aufgefordert, sich auch ihrerseits mit Tanzen zu beteiligen. Die Besatzung legte ihre schmucken, weißen Matrosenanzüge an, wollte man doch vor den Augen der staunenden Bevölkerung glänzen und den wilden Bukas zeigen, wie ein befahrener, gutsituierter Seemann aufzutreten versteht. Auf galante Abenteuer mit schlanken Bukamädchen war allerdings nicht zu rechnen, und würde, selbst nur der Versuch dazu, einen Pfeil durchs Herz einbringen, aber keinen Amorpfeil, den man fröhlich in Empfang nehmen würde. Die Bukas sind ein stolzes Volk, das in vorbildlicher Sittenreinheit lebt.[8] Wehe dem, der die ungeschriebenen Gesetze verletzt. Stets ist der Tod die Folge. Der Kapitän ließ eine Unmenge Herrlichkeiten in Körbe verpacken, die jedes schwarze Herz in Entzücken versetzen mussten. Er wollte durch seine Freigiebigkeit auch tüchtig Propaganda für die Firma machen und nicht zu wenig die Werbetrommel rühren. Unsere deutsche Südseekolonie leidet an ausgesprochenem Arbeitermangel und darf kein gesetzlich erlaubtes Mittel unversucht bleiben, um die Belegschaft aufzufüllen.

Wir Europäer fuhren an Land und statteten dem großen Eingeborenendorf, welches aus etwa hundert sorgfältig ausgeführten Hütten bestand, unseren Besuch ab. Die sehr sauber gehaltene Ortschaft wurde von einer regelrechten Hauptstraße durchschnitten, von der aus eine Anzahl Seitenwege abzweigten. Jedes der kleinen Gehöfte war mit einem geflochtenen Zaun eingefriedet. Die Einwohner waren meist tadellos gewachsene Menschen, und soweit sie sich in jüngeren Jahren befanden, auch sehr sauber. Die älteren Herrschaften zogen eine Lehm- oder Schmutzpatina

---

7   *Snuten un Poten*, Plattdütsch für „Schnauzen und Pfoten", ein Eintopfgericht aus Pökelfleisch. Gemeint ist aber hier ein satirisches Lied in Plattdütsch, das das Duo Ludwig und Leopold Wolf 1911 mit großem Erfolg in Hamburg aufführte; vgl. Dieter Guderian, *Die Hamburger Originale Tetje und Fietje – Lebensgeschichte der Gebrüder Wolf und ihrer Familie Isaac*, Ochtendung 2007.

8   Ganz ähnlich das Urteil bei einem anderen Augenzeugen: Norbert Jacques, *Südsee. Ein Reisebuch*, München 1922, 149.

vor, die selbst von dem blutgierigsten Moskito nicht durchstochen werden kann. Die jungen Mädchen, Figuren wie von Künstlerhand aus Ebenholz geschnitten, gingen völlig nackt einher, während die Frauen den Bastschurz trugen. Kein anderer Stamm wird sich rühmen können, so schmalhüftige Mädchen sein Eigen zu nennen. Auch die Augen der schwarzen Evas waren sehr schön. Die Bukas haben sich rassig rein gehalten, aber dabei durch schärfste Trennung der Sippen jede Degeneration ausgeschaltet. Aber der Segen der westlichen Kultur wird mit der Zeit dafür sorgen, dass auch dieser Volksstamm in dem großen Kessel untergeht.

Wir fühlten genau, dass wir auf Schritt und Tritt belauert wurden und man jede unserer Bewegungen scharf beobachtete. Zur Sicherheit hatten wir die Browning eingesteckt. Aber diese Waffe würde uns im Ernstfall wenig genutzt haben. Die Eingeborenen führen ständig Pfeil und Bogen mit sich, und wäre es ihnen ein Leichtes gewesen, uns aus dem Hinterhalt zu erledigen. Die Bogen, deren sie sich bedienen, sind etwa 160 cm lang und aus der enorm zähen und elastischen Rinde, besser gesagt Schale, der Liponpalme hergestellt. Die langen, aus Rohr angefertigten Pfeile, besitzen eine lange, im Feuer gehärtete Holzspitze. Diese glatten, spitzen Pfeile dienen gewissermaßen nur als Übungsmunition. Für den Ernstfall bedient man sich der Pfeile, deren Spitzen mit nadelfeinen Widerhaken gespickt sind. Diese werden aus Fischgräten hergestellt und sitzen ganz lose in der Pfeilspitze, so dass sie aus ihren Öffnungen treten, wenn sie mit dem Pfeil in den Körper eines Menschen gelangen. Selbst wenn es gelingen würde, den Pfeil aus dem Körper zu ziehen, blieben dann die Widerhaken im Körper zurück, die einen langsamen, schmerzvollen Tod zur Folge haben. Wir veranstalteten ein Wettschießen auf 60 Meter Entfernung, dessen Resultate hinsichtlich der Treffsicherheit erstaunlich waren.

Auf alle Fälle ist es Fremden, die diesem Völkchen einen Besuch abstatten wollen, zu empfehlen, die Sitten des Landes zu respektieren. Ausschreitungen seitens der Bukas, denen Habgier zugrunde liegen, sind nicht zu erwarten, sondern lediglich solche, die durch eine unbesonnene Handlungsweise des Fremden herbeigeführt werden. Lotte und Anton hatten sich uns angeschlossen, wobei sie sich aber unbehaglich fühlten. Die sonst so resolute Lotte äußerte heftige Bedenken, die sie gegen die Bevölkerung Sap-Saps hegte. Im Stillen freute ich mich darüber, wie klein und bescheiden sie hier wurde. Anton, der Beherzte, fürchtete sich vor den Eingeborenen nicht halb so sehr wie vor dem Wortschatz seiner Eheliebsten. Er flüsterte mir voller Entzücken zu: „Lotte fraid to mutch[9] (Lotte fürchtet sich sehr)."

Bald war das Sing-Sing in vollem Gange, und erschien es mir hier weit urwüchsiger und wilder, als ich es seinerzeit vom Liegestuhl des Hotels aus beobachten konnte. Aufreizend ertönten die Bambusflöten, während die Weiber taktmäßig in die Hände klatschten und schrille Töne ausstießen. Während des Tanzes schossen Bukas ihre Pfeile in die Luft und kümmerten sich wenig darum, wo diese niedergingen. Da diese naturgemäß mit der scharfen Spitze nach unten gekehrt zurückkamen, konnten sie sehr gefährlich werden. Aber hierzulande ist man gewandt und springt lachend

---

9   Tok Pisin: *Lotte poret tumas.*

zur Seite, wenn so ein Geschoß aus 200 m Höhe zur Erde kommt. Jedes Land hat eben seine eigenen Reize.

Nach Beendigung der Tänze gab man sich mit Begeisterung den Spielen hin, und war es erstaunlich, wie schnell die Leute Spiele, die ihnen doch gänzlich fremd waren, begriffen. Sie zeigten sich als geborene Sportsleute, die mit schnellem Blick ihre Chancen erfassten. Die dunklen Augen glänzten vor Freude und Ehrgeiz. Etwas heikel wurde die Situation, als die Bukas von der geübteren Schiffsmannschaft im Tauziehen geschlagen wurden. Aber Heini, der beste Rudergänger der Siar, dessen Heimat Sap-Sap war, schlichtete den Streit, und da er sichtlich von seinen Landsleuten sehr respektiert wurde, gelang es ihm bald, die hitzigen Gemüter zu beruhigen. Mit wildem Jubel begrüßten die Bukas ihre siegreichen Kurzstreckenläufer, die der Schiffsmannschaft auf diesem Gebiet weit überlegen waren. Das Verhalten Heinis gegenüber seiner Mutter war sehr merkwürdig. Während der Reise freute er sich kindlich auf das Wiedersehen mit ihr. Wenn er nachts aufmerksam das Steuer bediente, hielt er oft Selbstgespräche, in denen immer wieder die Freude zum Ausdruck kam, bald seine Mutter wiederzusehen. „Two fellow day more, me look him Mama belong me[10] (Noch zwei Tage und ich werde meine Mutter sehen)." Nun ging er, angetan mit einem weißen Matrosenanzug, stolz einher, und ein altes Weiblein lief wie ein armseliger Hund ihm nach. Der heimgekehrte Sohn verlor kein Wort und keinen Blick an seine alte Mutter, die manchmal heimlich einen Ärmel der weißen Pracht streichelte. Der Vornehme wußte, was er seiner Standesehre schuldig war. Auch die Kindesliebe äußert sich verschieden.

Während der Spiele saßen der Kapitän und der Häuptling auf einem umgelegten Kanu, und war zu bemerken, dass der Kapitän bei seinem schwarzen Freund irgendein Anliegen vorbrachte, dieser aber ablehnend sein mächtiges Haupt schüttelte. Nach längerer Besprechung schienen sich die Spitzen der Gesellschaft doch einig geworden zu sein. Der Kapitän verriet uns dann, dass unser heute Abend noch eine Überraschung harre. Wir waren sehr gespannt darauf zu erfahren, welcher Art die Überraschung sein könne. Da es aber erst drei Uhr Nachmittag war, blieb für Mutmaßungen noch viel Zeit übrig. Nachdem Spiel und Tanz beendet waren, wurden die so stark begehrten Geschenke, die den Schwarzen der Zufall in den Schoß warf, verteilt. Wäre es dabei nach dem Wunsch der Bukas gegangen, hätte man die inhaltsreichen Körbe gestürmt, so dass nach guter Landessitte den Starken alles und den Schwachen nichts zugefallen wäre. Leider schätzten die komischen Weißen diese schöne Sitte nicht und sorgten dafür, dass ein jeder zu seinem Recht kam.

Gegen Abend fuhren wir an Bord, um uns nach dem anstrengenden Tage gründlichst zu stärken.

Aber schon um sieben Uhr ließ der Kapitän die Boote klarmachen und forderte uns lächelnd auf, darin Platz zu nehmen. Da wir rechtschaffen müde waren, begrüßten wir dieses Unternehmen vorläufig nicht besonders freundlich. Doch den zweiten Besuch der Insel haben wir nicht bereut, wurde er uns doch zu einem schönen Erleb-

---

10   Tok Pisin: *Tupela de moa bai mi lukim mama bilong mi.*

nis. Der Häuptling, umgeben von seinen Würdenträgern, empfing uns gar feierlich und platzierte uns auf einige umgekippte Boote. Wir bestanden nur noch aus Erwartung. Der kleine Hamburger äußerte sich gefühlvoll: „Ik glöv, de Bukas wulln een upfräten, und wir schelln taukicken[11].“

Aber es wurde kein grausiges Schauspiel geboten, sondern ein gar liebliches. Etwa fünfzig junge Mädchen sprangen wie ein Rudel Rehe aus dem Gebüsch und stellten sich zum Tanz auf. Ja, war denn das möglich? Sie tanzten ein Ballett, einen Tanz der Grazie, eine Hymne der Schönheit. Selbst an einer Solotänzerin fehlte es nicht, deren anmutige, natürliche Bewegungen selbst auf einer deutschen Bühne Entzücken ausgelöst haben würde. Die Männer sangen eine eigentümliche Melodie, wozu die Frauen den Takt durch Händeklatschen angaben. Durch Zurufe angefeuert, wurde der Tanz immer wilder. Die Mädchen warfen die Arme rhythmisch hoch, hielten genau abgezirkelte Sprünge ein, um plötzlich in zarte Bewegungen überzugehen. Der helle Mondschein spiegelte sich auf den glänzenden Körpern. Blutig rot leuchteten die Hibiskusblüten im krausen Haar.

Plötzlich ertönte ein kreischender Aufschrei, und entschwunden war der Traum. Der Urwald hatte die schönen Tänzerinnen wieder aufgenommen. Wir rieben uns die Augen und hatten Mühe, uns auf dem Planeten Erde zurechtzufinden. Der kleine Hamburger fand zuerst die Sprache wieder. Er sagte: „Dagegen ist St. Pauli Schiet.“ Ein jeder nach seiner Auffassung. Der Kapitän war sichtlich stolz darauf, uns durch seine Vermittlung eine solche Überraschung geboten zu haben, und behauptete, dass sich bis jetzt nur ganz wenige Europäer rühmen könnten, den Tanz der Bukamädchen gesehen zu haben.

An Bord gekommen, fühlte ich stark das Bedürfnis, wieder mit beiden Beinen auf der Erde zu stehen, was aber auf einem Schiff nur bildlich möglich ist. Ich ließ eine gewaltige Bowle auffahren, der bald eine zweite gleichen Ausmaßes folgte. Am liebsten hätte ich noch eine dritte angerührt, was aber leider dadurch, dass ich einschlief, verhindert wurde. Den nächsten Morgen beim Erwachen fühlte ich mich gar nicht wohl. Sap-Sap war längst außer Sicht, und die Siar kämpfte gegen schwere See an. Der Himmel hatte sich dunkel bezogen, das Schiff sprang wie eine Wildsau. Mein Schädel war aus Glas, und das Frühstück schmeckte nach Petroleum und Kohlteer. Ich warf mich wieder in die Koje und schlief bis zum Nachmittag durch.

Der erste Offizier flüsterte mir zu: „Wenn Sie nochmals Bowle brauen, schmeiße ich Sie über Bord.“ Es herrschte Aschermittwochstimmung an Bord. Missmutig trank ich Kaffee und fütterte meinen Hund mit Kuchen, worüber sich Schimmelpfennig erboste. Ich nannte ihn einen dämlichen Affen, was ihn zu dem Schwur bewog, eher seine Seestiefel auffressen zu wollen als je mit mir in seinem Leben noch ein Wort zu wechseln. Beinahe hätte er Wort gehalten. Er bekam am selben Abend eine solche schwere Malaria, dass wir befürchteten, es würde sich Schwarzwasserfieber[12] einstellen. Diese Ausartung der Malaria führt in den meisten Fällen zum Tode.

11 Plattdeutsch: „Ich glaube, die Bukas wollen einen auffressen und wir sollen zugucken.“
12 Schwarzwasserfieber (benannt nach dem dunklen, schwärzlichen Urin auf Grund Nierenver-

Den nächsten Morgen ankerten wir vor der großen Insel Bougainville[13]. Anlässlich der schweren See gingen nicht an Land, sondern setzten nur einige Leute ab, die nach Abdienung ihrer Zeit, d.h. ihres dreijährigen Kontraktes, in ihre Heimat zurückkehrten. Mit gleichem Boot kamen zehn Leute an Bord, die gewillt waren, einen Arbeitskontrakt einzugehen. Einige Kanus arbeiteten sich an das Schiff heran und hofften, für diese Leistung mit einigen Stangen Tabak belohnt zu werden. Die Insassen dieser Kanus waren den Bukas ähnlich, aber im Gegenteil zu diesen klein und häßlich und erweckten den Eindruck tiefstehender Menschen. Es ist unverständlich, wie es kommt, dass zwei so dicht beieinander lebende Volksstämme so unterschiedlich im Körperbau und auch hinsichtlich der Intelligenz sein können, und doch beide Stämme sich unverkennbar ähnlich sind.

30.12.1911

Ein Unglück kommt selten allein. Jetzt ist auch noch der erste Offizier erkrankt. Er leidet schwer an Asthma, was er scheinbar der Firma vor seiner Einstellung verheimlicht hat. So ist der Kapitän sei 24 Stunden der einzige, der noch in der Lage ist, seinen Dienst zu tun. Das Wetter ist noch schlimmer geworden, und kommen wir gegen den starken Sturm und die schwere See nur langsam an.

3.1.1912

Was ein Pflanzer nicht alles werden kann! Jetzt bin ich Seemann, und zwar vorschriftsmäßig angeheuerter Bootsmann. Gestern ließ mich der Kapitän auf die Brücke kommen und erklärte mir freundlich, dass ich anlässlich der Erkrankung der beiden Offiziere eine Wache übernehmen müsse. Er erklärte mir, dass er sich kaum noch auf den Beinen halten könne. Da wir innerhalb von 24 Stunden weder Land noch Riffe zu passieren hätten, sei keinerlei Gefahr vorhanden. Auch wolle er mir den besten Rudergänger geben, und brauche ich dann nur den von ihm abgesetzten Kurs einzuhalten. Ferner erklärte er mir, dass ich nun unter die seemännischen Gesetze falle. Noch viel lieber wäre ich ins Bett gefallen. Meine Frage, was mir geschehe, wenn die Sache schief gehe, beantwortete er dahin, dass ich kaum zur Rechenschaft gezogen werden könne, er aber sein Patent verliere und auch noch bestraft werde.

Der Regen strömte kannenweise über mich, und zwar mit einem Druck, als käme er aus dem Rohr einer Dampfspritze. Ich warf mich in Ölzeug, stülpte den Südwe-

---

sagens), die gefürchtetste Krankheit in Deutschlands tropischen Kolonien, v.a. Kamerun, aber auch in Togo, Deutsch-Ostafrika und Deutsch-Neuguinea, nicht jedoch in Deutsch-Südwestafrika, Mikronesien und Samoa; vgl. Mühlens in: Schnee (Hg.), *Deutsches Kolonial-Lexikon*, Bd. 3, 325-326 (mit dem medizinischen Stand von vor dem Ersten Weltkrieg).

13 Die größte Insel der Nordsalomonen ist bis heute benannt nach dem französischen Marineoffizier und Weltumsegler, Louis-Antoine de Bougainville, 1729-1811. Zur Insel: Sapper und Krauß in: Schnee (Hg.), *Deutsches Kolonial-Lexikon*, Bd. 1, 234-235.

ster[14] aufs teure Haupt und starrte stier auf den erleuchteten Kompaß. Die Sache ging famos. Wenn die Nadel Kursabweichung anzeigte, drehte der schwarze Rudergänger ein wenig am Steuerrad und ich fing so immer wieder den richtigen Kurs ein. Das war wahrhaftig kein Kunststück. Mit der Zeit langweilte mich mein neuer Beruf. Entgegen der Dienstvorschriften unterhielt ich mich mit dem Rudergänger. Dieser erzählte mir, dass er auf Sap-Sap zuviel gegessen habe und nun sein Bauch sehr krank sei. Also ein Kranker mehr an Bord. Wenn das so weitergeht, spielen wir „Fliegender Holländer"[15].

Heini, der Rudergänger, krümmte sich und rief schmerzerfüllt: „Master, me like beck-beck!"[16] (Herr, ich muss mal …) Mit letzter Kraft schob er mich vor das Steuerrad und verschwand im Laufschritt. Jetzt war ich ganz richtiger Seemann, und lag das Wohl und Wehe des Schiffes in meinen Händen. Während dieses, meiner Hand gehorsam, das weite Meer durchpflügte, gedachte ich einer meiner Lehrer, der mich recht oft im Geiste Steine klopfen sah. Wenn der mich jetzt erblicken könnte, wie ich ein Schiff durch die finstere Südsee steure, würde er sicher die schlechte Meinung, die er hinsichtlich meiner Person hegte, sehr stark korrigieren müssen. Scheinbar hatte ich zu sehr an Herrn Dr. Musch und zu wenig an den Kompass gedacht. Ich war aus dem Kurs gekommen. Aber für diesen Fall hat man ja ein Steuerrad, an dem man nur zu drehen braucht, und schon ist alles wieder in Ordnung – oder auch nicht. Die Windrose wich bald nach rechts und bald nach links ab, und dann drehte sie sich lustig um die eigene Achse. Mir wurde in der Magengegend sonderbar warm zumute, und rief ich verzweifelt nach dem Kapitän, wovon der Kompass scheinbar noch nervöser wurde. Der Kapitän aber blieb unsichtbar und holte den versäumten Schlaf nach. Der kleine Hamburger, der aus dem Maschinenraum kam, um frische Luft zu schnappen, hörte mein Rufen und erschien auf der Brücke, zu sehen, was da wohl los sei. Er war der Retter in der Not. Zwar war er der Ansicht, dass er vom Stüern och nich veel versteien tät. Es gelang ihm bald, das Schiff auf den richtigen Kurs zu bringen. Unterdessen hatte Heini seine Sitzung beendet und waltete wieder seines Amtes. Der Hamburger sagte im Gehen: „Nur dem Ollen nix vertellen!" Das habe ich auch nicht getan, sondern bin freiwillig noch eine Wache gegangen, was vom Kapitän wohlwollend gestattet wurde. Dann habe ich vier Stunden geschlafen, um dann wieder vier Stunden Wache zu gehen. Dabei habe ich jedenfalls richtig steuern gelernt.

---

14 Ein ursprünglich aus Skandinavien stammender wasserdichter Regenhut aus gewachster Baumwolle mit einer breiten Krempe, die das Gesicht vor Regen schützt. Eine zusätzliche Kordel sorgt dafür, dass der Hut individuell angepaßt werden kann und er bei starkem Wind nicht verrutscht.

15 Zum Mythos eines Geisterschiffes, das angeblich in der Nähe des Kaps der guten Hoffnung auf dem Meer fuhr und seinen historischen Ursprung vgl. den Beitrag von Eberhard Schmitt, „Fliegender Holländer", in: Hiery (Hg.), *Lexikon zur Überseegeschichte*, 267-268.

16 Tok Pisin: *Masta, mi laik pekpek*. Im ursprünglichen Kuanua bedeutete *péke, pekápeke*, Stuhlgang haben.

Der arme Bienenstich ist zu den Lebenden zurückgekehrt. Da ich mich während seiner Erkrankung sehr um ihn bemühte, hatte er wohl nicht den rechten Mut mir noch etwas nachzutragen. Vielleicht war er auch nur zu schlapp dazu. Wir wurden wieder die alten guten Freunde. Das Wetter hatte sich beruhigt, und war es nun wieder eine Freude, zur See zu fahren. Auch der dicke Asthmatiker kam aus seinem Bau hervorgekrochen. Da der Anfall überstanden war, konnte er nun wieder Dienst tun. Ich wurde meines Postens enthoben und war nun wieder Passagier.

5.1.1912

Auf der Rückreise begriffen, liefen wir gestern die Insel Nissan[17] an. Nissan ist eine kranzförmige Insel mit einer schmalen, aber guten Einfahrt. Hier lebt ein alter Schwede, ein Angestellter der Hamburgischen Südsee A.G[18]. Für ihn war die Ankunft eines Schiffes der größte Feiertag des Jahres. Seit vielen Monaten hatte er keine Post mehr bekommen. Wie er erzählte, waren seit der letzten Ankunft eines Schiffes acht Monate vergangen. Der alte Mann, des Alkohols entwöhnt, wurde nach dem Genuß der zweiten Flasche Bier sehr angeheitert. Er führte uns in sein Haus und wollte uns hier alle Raritäten schenken, die er von den Eingeborenen eingehandelt hatte. Um ihn nicht zu kränken, nahmen wir die schönen, wertvollen Sachen an, brachten diese aber am Abend, als der Schwede schwer bezecht an Bord schlief, in sein Haus zurück und ließen sie von seinem Hausboy auf den alten Platz stellen. Auf Nissan war uns das Anwerbeglück hold. Wir rekrutierten 30 Leute. An Land herrschte lautes Wehklagen. Auch gaben die Einwohner den Scheidenden ein Abschieds-Sing-Sing.

---

17 Zu Nissan vgl. den gleichnamigen Beitrag in Schnee (Hg.), *Deutsches Kolonial-Lexikon*, Bd. 2, 653, v.a. aber Reichs-Marine-Amt (Hg.), *Südsee-Handbuch. II. Teil*, 232-234; dazu: Richard Thurnwald, „Nachrichten aus Nissan und von den Karolinen", *Zeitschrift für Ethnologie* 40 (1908), 106-115, u. ders., „Im Bismarckarchipel und auf den Salomoinseln 1906-1909", *Zeitschrift für Ethnologie* 42 (1910), 98-147. Erstaunlicherweise findet sich bei Peter Ryan (Hg.), *Encyclopedia of Papua and New Guinea*, 3 Bde., Melbourne 1972, kein Eintrag zu Nissan.

18 Hamburgische Südsee-Aktiengesellschaft Hamburg, Kapital 2 Mio. Mark, gegründet am 13.11.1913 von den Firmen M. M. Warburg, F. Rosenstern und (u.a.) dem Unternehmer Heinrich Rudolph Wahlen. Zum 1. Januar 1914 übernahm die Gesellschaft Eigentum und Betrieb der Firma Forsayth für einen Kaufpreis von zwei Millionen Mark, die gleichzeitig das Eigenkapital darstellten. Sie war von der Pflicht zur Vorlegung der Bilanzen bis 1922 befreit worden. Während des Ersten Weltkrieges wurden die Geschäfte der HASAG in Neuguinea weitergeführt, die Pflanzungen entwickelten sich günstig. 1920 folgte Enteignung und Übernahme von Pflanzungen und des gesamten Besitzes in Neuguinea durch die australische Regierung. Anfang 1921 machte die Gesellschaft daher Entschädigungsansprüche bei der deutschen Regierung in Höhe von 24 Mio. Goldmark geltend. Vgl. Krauß in: Schnee (Hg.), *Deutsches Kolonial-Lexikon*, Bd. 2, 13 u. v.a. http://www.dieter-engel.com/texte/firmen/reedereien/hhsuedsee.htm (14.2.2024).

8.1.1912

Nachdem wir noch verschiedene kleine Inseln besucht hatten und mit mehr oder weniger Glück Arbeiter anwarben, ankerten wir gestern in dem kleinen, aber sehr schönen Naturhafen der Insel Lihir[19]. Hier erlebten wir manches, was wert ist, im Tagebuch verewigt zu werden. Vom Standpunkt der Eingeborenen ausgegangen waren es keine Absonderlichkeiten, auf die wir hier stießen, sondern Sitten und Gebräuche, die uns allerdings mehr wie absonderlich erschienen.

Bei unserer Landung erfuhren wir, dass das hier liegende Dorf sich in tiefer Trauer befand, da vor drei Tagen ein großer Häuptling das Zeitliche gesegnet hatte. Da unserseits zu dem Verblichenen keinerlei Verwandtschaftsbeziehungen bestanden, nahmen wir den Fall nicht allzu tragisch. Auch waren wir der Meinung, dass die sterblichen Reste des großen Herrschers längst der Mutter Erde übergeben wären. Wie es sich bald herausstellte, war dem aber nicht so. Hier auf Lihir hat man hinsichtlich Pietät seine eigenen Ansichten. Das ganze Dorf war von einem infernalen Leichengeruch erfüllt, so dass unser Hamburger die gefühlvolle Äußerung tat: „He hat sich aber bannig auf Stinken gelegt." Wir wurden Zeugen einer Totenzeremonie, die an Widerlichkeit nichts zu wünschen übrig ließ.

Den Verstorbenen hatte man in einem kleinen Häuschen, welches auf hohen Pfählen stand, aufgebahrt. Der Boden des Häuschens bestand aus zusammengefügten Knüppeln. Unter diesen hatte man ganze Berge von geröstetem Schweinefleisch, Fischen und Feldfrüchten aufgestapelt. Diese Herrlichkeiten stellen das Totenmahl dar. Über die an und für sich sauber aufbereiteten Speisen lief das Leichenwasser. Der Leib des Toten war durch Einwirkung der Tropenhitze geplatzt. Die mehligen Feldfrüchte nahmen die Jauche besonders gut auf. Uns wurde schlimm und übel zumute, und wären wir am liebsten an Bord gegangen und hinaus in die weite See gefahren. Es war uns aber doch interessant zu beobachten, wie weit die Scheußlichkeiten gehen würden. Wie wir hörten, wendet man diese Zeremonie nur bei Todesfällen sehr großer Männer an. Die Eingeborenen glauben, mit dem Leichenwasser Kraft und Mut des Verstorbenen in sich aufzunehmen. Als wir aber gar sahen, dass die Dorfbewohner die Leber aus dem stinkenden Kadaver herausnahmen, selbe in kleine Stücke schnitten und diese zwischen die Speisen mengten[20], mussten wir alle Energie aufbieten, um zu verhindern, dass unsere Mägen revoltierten.

Diese verpesteten Lebensmittel wurden nun in Körbe verpackt und in den Schatten eines großen Baumes gestellt. Um das Totenhäuschen wurde viel trockenes

---

19 Zur Insel vgl. Schnee (Hg.), *Deutsches Kolonial-Lexikon*, Bd. 2, 458 (Eintrag unter „Lir") u.Reichs-Marine-Amt (Hg.), *Südsee-Handbuch. II. Teil*, 151-152; kein Eintrag bei Ryan (Hg.), *Encyclopedia of Papua and New Guinea*. Auf Lihir befindet sich heute eine der größten Goldminen der Welt.

20 Ähnliche Riten existierten auch in anderen Teilen Neuguineas. Vgl. **Michael W. Young**, „'Eating the Dead'. Mortuary Transactions in Bwaidoka, Goodenough Island", in: Frederick H. Damon u. Roy Wahner (Hg.), *Death Rituals and Life in the Societies of the Kula Ring*, DeKalb 1989, 179-198.

Holz geschichtet und dieser Scheiterhaufen unter Wehklagen der Weiber in Brand gesteckt. Bei dieser üblen Feier war dies die einzige sanitäre Handlung. Nachdem der Tote bis auf die Knochen verbrannt war, begann das grausige Mahl. Dem hielten unsere Nerven nicht mehr stand. Mit einem üblen Gefühl im Magen gingen wir den Strand entlang. Rein und frisch wehte der Wind von See, und wir waren glücklich, diesem Grausen entronnen zu sein. Von den lieben Naturkindern hatten wir fürs erste, im wahrsten Sinne des Wortes, die Nase gründlich voll.

Auf unserem Küstenbummel stießen wir auf die Mündung eines Flusses und beschlossen, ein Bad zu nehmen. Da wir das gesteigerte Bedürfnis nach Sauberkeit in uns fühlten, schickten wir einen Bootsjungen an Bord mit dem Auftrag, für uns frische Wäsche zu holen. Der dicke Mutsching[21] sprang zuerst mit der Eleganz eines Nilpferdes ins Wasser. Wir wollten gerade folgen, als der Dicke hochkam und sich anstellte wie ein Karpfen im Petroleumfass. Krebsrot im Gesicht brüllte er: „Vorsicht, das Wasser ist heiß." Wir erlebten ein neues Wunder, aber diesmal ein sauberes. Ich besann mich nun, davon gehört zu haben, dass auf dieser Insel eine ganze Anzahl heißer Quellen vorhanden sein sollte. Dass aber Flüsse noch an ihrer Mündung so hohe Temperaturen aufzuweisen haben, hätte ich nicht für möglich gehalten. Wir stiegen nun sehr bedächtig ins Wasser, und so gewöhnte sich der Körper an die Temperatur. Nach dem Bade stellte sich ein unglaublich wohliges Gefühl ein. Der Asthmatiker behauptete, dass sich hier sein Leiden bald verlieren würde, wenn er auch nur Monat täglich in diesem Fluss baden könne. Wer weiß, welch kostbarer Brunnen hier ungenutzt in die See läuft.

Anderntags ließ sich Bienenstich für einige Stunden beurlauben, und gingen wir beide auf Entdeckungsreise. Wir wollten vor allem feststellen, wo der heiße Fluss entspringt und wie die Quelle beschaffen sei. Bereits nach zweistündigem Marsch kamen wir in das Quellengebiet. Aus felsigem Untergrund sprudelte eine Unmenge kleinerer und größerer Quellen kochendes Wasser empor. In dichten Dampf eingehüllt, wurde uns das Weiterkommen sehr erschwert, zumal wir uns die Füße verbrannt hatten. Ein Eingeborener führte uns zur Hauptquelle, die aus einem riesigen Felstrichter bestand, aus dem in gewissen Abständen wahre Fontänen kochenden Wassers ausgestoßen wurden. Die Eingeborenen versicherten uns, dass wir die ersten Europäer seien, die dieses Naturwunder in Augenschein genommen haben. Wir kamen uns als gewaltige Entdecker vor.

Nun führte uns der Eingeborene einen schmalen Pfad entlang, der durch ein entzückendes Gebirge führt, einer weiteren Überraschung entgegen. Zu unserem Erstaunen trafen wir auf sehr ausgedehntes Mauerwerk, eine Erscheinung, die im Bismarckarchipel sehr selten anzutreffen ist. Die Mauern bestanden aus Felsstücken, die ohne Bindemittel aufgesetzt waren. Auf unsere Frage hin, welche Bedeutung die ca. 120 cm hohen Mauern haben, erhielten wir die Auskunft, dass hier kranke Leute

---

21 Curt Mutschink, erster Offizier des Dampfers *Siar*, vgl. Baumann/Klein/Apitzsch, *Biographisches Handbuch*, 260.

wohnen, die sich nur innerhalb des durch Mauern abgegrenzten Areals aufhalten dürfen.

Bald sahen wir auch Hütten liegen, die Wohnstätten der Isolierten. Wir fanden ein ganzes Dorf vor, das sich als regelrechte Lepra- oder Lupusstation erwies. Es wird dereinst Ärzten vorbehalten bleiben, hier genaue Diagnosen zu stellen. Zum Teil boten diese Menschen einen entsetzlichen Anblick dar. Merkwürdigerweise war bei vielen der Kranken der Steiß total zerfressen, so dass das Ende der Wirbelsäule völlig bloß lag. Selbst von der Krankheit befallene Kinder trafen wir an. Merkwürdigerweise herrschte unter den Kranken durchaus keine trübe Stimmung. Als sie uns erblickten, hielten sie uns scheinbar für böse Geister und liefen entsetzt davon.

Aber nach und nach siegte die Neugier, und wollten sie sich den Anblick dieser sonderbaren Lebewesen nicht entgehen lassen. Sicherlich waren sie auch unterdessen von Leuten, die früher bei Europäern gearbeitet haben, aufgeklärt worden, dass wir keine Teufel, sondern „Whiteman" sind. Dass die Eingeborenen Kranke isolieren, wie es hier Sitte ist, dürfte wohl in der Kolonie als einziger derartiger Fall anzusehen sein. Wie uns unser Führer erzählte, wird jeder von dieser Krankheit Befallene in diese Isolierstation gebracht, die er bis zu seines Lebens Ende nicht wieder verlassen darf. Also ist diesen Inselbewohnern Hygiene doch nicht unbekannt. Umso unverständlicher, dass diese Menschen an solchem schaurigen Totenkult, wie ich ihn schilderte, festhalten. Mir ist es unverständlich, dass Menschen nach dem Genuss solcher verseuchter Lebensmittel nicht an Leichenvergiftung eingehen.

Von unserer Entdeckungsreise hochbefriedigt, gingen wir zur Küste zurück und kamen gerade noch zum Mittagessen an Bord. Als wir von unseren Erlebnissen erzählten, wurde der fette Asthmatiker grob und behauptete, dass so ein Thema nicht gerade bei Tisch behandelt werden müsse. Schuldbewusst enthielten wir uns weiterer Ausführungen.

Am Nachmittag gingen der Kapitän und ich nochmal an Land. Wir wollten unserer Menagerie etwas Freiheit gönnen. Der Kapitän sowohl wie ich besaßen je einen Affen und einige Hunde. Da letzteren nicht allzu viel Freiheit beschieden war, tobten sie sich, an Land gekommen, gründlichst aus. Die Affen, die sehr zahm waren, ließen wir nach Herzenslust frei herumlaufen. Wir hatten uns aber nicht überlegt, dass diesen Eingeborenen auf Lihir Affen unbekannte Lebewesen waren. Anton und Moritz, wie die beiden Rüpel hießen, richteten tollen Unfug an. Sie sprangen auf die Hütten der Dorfbewohner, stahlen blitzschnell Bananen und flitzten übermütig auf dem Dorfplatz umher. Die Insulaner waren starr vor Schrecken. Als aber Anton gar einer Schönen auf die Schulter sprang und sie durchaus lausen wollte, setzte wilde Flucht ein. Vor allem bemächtigte sich der Frauen und Kinder ein panischer Schrecken. Sie stürmten davon, als sei eine Herde Elefanten ins Dorf eingebrochen. Das aber war für die beiden Affen das Erwünschte. Mit langen Sprüngen nahmen sie die Verfolgung auf, was einen unbeschreiblichen Tumult ergab. Eines der Mädchen kletterte fast so behände wie ein Affe vor Angst auf einen Baum. Die Affen waren nun scheinbar der Meinung, dass hier die Weltmeisterschaft im Klettern ausgetragen werden sollte, und zeigten sie nun der erstaunten Menge, was sie bei diesem Sport zu leisten vermögen.

Nach vielen vergeblichen Bemühungen unserseits gelang es uns endlich, die beiden Übeltäter zu greifen, die nun schimpfend auf unseren Schultern saßen. Da es sich um recht große Tiere handelte, waren wir froh, dass die Sache nicht noch üble Folgen hatte. Die Biester hatten Zähne wie Leoparden.

15.1.1912

Nachdem wir die Ostküste Neu-Mecklenburgs abgeklappert hatten und der Bestand der Rekruten auf 120 Mann angestiegen war, liefen wir gestern die Fischer-Gardener-Inseln[22] an. Auch hier lebte ein Schwede, ein Angestellter der Neuguinea-Compagnie[23]. Er lud mich ein, die Zeit, während der die Siar die verschiedenen Plätze der beiden großen Inseln anlaufen werde, bei ihm zu bleiben. Diese freundliche Einladung nahm ich gern an. Peterson ist ein netter Kerl, der alles tat, um mir den Aufenthalt so angenehm wie möglich zu machen. Aber trotzdem fühlte ich mich nicht wohl bei ihm. Die große Einsamkeit hat bei ihm dahin geführt, dass er mit einer Schwarzen zusammenlebt. Da aus dieser Verbindung sechs Kinder hervorgingen, betrachtet er die dunkle Gefährtin als seine Frau. Die Sprösslinge, die von dem stolzen Vater maßlos verzogen wurden, fielen mir sehr auf die Nerven. Die schwarze Mutter war in dieser Hinsicht viel vernünftiger als der Herr Papa. Ganz besonders übel war das Benehmen der Bälger bei den Mahlzeiten. Was ihnen nicht zusagte, spuckten sie einfach aus. Ich bewunderte die Mutter, mit welcher Geduld sie den Stolz ihres Herzens, ihre herrlichen weißen Kinder, fütterte.

Diese ganze Wirtschaft war mir zuwider, und war ich recht froh, als die Siar in Sicht kam. Noch am selben Tag erreichten wir Fissoa, und damit hatte die interessante Reise ihr Ende erreicht. Ich werde aber meiner Firma stets dankbar bleiben, dass sie mir diese schöne Abwechslung zukommen ließ. Herr Miesterfeld[24], der bisherige Leiter der Pflanzung Fissoa, kam an Bord, um mich in Empfang zu nehmen. Nun hieß es, von der freundlichen Besatzung Abschied nehmen, was natürlich nicht ganz trocken vor sich ging. Der Kapitän war der Ansicht, dass ich in die Klasse der angenehmen Passagiere einzureihen sei. Der kleine Hamburger sagte: „Mensch, war das eine fidele Reise! Wegen mir können Sie als ständiger Passagier an Bord bleiben." Bienenstich aber war ein Mann, der sich keinen Abschiedsschmerz anmerken ließ.

Miesterfeld hatte seinen Wagen bereitstehen, mit dem wir nach dem Wohnhaus, welches auf einem Hügel lag, fuhren. Frau Miesterfeld, ein Maorihalbblut, empfing mich überaus freundlich. Zu meinem Bedauern erfuhr ich, dass sie hoffnungslos an Tuberkulose leidet. Voraussichtlich wird die arme Frau wohl von dem Erholungsurlaub nicht zurückkehren, sondern in Deutschland auf einem Friedhof enden. Trotz

---

22 Bereits in deutscher Zeit unter den indigenen Namen Tăbár und Tatáu (Gardner-Inseln) sowie Simbéri (Fischerinsel) bekannt; vgl. Reichs-Marine-Amt (Hg.), *Südsee-Handbuch. II. Teil*, 150-151.
23 Carl Pettersson, vgl. Baumann/Klein/Apitzsch, *Biographisches Handbuch*, 360.
24 Paul Miesterfeldt, vgl. Baumann/Klein/Apitzsch, *Biographisches Handbuch*, 248.

meiner Abneigung gegen alles Halbblut muss ich gestehen, dass ich selten solch eine gütige, liebe Frau antraf. Ihre beiden recht hellhäutigen Kinder liebt sie abgöttisch. Diese waren, im Gegenteil zu Petersens Kindern, sehr gut erzogen.

18.2.1912

Meine Einführung in Fissoa bestand darin, dass mich ein heftiger Malariaanfall heimsuchte, den ich aber glücklicherweise bereits nach drei Tagen überstanden hatte. Da die Siar erst in etwa vierzehn Tagen nach hier zurückkommen wird, um Familie Miesterfeld abzuholen, blieb uns genügend Zeit, um in Ruhe den Betrieb zu übernehmen. Von Fissoa aus werden auch eine ganze Anzahl Handelsstationen unterhalten, auf denen von schwarzen Händlern Kopra aufgekauft wird. Die Aufkäufer sind Eingeborene, an die Geld und Handelsartikel ausgehändigt werden, wofür sie die entsprechende Menge Kopra abliefern müssen. Diesen Leuten muss man natürlich scharf auf die Finger sehen, da es sonst vorkommen kann, dass man bei dem Geschäft Geld zusetzt. Da dieser Handel auf Rechnung des Pflanzers geht, der seitens der Firma einen bestimmten Preis für jede Tonne aufgekaufte Kopra erhält, ergibt es sich schon von selbst, dass er diese Handelsstationen sehr oft kontrollieren muss. Diese zehn Handelsstationen, die alle sehr weit voneinander entfernt liegen, zu übernehmen, bedeutet ein tüchtiges Stück Arbeit. Auf allen Stationen musste Bestand aufgenommen werden, sowohl hinsichtlich der vorhandenen Geldbeträge wie auch der Handelswaren und der aufgekauften Kopra.

Sämtliche Handelsstationen liegen an der Kaiser Wilhelmstraße, die die Bezirke Neu-Mecklenburg-Nord und Neu-Mecklenburg-Süd verbindet[25]. Sie zieht sich etwa 200 Kilometer längs der Ostküste hin. Der Erbauer dieser Straße war der in der Kolonie allgemein bekannte und geschätzte Bezirksamtmann Boluminski, dem Neu-Mecklenburg viel zu verdanken hat.[26] An dieser Straße spielte sich in der Hauptsache das Leben und Treiben Neu-Mecklenburgs ab. Eingeborenendörfer und Europäerpflanzungen wechselten mit Urwaldstrecken ab. Auch durchziehen viele Flüsse die liebliche Landschaft. Erst durch das Erbauen dieser Straße wurde Neu-Mecklenburg zu einem wertvollen Teil der Kolonie.

Da Neu-Mecklenburg sehr gebirgig und zerklüftet ist, galt es oft, ungeheure Schwierigkeiten zu überwinden. Auch das Überbrücken der vielen Flüsse bereitete dem Erbauer der Straße manchen Kummer, Jahr um Jahr wurde gegraben und gesprengt, und ungeheure Erdmassen mussten bewegt werden. Diese lange Straße ist von Anfang bis Ende mit verwitterter Koralle, dem sog. Nass-Nass, beschottert, so dass sie auch während der ausgiebigsten Regenzeit zu befahren ist. Wenn man in

---

25 So hieß die heutige Boluminski Highway ursprünglich.
26 Zum geradezu legendären Bezirksamtmann Franz Boluminski (1863-1913), genannt „Bolo", einem bekennenden Freimaurer, vgl. die gefühlvolle Skizze des Luxemburger Schriftstellers Norbert Jacques, *Südsee. Ein Reisebuch*, München 1922, 45, 51-53. „Zum erstenmal erlebte ich einen Offizier, von dem man sagen konnte, dass in ihm Edelzucht der innern Disziplin mit hohem Intellekt als Ausfluss historisch-preußischer Erziehung sei. So stellte ich mir Gneisenau vor, auf anderm Boden", ebd., 53.

Betracht zieht, dass hier keinerlei Maschinen zur Verfügung standen, sondern das Erdreich in Körben auf dem Kopf befördert werden musste, so kann man wohl sagen, dass dieser Straßenbau eine einmalige Leistung darstellt.

Boluminski hat mit dem Kannibalismus und anderen netten Sitten sehr schnell aufgeräumt, und es ist ihm gelungen, die Eingeborenen zu überzeugen, dass er nur ihr Bestes will. Er verstand es, sie in einer Mischung von Furcht und Liebe zu halten. Das ist der einzige Weg, die Eingeborenen zu einigermaßen vernünftigen Menschen zu erziehen. Die Volksstämme, die in den Gebirgen lebten und in ständiger Fehde mit den Küstenbewohnern lagen, siedelte Boluminski an der Straße an. So entstanden eine Unmenge Dörfer, deren Einwohner zum Straßenbau herangezogen wurden. Dass diese Umsiedlungen nicht immer reibungslos verliefen, ist verständlich. Mit der Zeit zog Ruhe und Frieden ins Land, und nun waren die Vorbedingungen für Handel und Plantagenbau geschaffen. Nur eines gelang nicht, und das war, die Bevölkerungszunahme zu fördern. Scheinbar vertragen diese Eingeborenen die Segnungen der Kultur nicht. Es ist alles getan worden, um den Gesundheitszustand der Bevölkerung zu heben. In dieser Hinsicht versagten bisher alle Mittel.

Der Einfluss der Mission brachte wohl manche Änderung der Sitten und Gebräuche mit sich, aber die Hebung der Bevölkerungszahl wurde dadurch nicht erreicht. Es ist Tatsache, dass das Gegenteil der Fall war. Die Bestrebung der Missionen, diese Menschen in möglichst kurzer Zeit zu gutgläubigen Christen umzuformen, führte dahin, dass man wohl nach und nach den Eingeborenenkult zerschlug, aber das, was man ihnen dagegen bot, nicht aufgenommen wurde. Da der Lebenswille dieser eigenartigen Bevölkerung von Haus aus sehr schwach entwickelt ist, versanken sie in ein gewisses physisches Vakuum, was sich naturgemäß auch auf die Geburtenzahl ungünstig auswirkte. Meine persönliche Meinung, die ich hinsichtlich der überstürzten Verchristlichung der Eingeborenen hege, will ich hier nicht zum Ausdruck bringen.[27]

Anfang Februar kam die Siar von einer Reise um Neuhannover zurück, um die Familie Miesterfeld abzuholen. Den schönsten Tag hatte man dazu nicht gewählt. Schwerer Sturm trieb die See in hohen Wogen gegen die Korallenriffe, die der Ostküste Neu-Mecklenburgs vorgelagert sind. Es war mit größter Mühe verbunden, ein Boot an das Schiff heranzubringen. Bei diesem Seegang war es ausgeschlossen, am Fallreep festzumachen so dass nichts anderes übrig blieb, als die Passagiere vermittelst eines Taues über den Lademast an Bord zu hieven. Die schwerkranke Frau wurde bei diesem Manöver ohnmächtig. Die Kinder, die bereits seekrank waren, schrien vor Angst, als sie die luftige Fahrt unternahmen. Der Vater, der sich ebenfalls grün

---

27 Die meisten Pflanzer standen den Bestrebungen der christlichen Missionen negativ gegenüber, nicht zuletzt, weil sie – zu Recht – von den Missionen eine Einschränkung ihrer Sonderstellung über die einheimischen Arbeiter und eine Kritik an ihrem libertinären Lebensstil befürchteten. Eine ausführliche wissenschaftliche Arbeit über den ausgeprägten Säkularismus von kolonialen Siedlern und Pflanzern steht ebenso aus wie eine rational-kritische Auseinandersetzung mit der ähnlichen Sichtweise der meisten Ethnologen. Siehe aber D. T. Hughes, „Mutual Biases of Anthropologists and Missionaries", in: J. A. Boutilier, D. T. Hughes u. S. Tiffany (Hg.), *Mission, Church, and Sect in Oceania*, Lanham 1978, 65-82.

zu färben begann, schwebte als letzter an Bord. Der Kapitän war sichtlich erleichtert, endlich aus der bösen Brandung herauszukommen. Schimmelpfennig, der gerade Wache hatte, ließ zum Abschied noch einmal gewaltig blasen, und dann verschwand der kleine Dampfer zwischen Wasserbergen. Als ich wieder festen Boden unter den Füßen fühlte, hatte ich allen Grund, erleichtert aufzuatmen.

23.3.1912

Die sogenannten Handelstouren, auf denen ich meine Handelsstationen revidiere, sind mir stets eine angenehme Abwechslung. Meist lasse ich früh gegen vier Uhr einspannen, wozu ich mit Vorliebe die Zeit des Vollmondes nutze. Um diese Geschäfte schneller erledigen zu können, habe ich mir zu den hier vorhandenen Pferden noch zwei flotte Wagenpferde zugelegt. So bin ich nun in der Lage, am Vortag meiner Reise in Stafetten von je 25 km Pferde vorauszuschicken, so dass ich öfters umspannen kann. So werden die Tiere nicht überanstrengt, und ich erreiche schnell und angenehm mein Ziel. Für mich gibt es nichts Schöneres, als frühzeitig mit einem flotten Pferdchen im eleganten Dogcart[28] die schöne Straße entlangzufahren. Der Geruch eines gut gepflegten Pferdes und neuem Lederzeug sind für mich derselbe Genuss wie einer schönen Frau ein vornehmes Parfüm. Ob dieser Liebhaberei werde ich oft verspottet und Pferdejockel genannt. Lass sie lachen! Wenn die Sonne strahlend aufsteigt, all die unzähligen Vögel zwitschern und der Urwald taufrisch leuchtet, lass ich mein Pferdchen lustig laufen und bin ein kleiner König, wenn auch nur ein ganz kleiner und noch sehr junger. Vielleicht bin ich auch noch ein bisschen kindisch. Aber dieser Zustand steht meinem Glück nicht im Wege.

Die Straße führt durch viele Dörfer. Unsere schwarzen Brüder sind keine Langschläfer. Wenn sie nicht gerade das Schicksal zwingt, am Wege zu arbeiten, sitzen sie vor ihren Hütten an einem Feuerchen und beginnen den Tag mit Nichtstun. Es ist ein faules, aber freundliches Völkchen. Lustig rufen sie mir zu: „Mahlzeit, Master Hopmann!" Hinsichtlich ihrer Bekleidung kennen sie keine Sorgen, und ist ein Lendentuch das Höchste der Gefühle. Die jungen Mädchen sind mit dem, was Gott ihnen beschert hat, zufrieden. Um die schmalen Hüften tragen sie eine Perlenschnur, an der ein Läppchen oder auch nur ein Blatt befestigt ist, welches den Steiß bedeckt, da sich merkwürdigerweise an dieser Stelle ihr Schamgefühl befindet. Ein Mädchen ohne so ein Läppchen oder Blättchen würde in der guten Gesellschaft als unmöglich gelten. Da ich weder Missionar noch Sittenpolizist bin und die meisten Mädels recht hübsch sind, habe ich gegen die kleidsame und hygienische Volkstracht nichts einzuwenden. Dagegen würde ich den älteren Damen gern ein wärmendes Kleidchen gönnen.

---

28 Was im Englischen als *dogcart* bezeichnet wurde, ist eine zweirädrige Kutsche, die von einem einzigen Pferd gezogen wird. Weil die Reisenden Rücken an Rücken saßen, wurde sie im Deutschen nach dem Französischen *dos-à-dos* genannt. Vgl. D.(onald) J.(ohn) Smith, *A dictionary of horse-drawn vehicles*, London 1988.

Auf diesen Handelstouren lerne ich natürlich auch die Nachbarn kennen. Von Nachbarn zu reden, ist auch nicht ganz richtig ausgedrückt, denn der nächste Ansiedler wohnt 38 km von mir entfernt. Er ist Italiener mit dem wohlklingenden Namen Asunto Costantini[29]. Selten habe ich einen so sonderbaren Heiligen angetroffen wie den guten Costantini. Vor vielen Jahren kam er als Jesuitenpater[30] ins Land und verschwendete Gottes Wort an schwarze Hammelherden. Da er einsam auf einer entlegenen Missionsstation saß, hat er es wohl mit dem Zölibat nicht so genau genommen. Ob dieser Sünde und vielleicht auch noch wegen anderer Abweichungen vom Wege Gottes gab es bei der Missionsgesellschaft „Zum heiligen Herzen Jesu"[31], der er angehörte, ein ganz nettes Skandälchen, an dem die Ansiedler großen Anteil nahmen. Da tat Costantini etwas, was ein Jesuitenpater eigentlich nicht tun darf. Er brach alle Gelübde und machte sich aller eingegangenen Verpflichtungen frei. Er nahm Land auf und legte eine Kokospflanzung an. Auch entdeckte er in sich ein

29 Assunto Costantini (in der Literatur häufig falsch geschrieben als Constantini), geboren 14. August 1869 in Piancastagno, Bistum Siena; 1894 Ankunft in Deutsch-Neuguinea. Im selben Jahr als Deutscher naturalisiert. Pfarrer in Volavolo u. Takabur. Er schrieb am 22.9.1899 einen „Abschiedsbrief" an Bischof Couppé: „Adieu!" und bat um einen Nachfolger in Takabur; dem Brief legte er die Kirchenschlüssel von Takabur u. Paparatava bei. Gleichzeitig informierte er die Kolonialregierung über diesen Schritt u. die Tatsache, dass er jetzt beim *bikman* von Paparatava, To Kitang (u. dessen Tochter) lebte. Auf Betreiben und Kosten der Mission bestieg er ein Schiff zur Rückreise nach Europa, verließ dieses aber wieder, bevor es Hollandia erreicht hatte und verblieb in der Kolonie. Von der Kolonialverwaltung zeitweise als Polizeimeister eingesetzt, machte er sich als Pflanzer selbständig. Anfang Januar 1920 gab Costantini der MSC-Kommunität bekannt, er bedaure das durch sein Vorgehen „gegebene Ärgernis von Herzen". Nach einem persönlichen Besuch von Bischof Couppé und einer mehrere Stunden langen Beichte war der Bischof bereit, ihm sein Verhalten nachzusehen und ihn sogar wieder als Priester einzusetzen. Das lehnte C. ab mit der Begründung, die einheimische Bevölkerung würde ihn als Priester nicht mehr akzeptieren. Als er mit Pflanzer-Freunden seine Versöhnung mit der Kirche feierte, brach die Sektflasche und er schnitt sich so unglücklich, dass er wenig später im Hospital von Käwieng verstarb. Beerdigung auf dem zentralen Missionsfriedhof der MSC in Vunapope. Foto in Hiery, *Bilder aus der deutschen Südsee*, 147, Bild 262.

30 Die Aussage ist sachlich unzutreffend, aber bezeichnend für die Vorurteile, die in der protestantischen Welt Deutschlands, insbesondere seit dem Kulturkampf, über katholische Orden verbreitet waren. Costantini war Angehöriger der MSC, der Herz-Jesu-Missionare. Diese haben keinerlei Gemeinsamkeit mit dem Jesuitenorden.

31 Die *Missionaires du Sacré-Cœur de Jésus* (Lateinisch: *Missionarii Sacratissimi Cordis Iesu* abgekürzt MSC), Deutsch: Herz-Jesu oder Hiltruper Missionare (nach ihrem Hauptsitz in Deutschland, Hiltrup b. Münster) ist ein vom französischen Geistlichen Jules Chevalier (1824-1907), Pfarrer in Issoudun, am Tag der Verkündigung des Dogmas der Unbefleckten Empfängnis Mariens (8.12.1854) gegründeter Missionsorden. Die ersten Missionare landeten am 29.9.1882, dem Festtag des Erzengels Michael, auf der (damaligen) Insel Matupit in der Blanchebucht des später so genannten Bismarckarchipels. Seit 1890 trafen zunehmend deutsche Angehörige des Ordens ein. Bis in die 70er Jahre des 20. Jahrhunderts machten sie die Mehrheit des Klerus im Erzbistum Rabaul aus. Anfang 2024 war noch ein deutscher MSC-Geistlicher vor Ort. Vgl. Bernhard Bley, MSC, *Die Herz-Jesu-Mission in der Südsee. Geschichtliche Skizze über das Apostolische Vikariat Rabaul*, Münster o. J. (1922) u. James Waldersee, *„Neither Eagles nor Saints". MSC Missions in Oceania 1881-1975*, Sydney 1995.

wahres Handelsgenie. Die katholische Kirche sah aber in dem Treiben des verlorenen Lämmchens einen bösen Stein des Anstoßes und klagte gegen den Sünder wegen aller möglichen Vergehen. Es kam zu Prozessen, die wohl beiden Teilen nicht gerade zur Ehre gereichten. Seitens der Kolonisten wurden diese Gerichtsverhandlungen mit größtem Interesse verfolgt. Die Sache endete mit einem Freispruch für Costantini. Damit gab sich aber die katholische Kirche nicht zufrieden. Sie wollte erreichen, dass Costantini als lästiger Ausländer ausgewiesen werde. Über diese Angelegenheit wurde sogar in Berlin verhandelt. Der Centrumspartei gelang es, die Ausweisung durchzusetzen. Darüber war aber Jahr und Tag vergangen, und als der Ausweisbefehl endlich in Neu-Guinea eintraf, war Costantini längst deutscher Staatsangehöriger geworden. Er war nicht umsonst bei den Jesuiten in der Lehre gewesen.

So blieb er im Lande und wurde im Laufe der Jahre ein sehr reicher Mann. Er ist aber auch ein sehr netter Kerl, so dass er sich einer allgemeinen Beliebtheit erfreut. Klein, untersetzt[32] und quicklebendig, ist er nie ein Spielverderber. Anekdoten und Aussprüche von ihm durchliefen die ganze Kolonie. Ganz besonders Anlass zur Heiterkeit ergibt sein originelles Deutsch. Als er einmal in lustiger Gesellschaft, mehr als es sonst seine Art war, dem Bier zusprach, sagte er: „Ich weiß nicht, was ist mit mir, ich bin heute so eine gesoffene Natur."

Der nächste Anwohner, den ich kennenlernte, ist ein junger Mann namens Konrad[33], der noch nicht lange im Lande ist und für einen Auftraggeber eine Kokospflanzung anlegt. Auch hier wurde ich freundlich aufgenommen. Da er wie ich Junggeselle ist und sich freute, eine gleichgesinnte Seele gefunden zu haben, freundeten wir uns bald an. Wenn es seine Zeit erlaubte, begleitete er mich auf meinen Handelstouren, was für mich sehr angenehm war.

Konrads Koch hat sich neulich eine herrliche Sache geleistet. Wie wir wieder einmal gemeinsam eine Handelstour unternahmen, bestellte Konrad bei seinem Koch Entenbraten, den wir nach unserer Rückkehr zu verzehren gedachten. Am Abend kehrten wir zurück, saßen vergnügt bei einer Flasche Bier auf der Veranda und freuten uns auf eine knusprig gebratene Ente. Der Koch war ein Meister seines Faches, hatte den netten Vogel gar appetitlich angerichtet. Wie wir aber den ersten Bissen zwischen den Zähnen hatten, sprangen wir wie auf Kommando auf und beförderten diesen auf die schnellste und natürlichste Art über die Veranda. Pfui Teufel, was war das für ein Geschmack! Konrad ließ den Koch kommen und nahm ihn ins Verhör. Dieser beteuerte seine Unschuld und behauptete, die Ente, wie alle ihre Vorgängerinnen, gut und sorgfältig gebraten zu haben. Äußerlich war dem Vogel nichts anzusehen. Aber dieser fürchterliche Geschmack! Ich kam auf den Gedanken, den Koch zu fragen, mit welchem Fett er die Ente gebraten habe. Mit Butter, war die prompte Antwort. Wir ließen die Butterdose kommen. Nun stellte sich allerdings eine kleine

32 Ein „kleiner dicker Italiener", der Augenzeuge Norbert Jacques, *Südsee. Ein Reisebuch*, 1922, 32, über seine Erlebnisse mit Costantini, ebd., 32-39.
33 Erich Konrad, vgl. Baumann/Klein/Apitzsch, *Biographisches Handbuch*, 201.

Verwechslung heraus. Auf der Dose war zu lesen: „Best Sattelsoap (beste Sattelsei-fe)". Diese Dose sah allerdings den australischen Butterbüchsen sehr ähnlich.

Wir trugen das Unglück mit Humor und nahmen mit Schinken vorlieb.

1.5.1912

Um noch ein wenig bei den Ansiedlern zu verweilen, will ich einer merkwürdigen Gestalt gedenken. Etwa 50 km von Fissoa entfernt, in Richtung Kaewieng[34], lebt der Pflanzer Oström[35]. Auch diesem nebst Gemahlin stattete ich meinen Besuch ab. Dicht bei seiner Pflanzung liegt eine meiner Handelsstationen. So war es das Ge-gebene, den Besuch mit einer Inspektion der Handelsstation zu verbinden. Oström hat ein eigenartiges Leben hinter sich und dient, das will ich vorausschicken, nicht gerade als Prunkstück der Kolonie. Seiner Nationalität nach ist er Finne. Aber davon weiß er nicht mehr viel. Fast noch ein Kind, ist er zur See gegangen und in den Grün-dungsjahren der Kolonie als Matrose eines Walfischfängers hier entlaufen. Er wurde auf Neu-Mecklenburg Händler und führte ein, gelinde gesagt, etwas wildes Leben. Von dieser Zeit spricht er nicht mehr gern. Da er Geschäftssinn besitzt, verdiente er gut und legte sich eine prachtvolle Pflanzung an. Der Mann kann weder schreiben noch lesen, noch beherrscht er eine Kultursprache. Finnisch, seine Heimatsprache, hat er vergessen, Deutsch merkwürdigerweise nicht erfasst. Er spricht etwas Eng-lisch, was aber nur ein besseres Pidgenenglisch ist. Vor einigen Jahren heiratete er eine Halbblutfrau, die bei der katholischen Mission erzogen wurde und recht gut Deutsch und Englisch spricht. Auch erledigt sie seine schriftlichen Arbeiten. Im All-gemeinen trinkt Oström wenig und ist friedlich und umgänglich. Aber wehe, wenn er mit Alkohol näher in Berührung kommt, dann wird er zum wilden Tier und schlägt alles kurz und klein. Er entpuppt sich dann als Amokläufer, der nur mit einem gewal-tigen Kinnhaken unschädlich gemacht werden kann. Seine Frau führt bestimmt kein himmlisches Dasein. Ich werde es wie die meisten Ansiedler halten und ihm nach Möglichkeit aus dem Weg gehen.

Bin ich einmal auf dem Küstenbummel, so will ich auch die anderen bekanntes-ten Ansiedler ein wenig aufs Korn nehmen. In Kapsu[36] bei Familie Macco[37] wurde

---

34 Käwieng war der Sitz des Bezirksamtmanns, eines Post- und Zollamts u. damit der Hauptort von Neumecklenburg (New Ireland). Der Ort, zu Beginn der Kolonialzeit noch Nusahafen genannt, wurde seit der Gründung der Regierungsstation (1900) nach der einheimischen Sied-lung in Käwiéng (präziser auch Käwiĕng geschrieben) umbenannt. Da im Englischen das deut-sche „w" als „v" ausgesprochen wird, wurde die Schreibweise von den Australiern in „Kavi-eng" geändert. Zum Ort vgl. Schnee, *Deutsches Kolonial-Lexikon* Bd. 2, 257.

35 Carl Ostrøm, genannt Charlie, vgl. Baumann/Klein/Apitzsch, *Biographisches Handbuch*, 345.

36 Etwa 20 km südlich von Käwieng gelegene Bucht, Huk (Landzunge) u. Reede mit Dorf an der Ostküste von Neumecklenburg/New Ireland; vgl. Reichs-Marine-Amt (Hg.), *Südsee-Hand-buch. II. Teil*, 140.

37 Eduard Macco (1869-1945), vgl. Baumann/Klein/Apitzsch, *Biographisches Handbuch*, 233-234.

ich sehr herzlich aufgenommen. Macco ist wieder ein ganz anderer Typ. In ihm verkörpert sich der feudale Pflanzer, der gern als Biedermann erscheint. Seine Frau ist auch Halbblut[38], und zwar nennt sie dreiviertel Europäerblut und ein Viertel edles Samoanerblut ihr eigen. In Deutschland würde man sie vielleicht für eine Spanierin halten.

Diese Halbblutfrauen sind meist von ihren Eheherren recht wohl erzogen und gesellschaftlich durchaus auf der Höhe. Hierbei kommt ihnen wohl auch das stark ausgeprägte Anpassungsvermögen, welches den Eingeborenen eigen ist, zustatten. Allerdings hat mir ein Europäer, der mit einer Halbblut verheiratet ist, im Vertrauen gesagt, dass noch jeder Europäer, der eine solche Ehe eingegangen ist, diesen Schritt bereut habe. Ich glaube aber, dass dafür nicht die Ehe als solche verantwortlich gemacht werden kann, sondern der Grund darin zu suchen ist, dass diese Halbblutfrauen meist nicht für voll angesehen werden. Ein weiterer Grund zur Reue sind die oft erschreckend dunklen Kinder, die aus solcher Ehe hervorgehen. Man darf aber den Männern, die eine solche Ehe eingegangen sind, keinen Vorwurf machen, sondern muss bedenken, dass es in diesem Land gänzlich an jungen Frauen fehlt[39]. Es ist noch gar nicht sehr lange her, dass man der bösen Malaria fast machtlos gegenüberstand und es ein großes Wagnis bedeutete, eine weiße Frau in die Tropen zu bringen. Jetzt wird das Bild sich langsam ändern. Immer mehr weiße Frauen kommen ins Land. Die dunklen Schönheiten mit ihren samtweichen Augen werden kaum noch einen weißen Gemahl finden.

Wie dem nun auch sei, ich fühle mich bei Maccos äußerst wohl. Ein im europäischen Sinn geführter Haushalt erscheint mir jetzt schon luxuriös. Also bin ich scheinbar doch schon ein wenig verwildert.

Das niedrige, langgestreckte Wohnhaus liegt mitten in einem herrlichen Park. Macco ist ein großer Gärtner vor dem Herrn. Auf großen Rondellen blühen üppig die Blumen der Südsee, sowohl wie die aus Australien und Europa durch Samen eingeführten Gewächse. Nun wurden mir auch die Kinder vorgeführt. Ellen, die Älteste, neunjährig, ist ein blasses Prinzesschen, das das Näschen sehr hoch trägt. Papa stellte nun die allen Siedlern sattsam bekannte Frage: „Ellen, wer bist du denn?" Darauf erfolgte die immer gleiche, piepsige Antwort: „Papas Liebling." Das zweite Töchterchen war Papas „Palmenkätzchen" und Robert, der Stolz der Familie, war auch irgendetwas. Also, mit dem Tropenkoller hat es schon seine Richtigkeit. Dieses ein wenig dick aufgetragene Getue gehört nun mal zu Macco, was aber nicht ausschließt, dass er sich über seine eigene Person lustig macht.

Nach dem Kaffeetrinken wurde im Garten eine Partie Krokett[40] gespielt. Auch zeigte Macco mit Stolz den wohlbestellten Pferdestall und die elegante Kutsche mit

---

38 Die *afakasi* Mary Macco, geb. Miller-Coe (1887-1970); vgl. ebd., 234.

39 Gemeint sind: Europäerinnen. Vgl. hierzu Livia Loosen, *Deutsche Frauen in den Südsee-Kolonien des Kaiserreichs. Alltag und Beziehungen zur indigenen Bevölkerung, 1884-1919*, Bielefeld 2014.

40 Heutige Schreibweise: Krocket (Croquet), ein Rasenspiel, das im ausgehenden 19. u. 20. Jahr-

Gummirädern. Den Abend verbrachten wir in einem dicht am Strand gelegenen Pavillon, wobei eine Bowle das Idyll verschönte. So lustig und nett soll es immer sein bei Maccos und werde ich gern einmal wieder vorsprechen. *Immer wieder fragte ich mich, warum wohl der Mann das Bedürfnis hat, solche Faxen zu machen. So sagte er stets, wenn Besuch zugegen war, ganz unmotiviert zu seiner Frau: „Mariechen, du Schaf!" All diese Redensarten sind unter den Ansiedlern fast sprichwörtlich geworden.*[41]

Fährt man etwa 20 km weiter in Richtung Kaewieng, kommt man nach der Pflanzung Kabelman[42], dem Sitz von C.A. Schulze[43], der Einfachheit halber allgemein C.A. genannt wird. Diese Abkürzung gefällt ihm nicht besonders, muss sie sich aber wohl oder übel gefallen lassen. Ich hatte schon viel von dem Knallprotz gehört, einen echten Falstaf[44], wie ich ihn noch nie besser auf der Bühne des Lebens gesehen habe. Auch auch Kabelman weiß man die Gastfreundschaft zu schätzen, doch vermisst man hier die Herzlichkeit. Dieser äußerst vornehme Herr, der sehr unter dem Namen Schulze leidet, nennt ebenfalls eine Halbblutfrau sein eigen. Obgleich sich die Frau großer Beliebtheit erfreut und einen weit besseren Charakter besitzt, als es bei ihrem hohen Herrn Gemahl der Fall ist, wäre er glücklich, wenn er diese Heirat ungeschehen machen könnte. Halbblut steht eben nicht mehr hoch im Kurs. Zu seinem Entsetzen ist nun gar bekannt geworden, dass Ansiedler, die mit Halbblutfrauen verheiratet sind, von den Offizieren der Kriegsschiffe nicht mehr eingeladen werden dürfen.[45] Das ist ein harter Schlag für Schulze, den er nicht so bald verwinden wird.

hundert v.a. von der französischen Bourgeoisie u. im englischen Bürgertum gerne gespielt wurde (im Deutschen Kaiserreich war es dagegen so gut wie unbekannt). Dabei werden mit einem hammerähnlichen Schläger Holzkugeln durch Reifen geschlagen. Das Spiel war auch deswegen besonders populär, weil es als einer der ersten Freizeitsporte die gleichberechtigte Teilnahme von Frauen ermöglichte. Es ist zu unterscheiden vom Kricket, das in den angelsächsischen Kolonien (im Pazifik als *Kilikiti* indigenisiert) gerne gespielt wurde u. in seiner europ. Variante Frauen ausschloß. Vgl. D. M. Prichard, *The history of Croquet*, London 1981.

41 Der kursiv gesetzte Abschnitt wurde dem Originaltext erst später hinzugefügt und fehlt in diesem.

42 Ort im nördlichen Neumecklenburg (New Ireland), heute Kableman (Ortschaft Kaplaman) an der Boluminski Highway gelegen, ca. sieben Kilometer südlich von Käwieng.

43 Curt Adolf Schultze, Aufseher der Firma Hernsheim auf der Pflanzung Lebrechtshof. Vgl. Baumann/Klein/Apitzsch, *Biographisches Handbuch*, 420. Dort angegebenes Todesdatum u. -ort müssen korrigiert werden: † 5. Mai 1930 Rabaul, 16.5. Umbettung des Leichnams nach Lebrechtshof. Da seine Frau, eine samoanische 'afakasi, die US-Staatsbürgerschaft besaß, wurde er nach Ende des Krieges nicht ausgewiesen.

44 Richtig Falstaff, eine Figur in verschiedenen Theaterstücken von William Shakespeare. Als Trunkenbold, Streithansel, wegen seiner enormen Leibesfülle und pompös-angeberischen Verhaltens wurde und wird die Figur gerne als Synonym für Menschen ähnlichen Charakters gebraucht. Vgl. Harold Bloom, *Falstaff. Give me life*, New York 1992 u. Abraham Leschtsch, *Der Humor Falstaffs*, Berlin 1912.

45 Von einer solchen „Anordnung" oder „Anweisung" ist ansonsten nichts bekannt; Hoffmann ist hierfür bislang die einzige Quelle. Historisch fügt sich eine solche aber ein in die zeitgenössische Kritik an sog. Rassenmischehen, die Wilhelm Solf seit seiner Ernennung zum

In wenigen Tagen wird C.A. die Kolonie verlassen, um sich für einige Monate in Deutschland von den geschäftlichen und gesellschaftlichen Strapazen zu erholen. Seine Frau und die beiden Kinder sind bereits abgereist und werden einen früheren Dampfer benützen. Scheinbar schämt sich Schulze seiner Familie und zieht es vor, allein zu reisen. Die sehr dunkle Gemahlin fährt mit den Kindern zweiter Klasse, er aber bevorzugt die erste Klasse. Man weiß nicht, wen man mehr bedauern soll, die Frau oder den Mann. Diese kleine Familientragödie berichte ich nur im Zuge der Frage der Rassenmischung.

Kaewieng ist eine kleine, aber sehr nette Ortschaft, in der etwa 25 Europäer leben. Der herrliche Naturhafen gab wohl den Anlass dazu, hier eine größere Niederlassung zu gründen. Die Holzhäuser der Ansiedler erscheinen wie eine Musterkollektion auf einer Ausstellung deutscher Holzbaukunst. Selbst ein sehr schönes Hotel ist vorhanden, das in der Hauptsache vom Durchgangsverkehr existiert. Hier gibt es sogar weiße Frauen, aber noch immer keine jungen Mädchen. Um dem Mangel abzuhelfen, muss erst die junge Generation heranwachsen oder Auswahlsendung aus Europa eintreffen.

20.5.12

Zu Pfingsten unternimmt der Deutsche mit Vorliebe einen Ausflug. Dieser schöne Brauch wurde auch in der Südsee gerne ausgeübt. Konrad und ich hatten uns verabredet, einen befreundeten Pflanzer namens Ernst[46], der einsam und verlassen auf der Insel Djaul[47] sitzt, zu besuchen. Diese Insel ist der Westküste Neu-Mecklenburgs vorgelagert. Um die Westküste zu erreichen, mussten wir das Boluminski-Gebirge[48] übersteigen. Von Konrads Pflanzung aus führt der Pfad steil aufsteigend ins Gebirge. Wir wollten versuchen, die Berge hoch zu Ross zu überwinden, was angeblich

Staatssekretär (d.h. faktisch Minister) des Reichskolonialamts am 20.12.1911 forcierte; vgl. Frank Becker (Hg.), *Rassenmischehen – Mischlinge – Rassentrennung. Zur Politik der Rasse im deutschen Kaiserreich*, Stuttgart 2004.

46 Edgar Ernst, ehemaliger Polizeimeister von Herbertshöhe, spätestens ab 1911 eigene Pflanzung Djaul in Neumecklenburg; vgl. Baumann/Klein/Apitzsch, *Biographisches Handbuch*, 92.

47 Insel im Nordwesten von Neumecklenburg (New Ireland) mit dem einzigen Hafen an der Nordküste, der vor dem Ersten Weltkrieg Schiffen das Einlaufen zu jeder Tageszeit ermöglichte. Höchste Erhebung ist der 78 m hohe Mt. Bendemann, benannt nach dem Chef (1899) des Admiralstabs der kaiserlichen Marine, Felix Bendemann (18848-1915), ein Sachse, der 1874-1876 Teilnehmer der Expedition der *Gazelle* gewesen war; vgl. Sapper in Schnee (Hg.), *Deutsches Kolonial-Lexikon*, Bd. 1, 469 u. v.a. Reichs-Marine-Amt (Hg.), *Südsee-Handbuch. II. Teil*, 126-128.

48 Hier verwechselt der Autor den Namen. Gemeint ist ziemlich sicher das Schleinitz-Gebirge (heute Schleinitz range), ein bis zu 1.481 m aufsteigender Bergrücken, der ziemlich genau die Mitte Neumecklenburgs (New Irelands) durchschneidet; benannt nach Georg Frhr. v. Schleinitz (1834-1910), dem Kapitän der *Gazelle* u. erstem Landeshauptmann der Neuguinea-Kompagnie (1886-1888); vgl. Schnee (Hg.)., *Deutsches Kolonial-Lexikon*, Bd. 3, 299

nicht möglich sein sollte. Ein ganzes Gefolge hatte sich uns angeschlossen. Lotte und Anton waren natürlich auch mit von der Partie. Etliche meiner Arbeiter baten, sich uns anschließen zu dürfen, um hier Angehörige zu besuchen. Die Hausboys trugen unsere Koffer, die die unvermeidlichen weißen Anzüge und Wäsche enthielten. Den Schluss bildeten die Pferdejungen. Schwarz und Weiß waren in denkbar bester Stimmung. Scherzworte flogen hin und her. Der Weg führte durch Grasfelder, die aber bald von dichtem Urwald abgelöst wurden. Lustig kreischten bunte Papageien, und der Lederkopf[49] rief sein „Kau-Kau". Tief aus dem Busch drang dumpf das Tut-Tut der Paradieselstern[50].

Jetzt begann der Aufstieg. Das Sattelzeug knarrte, und die Rücken der Pferde spannten sich. Wir legten uns weit vornüber, den Tieren die Last zu erleichtern. Da der Pfad über die niedrigste Erhöhung des Gebirges führte, und weit besser war, als wir zu hoffen wagten, erreichten wir bald den Kamm. Von hier aus bot sich uns nach Osten wie nach Westen eine herrliche Fernsicht. Nach beiden Seiten sahen wir tief unter uns die See liegen, in der sich die Morgensonne wie eine schöne Frau spiegelte. Die Insel Djaul, unser Ziel, war deutlich zu erkennen. Der Abstieg gestaltete sich weit schwieriger als der Aufstieg. Oft rutschten die Pferde den abschüssigen Pfad auf dem Hinterteil hinab. Doch gelangten wir ohne Zwischenfall wohlbehalten an die Westküste. Es war verabredet, dass uns hier ein Segelboot von Freund Ernst erwarten sollte, mit dem wir nach Djaul übersetzen wollten. Die Pferde wurden in einem nahegelegenen Eingeborenendorf untergebracht, um hier, von Pferdejungen betreut, auf unsere Rückkehr zu warten.

Das Boot lag bereits vor Anker, und bestiegen wir mit Gefolge das Fahrzeug. Jetzt hätte die Fahrt beginnen können, wenn – ja, wenn wir Wind gehabt hätten. Die See war ruhig wie Öl. Kein Lüftchen regte sich. Die Sonne brannte unbarmherzig, und der Wasserspiegel warf die Strahlen und die Hitze zurück. Die Augen brannten

---

49 Gemeint ist wahrscheinlich weniger der Papua-Lederkopf (*philemon novaeguineae*), vgl. Meyer, *Vögel Bismarckarchipel*, 23 (dort unter „Weckvögel" u. mit dem indigenen Namen *Kau*) als der damals vor allem in den Bergwäldern Süd-Neu-Mecklenburgs nachgewiesene bräunliche Eichhorn- bzw. Neuirland-Lederkopf (*philemon eichhorni*; ebd.), Singvögel, die zur Gattung der Lederköpfe (*philemon*; Englisch: friarbird) und der Familie der Honigfresser (*meliphagidae*) gehören. Siehe auch Ernst Mayr, *List of New Guinea birds. A systematic and faunal list of the birds of New Guinea and adjacent islands*, New York 1941, 190ff u. Bruce M. Beehler / Thane K. Pratt, *Birds of New Guinea. Distribution, taxonomy and systematics*, Princeton 2016, 297-298.

50 Paradieselstern (*astrapia*) sind eine zur Familie der Paradiesvögel gehörende eigene Gattung. Von den heute bekannten fünf Arten soll keine im Bismarckarchipel, schon gar nicht auf New Ireland vorkommen. Sie fehlen deshalb auch bei Meyer, *Vögel Bismarckarchipel*. Auch paßt der Laut „Tut-Tut", den Hoffmann beschreibt, zu keiner der bekannten Arten. Allerdings sind die Paradieselstern auch gegenwärtig noch relativ schlecht erforscht. Entweder hat der Autor eine bislang unbekannte Art der Paradieselstern gehört, die mittlerweile ausgestorben oder noch nicht taxonomisch erfasst ist oder er hat den Laut einer anderen Vogelart missinterpretiert. Der vom Autor beschriebene Ruf erinnert an den der Prachtfruchttaube (*ptilinopus superbus*), indigen *Buna* genannt; vgl. Meyer, *Vögel Bismarckarchipel*, 13.

und stellte sich ein Gefühl tiefsten Missbehagens ein. Wir forderten die Bootsleute zum Rudern auf. Da aber die Sonne den Schwarzen nicht viel ausmacht und sie gottergebene Charaktere sind, können sie nicht begreifen, warum der Weiße es immer so eilig hat. Einmal wird der Wind schon wieder einsetzen.

Djaul liegt 16 Seemeilen von der Küste entfernt und ist bei günstigem Wind in drei Stunden zu erreichen. Aber es war eben kein Wind da. Die Segel hingen schlaff in den Bäumen. Ritsch, ratsch, quietschten die Gaffeln am Mast. Wir machten Fahrt wie die Fliegen in der Buttermilch. Die Bootsleute verloren die Lust an ihrem stolzen Handwerk und zogen die Riemen (Ruder) ein. Die Hitze wurde fast unerträglich, und die Pfingststimmung sank unter Null. Wir dösten stundenlang, und die Schwarzen sangen eintönige Lieder. Plötzlich kam Leben in die Gesellschaft. Sie holten ihre Tritonmuscheln hervor, auf denen sie ein schauriges Konzert veranstalteten. Sie riefen den Wind. Von der Zweckmäßigkeit ihres Tuns sind sie fest überzeugt. Aber sie tuten nicht eher auf ihren Muscheln, bevor sie nicht an anderen Merkmalen erkannt haben, dass Wind zu erwarten sei. Das Boot holte weit über, und die Segel fingen Wind. Gott sei Dank, wir machten Fahrt. Leider war der Wind nicht sehr günstig. Er kam aus Nordwest, also spitz von vorn. Da hieß es nun hart am Wind kreuzen. Bald nahm der Wind an Heftigkeit zu, und die See ging bedenklich hoch. Es setzte auch noch ein gewaltiger Regen ein und durchnässte uns im Augenblick bis auf die Haut. Alles hat ein Ende, auch diese Bootsfahrt. Gegen neun Uhr abends landeten wir auf Djaul. Freund Ernst, der bereits in Sorge um uns war, begrüßte uns herzlich.

Ein warmes Bad und ein tüchtiger Grog ließen uns bald alle Unbill der Überfahrt vergessen. Auf der Veranda des gemütlichen Hauses war bereits der Tisch gedeckt, und bald vereinigte uns ein kräftiges Mahl. Da es ein kühler Abend war, blieben wir bei Grog, einem Getränk, welches wegen seiner schweißtreibenden Wirkung in den Tropen nicht oft genossen wird. Ernst, der seit Monaten seine Insel nicht verlassen hatte, war sehr wissbegierig. Wir hatten eine tüchtige Mütze voll Buschklatsch mitgebracht und konnten mit vielen Neuigkeiten dienen. Da wir beiden Besucher rechtschaffen müde waren, gingen wir verhältnismäßig zeitig schlafen. Den nächsten Morgen vereinigten wir uns am wohlbesetzten Frühstückstisch. Ernst, der ein großer Feinschmecker ist, fragte, welche Vorschläge wir hinsichtlich des Dinners zu machen hätten. Wir einigten uns auf einen Truthahn. Ein feister Kerl wurde ausgesucht, den auch der Hausboy sofort seines stolzen Hauptes beraubte. Da man mir sowie meiner „Hausdame" nachrühmte, gut kochen zu können, wurden wir beide einstimmig dazu verurteilt, die Zubereitung des Puters zu übernehmen. Um etwas Besonderes auf den Tisch zu bringen, beschloss ich, den Puter zu füllen. Herz, Leber und etwas Fleisch wurden durch den Wolf gedreht. Auch die nötigen Gewürze fehlten nicht. Nur Mandeln, die meiner Ansicht nach in die Füllung gehörten, waren nicht vorhanden. Pünktlich war das Menü fertig, und in gehobener Stimmung nahmen wir an der Festtafel Platz. Einige Flaschen Rheinwein standen bereit, das Fest zu verschönen. Bereits bei der Suppe wurde mir Anerkennung gezollt. Konrad fragte mich in plumper Vertraulichkeit, warum ich denn nicht Koch geworden sei. Na dann Prost! Wir tranken auf ein frohes Pfingstfest und weihten auch der Heimat ein Glas.

Auf einem riesigen Teller, sinnig garniert, erschien nun herrlich duftend der edle Vogel, ein Meisterwerk deutscher Kochkunst. Ernst ergriff Schwert und Spieß und zerteilte den Riesen. Das schöne Tischtuch färbte sich in der Nähe des Bratentellers leicht bräunlich. „Sagen Sie mal", fragte Ernst, „es waren doch keine Mandeln zu finden, und doch schmeckt die Füllung stark nach Mandeln." Merkwürdig, mir war das auch schon aufgefallen. Wie Konrad auch anfing, von starkem Mandelgeschmack zu faseln, erinnerte ich ihn freundlich an seine in Sattelseife gebratene Ente. Da schwieg er fein still. Der Mandelgeschmack wurde immer stärker, ich möchte sagen aufdringlicher. Hier stimmte wirklich etwas nicht.

Den Kaffee und einen guten Schnaps nahmen wir auf der Veranda. Um behaglich zu genießen, legten wir uns in die Liegestühle, brannten die geliebte Zigarette an und waren mit unseren Leistungen zufrieden. Die Luft flimmerte vor Hitze, und schläfrig zog sich die Unterhaltung hin. „Da habe ich einen feinen Witz gelesen", unterbrach Konrad die Gesprächspause. „Eine junge Dame sitzt in einem Park auf einer Bank. Ein Herr setzt sich neben sie." Hier brach Konrad seine Erzählung ab, rollte mit den Augen, schießt wie eine Rakete aus dem Stuhl hoch, wurde blass und verschwand wortlos. Na nu, was fehlt denn dem, wollte ich eben fragen. Da springt auch Ernst hoch, sagt etwas vom Magen und lässt mich allein. Aber auch mich verschonte das Schicksal nicht, und so schlug ich ebenfalls den Weg nach dem kleinen Häuschen ein, welches etwa 100 Meter vom Wohnhaus entfernt in stiller Einsamkeit stand. Vor dem Häuschen stand Ernst, den Gürtel in der Hand. Er bat und lockte, Konrad solle herauskommen und ihm den so heiß ersehnten Platz überlassen. Aber Konrad kam nicht. Er schimpfte und behauptete, vergiftet worden zu sein. Ich aber schlug mich traurig in die Büsche. Auf langes Warten war ich nicht eingestellt. Wie ich zurückkam, lagen meine Freunde matt in den Liegestühlen, aber leider nie lange.

Gegen Abend wurde uns etwas besser, und nun versuchten wir, der Sache auf den Grund zu kommen. Wie Detektive gingen wir den Spuren nach. Alle Gefäße und Kochtöpfe wurden untersucht. Es war aber nichts zu finden. Der Koch nahm gerade die Fleischhackmaschine auseinander, um sie zu reinigen. Wie Raubtiere berochen wir diese, und siehe da, die Maschine roch stark nach Mandeln. Jetzt waren wir der Sache schon näher gekommen. Nach eingehendem Verhör stellte es sich heraus, dass der Koch, um die Maschine zu reinigen, einfach ein Stück Mandelseife, das er in der Küche fand, durch den Wolf gedreht, aber vergessen hatte, selbe danach auszuspülen. Damit war der Knoten gelöst, und wir wussten nun, dass es sich nicht um einen Anschlag auf unser Leben handelte. Der Tag wurde mit einer mächtigen Bowle beschlossen.

Den nächsten Morgen tollten wir mit unseren Hunden an dem herrlichen Badestrand herum und ersäuften sämtliche Kater in den Brandungswellen. Dann führte uns Ernst durch die Pflanzung und zeigte uns voller Stolz, was er bis jetzt geschaffen hatte. Gar üppig sprossten die jungen Kokospalmen. Aus schwerem Urwald wurde hier ein Werk geschaffen, welches später der Heimat die wichtigen Rohprodukte liefern sollte. Viel Spaß machte uns die große Ziegenherde, die sich ohne jede Mühe immer weiter vergrößerte. Auch die Schweine, die ebenfalls frei herumliefen und einen wichtigen Faktor für die Arbeiterverpflegung darstellten, gediehen ausgezeichnet. Viel Land lag noch brach und wartete der Bearbeitung. Trotz der drückenden Einsamkeit und den vielen Schwierigkeiten verlieren die Pflanzer den Mut nicht und schaffen zielbewusst Werke für die Zukunft. Anderntags früh zeitig nahmen wir herzlich Abschied. Freund Erst musste uns noch versprechen, unseren Besuch zu erwidern. Wir drei Getreuen wurden uns einig, das kommende Weihnachtsfest bei mir in Fissoa zu verleben. Die Heimfahrt ging glatt vonstatten. Neptun war uns gnädig und blies aus der richtigen Ecke. An der Westküste gelandet, bestiegen wir unsere Pferde, die inzwischen von dem guten Futter und der ungestörten Ruhe recht übermütig geworden waren. Nun ging es heim, der alltäglichen Arbeit entgegen.

1.6.1912

Es ist oft sehr schwer, dem Zweck so mancher Sitten und Gebräuche der Eingeborenen auf den Grund zu kommen, zumal diese Leute nicht in der Lage sind oder nicht wollen, dem Europäer eine erschöpfende Auskunft zu geben. Fragt man sie, warum sie dies oder jenes tun, so antworten sie meist lachend, das sei eben Sitte. An der Grenze der Pflanzung Fissoa liegt ein Eingeborenendorf gleichen Namens. Dort sah ich neulich, wie eine Menge Leute ziemlich umfangreiche, etwa vier Meter hohe, aus Palmwedeln geflochtene Wände aufstellten. Auf meine Frage hin, wozu diese Einzäunung dienen solle, erhielt ich die Antwort, dass hier Kinder eingesperrt würden, und zwar solche, die tabu seien. Das Wort „tabu" bedeutet hier das gleiche wie in unserem Sprachgebrauch - heilig, unantastbar[51]. Dieser Vorgang interessierte mich sehr, und wollte ich gern Näheres darüber erfahren. Da erklärte mir der Häuptling, dass die Mädchen, um solche handelte es sich hier, in diese hohe Einfriedung eingesperrt würden und allen Bewohnern auf zehn Monate unsichtbar bleiben. Nach dieser Zeit richte man ein Fest, und werden dann die Mädchen, die unterdessen sehr groß und schön geworden seien und eine helle Hautfarbe bekommen haben, in Freiheit gesetzt. Scheinbar handelt es sich hier um einen Kult der Geschlechtsreife.[52] Die armen Dinger, die zehn Monate Haft vor sich hatten, taten mir in der Seele leid.

---

[51] *Tabu*, eigentlich *tapu*, ist aus dem Gebrauch verschiedener Südseesprachen ins Deutsche und alle europäischen Sprachen (*tabu*: Albanisch, Dänisch, Finnisch, Kroatisch, Polnisch, Portugiesisch, Rumänisch, Schwedisch, Slowakisch, Slowenisch, Tschechisch, Ungarisch; auch Türkisch; *tabù* ital., tabú span.; *Табу* russ.; taboe nl., tabou frz., taboo engl.) eingegangen und so „indigenisiert", dass es – wie beim, Autor erkenntlich, kaum noch als Fremdwort erkenntlich ist. Es bedeutete überall in der Südsee „Verbot", „Halt, bis hierhin und nicht weiter!"; absolut „verboten" (oft mit ritueller oder religiöser Konnotation). Vgl. den Beitrag „Tapu" von Hermann Mückler in: Hiery (Hg.), *Lexikon zur Überseegeschichte*, 791. In Papua-Neuguinea bedeutet, davon abgeleitet, *tambu* in Tok Pisin: Verwandter, jemand, mit dem kein Sexualverkehr erlaubt ist, weil sonst Inzest vorliegt.

[52] Offenbar ein Initiationsritus zur Geschlechtsreife der Mädchen. Ähnliche Abschließungen von Mädchen vor der Initiation sind aus anderen Teilen Neuguineas und von anderen Ethnien bekannt. Zeitgenössisch vgl. etwa die Beobachtungen von Elisabeth Krämer-Bannow, *Bei kunstsinnigen Kannibalen der Südsee. Wanderungen auf Neu-Mecklenburg 1908-1909*, Berlin

10.7.1912

Vor einigen Tagen fuhr ich mit Eingeborenen auf die Haifischjagd, wobei sich mir ein äußerst interessantes Erlebnis bot. Wir rückten mit zwei Kanus aus, um so eine Meereshyäne zu erlegen. Vor der Abfahrt wurden mir Verhaltungsmaßregeln gegeben. Vor allen Dingen legte man mir ans Herz, während der Jagd kein Wort zu sprechen, was ich auch gelobte. An Fangwerkzeugen führten die Leute ein großes Holzinstrument mit sich, welches dem Propeller eines Flugzeuges ähnlich war. In der Mitte dieses Apparates befand sich eine starke, aus Rotang[53] gefertigte Zugschlinge. Ferner gehörte zu den Fanggeräten eine Klapper, die aus einem kreisrund gebogenen Rohrstock bestand, auf dem durchlöcherte Muscheln aufgezogen waren. Vorläufig war es mir noch völlig schleierhaft, wie man mit diesen Utensilien Haie fangen wollte. Nach einer halbstündigen flotten Fahrt wurde das Tempo stark vermindert, und hielt nun der Häuptling, aufrechtstehend, nach dem gesuchten Wild Ausschau. Das alles ging völlig schweigsam vor sich, und verständigten sich die Leute nur mit Blicken. In etwa 200 Meter Entfernung tauchte die bekannte und gefürchtete Dreiecksflosse auf. Hai in Sicht! Jetzt ließ der Häuptling die Kanus stoppen, und wurde unter peinlicher Vermeidung von Geräusch der Propeller zu Wasser gebracht. Ein Mann nahm die Klapper zur Hand und begann erst leise, dann aber immer lauter damit zu klappern. Die übrigen Leute setzten mit einem ganz merkwürdigen, eintönigen Gesang ein. Dieses Spiel währte etwa eine viertel Stunde, und stiegen mir Zweifel auf, dass auf diese Art je ein Hai gefangen worden sei. Plötzlich tauchte dicht an unserem Kanu ein Hai auf, um schnellstens wieder zu verschwinden. Während die Leute unentwegt sangen und die Klapper rührten, ereignete sich nach kurzer Zeit das Gleiche. Der Hai erschien in immer kürzeren Abständen und umschwamm langsam die Kanus. Dieses merkwürdige Spiel war höchst aufregend. Nun lag der Hai still und zwar dicht an der Oberfläche. Die Kerle sangen und klapperten geradezu verführerisch. So wurde der Hai immer näher und näher an den schwimmenden Propeller gelockt.

Jetzt geschah das Tollste. Die Leute lenkten mit der Klapper den Hai ganz nach ihrem Wunsch und brachten ihn nach und nach der Zugschlinge des Propellers immer näher. Hier stutzte der Bursche ein wenig, aber die Klapper lockte gar so schön.

1916, 216, über die Absperrung vor der Mädchenweihe im Bergdorf Buä-Mamáu (mittleres Neu-Mecklenburg), damit sie „dort bleichen und fett werden sollten". Vgl. auch ebd., 247, u. Brenda Johnson Clay, *Unstable Images. Colonial Discourse on New Ireland, Papua New Guinea, 1875-1935*, Honolulu 2005, 46 u. 227, über frühe Beobachtungen methodistischer Missionare. Die Arbeit ist allerdings mit ihren überheblich-zeitgeistabhängigen Kommentaren auch bezeichnend für eine gewisse Tendenz aktueller ethnologischer „Wissenschaft". Verschiedene Aspekte weiblicher Initiationsriten auf dem „Festland" Neguineas behandelt sehr viel ausgewogener der von Nancy C. Lutkehaus u. Paul B. Roscoe herausgegebene Sammelband *Gender Rituals. Female Initiation in Melanesia*, New York 1995.

53 Rotan, heute häufig als Rattan bezeichnet, eine Liane (Schlingpalme); vgl. Volkens in: Schnee (Hg.), *Deutsches Kolonial-Lexikon*, Bd. 3, 183-184, mit dem Verweis auf zwei zeitgenössische Kolonialartikel in der Zeitschrift *Der Tropenpflanzer. Zeitschrift für tropische Landwirtschaft*.

So unglaublich es erscheinen mag, der Hai wurde mit dem Kopf durch die Schlinge gelockt. Ich beobachtete starr diese Vorgänge. Plötzlich stießen die Schwarzen ein wildes Geschrei aus und schlugen mit den Paddeln aufs Wasser. Der Hai war samt dem Propeller verschwunden. Jetzt kam Leben in die Jäger, und begann nun die eigentliche Jagd auf das Wild. Pfeilschnell schossen die Kanus in der Richtung dahin, in welcher der Hai, dem die Zugschlinge hinter den Kiemen lag, auftauchte. Rasend vor Angst stieß er in die Tiefe, um im nächsten Moment wie ein Rennboot über die Oberfläche des Wassers zu schießen. Die Abstände, in denen der Hai auftauchte, wurden immer kürzer. Als der Kopf des Hais dicht an einem der Kanus über Wasser erschien, ergriffen die Insulaner die schweren Eisenholzkeulen, die sie zu diesem Zweck mitführten, und schlugen damit den Meeresräuber derart unsanft auf den Schädel, dass er, geschwächt wie er bereits war, bald seine finstere Seele aushauchte. Die Jäger aber trauten dem Frieden noch lange nicht und ließen erst noch eine Zeit vergehen, um gewiss zu sein, dass das niedliche Fischlein auch wirklich tot sei. Unter lautem Jubel wurde die Schlinge gelöst und der etwa 250 Zentimeter lange Hai ins Schlepptau genommen. Jetzt wurde mir auch die Technik des Propellers klar. Sowie der gefangene Hai taucht, dreht sich durch den Widerstand des Wassers der Propeller und schnürt dem Hai mit der Schlinge die Kiemen zu. Die Flügel des Propellers sind nach zwei Seiten abgeflacht, so dass sie genau wie eine Schiffsschraube, aber im umgekehrten Sinne, wirken. Es ist dies wohl die raffinierteste Art, einen Hai zu fangen, die sich je Menschen ersonnen haben. Die Hauptbedingungen dabei sind: gänzlich ruhige See, Sachkenntnis und Beherrschung. Bei dem geringsten Fehler, der gemacht wird, verabschiedet sich der Hai auf Nimmerwiedersehen. Das System ist auf die unglaubliche Neugier dieser Bestien aufgebaut und ist anzunehmen, dass diesen das Klappern als höchst angenehmes Geräusch erscheint. Ob das Singen der Eingeborenen auch zum Gelingen der Jagd beiträgt, ist schwer zu sagen. Vielleicht ist der Hai gar musikalisch. Wie das Tier in die Schlinge gelockt wurde, hatte ich das Gefühl, dass es sich in einem suggestiven Zustand befand.

Im Dorfe angekommen, herrschte große Freude, gilt doch das Fleisch des Hais als besondere Delikatesse. Auch wurde mir nun verraten, dass man anlässlich meiner Beteiligung an der Jagd Zweifel gehegt hatte, dass der Fang gelingen würde. Man war sich darüber unklar, wie sich der Hai in Gegenwart eines Weißen benehmen würde. Unter Lachen und Scherzen zerlegte man den fetten Kerl und packte die Stücke in Bananenblätter und röstete sie zwischen heißen Steinen. Mitgegangen, mitgefangen – ich musste nun auch mitessen und kann nur sagen, dass auf diese Art zubereitetes Haifleisch ausgezeichnet schmeckt. Vier Stunden hatte die Jagd in Anspruch genommen. Für mich wird dieses interessante Erlebnis stets eine schöne Erinnerung bleiben.

30.9.1912

Des Lebens ungemischte Freude wird keinem Irdischen zuteil[54]. Diese alte Weisheit musste ich am eigenen Leibe erfahren. Die Siar kam wieder einmal nach Fissoa, brachte Ladung, nahm Kopra und hatte sogar ein Reitpferd an Bord, dessen Landung höchst einfach vor sich ging. Man warf es wie einen alten Sack über Bord. Es tauchte tief unter, kam schnaubend wieder hoch und fing an zu schwimmen. Vom Schiff wollte das Pferdchen nichts mehr wissen, also schwamm es an Land. Das war auch der Zweck der Übung. Oh, wäre dieses Unglücksvieh doch ersoffen oder vom größten Hai, der je in der Südsee herumplätscherte, verschlungen worden!

Es war merkwürdig, dass mir die Firma ein Pferd schickte, obgleich ich gar keines angefordert hatte. In einem Schreiben teilte mir meine Firma mit, dass das Pferd „Lausbub" zu meiner Verfügung nach Fissoa überwiesen werde. Es sei sechs Jahre alt und nur als Reitpferd zu verwenden. Also hatte ich noch ein Pferd mehr. Den nächsten Morgen ließ ich das edle Tier satteln, um in die Pflanzung zu reiten. Wie ich aufsitzen wollte, tanzte der „Lausbub" eine launische Polka. Um sich meiner Sympathie zu versichern, biss er nach mir. Die Dichter behaupten, dass sich die Seele des Pferdes in seinen Augen spiegelt. Aber in diesen Augen lag keine Seele, sondern Irrsinn. „Lausbub" ging tadellos unter dem Sattel. Scheinbar hatte ihn ein guter Reiter in der Hand gehabt.

Einige Tage später kam mir der Gedanke, „Lausbub" versuchsweise in den Wagen zu spannen. Dieser Gedanke nahm, trotz der Bedenken, die ich dagegen hegte, gewissermaßen zwingende Gewalt an. Ich gab den Befehl, „Lausbub" zu schirren. Mein Pferdejunge äußerte dagegen Bedenken und behauptete, dass das Pferd heimtückisch wie ein Krokodil sei und sicher den Wagen kaputtschlagen würde. Dies alles hielt mich aber leider von meinem Vorsatz nicht ab. Das schöne Tier stand vorzüglich im Dogcart. Da ich aber doch etwas vorsichtig war, ließ ich das Pferd an zwei Riemen führen. Eine Weile ging alles recht gut, bis von einer hohen Palme ein trockener Wedel herabfiel, der das Pferd auf die Hinterhand traf. Was nun kam, spielte sich so ungeheuer schnell ab, dass ich Einzelheiten gar nicht erfassen konnte. Das Pferd bäumte steil auf, so dass die Pferdejungen entsetzt zur Seite sprangen und ging regelrecht durch, wobei der leichte Dogcart mit einem Rad gegen eine Palme schlug. Durch den Anprall wurde ich vom Sitz geschleudert und geriet unglückseligerweise mit dem linken Bein zwischen die Speichen eines Rades. Ehe ich mich aus der schlimmen Lage befreien konnte, brach das Pferd seitwärts aus, wodurch der Wagen freikam. Die Knochen des linken Unterschenkels brachen wie Zaunlatten. Mit dem Kopf schlug ich schwer auf und war für längere Zeit besinnungslos. Meine Schwarzen waren ratlos und wussten nicht, wie mir zu helfen sei. Auf einem Stück Segeltuch gebettet ließ ich mich nach Hause tragen, ein Transport, der nur zehn Minuten in Anspruch nahm, den ich aber voraussichtlich Zeit meines Lebens nicht vergessen werde. Die Hose musste aufgeschnitten werden, und sah ich nun, dass das Bein drei-

54 Vgl. S. 3, Anm. 4.

mal gebrochen war. Der mittlere Bruch war kompliziert, und spießte der Knochen zwei Zentimeter durch das Fleisch. Das war ein grauenhafter Anblick. Jetzt hieß es handeln. Da der Wagen zertrümmert war, blieb nichts anderes übrig, als einen berittenen Boten zu Konrad zu schicken, der ihm die Hiobsbotschaft überbringen und ihn bitten sollte, schnellstens mir zu Hilfe zu kommen. Ferner gab ich dem Boten einen Brief mit, in dem ich alle Ansiedler bat, dem Überbringer von Station zu Station ein Pferd zu geben, damit er möglichst schnell nach Kaewieng komme, um dort den stationierten Arzt zu benachrichtigen. Es war eine unbeschreibliche Qual, in meinem Zustand Briefe zu schreiben und richtig zu disponieren.

Zu allem Unheil befand sich der Arzt auf einer Dienstreise, und verzögerte sich seine Ankunft dadurch um volle acht Tage. Konrad und Costantini trafen noch in derselben Nacht ein. Ich bat Konrad, durch starkes Ziehen am Fuß das Bein einigermaßen zu richten. Er versuchte zu tun, um was ich ihn bat, versagte dabei aber völlig. Der starke Marinemann wurde ohnmächtig und hielt sich dabei an meinem gebrochenen Bein fest. Anton, der bessere Nerven hatte, brachte das Kunststück fertig. Was ich dabei ausgestanden habe, will ich nicht schildern. Der chinesische Zimmermann musste nach meinen Angaben eine Schiene zimmern, in die das Bein gebettet wurde. Acht lange Tage und noch viel längere Nächte habe ich ohne ärztliche Hilfe zugebracht. Das verletzte Bein kühlte ich ununterbrochen mit essigsaurer Tonerde. Wie endlich der Arzt eintraf, war er der Ansicht, dass diese Behandlung mir das Bein, vielleicht auch das Leben gerettet habe.

Da sich bereits Callus[55] gebildet hatte und die Knochenteile verlagert waren, mussten diese auseinandergerissen und gerichtet werden - und das alles ohne Narkose. Leider wurde ich dabei nicht ohnmächtig. Glücklicherweise war die durch den Knochen verletzte Stelle bereits verheilt, so dass beim Anlegen des Heftpflasterverbandes darauf keine Rücksicht genommen werden brauchte. Solch ein Heftpflasterverband ist in den Tropen einem Gipsverband unbedingt vorzuziehen. Neun Wochen lag ich im Streckverband. Es stand mir lediglich die Hilfe meines schwarzen Hauspersonals zur Verfügung, und werde ich Lotte und Anton für ihre treue Pflege ewig dankbar sein. Die einzige Abwechslung, die sich mir in dieser trostlosen Zeit bot und auf die ich mich die ganze Woche freute, waren die Sonnabend-Sonntag-Besuche der Nachbarn. Es war unsagbar qualvoll, in der Tropenhitze so lange zu Bett liegen zu müssen, und zwar immer nur auf dem Rücken, während an dem kranken Bein schwere Gewichte hingen.

---

55 Lateinisch *callum* (n.) u. *callus* (m.): Verhärtung, verhärtete Haut, Schwiele. Gemeint ist hier ein Knochengeschwulst, das sich an der Bruchstelle neu herausbildet, früher auch Knochenwucher genannt. Vgl. den zeitgenössischen Stand der Medizin: Werner Magnus, „Wund-Callus und Bakterien-Tumore", in: *Berichte der Deutschen Botanischen Gesellschaft* 36 (1918), 20-29.

6.11.1912

Ich hatte meine Firma von dem Unglücksfall in Kenntnis gesetzt und gebeten, mir einen Herrn zu schicken, der mich im Betrieb vertreten solle. Die Vertretung traf bald ein. Mein alter Freund Schimmelpfennig, der seines Aushilfspostens auf der Siar enthoben wurde, kam mit dem Auftrag nach hier, mich bis zu meiner vollen Genesung zu vertreten. Das Schicksal führt uns beide immer wieder zusammen. Der arme Bienenstich tut mir wirklich leid. Immer und überall ist er die Aushilfe, der Notnagel. Da er kein Patent besitzt, kann er als Seemann nicht viel werden. Hinsichtlich seines zweiten Berufes als Förster eignet er sich als Pflanzer ausgezeichnet. Das nutzt ihm aber alles nichts, Schimmelpfennig ist und bleibt Seemann und Pflanzer der R[eserve]. Jetzt ist es mir schon möglich, ein wenig zu gehen und noch besser zu reiten, so dass ich mich auch selbst wieder um den Betrieb kümmern kann. Leider habe ich durch das lange Liegen ziemlich stark Fett angesetzt, worüber ich mich gar nicht freue. Schimmelpfennig und ich fahren jeden Abend nach dem Fissoa-Fluss zum Baden. Das Schwimmen tut meiner gebrochenen Haxe recht wohl, auch hoffe ich, dadurch etwas Fett zu verlieren. Nur auf Krokodiljagd gehe ich mit Bienenstich nicht wieder, da ich keine Lust habe, noch einmal ein Bein zu riskieren.

12.11.1912

Auf einer Handelstour, die Schimmelpfennig und ich unternahmen, erlebten wir einen netten Scherz. Unweit des Dorfes Liba[56] mündet ein schöner, klarer Fluss in die See. Hier hatten wir das Bedürfnis zu baden. Vorsichtshalber fragten wir den Häuptling, ob in dem Fluss Krokodile vorhanden seien. Er versicherte uns, dass es hier an der Mündung keine Krokodile gebe. Nachdem wir uns lange im Wasser getummelt hatten und uns zur Abfahrt rüsteten, fragte Schimmelpfennig so ganz beiläufig den Häuptling, wie es denn käme, dass gerade hier an der Mündung keine Krokodile anzutreffen seien. Die Antwort, die wir bekamen, wirkte sehr beruhigend. Der Häuptling sagte gelassen: „Hier an der Mündung gibt es sehr viele Haie - und vor denen haben die Krokodile Angst."

9.12.1912

Gestern ist Schimmelpfennig nach Rabaul zurückgefahren, und lebe ich nun wieder allein auf Schloss Fissoa. Mein Bein muss ich noch sehr schonen und bin gänzlich auf die Pferde angewiesen.

---

56 Unklar, welcher Ort gemeint ist. Vielleicht Libe(r)ba(r) in der Landschaft Konomala im südlichen Teil von Neumecklenburg/New Ireland, etwas nördlich von Danfu. Der Fluss, eher Bach, wäre dann der Besoar. Alternativ könnte der Weiler Ia mit dem gleichnamigen Fluss gemeint sein, nur wenige Kilometer südlich von Danfu.

27.12.1912

Nun liegt das liebe Weihnachtsfest hinter mir. Es war bereits das fünfte Weihnachten, welches ich in der Südsee verlebe. Zu dieser Feier fanden sich, wie seinerzeit auf Djaul verabredet, Freund Ernst und Konrad ein. Diesmal hatte ich als guter Hausvater einen Weihnachtsbaum geschmückt. Wie wohl schon früher erwähnt, muss hier, da es keine Tannenbäume gibt, die Kasuarine, die einem Nadelbaum sehr ähnlich ist, als Weihnachtsbaum dienen. Ein jeder hatte einige kleine Geschenke für den anderen zur Hand. Als die Kerzen brannten und das Grammophon „Stille Nacht, heilige Nacht" spielte, da war sie wieder da, die alte, liebe Weihnachtsstimmung. Es ist komisch, Junggesellen untereinander sind bei solchen Anlässen immer ein wenig verlegen. Was da mitspielt, ist wohl verborgene Rührung. Als harter Tropenmann darf man sich diese aber beileibe nicht merken lassen. Auch bei mir gab es Putenbraten, aber ohne Zusatz von Mandelseife.

7.1.1913

Ich bin Tierfreund, vor allem Hundefreund, eine Eigenschaft von mir, die scheinbar auch Kapitän Larsen[57] nicht unbekannt war und die er sich in hässlicher Weise zunutze machte. Larsen hatte zwei Bulldoggen an Bord, die wegen ihrer Bösartigkeit und Hinterlist bei Schwarz und Weiß in keinem guten Ruf standen. Außer diesen freundlichen Tieren hatte Larsen z.Z. noch eine ältere, sehr nervöse Dame an Bord, die scheinbar bissige Bulldoggen nicht besonders schätzte. Als sie sich ein wenig an Deck des kleinen Dampfers erging, wurde sie von den beiden Rowdies „Piff" und „Paff" höchst unsanft umgerissen und kam auf die Schiffsplanken, die bekanntlich nicht gepolstert sind, zu sitzen. Nachdem sie einen kleinen Ohnmachtsanfall überwunden hatte, fand sie bald die Sprache wieder und erklärte dem Kapitän, sich bei dessen Firma, der N.G.C., zu beschweren. Larsen war kein Hasenfuß, bekam es aber doch ein wenig mit der Angst zu tun, und da er sich mit seinem Salondampfer gerade auf der Höhe von Fissoa befand, erinnerte er sich scheinbar meiner Tierliebe und beschloss, sich diese nutzbar zu machen. Durch starkes Tuten ließ er mich wissen, dass mein Besuch an Bord erwünscht sei. Hätte ich geahnt. was mir hier blüht, wäre ich dem Kahn ferngeblieben. Der Kapitän empfing mich sehr freundlich, führte mich in seine Kabine, bestellte Bier und Sandwiches und erzählte mir den Vorfall mit der nervösen Dame und den Hunden, bei dem die Olsch, wie er sie nannte, selbst Schuld hatte. Natürlich waren seine Lieblinge weiße Lämmer. Bei der dritten Flasche Bier angelangt, bat er mich, „Piff" und „Paff" bis zu seiner Rückkehr, die in etwa einer Woche erfolgen sollte, in Pension zu nehmen. Passagierfreundlich, wie Larsen

---

57 Eher nicht identisch mit dem bei Baumann/Klein/Apitzsch, *Biographisches Handbuch*, 217, genannten Norweger August Larsen, der Anfang der 90er Jahre des 19. Jahrhunderts in den Diensten von „Queen" Emma Forsayth-Kolbe stand.

nun mal ist, sagte er: „In Matanai[58] (Neu-Mecklenburg-Süd) geht das olle Wief von Bord."

Ich versprach mir von dem Hundebesuch eine große Freude. Larsen pfiff seinen Lämmern, die auch sofort angesetzt kamen und mir freundlichst die Zähne zeigten. Beim Betrachten dieser Fress- und Beißwerkzeuge konnte ein Dentist schwermütig werden. „Die Tiere sind ganz harmlos", sagte der Kapitän, was ich gern zu glauben versicherte. Mit traurigen Augen legte Larsen den Tierchen wahre Pferdegeschirre an, an die statt Leinen Ketten befestigt wurden. Somit waren die Hündchen fertig zum Ausgang. Von Larsen bekamen sie noch Verhaltensmaßregeln mit auf den Weg, wurden ins Boot bugsiert, und dann fuhr ich mit meinen Feriengästen an Land. Die *Madang*[59] tutete noch einmal kräftig und setzte ihre Reise fort. Der Kapitän winkte zum Abschied, aber nicht mir, sondern seinen Tölen[60].

An Land gekommen, sprangen wir drei aus dem Boot. Wie es kam, weiß ich nicht; ich lag plötzlich bäuchlings im Sand und fühlte, wie mir die Hundketten die Hände aufrissen. Ich hört Gekläff und Gequieke, musste auch gerade ein Schwein unseren Weg kreuzen! Da lag es nun, das arme Tier, zappelte noch ein wenig und gab seinen Geist auf. Die Mörder standen um die Leiche herum. Zehn Minuten später hauchte mein schöner Kater „Prinz" sein Leben aus. Die Bulldoggen waren also wirklich harmlose Tierchen. Aber irgendwie war der Kontakt zwischen ihnen und mir hergestellt. Lotte sagte, als sie mich mit der Meute ankommen sah: „Dog ollersame Tamburan"[61] (Hunde wie die Teufel). Sie weigerte sich, solange die unerwünschten Gäste da waren, das Haus zu betreten. Also musste Anton bei Tisch bedienen.

Mit der Zeit wurde ich wirklich vertraut mit den Hunden, ich möchte fast sagen befreundet. Sie waren ausgezeichnete Nachtwächter. Diese Tugend ist mir einmal sehr lästig geworden. Eines nachts fühlte ich das Bedürfnis, mich nach einem etwas abseits gelegenen, kleinen Häuschen zu begeben. Es fing gerade recht nett zu regnen an, und ich beeilte mich, schnellstens das Wohnhaus zu erreichen. Als ich zurückkam, benahmen sich die beiden Kerle wie wildgewordene Raubtiere. Sie rasten um die Veranda herum und kläfften aus vollem Halse. Ich konnte mir einfach nicht vorstellen, was in die Viecher gefahren war. Nach vielen vergeblichen Beruhigungsversuchen bemerkte ich den Grund ihres maßlosen Zornes. Irgend jemand näherte sich, versehen mit einer Laterne, dem Wohnhaus. Es war Peterson, der mit seinem Kutter in schwere See geraten war und sich nun glücklich schätzte, bei stockfinsterer Nacht bei mir gelandet zu sein. Nun wollte ich natürlich mit Peterson ins Wohnhaus gehen und ihm erstmal einen Grog verzapfen, um dann für die nötige Ätzung zu sorgen. Ob nun die Hunde schwedenfeindlich gesinnt waren oder ob nur ihre Wach-

---

58 Gemeint ist Namatanai, der größte Ort im Süden von New Ireland (Neumecklenburg), Sitz der Regierungsstation für den Verwaltungsbezirk Neumecklenburg-Süd. Hier gab es mehrere Pflanzungen, u.a. der Firma Hernsheim, die ein Chinese leitete.

59 Nach der *Samoa* mit 194 BRT der kleinste Dampfer der Neuguinea-Kompagnie, 1910 in Hongkong gebaut; vgl. Kludas, „Deutsche Passagierschiffs-Verbindungen in die Südsee", 175.

60 Töle (f.), niederdeutsch für Köter.

61 Tok Pisin: *Dok olsem tambaran.*

samkeitsorgane in Schwingungen geraten waren, konnte natürlich nicht festgestellt werden. Jedenfalls verweigerten sie Peterson den Zutritt zum Wohnhaus. Selbst zu mir wurden diese Teufel niederträchtig. Unterdessen waren wir vom Regen klitsch-nass geworden und standen noch immer vor dem Haus. Da kam mir ein Gedanke. Ich schlug Peterson vor, seine Laterne zu nehmen und pro forma die schöne Gegend zu verlassen. Diese Idee war von Erfolg gekrönt. Die Hunde beruhigten sich, und so konnte ich sie an die Kette legen. Allerdings wollten die Tierchen unbedingt belobigt werden. Ich streichelte sie freundlich und erzählte ihnen, natürlich in Hundesprache, dass sie prächtige Wächter seien. Bald aber merkten sie, dass ich sie schmählich belogen hatte. Die Laterne kam zurück. Meine Hündchen weigerten sich, mich nochmals zu beschützen.

15.2.13

Mitte Februar kehrte die *Madang* endlich zurück. Mit lobenden Worten übergab ich die lieben Tierchen ihrem Herrn. Larsen umarmte seine Lieblinge und vergaß vor lauter Wiedersehensfreude, sich bei mir zu bedanken. Er bekam aber noch seinen Segen. Von Fissoa fuhr er zu Peterson. Dieser machte kein Hehl daraus von dem, was er dachte. Er erzählte dem Kapitän, dass es eine Gemeinheit sei, einen hilfs-bereiten Menschen mit solchen Bestien zu belasten. Nun aber endlich Schluss mit dieser Hundeaffäre!

Miesterfeld kehrte von seinem Urlaub zurück und trat seinen Dienst wieder an. Wie es vorauszusehen war, ist seine Frau in Deutschland gestorben. Die beiden Kin-der haben Verwandte zu sich genommen. Jetzt wird ihm wohl die Einsamkeit sehr schwer ankommen.

Nach Übergabe der Pflanzung werde ich die Heimreise antreten. Ich lud alle Nachbarn zu einem Abschiedstrunk ein, bei dem aus Abend und Morgen der näch-ste Tag wurde. Costantini erzählte eine heitere Geschichte, wie ihm ein Boy, den er nach Kaewieng schickte, um seine Post zu holen, statt der erwarteten Briefe einen Teller voller Eier brachte. Dieses lustige Ereignis habe ich in einer kleinen Erzählung festgehalten.

Der Eiertransport

Monatlich lief einmal ein Schiff Kaewieng, die Regierungsstation von Neumecklen-burg, an. Sie brachte Ladung, nahm solche und, was das Wichtigste war, sie brachte die ersehnte Post. Zum Teil fuhren die Ansiedler selbst nach Kaewieng, um die Post in Empfang zu nehmen und das freudige Ereignis würdig zu feiern. Andernfalls sandten sie einen ihrer schwarzen Arbeiter nach dort, um die Post abzuholen.

So auch Costantini, der 85 km von Kaewieng entfernt auf seiner Pflanzung saß. Dem Boy wurden viele gute Lehren erteilt. In Sonderheit die, dass er sich sehr be-eilen soll. Der Brave versprach auch, alles zu tun, damit sein Herr möglichst bald in den Besitz der Post komme. Da aber ein Schwarzer kein Schnellzug ist und der Weg durch viele Dörfer führte, wo selbst Freunde und Freundinnen wohnten, die er recht lange nicht gesehen hatte, so musste der Weiße sich eben etwas gedulden, bis der Boy alles erledigt hatte, was die guten Sitten erforderten.

Der Läufer erreichte Kaewieng mit einer kleinen Verspätung. Er ging sofort zum Hause des Postmeisters, um hier die Briefe und Zeitungen in Empfang zu nehmen. Da der Postmeister gerade von jemand anderem in Anspruch genommen wurde, musste der Boy etwas warten. Er unterhielt sich unterdessen mit einem Hausboy des Bezirksamtmannes von Neumecklenburg, der von der Frau des Postmeisters, die eine große Hühnerfarm betrieb, ein Dutzend Eier abholen sollte. Durch irgendeinen Zufall wurde der Boy des Bezirksamtmanns abgerufen. In diesem Augenblick erschien die Frau des Postmeisters auf der Bildfläche. Sie gab die Eier dem verdutzten Boy von Costantini mit den Worten: „You bring kiau quik long Master bellong you"[62] (Bring die Eier schnell zu deinem Herrn). Sie ahnte nicht, dass sie die Eier dem falschen Boy ausgehändigt hatte.

Der Bote wartete noch ein Weilchen. Da aber nichts weiter geschah, trollte er sich seines Weges. Die Eier rollten auf dem Teller hin und her, und die mörderische Tropensonne brütete sie an. Unentwegt balancierte der Boy seine kostbare Fracht auf dem Teller und wunderte sich, dass sein Herr ausgerechnet aus Kaewieng Eier holen lasse, wo er doch selbst mehr Eier hatte wie er je verbrauchen konnte. Aber von den Weißen ist man schon so manche Verrücktheit gewöhnt, philosophierte der Boy. Warum sich noch wundern! Er döste seines Weges und fand das Tragen der Eier höchst unangenehm. Patsch! Da lag ein Ei auf der Straße. Sofort hatte der Boy eine Ausrede fertig. Die Frau Postmeister hat sich eben verzählt. 85 km zu laufen ist keine Kleinigkeit, zumal mit einem Teller voller Eier. Patsch, da lag wieder ein Ei im Dreck. Die Sonne brannte auf die Straße, auf den Boy und auf die Eier. Die Eierverluste wurden bedenklich hoch. Der Boy gab das Denken und auch das Erfinden von Ausreden auf. Am dritten Tag traf er endlich an seinem Bestimmungsort ein. Auf dem Teller lagen noch fünf Eier, die er strahlend seinem Master überreichte. Costantini hatte ungeduldig auf seine Post gewartet und war sehr erstaunt, als ihm sein Boy die fünf Eier unter die Nase hielt. Costantini, der Ausgeglichene, der nie die Ruhe verlor, wurde von einem schweren Zorn gepackt. Er nahm die unschuldigen Eier und warf sie gegen die Hauswand. Der arme Boy verstand die Welt nicht mehr. *Costantini benahm sich noch ein Weilchen unfromm und sagte „Maledetto"[63]. Dann ließ er anspannen und fuhr selbst nach Kaewieng. Hier hatte man den Irrtum bald bemerkt, und wurde der gute Costantini mit großem Hallo empfangen.*[64]

---

62 Tok Pisin: *Yu bring(im) kiau kwik long masta bilong yu. Kiau*, Tok Pisin für "Ei/Eier" kommt aus der Lavongai (Neu-Hannover)-Sprache und bezeichnete ursprünglich ein dort heimisches Buschhuhn (u. dessen Eier).
63 Italienisch: „verflucht".
64 Der kursiv gesetzte Abschnitt wurde dem Originaltext erst später hinzugefügt und fehlt in diesem.

Damit ist nun wieder ein Lebensabschnitt abgeschlossen. Der böse Unfall ist ver-hältnismäßig gut abgelaufen. Die Bruchstellen sind gut, wenn auch ein wenig schief, verheilt. Von diesem Unglück abgesehen, war es doch eine sehr schöne Zeit, die ich auf Neumecklenburg verlebte. Nun aber freue ich mich auf ein Wiedersehen mit meinen Angehörigen in der lieben Heimat.

28.2.1913

Gestern kam ich in der Hauptstadt, die jetzt, wie schon erwähnt, nicht mehr Simp-sonhafen, sondern Rabaul heißt, an. Hier erfuhr ich, dass meine Firma für den am 17.3. abfahrenden Dampfer *Manila* für mich eine Passage gebucht hat. Die *Manila*, ein etwa 1500 s Schiff[65], verkehrt zwischen Neuguinea und Singapur. Diese Linie führt durch den malayischen Archipel und läuft die Häfen Amboina (Molukken), Celebes (Hauptstadt Makassar), Batavia (Java) an und erreicht mit Singapur ihr End-ziel. Von hier aus werde ich dann mit einem der sog. Hauptdampfer bis Genua fahren und die letzte Strecke der langen Reise per Bahn zurücklegen. Die Fahrt durch den malayischen Archipel bietet außerordentlich viel Interessantes, und freue ich mich, dass mir die Gelegenheit geboten wird, weiterhin Teile unserer schönen Welt ken-nenzulernen.

Als ich vor fünf Jahren in Rabaul landete, bestand dieses, wie ich anfangs geschil-dert, aus nur wenigen Häusern, und war ich nun um so erstaunter, jetzt eine kleine, aber sehr rege Stadt vorzufinden. Geradezu imposant wirkt der Store der Neuguinea Compagnie. Betreffs seiner enormen Ausmaße erinnert er an eine Luftschiffhalle. Die Lager dieses Warenhauses sind in jeder Hinsicht so reichhaltig, dass der An-siedler, sofern er das nötige Geld besitzt, nicht mehr auf die Annehmlichkeiten der Zivilisation verzichten muss. Die Aufstapelung von Waren und Gebrauchsgegenstän-den ist ganz enorm. Auch das Gouvernement und alle großen Firmen sind nach der Hauptstadt übergesiedelt. Das lieblich gelegene Herbertshöhe ist nun vereinsamt und zu einer Ortschaft zweiten Grades degradiert worden.

In Rabaul gibt es auch ein ausgesprochenes Chinesenviertel, das selbstverständ-lich Chinatown genannt wird[66]. Hier enthält jedes Haus ein oder auch mehrere Ge-schäfte, in denen vor allen Dingen Eingeborenen-Bedarfsartikel feilgehalten werden. Scheinbar florieren diese Läden und Lädchen recht gut. Die Eingeborenen kaufen lieber bei dem geduldigen Chinesen statt bei dem nervösen Europäer. Auch große Gastwirtschaften, in denen nur Europäer verkehren, werden von Chinesen betrieben.

---

65 Zum Reichspostdampfer *Manila* vgl. die wenig bekannten Erinnerungen ihres Kapitäns: Hans Minssen, *Maschine Achtung! Leinen los! Zehn Jahre Führer des Reichspostdampfers „Manila"*, Berlin 1944.

66 Zu den Chinesen in Neuguinea: David Y. H. Wu, *The Chinese in Papua New Guinea: 1880-1980*, Hongkong 1982.

Auf einer großen Schiffswerft, deren Besitzer ein Japaner[67] ist, und zwar ein ehemaliger Marineoffizier, werden Motorschiffe, Kutter und Boote gebaut. Diesem Japaner sagt man nach, dass die Werft nur sein Nebenberuf, dagegen die Spionage sein Hauptberuf sei. Siehe hinter die Stirn eines Ostasiaten! Die Straßen des Chinesenviertels sind sehr belebt. Neben Chinesen und deren langbehosten Frauen sieht man Japaner und niedliche Japanerinnen[68], Malayen, Eingeborene und Kinder. Auf den Straßen spielen Kinder aller möglichen Rassen und sind genauso wild, wie es bei den europäischen Kindern auch der Fall zu sein pflegt. Unzählige chinesische Schneider rasseln weiße Anzüge und Wäsche auf der unvermeidlichen Singer[69] herunter. Dieser Betrieb geht die ganze Nacht durch. Der Chinese kennt keinen Achtstundentag, wohl aber den von achtzehn Stunden. Wenn er nicht arbeitet, spielt er. Letzteres ist seine große Leidenschaft. So sparsam der Chinese lebt, trauert er dem schwerverdienten, beim Spiel verlorenen Geld nicht nach. Ich glaube, dass der Chinese der Mensch ist, der den wenigsten Schlaf benötigt.

Das Europäerviertel ist wundervoll angelegt. Jedermann hat sein eigenes blendend sauberes Wohnhaus, das von einem gut gepflegten Garten umgeben ist. Hoch auf dem Berg liegt das mächtige Haus des Gouverneurs, und ebenfalls das modern eingerichtete Europäerhospital. Diese Bergkuppe wurde nach einem ehemalig dort gelegenen Eingeborenendorf „Namanula" benannt[70].

18.3.13

Seit 24 Stunden befinde ich mich an Bord der *Manila* und fahre der lieben Heimat entgegen. Der Abschied ist mir sehr schwer geworden. Lotte und Anton standen betrübt am Kai. Erstere verfügte sogar über Abschiedstränen, und Anton sagte „Kaluba"[71] (Ein Ausdruck des Bedauerns).

Viele Bekannte und Freunde kamen an Bord, um mir die Hand zu schütteln, und die Stewards mussten tüchtig Eisbier anfahren. Nun will ich die wohlverdiente Reise

---

67 Der Werft- und Plantagenbesitzer Isokichi Komine. Foto in Hiery, *Bilder aus der deutschen Südsee*, 188 (Abb. 351).

68 Aus Japan hatte Gouverneur Albert Hahl Prostituierte nach Rabaul angeworben, um einheimische Frauen vor Prostitution in der größten Hafenstadt der deutschen Südsee zu schützen. Vgl. die Abbildung in Hermann Hiery, *Kainkain Piksa*, Wiesbaden, im Druck.

69 Eine Nähmaschine der US-Firma von Isaac Merritt Singer (1811-1875), von Ende des 19. bis zur Mitte des 20. Jahrhunderts weltweit größter Hersteller von Nähmaschinen. Vgl. Don Bissell, *The first conglomerate. 145 years of the Singer Sewing Machine Company*, Brunswick 1999.

70 Namanula liegt auf einem Hügel oberhalb Rabauls. Hier wurden die kolonialen Regierungsgebäude errichtet: Residenz des Gouverneurs und Wohnhäuser der leitenden europäischen Kolonialbeamten (einschließlich des Regierungsarztes), Krankenhaus, Regierungsschule, Regierungsdruckerei, Hauptquartier der Polizei. Namanula war mit dem eigentlichen Rabaul (hier war aber das Hauptpostamt der Kolonie) durch eine Schmalspurbahn verbunden, deren verschüttete Gleise Anfang der 2000er Jahre nach Erdbeben und Erdrutsch wieder das Licht der Öffentlichkeit erblickten.

71 Tok Pisin: *kalapa*, Deutsch am ehesten mit: „wie schade" zu übersetzen.

genießen und nicht dem Vergangenen nachtrauern. Die Kabine teile ich mit meinem ehemaligen Vorgesetzten Max Richter. Einen besseren Reisegefährten kann ich mir nicht wünschen. Er ist immer lustig und fidel und sorgt für die nötige Stimmung.

24.3.13

Nachdem wir auf Neuguinea den Ortschaften Madang, Potsdamhafen[72], Eitape[73] kurze Besuche abstatteten, erreichten wir den Ort Morauke[74] und waren nun auf holländischem Gebiet. Hier mündet der breite Moraukefluss. Die Holländer sind bestimmt sehr tüchtige Kolonialfachleute, aber hier auf Holländisch-Neuguinea haben sie noch herzlich wenig Erfolge zu verzeichnen. In Morauke lebt ein einziger Europäer, ein Holländer. Außer ihm sitzen hier noch einige chinesische Händler, die für die Morauke-Gesellschaft Kopra von den Eingeborenen aufkaufen. Dem alten holländischen Polizeimeister steht eine Armee von etwa zwölf Mann zur Verfügung.

Wie uns der Holländer erzählte, sind die Eingeborenen alles andere, nur nicht zahm. Selbstverständlich herrscht hier noch Kannibalismus in Reinkultur.[75] Die Küste ist von einem Sumpfgürtel umgeben, der diese schöne Gegend mit Moskiten versorgt. Dieses Land besteht lediglich aus Zukunft. Der arme Holländer war sehr menschenscheu und taute erst auf, nachdem er etwas unter Alkohol gesetzt wurde. Was er über das Land und die Eingeborenen berichtete, war interessant, aber tragisch. Der arme Teufel sitzt bereits seit 15 Jahren hier. Die erste Zeit war er keine Minute seines Lebens sicher gewesen. Scheinbar legten die Eingeborenen wenig Wert auf seine Gegenwart. Nur die Überlegenheit der Schußwaffe ermöglichte es ihm, hier festen Fuß zu fassen.

Das kleine Holland hat so viele Kolonien, dass es vorläufig kein Interesse daran hat, seinen Besitz auf Neuguinea zu erschließen. Wir durchfuhren das Inselgewirr

---

72 Eine Bucht in der Provinz Madang auf dem „Festland" von Papua-Neuguinea, nördlich von Bogia. Dort befand sich eine Station der Steyler Missionare. Während dieser Platz indigen „Monumbo" genannt wird, existieren die Bucht (Potsdam Harbour) und ein kleiner Weiler (Potsdam) unter dem alten Namen weiter.

73 Die nordwestlichste Regierungsstation Deutsch-Neuguineas, gegründet 1906, hart an der Grenze zu Niederländisch-Neuguinea; Sitz einer Postagentur und Zollhafen; Station der Steyler Missionare. Siehe den Beitrag „Eitapé" von Krauß in: Schnee (Hg.), Deutsches Kolonial-Lexikon, Bd. 1, 553.

74 Richtig: Merauke. Vgl. Irene Sperling, *Beiträge zur Länderkunde von Niederländisch-Neuguinea. Das Hinterland von Merauke mit der Frederik-Hendrik-Insel und der Aroe-Inseln*, Würzburg 1936.

75 Vgl. S. 58 Anm. 116. Dass der Europäer der einheimischen Bevölkerung, die nur im geringen Maße mit europäischen Vorstellungen gekommen waren, deren Verhaltensweisen er aber gar nicht kennt, von vornherein und unbelegt Kannibalismus unterstellt, gehört zu den gängigsten Deutungsmustern der eurozentrischen Variante des Rassismus. Hier ist die Kritik von Iris Gareis sehr berechtigt. Das kann aber im Umkehrschluss nicht bedeuten, dass das Phänomen der Anthropophagie grundsätzlich geleugnet wird. Vgl. den Artikel „Anthropophagie" von Iris Gareis und Simon Haberberger in: Hiery (Hg.), *Lexikon zur Überseegeschichte*, 37-38.

der Mulukken[76] und liefen Amboina[77], die Hauptstadt der gleichnamigen Insel, an. Amboina bietet hinsichtlich seiner Bevölkerung ein außerordentlich buntes Bild. Die Eingeborenen sind Malayen und meist strenggläubige Mohammedaner[78]. Scheinbar richten sich die Farben der kaftanähnlichen Gewänder nach dem Stand seines Trägers. Auch die Turbane sind hinsichtlich ihrer Farben sehr verschieden. Aber auch darin liegt System. So tragen die Leute, die bereits eine Pilgerfahrt nach Mekka unternommen haben, grüne Turbane. Diese Pilger werden von ihren Landsleuten sehr geachtet. Würdige, weißbärtige Patriarchen gingen feierlich einher. Die Jugend trat beim Nahen eines solchen Würdenträgers respektvoll zur Seite.

Auf dieser schönen Insel scheint man die Arbeit nicht übermäßig hoch zu schätzen. Man huldigt wohl auch dem arabischen Sprichwort: „Wer schnell läuft, wird

---

76 Die Molukken sind ein Archipel aus weit über 1.000 Inseln (davon die Hälfte bewohnt) im Westen Neuguineas, an der Grenze zwischen Südostasien und der pazifischen Inselwelt. Sie liegen zum größten Teil östlich der sog. Weber-Linie; die Tierwelt zeigt also noch die Besonderheiten Neuguineas (Beuteltiere; Paradiesvögel). Für den globalen Handel und den europäischen Kolonialismus spielten sie wegen der Vorkommen von Muskat und Gewürznelken eine große Rolle. Bevor Portugiesen und Niederländer ein Monopol errichteten, verfügten die Sultane von Tidore und Ternate über ökonomischen und politischen Einfluss in Westneuguinea und wahrscheinlich auch entlang der Küste Papuas. Nach dem Zweiten Weltkrieg existierte hier kurzfristige eine unabhängige Republik *Maluku Selatan*. Vgl. den Überblicksartikel von Dieter Bartels in: Hiery, *Lexikon zur Überseegeschichte*, 552-553, u. Leonard Y. Andaya, *The World of Maluku. Eastern Indonesia in the Early Modern Period*, Honolulu 1993; Heinrich Bokemeyer, *Die Molukken. Geschichte u. quellenmäßige Darstellung der Eroberung und Verwaltung der ostindischen Gewürzinseln durch die* Niederländer, Leipzig 1888; R.(obin) A. Donkin, *Between East and West. The Moluccas and the Traffic in Spices Up to the Arrival of Europeans*, Philadelphia 2003; Willard A. Hanna / Des Alwi, *Ternate dan Tidore masa lalu penuh gejolak*, Jakarta 1996. William Albert Setchell, "The Wallace and Weber lines. A suggestion as to climatic boundaries", in: *Proceedings Pacific Science Congress Java* 4 (1929), 311-321; Max (Wilhelm) Weber, *Zoologische Ergebnisse einer Reise in Niederländisch-Ost-Indien*, 4 Teile, Leiden 1890-1907.

77 Ambon, kolonial meist Amboina, Hauptort der Molukken auf der gleichnamigen Insel. Niederländische Residentur, von 1867-1924 Sitz eines niederländischen Gouverneurs. Vgl. zeitgenössisch „Amboina" in: P.(ieter) A. van der Lith, A. J. Spaan u. F. Fokkens (Hg.), *Encyclopædie van Nederlandsch-Indië*, Bd. 1, s'Gravenhage u. Leiden 1897, 23-25 u. J(osias) Paulus (Hg.), *Encyclopædie van Nederlandsch-Indië*, Bd. 1, s'Gravenhage u. Leiden ²1917, 33-41.

78 Der Islam kam mit dem arabischen religiösen und ökonomischen Imperialismus über das östliche Java wahrscheinlich ab dem 14. Jahrhundert in die Molukken. Garnisonen und Festungen sollten die Expansion militärisch absichern. Die Etablierung muslimischer Sultanate erfolgte aber erst wenige Jahrzehnte vor der Ankunft der Portugiesen 1512. In der Folge des europäischen Kolonialismus breitete sich das Christentum, unter den Niederländern besonders Protestanten, vor allem auf den Nordmolukken aus. Die Mehrheit der Bevölkerung Ambons ist heute christlich. Seit 1999 kam es durch eine von Java eindringende paramilitärische Gruppe, den *Laskar Jihad*, zu Terroranschlägen und Gemetzeln an der christlichen Bevölkerung sowie nachfolgenden Zwangsvertreibungen. Vgl. Sumanto al Qurtuby, *Religious violence and conciliation in Indonesia. Christians and Muslims in the Moluccas*, London 2016.

sein Gesicht verlieren.[79]" Um ein so geruhsames Leben zu führen, muss man aber auch über die Anspruchslosigkeit eines Orientalen verfügen. Wir nahmen ungeheure Mengen Kopal[80] an Bord, ein Harz, aus dem ein vorzüglicher Lack hergestellt wird. Scheinbar gibt es auf Amboina sehr große Bestände von Kopalbäumen. Diese Bäume werden von den Eingeborenen angezapft und das hervorquellende Harz, das sehr bald erhärtet, von den Stämmen abgeschabt.

Amboina ist Garnisonstadt, und liegt hier ein Regiment der holländischen Kolonialarmee, in der Leute aller erdenklichen Nationen dienen. Wenn auch europäische und farbige Truppen getrennt gehalten werden, so ist diese Armee doch als Fremdenlegion anzusprechen. Natürlich stellt auch Deutschland für diese Armee ein starkes Kontingent. Wie ich hörte, sind aber die Behandlung und auch die Löhne weit besser, wie sie bei der französischen Fremdenlegion üblich sind. Seitens der europäischen Bevölkerung werden die Soldaten als Menschen zweiter Klasse betrachtet. Dagegen haben sie den Vorteil, im Falle einer Gefahr sich zum Schutz der europäischen Bevölkerung totschießen zu lassen. Dass man über diese armen Teufel die Nase rümpft, kommt wohl daher, dass alle Soldaten mit einer Malayin verheiratet werden. Zufällig hatte ich Gelegenheit, eine solche Hochzeitsfeierlichkeit zu beobachten. Diese Ehen werden seitens der Militärverwaltung registriert, sind aber amtlich nicht gültig.

Ein wahrer Prachtkerl eines Germanen in bester Uniform und einer gelben Braut im weißen Kleid, aufgetan mit einem Myrtenkranz, kamen von der militäramtlichen Trauung. Zwei Kameraden und eine ganze Anzahl Angehöriger der Braut fuhren im Mietwagen nach dem Vaterhaus der Braut. Nach der Kleidung der Hochzeitsgäste zu urteilen, gehörten sie durchaus nicht zu den Großen des Landes. Der Zufall wollte es, dass ich an dem Elternhaus der Braut, einer besseren Bambushütte, mit einer der kleinen Droschken, die von Miniaturpferden gezogen werden, vorbeikam, woselbst die Hochzeit stattfand. Die braven Krieger thronten auf europäischen Stühlen, während die Braut nebst ihren Eltern und Hochzeitsgästen am Boden auf Matten saßen. Einige malaiische Musikanten hatten sich auf der Veranda des Hauses niedergelassen und zirpten wacker auf ihren Instrumenten. Der Bräutigam machte keinen sehr glücklichen Eindruck. Vielleicht gedachte er seiner Eltern, die bittere Tränen vergießen würden, wenn sie wüssten, wie sich an ihrem Sohn das traurige Schicksal eines Legionärs erfüllt. Diese Ehen bieten zwar das einzige Mittel, Ausschreitungen

---

79 Wahrscheinlich krass eurozentrische Verballhornung von في العجلة الندامة و في التاني السلامة. Sehr frei übersetzt: „Eile bringt Unheil, Geduld und Vorsicht dagegen Ruhe und Sicherheit". Im Arabischen gibt es aber auch ein Sprichwort, das unserem „Was du heute kannst besorgen, das verschiebe nicht auf morgen" entspricht: لا الحل ابر من عهد الشهد إن دون ال بد ال ما ينفث ال تؤجل عمل اليوم إلى الغد.

80 Kopal ist ein Baumharz, das in der genannten Region aus Dipterocarpaceen Deutsch: Flügelfruchtgewächse), v.a. vom Dam(m)arbaum (*shorea wiesneri*), gewonnen wird (*damar* ist Malaiisch und heißt Harz). Es wird industriell v.a. für Duftstoffe (Parfüm, Räuchern) u. Farbenlacke verwendet. Vgl. Ludwig Kammesheidt, „Die Dipterocarpaceen-Wälder Südostasiens. Ökologie, Nutzung und Zukunft eines einzigartigen Naturerbes", in: *Naturwissenschaftliche Rundschau* 60 (2007), 285-292.

und Geschlechtskrankheiten zu vermeiden. Aber trotzdem sind und bleiben sie eine Kulturschande.[81]

9.4.1913

Gestern liefen wir den Hafen von Batavia, Tand-Jong-Priok[82], an, der in der Hauptsache aus der Anlegebrücke und den nötigen Schuppen besteht. Die Europäer, die hier leben, hassen den Ort. Uns Südseeleuten imponiert im allgemeinen Hitze wenig. Aber Tandjong-Priok erschien auch uns als Höllenofen. So fuhren wir mit erster Gelegenheit nach Batavia und dann per Auto nach Veldevreden[83]. Eine Rundfahrt durch die schöne Stadt entschädigte für den hässlichen Aufenthalt in Tand-jong-Priok. Selbstverständlich besuchten wir das weltberühmte „Hotel der Nederlande". Es ist dies kein Hotel im landläufigen Sinn, sondern ein Städtchen für sich, in dem eine Menge Bungalows behaglich unter riesigen Palmen und Bäumen träumen. Hier mieteten wir ein Auto, das uns nach Buitenzorg[84] brachte. Der driver[85], ein Malaye, war scheinbar vom Rekordwahnsinn befallen. Wie beim Ablaufen eines zu schnell gedrehten Films flogen Eingeborenendörfer, Reisfelder, Zuckerrohrplantagen und Kokospflanzungen an unseren Augen vorüber.

Buitenzorg ist der Sitz des Gouverneurs, der genau, wie es auch beim lieben Gott der Fall ist, es nicht allen Menschen recht machen kann. Es liegt wohl an den entgegenlaufenden Interessen der Europäer, der Eingeborenen und, nicht zu vergessen, des Halbblutes. So hat es wohl noch keinen Gouverneur gegeben, dessen Regiment gleichzeitig von diesen Parteien gutgeheißen wurde. Sein Wille ist Befehl, auch ist er mit den weitgehendsten Vollmachten ausgestattet. Das Schloß, in dem er residiert,

---

81 Vgl. S. 112 Anm. 45. Die Bemerkung könnte ein Hinweis darauf sein, dass die ursprünglichen Aufzeichnungen in der Zeit des Nationalsozialismus überarbeitet, ergänzt bzw. korrigiert worden sind.

82 Tan(d)ju(o)ng Priok, seit 1877 der Haupthafen Batavias/Jakartas; vgl. Dietriech G. Bengen, Maurice Knight u. Ian Dutton, „Managing the Port of Jakarta Bay: Overcoming the Legacy of 400 Years of adhoc Development", in: Erich Wolanski (Hg.), *The Environment in Asia Pacific Harbours*, Dordrecht 2006, 413-432.

83 Niederländisch für Ruhe und Zufriedenheit; Name des Europäerviertels im Süden von Batavia. Errichtet um 1760 unter Jacob Mossel, dem damaligen Generalgouverneur der niederländischen Ostindien-Kompanie (VOC), u. seit 1800/1809 Wohnsitz des Generalgouverneurs von Niederländisch-Indien.

84 Die niederländische Version des französischen (und preußischen) „Sans Souci" (ohne Sorgen); bis 17. August 1945 der offizielle Name des heutigen Bogor im westlichen Java, südlich von Batavia/Jakarta. 1745/46 gegründet vom niederländischen Generalgouverneur Gustaaf Willem van Imhoff (1705-1750) als Sommerresidenz der niederländischen Generalgouverneure während der Trockenzeit. Offizielle Hauptstadt in der kurzen Phase der britischen Kolonialherrschaft (1811-1815). Vgl. zeitgenössisch „Buitenzorg" in: P.(ieter) A. van der Lith, A. J. Spaan u. F. Fokkens (Hg.), *Encyclopædie van Nederlandsch-Indië*, Bd. 1, s'Gravenhage u. Leiden 1897, 298; Volkens in Schnee (Hg.), *Deutsches Kolonial-Lexikon*, Bd. 1, 250-251.

85 Übernahme aus dem Englischen. Ein Beleg für die Veränderung und Anpassung des Deutschen in den Südseekolonien des Reiches.

ist eine Sehenswürdigkeit. Es liegt am Rande des weltberühmten botanischen Garten von Buitenzorg. Selbst der von mir beschriebene Garten von Kendi auf Ceylon kann neben diesen herrlichen Anlagen nicht bestehen. Gärtnerische Kunst und wilde Üppigkeit wechseln sich ab. Palmen, Blüten, Lianen, Duft, Ruhe und Schönheit nehmen den Besucher gefangen. Es wurde uns schwer, aus diesem Reich der Harmonie so bald scheiden zu müssen. Aber bekanntlich wartet ein Schiff nicht auf seine Passagiere, auch wenn sie unter Palmen wandeln.

14.4.1913

Singapur ist erreicht und damit der erste Teil der Reise absolviert. Wir nahmen im „Hotel Europe"[86] Wohnung, das wohl als eins der internationalsten Hotels gelten kann. In dem riesigen Speisesaal sind alle Sprachen der civilisierten Welt zu hören, vorherrschend natürlich Englisch. Schweizerdütsch mischt sich mit Holländisch. Griechen rollen die Augen, Syrer reden von Geschäften. Deutsche politisieren und sind sichtlich verschiedener Meinung. Italiener unterhalten sich mit südländischer Lebhaftigkeit. Ostjuden reden im schönsten Jiddisch und auch mit die Händ'. Die Wiener Kapelle spielt einen Walzer von Strauß. Am Nebentisch hat sich eine französische Gesellschaft niedergelassen. Es sind Offiziere mit ihren Damen aus Saigon. Scheinbar sind die Franzosen große Kinderfreunde. Zwei kleine niedliche Mädchen wurden abends nach dem Essen wie ein süßer Nachtisch herumgereicht und abgeküßt. Hygienisch erschien mir das nicht einwandfrei, scheint aber so Sitte zu sein.

Die Leitung des Hotels liegt in deutschen Händen, aber die Küche ist englischindisch. Es werden zahlreiche Gänge gereicht, die zum Teil sehr stark gewürzt sind. Des Abends ist die Stadt von einer echt engl.[ischen] Langweiligkeit[87] beseelt. Es gibt zwar einige deutsche Gaststätten. In einem dieser Lokale wurde sogar getanzt, wozu eine österreichische Damenkapelle recht flott aufspielte. Da es für Damen einfach unmöglich ist, ein solches Lokal aufzusuchen, half man dem Mangel an Tänzerinnen dadurch ab, dass die Kapelle gleichzeitig die Tanzpartnerinnen stellte. Es war lustig anzusehen, wie die Cavaliere ein Mädchen nach dem anderen, während diese noch spielten, zum Tanz aufforderten, bis zuletzt nur noch die Anstandsdame und der Klavierspieler als Musikbeflissene übrig blieben. Die jungen Wienerinnen waren nette, lustige Mädels, die sich tadellos benahmen. In engl. Kolonien ist der Sonntag der Schrecken aller Nichtengländer, und dominiert die Langeweile in Reinkultur. Um diesem Stumpfsinn zu entgehen, statteten einige Reisegefährten und ich dem asiatischen Festland einen Besuch ab. Singapur ist eine kleine Insel, die der südlichen Spitze der malayischen Halbinsel vorgelagert ist und von dieser nur durch eine schmale Wasserrinne getrennt wird.

---

86 Errichtet 1857 vom Franzosen (Wallonen?) J. Casteleyns, 1934 abgerissen; www.roots.gov.sg/ Collection-Landing/listing/1158750 (30.1.2024).
87 Bis in die 90er Jahre des 20. Jahrhunderts war es in den früheren Dominions üblich, am Sonntag Bars, Kneipen und sogar Restaurants geschlossen zu halten.

Eine Fähre brachte uns in wenigen Minuten an unser Ziel. Auf diesem Zipfel des riesigen Reiches liegt das Sultanat Johore[88]. Ein Sultan von Englands Gnaden regiert hier das Land, über dessen Eingeborene er zwar uneingeschränkt herrscht, im übrigen aber von England am Gängelband gehalten wird. Im Gegenteil zu asiatischen Ländern, die von europäischen Regierungen verwaltet werden, gilt der Fremde hier gewissermaßen als Erwerbsquelle für Malayen und Chinesen. In Sonderheit benahmen sich Rikshakulis höchst undiszipliniert. Ein jeder von ihnen wollte den Fremden für sich erobern. Bringt er doch das Leben für einen Tag und wenn er sich betrügen lässt, was Allah geben möge, für drei Tage ein. Als wir die Fähre verließen, stürmten die gelben Teufel mit ihren Wägelchen uns entgegen, schlugen und bissen sich untereinander und ließen kein Mittel unversucht, einen Europäer in ihre Riksha zu locken. Saß man endlich in so einem Vehikel drin, war man gerettet. Scheinbar bestand so etwas wie ein Gesetz, dass man den Fahrgast nicht aus einer Riksha herauszerren darf.

In Johore gibt es nach Ansicht der Einheimischen für den Fremden nur ein Ziel, die Spielbank. Selbstverständlich brachte man uns auch in diese asiatische Hölle. Ein fetter Chinese komplimentierte uns in den großen Spielsaal. Hier war eine schäbige, verblichene Eleganz zu beobachten. Auch ohne Führer hätten wir den Weg gefunden. Man brauchte nur dem Geruch nachgehen. Merkwürdig, dass der Chinese das Bedürfnis hat, die Luft zu verpesten. In einem solchen Unternehmen ist Tabakrauch selbstverständlich. Aber hier schwelten Räucher- und Ambrabecken, Knoblauchduft und die widerlichen Parfüms der vornehmen Chinesen und ergaben einen asiatischen Spezialduft, der wohl einer chinesischen Nase gar köstlich erscheinen mag, den Europäer aber schwach machen kann. Die meisten der Gäste waren fette, aufgeschwemmte Chinesen, scheinbar wohlhabende Kaufleute aus Singapur. Aber auch viele Europäer, die gleich uns den Sonntag totschlagen wollten, waren hier anzutreffen. Der Einheimische ist vom Spiel ausgeschlossen, da der Sultan, der auch der Besitzer des Kasinos ist, keinen Wert darauf legt, seine Untertanen ausplündern zu lassen. Nur am chinesischen Neujahrstag und zum Fest des Ramadan darf der Einheimische spielen. Oft spielt er dann um den Einsatz der Früchte eines ganzen Jahres. Der Malaye spielt auch sehr gern, aber ein Hahnenkampf mit hohen Wetteinsätzen ist ihm sympathischer als die Spielbank. Im großen Saal wurde Roulette gespielt, während in den kleineren Sälen ein denkbar einfaches Spiel zum Austrag kommt. Der Croupier schiebt eine Handvoll Spielmarken unter einen Becher. Die Spieler versuchen nun, die Anzahl der Marken zu erraten. Der Spieler, der der Zahl am nächsten gekommen ist, erhält das Zehnfache seines Einsatzes. Wer aber das außerordentliche Glück hat, die genaue Zahl zu erraten, bekommt das Hundertfache seines Einsatzes ausgezahlt. Es gibt aber auch noch einige Abstufungen betreffs der Chancen.

---

88 Heute Johor; bis in die Gegenwart bestehendes Sultanat, begründet zu der Zeit, als in Deutschland die Reformation einsetzte. Vgl. P.(atricia) Pui Hen Lim, *Johor, 1855-1957. Local history, local landscapes*, Kuala Lumpur ²2020; Richard Olof Winstedt, *A history of Johore (1365-1941)*, Kuala Lumpur ²1992.

Wir setzten wie alle Routiniers jeder zehn Singapurdollars beim Roulette und hatte hier ein unglaubliches Glück. Max Richter gewann im Handumdrehen 110 Dollars und ich etwa 45 Dollars. Wir taten das, was einem Chinesen unfassbar ist. Wir steckten unsere Gewinne ein und verließen echt chinesisch grinsend das freundliche Lokal. Ein Chinese kam uns nachgelaufen und versuchte uns händeringend zum Weiterspielen zu animieren. Wir erklärten ihm, dass wir mit dem Gewinn zufrieden seien. Mehr konnte man doch von der chinesischen Fortuna nicht verlangen. In bester Stimmung stiegen wir in die Rikshas und fuhren nach dem einzigen Hotel, welches auch Eigentum des Sultans ist. Die Reistafel war ganz vorzüglich. Da es hier auch deutsches Bier gab, fehlte uns nichts zu unserem Glück.

Am Nachmittag besuchten wir die riesige Moschee. Dieses Gebäude steht in keinem Verhältnis zu den sonst so armseligen Häusern von Johore. Der herrliche Bau, in seinen riesigen Ausmaßen, ist aus reinem, weißem Marmor ausgeführt. Ein wundervolles Kuppeldach krönt dieses einmalige Bauwerk. Im Inneren, das wir erst betreten durften, nachdem wir uns unserer Schuhe entledigt hatten, zeigte die übliche Öde aller Moscheen. Es gab keinen Punkt, auf dem das Auge ruhen konnte. Vielleicht soll dadurch Allahs Unendlichkeit angedeutet werden.[89]

Weit interessanter war uns der Besuch einer großen Kautschukpflanzung zu ng., die ebenfalls Eigentum des Sultans war. Hier lernten wir einen Herrn, einen Deutschen, kennen, der der Betriebsleiter aller dem Sultan gehörigen Pflanzungen war. Nach unseren Begriffen war er der Landwirtschafts-Minister. Dieser freundliche Berliner gab uns bereitwilligst Auskunft betreffs der Bewirtschaftung der hiesigen Betriebe. Wir erfuhren von ihm alles, was uns als Fachleute interessierte. Der Minister, der sich sichtlich freute, Landsleute getroffen zu haben, lud uns zu einer Autofahrt ein und zeigte uns, wie hierzulande Kautschuk gepflanzt, gepflegt, gezapft und aufbereitet wird. Wir lernten einen Musterbetrieb kennen, der ganz modern aufgezogen war. Nachdem wir in seinem wunderschönen Haus noch einen tüchtigen Schluck auf die Heimat genommen hatten, verabschiedeten wir uns dankbar für das Gebotene. Der Minister entließ uns mit den Worten: „Grüßen Sie mein liebes Berlin". Vor fünfzehn Jahren war er von dort ausgewandert.

24.4.1913

Wir besuchten noch einmal die brave *Manila* und feierten Abschied von der freundlichen Besatzung. Nicht ungern wären wir an Bord geblieben und zurück in die liebe Südsee gefahren. Doch wollen wir nicht undankbar sein und uns auf ein Wiedersehen in der Heimat freuen. Ein jeder von uns war fest entschlossen, wieder hinaus in das Land der Sonne zu ziehen, wo die braunen Naturkinder noch nichts von der Hek-

---

89 Zum islamischen Bilderverbot vgl. Almir Ibrić, *Islamisches Bilderverbot vom Mittel- bis ins Digital-Zeitalter*, Wien 2006; Silvia Naef, *Bilder und Bilderverbot im Islam. Vom Koran bis zum Karikaturenstreit*, München 2007.

tik und von dem Kampf ums Dasein[90] in Europa wissen. Wer den Zauber der Südsee einmal kennengelernt hat, den lockt und ruft sie immer wieder. Der ist verloren für die steinernen Kulturwüsten und kennt nur eine Sehnsucht: Zurück in das liebliche Land der tausend Inseln.

Morgen fahren wir mit dem schönen Lloydschiff *Prinzessin Alice*[91] über Penang, Bombay, Colombo der Heimat entgegen. Anfang Juni werden wir in Deutschland eintreffen. Damit ist der zweite Band meines Tagebuches abgeschlossen und bleibt abzuwarten, was das Leben weiterhin zu bieten hat. Der Dichter hat recht: „Wem Gott will rechte Gunst erweisen, den schickt er in die weite Welt."

90 Zeitgeist-Begriff, der im deutschen Sprachraum im Zusammenhang mit der Diskussion um Darwins Theorie u. insbesondere dem Schlagwort vom „survival of the fittest" von Herbert Spencer (1820-1903) als „modern" galt. Vgl. Ludwig Büchner, *Darwinismus und Sozialismus, oder der Kampf um das Dasein und die moderne Gesellschaft*, Leipzig 1894; W.(illiam) Preyer, *Der Kampf um das Dasein*, Bonn 1869. Valerie A. Haines, „Spencer, Darwin, and the question of reciprocal influence", in: *Journal of the history of biology* 24 (1991), 409-431.

91 Richtig: *Princess Alice*; Passagier- u. Reichspostdampfer der sog. „Barbarossa"-Klasse, 1900 als *Kiautschou* auf der Stettiner Werft gebaut, bis zu 265 Passagiere; 1904 vom Norddeutschen Lloyd erworben (von der HAPAG) und umbenannt in *Princess Alice* - nach Princess Alice of Albany, einer Enkelin von Königin Victoria (1883-1981) u. Kusine Kaiser Wilhelms II., ältere Schwester des letzten Herzogs von Sachsen-Coburg-Gotha, Karl Eduard (Charles Edward; 1900-1918). Princess Alice hatte im selben Jahr (1904) unter großem Medieninteresse in Großbritannien u. Deutschland Prince Alexander of Teck (1874-1957, seit 1917 – nach Ablegung aller deutschen Namen und Titel – Alexander Cambridge, 1st Earl of Athlone) geheiratet. 1910-1914 wurde das Schiff auf der Strecke Bremen-Suezkanal-Bombay-Singapur-Hongkong eingesetzt. Ende Juli 1914 lief sie – angeblich mit einer erheblichen Menge indischen Goldes – statt des Zielortes Hongkong Manila an, reiste über die Insel Angaur, wo sie mit dem Kriegsschiff *Emden* zusammentraf, nach Cebu, und wurde dort auf noch neutralem Boden interniert. 1917 nach Kriegseintritt von den USA beschlagnahmt, fand unter dem neuen Namen *USS Princess Matoika* (nach Matoaka-Pocahontas, 1598?-1617) als Truppentransportschiff der US *army* nach Frankreich Verwendung. Als *USS President Arthur* (nach Präsident Chester A. Arthur, 1881-1885) Einwandererschiff 1922/23, ab Oktober 1924 auf der Linie New York Palästina eingesetzt, 1927 wiederum umbenannt in *USS City of Honolulu*, 1930 in Honolulu abgebrannt; vgl. Kludas, „Deutsche Passagierschiffs-Verbindungen", 166, u. v.a. Edwin Drechsel, *Norddeutscher Lloyd, Bremen, 1857-1970. History, fleet, ship mails*, 2 Bde., Vancouver 1994-1995.

Buch 3

[...]
8.8.1913

[…]   Also frage ich meinen Liebling, ob sie meine Frau werden wolle und ob sie gewillt sei, mit mir nach Neuguinea zu gehen. Sie sagte schlicht: „Ja. Ich liebe dich und gehe gern mit dir, wohin es auch sei." […] Natürlich gingen wir ins Rheingold[1]. Bei einer Flasche herrlichen Rheinweins haben wir Pläne für die Zukunft geschmiedet und waren unendlich glücklich. [… Ihre Eltern hatten Bedenken, dass] ihre Tochter in Kürze an das andere Ende dieser Erde fahren werde, in ein Land, von dem man sich in der Heimat die unglaublichsten Vorstellungen machte. Es war erstaunlich, wie wenig Menschen überhaupt etwas von unserer schönen Südseekolonie wussten. Manche glaubten, dass Neuguinea an der Westküste Afrikas liege. Ein ganz Kluger sagte: „Neuguinea liegt bei Samoa." Damit hatte er so recht, wie die Behauptung ist: „Berlin liegt bei Neu Köln[2]." Samoa ist, abgesehen davon, dass es nicht zu Neuguinea gehört, sondern eine Kolonie für sich ist, allerdings nur ein Pünktchen unter den deutschen Südseeinseln. […] Ich habe es durchaus verstanden, dass die Eltern Bedenken hatten, ihre Tochter einem wildfremden Menschen mit nach der Südsee zu geben. Ich bat meinen Schwiegervater, sich über mich und meine Position bei meiner Firma, der Neuguinea Compagnie, zu erkundigen, da diese noch die kompetenteste Auskunft geben könne. […]

Unterdessen erfuhr ich, dass es bei meiner Firma einen gewaltigen Personalkrach gegeben hatte, der so weit ging, dass der verdienstvolle Administrator Ehemann ausschied. Wie ich hörte, sollte ein anderer Mann, mit dem ich durchaus nicht sympathisierte, seinen Posten übernehmen. Da sich Herr Ehemann auch gerade auf Urlaub befand und sich in Berlin aufhielt, suchte ich diesen auf und hörte nun, was sich unterdessen ereignet hatte. Im Laufe des Gesprächs legte mir Herr Ehemann nahe,

---

1   Das Weinhaus „Rheingold" in der Bellevuestraße der Reichshauptstadt, 1907 fertiggestellt, galt vor Beginn des Ersten Weltkrieges als der Publikumsmagnet überhaupt. Es war eines der größten Speiserestaurants Berlins. Angeblich konnten dort „bis zu 4000 Gäste gleichzeitig bewirtet" werden; vgl. de.wikipedia.org/wiki/Weinhaus_Rheingold (25.4.2024).

2   Neukölln, bis 1911 Rixdorf, war damals – nach Charlottenburg – mit 237.289 Einwohnern (201.189 ev., 23.301 rk, 2.080 israel.) u. einer Fläche von knapp 12 km^2 die größte noch eigenständige Stadt (und ein Stadtkreis) im direkten Umfeld von Berlin. Der Provinz Brandenburg angehörig und einen eigenen Stadtkreis bildend, besaß sie zwei Bürgermeister, 18 Stadträte u. 72 Stadtverordnete. Vgl. E. Uetrecht (Hg.), *Meyers Orts- und Verkehrs-Lexikon des Deutschen* Reichs, Bd. 2, Leipzig u. Wien ^{5}1913, 285. Am 1. Oktober 1920 wurde die Stadt nach Groß-Berlin eingemeindet.

genau wie er seine Stellung bei der Hamburgischen Südsee A.G. (abgekürzt Hasag)[3] anzunehmen, wobei er mir behilflich sein wolle. Allerdings würde sich dann meine Ausreise bis Januar 1914 verzögern, ein Umstand, der mir durchaus nicht unangenehm war.

So fuhr ich nach Hamburg, um dort mit der Hasag zu verhandeln. Hier wusste man bereits Bescheid. Die Bedingungen waren weit günstiger, als es bei der Neuguinea Compagnie der Fall war. Kurz entschlossen nahm ich an und unterschrieb einen Anstellungsvertrag auf vier Jahre. Allerdings hatte ich meiner früheren Firma gegenüber ein sehr schlechtes Gewissen, wurde ich doch stets von ihr hoch anständig behandelt. So schrieb ich ihr einen Brief, in dem ich mein grösstes Bedauern ausdrückte, aber auch ausführlich den Grund meines Ausscheidens zum Ausdruck brachte. Auch Erna gab ihren Beruf auf, um noch an einem Kochlehrgang teilzunehmen und auch Vorbereitungen zur Hochzeit zu treffen. […]

2.1.1914 […]

Es verblieben uns nur noch 28 Tage bis zu unserer Abreise. Es war ein Brief meiner Firma eingetroffen, in dem mir mitgeteilt wurde, dass für mich und meine Frau zwei Passagen auf „Friedrich dem Grossen"[4] belegt seien, der am 23. Januar ab Genua nach Australien gehe, von wo aus wir mit dem „Prinz Sigismund" nach Neuguinea weiterfahren sollten. Mein Ernelein schenkte mir ein sehr schönes Schreibzeug, welches mir fürs Leben eine Erinnerung an die goldene Zeit unserer jungen Liebe bleiben wird. Von den Geschenken, die ich meinem blonden Liebling brachte, erregte besonders ein Dreissing-Karabiner[5], ein leichtes, automatisches Selbstladegewehr, allerseits Verwunderung und Erstaunen. Wenn man nach dem Grunewald heiratet, braucht eine Frau keine Waffe. Aber hinsichtlich der Südsee ist das eben ein wenig anders. […]

24.1.1914 An Bord *Friedrich des Grossen* […]

Ich will nicht ausführlich schildern, was wir in Genua sahen und erlebten. Von dieser schönen Stadt mit ihren üblen Gerüchen habe ich in meinem ersten Tagebuch ausführlich berichtet. In unserem Hotel trafen wir einen Südseemann namens Kraus[6],

3 Vgl. S. 100 Anm. 18.
4 Ein Postdampfer der sog. „Barbarossa-Klasse", 10.500 BRT, 350-400 Kabinenpassagiere; vgl. Kludas, „Deutsche Passagierschiffs-Verbindungen in die Südsee", 166.
5 Gemeint ist wahrscheinlich ein Gewehr der Firma Dreyse (Sömmerda in Thüringen), gegründet von Nikolaus (seit 1864 von) Dreyse (1787-1867), dem Erfinder des Zündnadelgewehres. Die Firma wurde unter seinem Sohn Franz erweitert u. spezialisierte sich auf die Produktion von Repetier- u. Jagdgewehren.
6 Gemeint ist wahrscheinlich nicht der Badener Jurist Dr. Emil Krauss (*24.9.1870 Willstätt/ Kehl, †30.3.1936 Baden-Baden), seit Ende Juli 1903 im Kolonialdienst des Reiches, u.a. Bezirksrichter in Apia (18.1.1904-15.5.1905), danach Bezirksrichter in Herbertshöhe (16.7.1905-

einen Gouvernementsbeamten, den ich gut kannte. Da gab es natürlich viel zu erzählen, und hörte Erna auch einmal die Ansicht eines anderen über das Leben in der Südsee. Kraus hatte sich in Deutschland nicht wohlgefühlt und war nun wieder froh, ausreisen zu können. Es erschien so, als habe er mit einem Mägdelein schlechte Erfahrungen gemacht. Als er seinerzeit heimfuhr, erzählte er viel von seiner Braut, die er mitbringen wolle, und nun fuhr er doch allein zurück. […]

Es kamen eine Reihe sturmfreier Tage, in denen sich die Passagiere näherkamen. So biederten wir uns mit einem netten, alten Herrn an, einem Amtsrichter i.R. aus Dresden. Letzteres gab natürlich viel Berührungspunkte. Der alte Mann unternahm eine Weltreise, um seine beiden Söhne, den einen in Australien und den anderen auf Samoa zu besuchen. Eine Frau Koppenhagen mit ihrem netten sechsjährigen Söhnchen schloss sich uns an. Der Junge war ein Prachtkerl, der mit Vorliebe tolle Streiche ausführte. (Auch Frau K. fuhr nach Neuguinea, woselbst ihr Mann Angestellter war[7].) Eines Tages kam er auf den famosen Einfall, seine Sparbüchse, die nicht übermäßig mit Schätzen beschwert war, etwas aufzufüllen. Er wartete einen günstigen Moment ab, in dem seine Mutter eingeschlafen war und ging dann mit seiner Büchse in der Hand sammeln. Da der bildhübsche Bengel überall beliebt war und man sich schon im Voraus auf das Gesicht der ebenso hübschen Mutter freute, wenn sie den Erwerbssinn ihres Söhnchens bemerken würde, war bald die Sparbüchse mit Münzen der verschiedensten Länder angefüllt. Strahlend lief der Held zu seiner Mutter und zeigte seinen Schatz. Die edlen Spender waren nun von herzlicher Schadenfreude erfüllt und gespannt, wie sich die Mama verhalten würde. Der Kleine hatte sicher Lob erwartet und war nun sehr verwundert, als die Mama vor Scham über ihren missratenen Sohn am liebsten über Bord gesprungen wäre. Rudi sagte noch: „Onkel Kraus hat gesagt, dass ich sammeln gehen soll und dann mit ihm teilen. Ich will aber nicht teilen." Das war so wieder einmal echt Kraus, der den kleinen Kerln nichts wie Dummheiten lehrte. […]

8.3.1914 [Sydney …]

Als wir Südseeleute nach herzlichem Abschied den Dampfer verließen, trat die Bordkapelle an und gab uns ein lustiges Geleite bis an Bord des anderen Dampfers. Er-

23.1.1907) u. Vertreter des Gouverneurs (3-12/1906); seit 3.9.1907 Leiter der Südsee-Abteilung des Reichskolonialamtes, 20.11.1910-29.8.1911 Oberrichter in Apia, nach dem Ersten Weltkrieg u.a. Konsul in Neapel, Algier u. Salzburg (zu ihm: *Biographisches Handbuch des deutschen Auswärtigen Dienstes 1871-1945*, Bd. 2, Paderborn 2005, 644-45), sondern August Kraus (*16.8.1882 Witten a.d. Ruhr, ev.), Polizeimeister u.a. in Morobe 1912 u. 1914, wo er auch als Postagent amtierte u. mit einer einheimischen Frau zusammenlebte. Eine am 4.1.1915 vom amtierenden Gouverneur Haber für die australischen Behörden angefertigte Liste derjenigen Kolonialbeamten, die auf Grund des Kapitulationsvertrages ungehindert nach Deutschland zurückreisen durften, gibt zusätzlich an: Körpergröße 1,72 m, blonde Haare, graue Augen, Schnurrbart; Bundesarchiv: RKolA Nr. 2612.

7   Conrad Koppenhagen, vgl. Baumann/Klein/Apitzsch, *Biographisches Handbuch*, 202.

nelein war sehr traurig und bedauerte, dass der gute „Friedrich der Grosse" nicht bis Rabaul fuhr. Auf dem „Sigismund" trafen wir mit einer ganzen Anzahl Südseeleuten zusammen, die ich alle kannte. Da wurde erst einmal richtig das Wiedersehen gefeiert. Dabei wurde mir auch gesagt, dass ich als Pflanzungsleiter für die Admiralitätsinseln vorgesehen sei. Übermäßig entzückt war ich von dem Gedanken, mit meiner jungen Frau nach Manus[8] (so ist der gebräuchliche Name) gehen zu müssen, durchaus nicht. Manus erfreut sich keines besonderen Rufes und gilt als wilde Gegend. Doch wir sagten uns: „Wie es kommt, so wird es gefressen." [...]

24.3.1914

Nach neunundvierzigtägiger Reise liefen wir am 16. März früh in den Hafen von Rabaul ein. Es war noch dunkel, als das Schiff festmachte. Der Leiter der Firma empfing uns an Bord und erklärte uns, dass erst in vier Wochen ein Schiff nach Manus gehe. Im Stillen hatte ich gehofft, dass der bittere Kelch Manus an uns vorübergehen würde, was aber leider nicht der Fall war. Da z.Zt. kein Angestelltenhaus frei war, wurden wir erst einmal im Hotel untergebracht. Im Laufe der Besprechungen erfuhr ich, dass meine Position so gedacht war, dass ich erst mal auf Manus die größte Pflanzung übernehmen soll. Weiter war geplant, dass die gesamte Verwaltung nach Seeadlerhafen, wo soeben eine Kaiserliche Regierungsstation eingerichtet wurde[9], zusammengelegt werden soll. Ein anderer Angestellter soll die kaufmännischen Geschäfte leiten und ich die gesamten Pflanzungen als Obermanager übernehmen. Mir sollte, wenn es soweit ist, eine Motorpinasse zur Verfügung gestellt werden, mit der ich die Pflanzungen, die sehr entfernt von einander liegen, kontrollieren kann.

Von der Firma wurde mir der Vorschlag gemacht, die Zeit bis zur Abfahrt nach Manus mit meiner Frau in Toma, einem Erholungsheim[10], zu verbringen. Das war nun ein merkwürdiger Anfang. Sonst erholt man sich nach getaner Arbeit. Wir aber

---

8 Vgl. den Beitrag von Sapper in Schnee (Hg.), *Deutsches Kolonial-Lexikon*, Bd. 2, 501-02, u. v.a. Reichs-Marine-Amt (Hg.), *Südsee-Handbuch. II. Teil*, 171-182.

9 Eine Regierungsstation befand sich seit Ende 1911 im Aufbau. Am 25.10.1911 wurden die Inseln vom bisher zuständigen Bezirksamt Rabaul getrennt und zu einer eigenständigen Station mit Postagentur u. Polizeitruppe, die dem Gouverneur direkt unterstellt war; vgl. Ute Hagen, „Das Schutzgebiet Deutsch-Neuguinea", in: Walther Hubatsch (Hg.), *Grundriß zur deutschen Verwaltungsgeschichte 1815-1945*, Bd. 22, Marburg 1983, 519-520.

10 Erholungsstationen waren von der deutschen Kolonialverwaltung in den Tropen planmäßig angelegte Häuser in höheren Lagen, die über ein milderes Klima verfügten und idealerweise von Moskitos (u. damit der Malaria) frei waren. Das Heim Toma lag 15 km von Herbertshöhe entfernt im Landesinnern auf 380 m Höhe und bot in vier Zimmern Platz für sechs Gäste; vgl. den Beitrag von Steudel in Schnee (Hg.), *Deutsches Kolonial-Lexikon*, Bd. 1, 574-75, u. das Foto in: Gash/Whittaker, *Pictorial History*, 211 (Abb. 459). Toma ist heute ein einheimischer Weiler, etwa 3 km südlich von Vunadidir. Nur etwa einen Kilometer südwestlich liegt der Varzin, ein nach Bismarcks Gut in Pommern benannter, erloschener Vulkan; ca. 3 ½ km südlich befindet sich Viviran, der Geburtsort von Sir Paulias Matane (1931-2021), von 2004-2010 mit der bis am heute längsten Amtszeit Generalgouverneur von Papua-Neuguinea.

machten es umgekehrt. Diese Sache kostete der Firma ein tüchtiges Stück Geld. Toma ist von Herbertshöhe in etwa drei Stunden mit Pferd und Wagen zu erreichen. Vor allem freute ich mich darauf, Herbertshöhe wiederzusehen. Wir hatten Gelegenheit, mit einem Motorschuner zu fahren. Nach einer Fahrt von drei Stunden erreichten wir Herbertshöhe, das liebliche Städtchen, wo ich so schöne Jahre verlebte. Aber hier war es recht öde geworden. Bis auf wenige Angestellte der Firmen und einigen Gouvernementsbeamten waren alle Deutschen nach Rabaul übergesiedelt, ein Umstand, der durch das Verlegen des Gouvernements nach Rabaul bedingt wurde. Dort war auch der Hafen ausgebaut und eine große Anlegebrücke errichtet worden. Herbertshöhe war nun eine Ortschaft zweiten Grades geworden. Hier traf ich einige alte Bekannte an, mit denen wir einen netten Abend verlebten. Man schien es mir zu verübeln, dass ich der Neuguinea Comp. den Rücken gekehrt hatte, so dass ich so etwas wie ein schlechtes Gewissen hatte. Ein ehemaliger Kollege sagte zu mir: „Jetzt haben sie die Quittung für ihre Voreiligkeit und müssen nun mit ihrer jungen Frau nach Manus, auf diese Kannibaleninseln gehen." Mir war gar nicht recht wohl bei dieser Unterhaltung, da der Mann recht hatte.

Den nächsten Morgen stellte meine Firma uns ein Fuhrwerk, das uns nach Toma brachte. Wir mussten einen Umweg über Tobera nehmen, da dort mein altes Hauspersonal während meiner Abwesenheit gearbeitet hatte. Die beiden treuen Seelen freuten sich sehr, ihren alten Master wiederzusehen. Lotte allerdings betrachtete die Missis erst mal ein bisschen misstrauisch[11]. Es wurde mir wehmütig ums Herz und wäre ich am liebsten hiergeblieben, wo ich jede Palme kannte. Durch meine Bockbeinigkeit war nun alles so anders gekommen. Der jetzige Pflanzungsleiter war nicht zu Hause, und konnten wir nicht warten bis er zurückkam. Nachdem wir Lotte und Anton gesagt hatten, dass sie den nächsten Tag nachkommen sollten, fuhren wir ab. Unterwegs bekamen wir einen fürchterlichen Regen aufs Haupt, was nicht gerade angenehm war. Kurz nach sechs Uhr wurde es finster, wie es eben überall in den Tropen der Fall ist, aber ein Umstand, der die Fahrt nicht angenehmer machte. Der Weg war überhaupt kein Weg mehr, sondern ein mit mannshohem Gras bewachsener Morast. Zu allem Unglück brannte nur eine Lampe des Wagens und auch diese nur spärlich, so dass ich oft nicht wusste, ob wir noch auf der Straße sind oder durch den Busch fuhren. Dabei kannte ich den Weg genau. Aber früher war er von dem Gouvernement in Ordnung gehalten worden, was nun nicht mehr der Fall war. Es war ein Segen, dass wir ein sehr gutes und ruhiges Pferd hatten. Sonst hätte die Fahrt übel ablaufen können, wusste ich doch, dass direkt am Wege sehr tiefe Abfälle und Kuhlen waren.

So ließ ich das Pferd laufen wie es wollte, denn Pferde können nachts besser sehen wie die Menschen. Ernele tat mir aufrichtig leid. Es war ihr doch alles so neu und fremd. Der Regen peitschte uns ins Gesicht, und wurden wir trotz der Regenmäntel

---

11   Das könnte ein Hinweis darauf sein, dass das frühere Verhältnis zwischen dem Autor und seiner „Waschfrau" doch über das reine Arbeitsverhältnis hinausreichte, wie dies bei vielen europäischen Pflanzern die Regel und nicht die Ausnahme darstellte.

nass wie die gebadeten Mäuse. Ohne dass wir es bemerkt hatten, fuhren wir durch ein Eingeborenendörfchen, in dem ein Schwarzer, als er den Wagen kommen hörte, die Tür seiner Hütte aufriss, und wir ihn nun im Scheine des hellen Hüttenfeuers stehen sahen. Erna schrie vor Schreck auf. Obgleich die Sache so harmlos wie nur möglich war, glaubte ich, dass Ernelein ein Grausen vor dieser Wildnis sich nicht erwehren konnte. Endlich kamen wir in Toma an. Das Erholungsheim wurde jetzt vom „groben Gottlieb", der früher in Herbertshöhe den „Deutschen Hof" innehatte, bewirtschaftet. Dem alten Ekel schien es garnicht zu gefallen, dass so spät noch Gäste ankamen, die natürlich auch bewirtet werden wollten. Er behauptete, dass man bei so einem Wetter nicht nach Toma fahren dürfe.

Wir haben hier in Toma eine sehr schöne Zeit verlebt. Erna konnte sich hier in Ruhe in die neuen Verhältnisse eingewöhnen und sich auch akklimatisieren. Dieses Toma ist ein herrliches Stückchen Erde. Es liegt etwa 400 Meter über dem Meeresspiegel, in den Ausläufern des Baininggebirges. Unmittelbar bei Toma erhebt sich der mächtige Krater „Varzin", der bis in den Gipfel von dichtem Urwald bedeckt ist, ein Zeichen, dass er vielleicht seit Jahrhunderten nicht mehr in Tätigkeit ist. Allerdings geben die vielen Erdbeben, die hier zur Tagesordnung gehören, davon Zeugnis, dass der alte Herr nicht tot ist.

Unweit des Erholungsheims wohnt ein alter Pflanzer namens Wolf[12], dessen Namen man ins Lateinische übersetzte. „Lupus" ist in der ganzen Kolonie als Original bekannt. Er ist einer der ältesten Ansiedler und länger als dreißig Jahre im Lande. Durch ein furchtbares Unglück, das ihn betroffen hat, ist er wohl ein wenig sonderbar geworden. Vor einigen Jahren haben die Eingeborenen seine Frau und ein Kind auf die grausigste Weise ermordet. Er war unterwegs und kam nach Hause, nachdem das Unglück bereits geschehen war.[13] Sein Haus stand in hellen Flammen, und ist er selbst, wie durch ein Wunder, mit dem Leben davongekommen. Damit aber nicht genug, verunglückte er mit einer Feldbahn, bei der die Bremsen versagten und ihm ein Bein zerschmettert wurde. Einem sehr tüchtigen Arzt gelang es, das Bein zu erhalten. Allerdings ist das Bein sehr schwach geblieben und behindert ihn am Gehen. So reitet er auch auf kurzen Strecken.

Hinsichtlich des Überfalls ist seiner Zeit viel geschrieben und noch mehr diskutiert worden. Was war die Ursache, dass die Eingeborenen diese schändliche Tat gewissermassen unter den Augen der Regierung vollbrachten? Wolf beging einen

---

12 Rudolf Wolff (*4.8.1867 Stettin, †2.5.1937 Rabaul), zuerst Lagerverwalter der Neuguinea-Kompagnie, dann selbständiger Pflanzungsbesitzer in Paparatava; vgl. Baumann/Klein/Apitzsch, *Biographisches Handbuch*, 482-83, wo aber die Angabe seines Eintreffens in Neuguinea (1891) wahrscheinlich zu spät datiert ist.

13 Zu dieser Bluttat u. die darauf folgende Strafexpedition vgl. Vieweg, *Big Fellow Man*, 131-32, u. Wilhelm Wendland, *Im Wunderland der Papuas. Ein deutscher Kolonialarzt erlebt die Südsee*, Berlin 1939, 154-160 (europ. Sicht). Klaus Neumann, *Not the Way it really was. Constructing the Tolai past*, Honolulu 1992, 9-36, präsentiert eine Fülle indigener oraler Geschichten – mit teils sich widersprechenden Versionen –, mit dem Anspruch, keinen Anspruch auf historische Objektivität erheben zu können.

verhängnisvollen Fehler und der Gouverneur Dr. Hahl traute seinen schwarzen Freunden nichts Böses zu. Zu Wolfs Grundstück, das 300 ha gross war, gehörte auch ein winziger Landzipfel, auf dem sich Gräber früherer Häuptlinge befunden haben sollen. Von dieser Stelle aus hatte man eine herrliche Fernsicht, und baute Wolf hier sein Wohnhaus hin. Das mag wohl die Eingeborenen verbittert haben, und so nährten sie jahrelang ihren Hass gegen Wolf. Dieser wurde von seinen Leuten gewarnt und erbat er Hilfe in Form von einem Polizeimeister nebst Polizeisoldaten Der Gouverneur aber lachte ihn aus und besuchte seine lieben Kanaken, mit denen er den Fall freundlichst behandelte. Er arrangierte ein Versöhnungsfest nebst einem grossen Sing-Sing, wozu Wolf die Schweine und Feldfrüchte liefern musste. Das Fest, an dem auch viele Europäer teilnahmen, verlief glänzend. Die Kanaken baten den Gouverneur, keine Polizeisoldaten nach hier zu schicken, da ja nun ewiger Friede geschlossen sei. Der Gouverneur war tief gerührt von der Freundlichkeit seiner lieben Freunde und versprach, zu tun wie sie wollten. Eine Woche später geschah die Bluttat. Es bestand die Gefahr, dass noch weitere Massaker geschehen würden und nun, wo es zu spät war, wurde hart durchgegriffen. Eine ganze Anzahl Kanaken musste ihr Leben lassen. Die tatsächlichen Mörder fand man erst nach Monaten und wurden diese hingerichtet. Bei eingehender Verhandlung über den Fall ergab sich, dass von den Kanaken keiner angeben konnte, wo sich die Häuptlingsgräber tatsächlich befunden haben und wie diese Häuptlinge hießen. Es wurde angenommen, dass die Kanaken s.Z. Wolf erpressen wollten und die ganze Geschichte mit den Häuptlingsgräbern überhaupt Schwindel war oder aber die Eingeborenen selbst nicht mehr wussten, wo sich die Gräber befanden. Für solchen Blödsinn musste nun eine junge Frau und ein Kind sterben.

Seine Kokospflanzung stand auch nicht zum Besten und so hatte der arme Lupus reichlich Sorgen. Aber all der Kummer brachte es nicht fertig, seinen Humor zu untergraben. Erna mochte ihn gern, zumal er ein netter Cavalier war. Wenn wir ihn besuchten, holte er stets eine Rose, die er Erna mit einem Handkuss überreichte.

Bald waren die schönen Tage zu Ende. Es kam ein Telephonanruf[14], durch den wir seitens meiner Firma aufgefordert wurden, nach Rabaul zu kommen. Hier wohnten wir noch zwei Tage im Hause des Administrators, dann endlich war es so weit, dass wir abfahren konnten. Der Dampfer „Sumatra[15]", mit dem wir fuhren, stellte die einzige Verbindung nach dort dar, und zwar kommt er nur alle vier Monate einmal nach Manus, so dass wir auch nur alle vier Monate Post erhalten können. Also hieß es Abschied nehmen von der Kultur. Der dicke Kapitän Schuhmacher[16] war auch der Meinung, dass es auf Manus „bannig" einsam sei. Der zukünftige Kaufmännische Leiter

---

14 Die Angabe belegt, dass im Frühjahr 1914 das Telefonnetz im Bismarckarchipel nicht nur zwischen Rabaul und Kokopo, sondern auch bis nach Toma ausgebaut war.

15 Sie war ein Dampfer des Norddeutschen Lloyd, seit 1893 im Inseldienst, der ab 1.10.1905 regelmäßig den Verkehr vom Bismarckarchipel nach Kaiser-Wilhelmsland unterhielt; vgl. Kludas, „Deutsche Passagierschiffs-Verbindungen in die Südsee", 169 u. 174.

16 Emil Schumacher; vgl. Baumann/Klein/Apitzsch, *Biographisches Handbuch*, 422 (mit Foto).

Clas[17] war zwar sehr freundlich, ließ aber durchblicken, dass er grossen Wert darauf lege, als Vorgesetzter anerkannt zu werden. Er gehörte in die Klasse der Patentekel.

Als erste Station begrüßten wir Kaewieng, den herrlich gelegenen Ort auf Neumecklenburg-Nord, von dem ich in meinem ersten Tagebuch bereits viel berichtete. Hier wurde ich mit meiner jungen Frau herzlich aufgenommen und von den alten, lieben Freunden und Bekannten freudig begrüßt. Es wurde tüchtig Wiedersehen gefeiert, teils an Land und auch an Bord der „Sumatra". Die „Sumatra" besitzt einen historischen Tisch, und zwar ist dieser ein runder Tisch, der in der Mitte ein Loch hat, in dem der hintere Lademast steht. An diesem Tisch sind im Laufe der 25 Jahre, in denen die „Sumatra" hier ihren Dienst tut, große Vermögen umgesetzt worden. Da haben wir nun auch unser Schärflein dazu beigetragen und einen tüchtigen Wiedersehensumtrunk getan.

Mein Freund Konrad sagte recht drastisch zu mir: „Bist du denn ganz verrückt geworden, von der Neuguinea Co. wegzugehen?" Ich erklärte ihm, dass es mir ganz unmöglich sei, unter dem Nachfolger Ehemanns, dem alten Geissler[18], arbeiten zu können Konrad war aber der Ansicht, dass der alte Geissler wohl schwer zu behandeln, aber weit anständiger als der Clas sei und ich es doch nicht nötig gehabt hätte, nach Manus zu gehen. Mit gemischten Gefühlen fuhren wir weiter. Erna fragte mich, ob es nicht möglich sei, dass wir später einmal nach Neumecklenburg gehen könnten. Dieses Land sei ihr direkt heimatlich vorgekommen und die Menschen seien so lieb und nett zu ihr gewesen. Da war es natürlich schwer, den Propheten zu spielen.

Nach weiteren vier Tagen Fahrt erreichten wir die erste Station auf Manus, die Insel Komuli[19], den Sitz der Verwaltung meiner Firma. Der bisherige Leiter, ein netter, freundlicher Mensch, wurde abgelöst und sollte nun Clas das Steuer in seine bewährten Hände nehmen. Die Insel Komuli ist knapp vier ha gross, ein mit Kokospalmen bewachsener Sandhaufen, der einsam im Ozean liegt und auf den Landkarten nicht zu finden ist. Wie hier Europäer hausen können, ohne dem Wahnsinn anheim zu fallen, ist mir ein Rätsel. Es hatte aber seinen guten Grund, dass die Niederlassung auf eine so kleine Insel gelegt wurde. Als sich die Firma vor etwa zehn Jahren hier niederließ, waren die Eingeborenen derart gefährlich, dass man stets an eine Möglichkeit eines Überfalls denken musste, bei dem man eine so kleine Insel viel leichter

17 Ewald Claß (1881-1930) war der jüngere Bruder der Missionarsfrau Johanna Fellmann; ausführliche Lebensbeschreibung ebd., 59-60 (mit Foto). Seit Juli 1902 war er zum Entsetzen seiner Schwester ebenfalls in der Kolonie, vgl. Ulrich Fellmann (Hg.), *Von Schwaben in den Bismarckarchipel. Tagebücher der Missionarsfrau Johanna Fellmann aus Deutsch-Neuguinea 1896-1903*, Wiesbaden 2009, 196 u. Anm. 490 ebd.

18 Hubert Geisler, Administrator der Neuguinea-Kompagnie, zuerst (Mai 1909) in Stephansort, dann (ab März 1913) in Herbertshöhe; vgl. Dieter Klein (Hg.), *Jehova se nami nami. Die Tagebücher der Johanna Diehl. Missionarin in Deutsch-Neuguinea 1907-1913*, Wiesbaden 2005, xiv, 110, 124, 212.

19 Komuli, heute meist Kumuli, Inselchen im äußersten Osten von Manus; vgl. Schnee (Hg.), *Deutsches Kolonial-Lexikon*, Bd. 2, 350, u. Reichs-Marine-Amt (Hg.), *Südsee-Handbuch. II. Teil*, 185.

verteidigen konnte als es bei einer großen Insel, auf der sich Eingeborenendörfer befinden, der Fall sein kann. Es sind auf Manus einige Europäer ermordet worden, allerdings nicht auf Komuli. Jedenfalls beneidete ich Clas nicht um seinen Wohnsitz. Hier sahen wir auch die ersten Eingeborenen. Sie sind ein schöner, kräftiger Volksstamm, muskulös und von sehr heller Hautfarbe. Ganz eigenartig mutet die Haartracht an. Der mächtige Haarschopf wird zu einer Art Rolle zusammengeschnürt, die nach hinten absteht wie eine etwas keck aufgesetzte Pelzmütze. Allzu harmlos sehen die Burschen nicht aus.

Den nächsten Tag erreichten wir Seeadlerhafen. Es ist dieser ein großer Naturhafen, der vom Festland und mehreren Inseln gebildet wird. Unter Festland versteht man hier die Hauptinsel Manus, die eine gewaltige Ausdehnung hat, auf der sich hohe Gebirge befinden, die alle dicht bewaldet sind. Es ist typisch für die Südsee, dass sie aus vielen einzelnen Archipelen besteht. Jede große Insel hat eine Menge kleine Inseln um sich liegen. So ist es mit Neupommern, Neumecklenburg, Neuhannover, Neuguinea u.a.m. Die Hauptinseln sind stets uraltes Land, während die kleinen, umliegenden Inseln meist Koralleninseln sind oder auch solche, die durch Eruptionen entstanden sind. Auf den Hauptinseln hat man nicht das Gefühl, sich auf einer Insel zu befinden. Aus diesem Grund hat man wohl auch fälschlicherweise die großen Inseln mit Festland bezeichnet. Hier in Seeadlerhafen war die neu eingerichtete Regierungsstation vor kurzem fertig geworden und residierte jetzt hier ein Kaiserlicher Stationsleiter. Dieser, ein äußerst liebenswürdiger Mensch[20], lud uns ein, bei ihm zu übernachten, da er annahm, dass Erna sich auf dem kleinen Dampfer nicht allzu wohlfühle. Die Station ist herrlich gelegen. Von dem etwa 200 mtr hohen Berg, auf dem die Regierungsgebäude liegen, hat man einen wundervollen Blick auf die See und andererseits auf die hohen Berge, die sich in der Längsrichtung der ganzen Insel hinziehen.

Endlich am 28. April 1914 landeten wir an unserem Bestimmungsort Noru (nicht zu verwechseln mit Nauru, der Super-Phosphat-Insel). Noru[21] ist die größte Insel der Nahreshafengruppe[22] und ist der Süd-Ost Küste[23] von Manus vorgelagert. Nachdem wir Anker geworfen hatten, kam der bisherige Leiter der Pflanzung Nahreshafen an Bord. Jetzt aber begann der Ernst des Lebens. Innerhalb von 24 Stunden mussten etwa 1000 Sack Kopra verladen werden und die Station mit Inventar, Buchführung,

---

20 Der Franke Georg Zwanzger; zu ihm Baumann/Klein/Apitzsch, *Biographisches Handbuch*, 488 (mit Foto).

21 Auch als Aawa bezeichnet, mit der nördlicheren Parallelinsel Okoru zeitgenössisch „durch Riffe nahezu verbunden": Reichs-Marine-Amt (Hg.), *Südsee-Handbuch. II. Teil*, 174-75.

22 Richtig Nares-Hafen, vgl. ebd., 175; am 3.3.1875 so benannt nach George Strong Nares (1831-1915), Kommandant der Expeditionsfregatte *Challenger* (1872-1876), als sie im Hafen lag. Vgl. W.(illiam) J.(ames) J.(oseph) Spry, *The cruise of Her Majesty's Ship "Challenger". Voyages over many seas, scenes in many lands*, Toronto 1877, 268.

23 So im Original. Richtig wäre: Nordwestküste.

Store[24] etc. übergeben werden. Mein Vorgänger, Herr Mayer[25], musste packen und unser reichliches Gepäck an Land gebracht werden. Um Ernelein konnte ich mich nur wenig kümmern. Als ich endlich Zeit fand, einen Blick in das Haus zu werfen, sah ich ein trautes Bild. Ernelein und Lotte saßen einträchtlich auf einer großen Kiste und schluchzten zum Erbarmen.

Vor dem Hause hatte sich eine große Volksversammlung von Eingeborenen ge-bildet. Die meisten der Eingeborenen waren bis auf eine Kleinigkeit splitternackt, dagegen aber mit Speeren und Streitäxten bewaffnet. Auf See war Hochbetrieb. Die riesigen Garamuts (Trommeln) hatten bekanntgegeben, dass ein neuer Master ange-kommen sei und, oh Wunder, eine weiße Frau mitgebracht habe. Es kamen immer mehr mit Männern und Weibern besetzte Kanus an. Die Trommel hat gesprochen: „Ein weißer Mann ist mit einer weißen Frau gekommen, die Sonnenhaar auf dem Kopf hat." Nun kamen sie, um den großen Zauber zu sehen. Ernelein wurde es in-mitten dieser Wilden angst und bange, zumal sie sich nicht mit ihnen verständigen konnte. Die Weiber hatten sie betatscht, um festzustellen, ob sie auch wirklich ein Menschenkind sei[26]. Ganz besonders aber löste Ernas Blondhaar ihr Entzücken aus. Als der Andrang gar zu stark wurde, trieb ein edler Krieger die Gaffer auseinander und brachte Erna ins Haus, wo sie nun mit Lotte in Tränen schwamm. Die Begrü-ßung der Wilden, die vielen neuen Eindrücke, der Rummel des Ein- und Ausladens, das Geschrei der Eingeborenen und meine lange Abwesenheit, das alles war ihr auf die Nerven gegangen. Nun weinte sie und Lotte half getreulich dabei.

Auch Lotte erschien diese Gegend durchaus nicht geheuerlich. Anton bewachte die Gruppe mit geladenem Gewehr und sagte in seiner gemütlichen Art: „Mee think oll Kanak bellon Manus kaikai Man.[27]" (Ich denke, die Kanaken von Manus sind alle Menschenfresser.) Worauf Lotte unter Tränen antwortete: „It is good chi kaikai jou![28]" (Es ist gut, wenn sie dich fressen!) „No, chi kaikai, that is ol, Mary." (Nein, sie fressen nur Weiber) stellte nun Anton fest. Ich schickte die beiden weg und setzte mich auch auf die Kiste und habe dem Ernelein gut zugeredet und sie getröstet, bis sie einsah, dass es Quatsch sei, so zu heulen. Ich nahm sie mit zum Verladeplatz und sorgte dafür, dass sie nicht mehr belästigt wurde.

---

24 Bezeichnend für den Wortgebrauch der Südseedeutschen ist die Übernahme des englischen Begriffes „store" (an Stelle von „Laden"), ein Usus, der sich bis Ende des 20. Jahrhunderts bei den noch in Neuguinea lebenden deutschen Missionaren, die sich untereinander stets auf Deutsch verständigten, erhalten hatte.

25 Wahrscheinlich Hans Meier; vgl. Baumann/Klein/Apitzsch, *Biographisches Handbuch*, 241.

26 Und nicht ein *tambaran*, Geistwesen.

27 Tok Pisin: *Mi ting ol kanaka bilong Manus i kaikai man.*

28 Das in diesem und folgendem Satz verwendete Tok Pisin ist im Original nicht wirklich zu restaurieren. Denkbar ist, dass im deutsch-kolonialen Kontext zumindest regional das ursprünglich englische Personalpronomen „she" im Sinne des deutschen „sie" (Plural) und nicht das heute gebrauchte „ol" verwendet wurde – parallel zur Entwicklung von „em" (aus Englisch „him").

Jetzt fing der Esel, der Mayer, an, Schauergeschichten zu erzählen, die ich aber stoppte, worüber Mayer beleidigt war. Nachdem wir mit Verladen und Ausladen fertig waren, ging Mayer an Bord, um sich dort an Eisbier zu laben, was wir ihm auch nicht übelnahmen. Aber dass er überhaupt nicht daran gedacht hatte, für etwas Essbares zu sorgen, das war zum mindesten unkameradschaftlich. Aber ich glaube, dass das kein böser Wille war, sondern lediglich die Verlegenheit einer weißen Frau gegenüber. Er lebte nun schon länger als vier Jahre hier und hatte während dieser Zeit keine weiße Frau gesehen. Dagegen hatte er von seiner schwarzen Mary zwei Halbblutkinder. Das Letztere ist die Kehrseite des Insellebens.

Den nächsten Morgen fuhr die „Sumatra" zu unserem nächsten Nachbarn, der 35 Seemeilen von hier entfernt auf der Insel „Sissi"[29] saß und ebenfalls eine Pflanzung der Firma verwaltete. Den Pflanzer, Herrn Reinhard[30], kannte ich nicht persönlich. Es war für uns ein angenehmer Gedanke, dass überhaupt in erreichbarer Nähe ein Europäer lebte. Bis zur Rückkehr der „Sumatra" wurde weiterhin im Eiltempo die Übergabe vorgenommen, so dass ich Erna das Auspacken unserer Sachen ganz allein überlassen musste. Das macht ihr viel Freude und hat sie dabei etwas den Druck des gänzlich Ungewohnten überwunden. Am Abend kam die „Sumatra" zurück. Wir waren unterdessen mit der Übergabe fertig geworden, was an der Zeit gemessen, die uns zur Verfügung stand, keine Kleinigkeit war.

Da die „Sumatra" frühzeitig weiterfahren wollte, musste Mayer bereits am Abend an Bord gehen, worüber wir durchaus nicht böse waren. Den nächsten Morgen, als die Sonne aufging und die Glocke die Arbeiter zum Tagewerk rief, musste Erna die Entdeckung machen, dass die „Sumatra" verschwunden war. Sie lachte und sagte: „Jetzt sind wir Herr und Frau Robinson und nun wird nicht mehr geheult. Hier ist es nämlich herrlich und bin ich froh, dass ich das alles mit Dir erleben kann." Und es ist wirklich schön auf Noru. Diese Insel ist die größte der sechs Inseln, die unter meiner Verwaltung stehen. Das gesamte Pflanzungsareal ist etwa 450 ha gross.

Das Wohnhaus ist nicht sehr groß, aber nett und praktisch gebaut. Es besteht aus drei Zimmern. Um das Haus herum führt eine breite Veranda, die als Hauptaufenthaltsort zu bezeichnen ist. Ein besonderer Bau, der mit dem Wohnhaus in gleicher Höhe verbunden ist, enthält die Küche, den Vorratsraum und das Bad. Wie landesüblich, steht der gesamte Bau auf Zementsockeln. Das Haus steht dicht an der See, so dass wir einen schönen Blick auf die übrigen Inseln haben. Um den Hausplatz zieht sich ein weißgestrichener Zaun, dessen Türen am Abend geschlossen werden. Nach Eintritt der Dunkelheit darf kein Eingeborener die Umzäunung betreten.

Vor dem Hausplatz steht ein Schilderhaus. Auf Noru wird nachts regulär Wache gehalten. Abend für Abend übernehmen zwei Salomonsinsulaner die Wache. Es sind dies zwei ehemalige Polizeisoldaten, die mit ihren Karabinern recht gut umzugehen

---

29 Sisi-Mandrian und Sisi-Liu „zwei ungefähr gleich große Inselchen, liegen westlich von der Kali-Bucht (Insel Manus)." Reichs-Marine-Amt (Hg.), *Südsee-Handbuch. II. Teil*, 190. Sisi-Mandrian heißt heute Bipi Island.
30 Robert Reinhardt; vgl. Baumann/Klein/Apitzsch, *Biographisches Handbuch*, 378 (mit Foto).

verstehen. Diese beiden Leute sind Landfremde, derenseits keine Gefahr besteht, dass sie mit hiesigen Eingeborenen gemeinsame Sache machen. Eine solche Maßnahme, aus Gründen der Sicherheit, war auch mir neu. Seit der Zeit, als ein Angestellter einen Speer in den Rücken bekam, verfügte die Firma die Verordnung, dass auf allen Pflanzungen Nachtwachen einzurichten seien. So ganz ungefährlich schien die Gegend hier doch nicht zu sein und konnte man scheinbar sein Haupt nicht unbesorgt in den Schoß der lieben schwarzen Brüder legen. Für alle Fälle hatten wir jeder eine Browningpistole unter dem Kopfkissen liegen. An der Wand hingen zwei geladene Gewehre und eine Tasche mit hundert Patronen. Diese Maßnahme gab eine gewisse Sicherheit, die mit Angst nichts zu tun hatte. Die Eingeborenen waren eben richtige Wilde und als solche unberechenbar. Ihre Bewaffnung ist eine höchst gefährliche. Die Speere, ohne die sie nie erscheinen, haben eine Spitze, die aus Obsidianstein gefertigt ist und mit einem zähen Faden, der gepicht ist, auf dem Holzschaft aufgebunden.[31] Der Obsidianstein ist Naturglas, das schwarzglänzend und sehr spröde ist und scharfe Ränder hat. Dieser Stein kommt auf dem Festland in großen Mengen vor und wird von besonderen, schwarzen Fachleuten in lange Spitzen geschlagen, die dann, wie geschildert, verwendet werden. Wenn eine solche Spitze auf Widerstand stößt, zersplittert sie in unzählige Teile. Bei einem Wurf auf einen lebenden Körper fährt die rasiermesserscharfe Spitze in das Fleisch und zersplittert im Körper. Selbst wenn die Verwundung an und für sich nicht tödlich ist, so geht meist der Verwundete an den im Körper befindlichen Splittern zu Grunde. So ist es also besser sich vorzusehen, auch wenn keine besondere Gefahr zu erwarten ist.

Eine Inselpflanzung ist schwer zu bewirtschaften. Auf allen Inseln kann man nicht gleichzeitig sein, und wo man nicht ist, haben es die schwarzen Brüder mit der Arbeit nicht eilig. Zwar befindet sich auf jeder Insel ein Aufseher, aber eben auch nur ein Schwarzer, den man nicht sehr verantwortlich machen kann, wenn die Arbeit nicht flott vorangeht. So lag ich nun viel auf See. Teils fuhr ich mit dem gedeckten Kutter oder mit einem Segelboot, aber auch oft, vor allem zu den näher gelegenen Inseln, mit der Gig, einem schnittigen Sechssitzer. Die weiteste Insel, die zu meinem Bezirk gehört, liegt 20 Seemeilen von Noru entfernt. Hier hatte ich einen Malayen als Aufseher, der recht tüchtig war und auch lesen und schreiben konnte. Das erleichterte die Bewirtschaftung sehr, so dass ich nach dort nur einmal im Monat hinfahren brauchte.

Mit den Eingeborenen als Arbeiter war ich sehr zufrieden. Sie schwärmten natürlich auch nicht sehr für die Arbeit, aber waren willig und anstellig. Niemals wurden sie frech oder aufsässig, wie ich es in den sog. kultivierten Gegenden der Kolonie erlebt hatte. Ich treibe auch einen schwunghaften Handel mit den Eingeborenen und zwar mit verschiedenen Muschelarten. Es kommen hier vor allem die Troca, eine rötliche Muschel, die die Form eines Kegels hat, ferner die Burga, eine große stark-

---

31 Eine Abbildung findet sich in Hiery, *Bilder aus der deutschen Südsee*, 47 (Nr. 32: Diwon aus Manus mit Lanze, aufgenommen vom Fotografen der Herz-Jesu-Mission, Josef Oberreiter).

wandige Muschel und die Blacklipp, die fast flach ist, auf den Markt[32]. Alle diese Muscheln werden nach Deutschland geschickt, wo sie zu dem bekannten Perlmutt verarbeitet werden.

Außerdem besitzt die Firma noch eine kleine reguläre Taucherflotte, die mit Taucheranzügen und allen modernen Hilfsmitteln arbeitet und die kostbaren Goldlipps[33] fischt oder richtiger gesagt, bricht. Bis jetzt habe ich von diesem Betrieb noch nichts gesehen. Aber demnächst soll die Flotte hier stationiert werden.

Auf Noru ist eine prächtige Rinderherde vorhanden, die uns mit frischer Milch versorgt. Die Tiere gedeihen hier prächtig, da es Futter in Hülle und Fülle gibt und Seuchen nicht eingeschleppt werden können. Nur betreffs sonstiger Verpflegung sah es traurig aus. Die wenigen Hühner, die wir von Mayer übernommen hatten, halfen auch nicht viel, die Küche zu verbessern. Es gab allerdings in ungeheuren Mengen Fische, Krebse und riesige Langusten. Aber all das, so angenehm es war, kann man auch nicht alle Tage essen. Mayer hatte uns erzählt, dass es an Frischfleisch völlig mangele. Zum größten Teil von Konserven leben, ist weder gesund noch billig. Hier musste irgendwie Abhilfe geschaffen werden. Um uns wenigsten etwas frischen Proviant zu verschaffen, schoss ich kleine Papageien, die es hier in Mengen gibt[34]. Das Fleisch ist nicht besonders schmackhaft, gibt aber eine ganz vorzügliche Brühe. Das wusste ja nun Ernele auch noch nicht, dass man von Papageien Suppe kochen kann.

Da ich den Ausführungen Mayers nicht Glauben schenkte, kaufte ich von den Eingeborenen ein kleines Kanu, mit dem ich Anton nach dem Festland schickte, um zu sehen, ob es dort nicht etwas Schießbares gäbe. Und siehe da, Anton kam mit zehn großen Wildtauben wieder. Da war begreiflicherweise die Freude gross. Die armen Papageien werden von nun an unverfolgt bleiben.
Mit vieler Mühe haben wir auch einen Gemüsegarten angelegt. Wir haben auch geerntet, aber leider recht wenig. Der sandige Korallenboden eignet sich leider gar nicht für den Anbau von Gemüse.

Wir haben uns auf unserer Robinsoninsel sehr schnell eingelebt und sind glücklich und zufrieden. Ernelein ist fidel und lustig. Wenn man einen guten Kameraden zur Seite hat, ist die Einsamkeit nicht schwer zu ertragen. Nur die Sonntage werden manchmal etwas lang. Aber auch da wissen wir uns zu helfen. Mit Vorliebe fahren

---

32 Gattung *trochus*, Familie *trochidae*, sind keine Muscheln, sondern Seeschnecken. Als „blacklip" werden im Pazifik sowohl die eigentliche Perlmuschel, die schwarzlippige Perl- oder Austernmuschel (*pinctada margaritifera*), die vorzugsweise in Korallenriffen vorkommt, als auch die schwarzlippige Felsenauster (*saccostrea echinata*) bezeichnet, wobei die Letztere im Zusammenhang mit dem Text wohl weniger in Frage kommt. Vgl. Alan Hinton, *Guide to shells of Papua New Guinea*, Port Moresby 1980.

33 *Pinctada maxima*, mit bis zu 30 cm Umfang die weltweit größte Perlenauster.

34 Meyer verzeichnet für Manus *micropsitta meeki* (Meekspechtpapagei), *trichoglossus ornatus flavicans*, heute *trichoglossus haematodus flavicans* (Rotbrustpapagei, gegenwärtig als Allfarblori bezeichnet) u. den Edelpapagei (*eclectus goodsoni*). Vor allem der kleine Meekspechtpapagei kommt auch heute noch in Massen vor und dieser ist wahrscheinlich hier gemeint. Vgl. Meyer, *Die Vögel des Bismarckarchipel*, 16-17 u. 51.

wir dann auf eine der in der Nähe liegenden Inseln. Aber nicht auf solche, die zur Pflanzung gehören, sondern auf Inseln, die mit Urwald bedeckt sind und auf denen sich große Eingeborenendörfer befinden.

Es ist uns sehr interessant, die Sitten und Gebräuche der Manusleute kennen zu lernen. Ganz besonders eignet sich die Insel „Haragan"[35] dazu. Sie ist mit der Gig leicht und schnell zu erreichen. Hier herrscht noch ein unverfälschtes Urleben. In paradiesischer Landschaft, die eine ungeheuerlich üppige Vegetation aufweist, lebt ein schöner, aber sehr stolzer Menschenschlag, dessen Dasein an Behaglichkeit kaum zu überbieten ist. Hier kann man sehen, dass der Mensch, wenn er unkompliziert ist, recht angenehm und friedlich leben kann und mit einem Minimum an Arbeit auskommt. Der Dorfplatz ist vorbildlich angelegt. Die Häuser sind wohl die größten und bestgebautesten, die in der Südsee anzutreffen sind. Sie werden aus sauber zurechtgehauenen Baumstämmen errichtet und mit Blättern der Sagopalme, die hier in ungeheuren Mengen wächst, gedeckt. Ganz besonders prächtig ist das Beratungshaus aufgeführt. Es ist mit bunt bemalten Schnitzereien versehen, die einen ausgesprochenen Kunstsinn verraten. In den gut durchdachten Arabesken sind Vögel, Fische und Schlangen vorherrschend. Die Leute begegnen uns stets freundlich, und sehr höflich, aber nie habe ich hier das durchaus sichere Gefühl, wie es auf den Dörfern auf Neumecklenburg selbstverständlich war. Diese Menschen hier haben immer etwas Wildes in den Augen, das einen auf der Hut sein lässt. Es fiel uns auf, dass wir auf Harangan gar keine jungen Mädchen sahen. Als ich den Häuptling fragte, ob es denn in Harangan keine Mädchen gäbe, lachte er und zeigte nach der Richtung, in der merkwürdige, hohe steinerne Wälle zu sehen waren. Erna erfasste die Sache sofort, kletterte über einen solchen Wall hinweg und kam dann mit zwei hübschen, jungen Mädeln an, die sie wie Kinder an der Hand führte. Zweifelsohne war das ein Durchbruch geheiligter Sitten. Aber Sonnenhaar durfte sich einiges erlauben, nannte man sie doch schon allgemein „Missis belong mee fello[36]." (Unsere Missis.) Es gab ein großes Hallo und Lachen, als Erna mit den beiden Nackedeien ankam. Damit war der Bann gebrochen. Aber die niedlichen Mägdelein wussten, was sich schickte, und erschienen nun alle im Sonntagsstaat, der aus einem hübsch gearbeiteten Baströckchen bestand. Vorsorglich hatte Erna einige Perlenketten mitgenommen, die sie den Mädchen, die sich fotografieren ließen, schenkte. Der Kamera gegenüber blieben sie misstrauisch.

---

35 Reichs-Marine-Amt (Hg.), *Südsee-Handbuch. II. Teil*, 175; dort Maréngan (D'Entrecasteaux, Harrangun), heute Harengan genannt. „Zahlreiche Kokospalmen stehen auf Maréngan. Außer auf dieser Insel sieht man sie nur auf Sori, während sowohl die anderen kleineren Inseln als auch die Küste von Manus in der Nähe von Nares-Hafen keine Kokospalmen haben. Ein Dorf mit roter Pallisadenverschanzung liegt auf der nördlichen Seite". Weil es vor Ort kein Süßwasser gab, benutzte die einheimische Bevölkerung „das Seewasser, das sie durch Sand filtrieren und in neben ihren Behausungen gegrabene Vertiefungen lassen"; ebd.

36 Tok Pisin: *Missis bilong mipela*. Der Plural wird durch *mipela* (an Stelle des singulären *mi*) deutlich ausgedrückt, die Übersetzung ist also richtig.

Auf Manus haben es die Eingeborenen ganz besonders gut. Sie sind nicht auf Feldfrüchte angewiesen, wie es in den meisten anderen Gegenden Neuguineas der Fall ist. Die Sagopalme liefert so ziemlich alles, was die Menschen hier für ihre bescheidenen Ansprüche benötigen. Das Innere der Sagopalme besteht aus einem Mark, welches aufbereitet ein vorzügliches Nahrungsmittel darstellt. Die Aufbereitung geht folgendermaßen vor sich: Die Palme wird gefällt. Dann spaltet man den Stamm und nimmt das Mark heraus. Dieses wird mit der Axt oder einem Steinbeil zerkleinert und in eine Art Mulde getan, die aus der Rinde eines besonderen Baumes angefertigt wird. Die Aufbereitung geht stets in der unmittelbaren Nähe eines Wasserlochs oder fließenden Wassers vor sich. Der Sago muss fünf bis acht mal gewaschen werden. Das Waschen geschieht in den Mulden, die an der einen Seite eine Öffnung haben, so dass das Wasser ablaufen kann. Ist der Sago so rein, dass das abfließende Wasser klar bleibt, dann wird er in Blätter gepackt und verschnürt und ist fertig zum Gebrauch. Das Aufbereiten als Nahrungsmittel geschieht auf verschiedenen Wegen. Hier in Manus zerreibt man mit den Händen den Sago zu Mehl, welches auf eine Art Pfanne geschüttet wird. Unter fortgesetztem Umrühren wird geschabte Kokosnuss zugesetzt, die das Fett ersetzt, welches dem Sago ganz fehlt. Der so aufbereitete Sago gibt eine flockige Masse, die recht schmackhaft und vor allem nahrhaft ist. Selbstverständlich sind Fische, Krebse und sonstige Schalentiere eine beliebte Zukost. Die Blätter werden, wie schon erwähnt, zum Decken der Häuser benutzt. Die Rippen der mächtigen Palmenwedel werden gespalten und eignen sich vorzüglich zum Verkleiden der Wände. Sie nehmen mit der Zeit die Farbe polierten Nussbaums an. Auch liefert die Palme alles mögliche Material für Flechtwerk. Viele Europäer bauen sich Sagohäuser, da diese den Vorteil haben, viel kühler als die mit Wellblech gedeckten Häuser zu sein.

Vor einigen Tagen hatten wir Besuch, den ersten auf Noru. Herr Reinhard, der – wie schon erwähnt – die Insel „Sissi" verwaltet, schrieb uns einen netten Brief, in dem er zum Ausdruck brachte, dass wir vorläufig nicht gleich eine Seefahrt unternehmen wollen, um ihn zu besuchen, und so wolle er den Anfang machen. Erna freute sich sehr auf die Abwechslung und rumorte gewaltig in der Küche. Erstmal enttäuschte der Besuch etwas. Reinhard war sehr ruhig, fast schüchtern. Auch er lebte länger als drei Jahre in der Einsamkeit und war, genau wie Mayer, menschenscheu[37] geworden. Doch sehr bald überwand er diese Regung und entpuppte sich als heiterer, lustiger Mensch.

---

37 Das hier als „menschenscheu" beschriebene Phänomen als Folge jahrelang fehlender Kontakte zur Außenwelt ist keine Erfindung des Autors, sondern konnte noch im zweiten Drittel des 20. Jahrhunderts, etwa bei Missionaren, beobachtet werden. Missionare, die ihren Dienst in weit abgelegenen Gebieten versahen, waren beispielsweise nicht mehr in der Lage, das Essen gemeinsam mit Anderen einzunehmen, sondern zitterten am ganzen Leibe und mußten sich zum Essen in ein nur für sie bestimmtes separates Zimmer zurückziehen.

24.6.14

Am Abend, als wir gerade eine kleine Bowle vor uns hatten, kam Anton und meldete, dass weit draußen auf See ein Schiff in Sicht sei. Das konnte nur die „Sumatra" sein, die wir allerdings erst eine Woche später erwartet hatten. Wir wussten, dass der Dampfer Noru nachts wegen der gefährlichen Passage nicht anlaufen konnte. Es war mir sehr angenehm, dass Reinhard mit seinem Kutter hier war, mit dessen Hilfe die Verladung bedeutend schneller gehen wird.

Bei Morgengrauen ankerte die "Sumatra" vor Noru, und begann der übliche Verladebetrieb. Die Schwarzen trugen die Säcke auf die Kutter und Boote, was naturgemäß mit fürchterlichem Geschrei vor sich ging.[38] Sowie ein Fahrzeug beladen war, fuhr es ab in Richtung Dampfer. Erna, Reinhard und ich fuhren mit der Gig an Bord, wo uns Freund Clas schon sehnsüchtig erwartete. Er war eitel Wichtigkeit und schien der Meinung zu sein, dass seine geschätzte Gegenwart zur Beladung unbedingt nötig war. So war er in Komuli an Bord der „Sumatra" gegangen und beehrte uns nun mit seinem Besuch. Reinhard behauptete, noch nie einen so ekelhaften Kerl kennengelernt zu haben, wie es der Clas sei. Wie ist das nur möglich, dass ein Mensch, den man noch gar nicht kannte, derartige Antipathien erwecken kann? Jetzt erfuhren wir auch die große politische Begebenheit, die Ermordung des österreichischen Thronfolgerpaares.[39] Wenn das nur nicht zum Krieg führt! Clas war der Meinung, dass unsere Diplomaten die Sache wieder einrenken würden. Der Kapitän war anderer Ansicht und befürchtete das Schlimmste. Er sagte: „Ich glaube, dass ich heute zum letzten Mal Kopra bei Ihnen abhole."

Clas bat uns ihn doch recht bald zu besuchen, da er mit uns viel zu besprechen habe, wozu jetzt nicht der geeignete Moment sei. Dabei sah er Erna an und wartete wohl darauf, dass sie ein bisschen jammern würde, dass sie so lange allein bleiben solle. In dieser Hinsicht hatte er sich aber gründlich geirrt. Es war z.Z. Nord-West-Monsun, während dem oft schwere Stürme aufkamen, die für kleine Fahrzeuge, wie sie uns hier zur Verfügung standen, oft gefährlich werden konnten. Im Grunde genommen war dieser Auftrag eine Gemeinheit. Die „Sumatra" lag fast fünf Stunden hier, so dass mehr wie reichlich Zeit gewesen wäre, alles restlos zu besprechen. Es wäre nun allerdings sehr einfach gewesen, die Fahrt abzulehnen, da ja schließlich kein Mensch das Recht hat, jemanden in Gefahr zu bringen. Wir wollten aber doch hören, was uns der Menschenfreund an Wichtigkeiten mitzuteilen habe. Als wir an Land kamen, kochte Erna über vor Wut, war es doch sehr bitter für sie, jetzt schon auf längere Zeit auf dieser Insel allein zu bleiben. Komuli lag immerhin 170 Seemeilen von Noru entfernt.

---

38 Vgl. S. 27 Anm. 39.
39 Das Attentat von Sarajewo fand am 28. Juni 1914 statt, wird aber hier unter dem Eintrag vom 24. Juni vermerkt. Da der nächste Datumeintrag erst zum 29. September erfolgt, hat der Schreiber wahrscheinlich die Ereignisse der folgenden Zeit einfach nachgetragen und alle unter dem Datum 24. Juni subsumiert.

Die „Sumatra" hatte uns einen reichen Segen an Brief- und Zeitungspost gebracht. Erna hätte am liebsten alle Briefe auf einmal gelesen, was aber leider nicht möglich war. Beim Lesen kollerten einige Tränen auf die Briefe, oder sie lachte hell auf, je nach Inhalt der Briefe. In den Zeitschriften waren bereits Abbildungen des grauenhaften Mordes von Sarajewo zu sehen, ein Umstand, der sich etwas auf die Stimmung legte. Wir setzten den Kummer etwas unter Alkohol und tranken auf den Frieden, aber auch auf eine glückliche Fahrt und frohe Heimkehr.

Am nächsten Morgen erschien aus Richtung Harangan ein Kanu, besetzt mit schwer bewaffneten Eingeborenen, die uns freundlich begrüßten und uns sagten, dass sie während meiner Abwesenheit die Missis bewachen würden. Auf meine Frage hin, woher sie denn schon wussten, dass ich nach Komuli fahren will, sagten sie: „Die Garamut (Trommel) hat gesprochen." Das waren nun die gefürchteten Kannibalen! Übrigens ließ uns der Häuptling von Harangan sagen, dass er öfter nach Noru kommen würde, um hier nach dem Rechten zu sehen. Das Ernelein war tapfer und wird es wohl auch noch manchesmal sein müssen. Wir sahen sie noch lange auf der Anlegebrücke stehen und winken.

Auf offener See wurde unser Kutter zum Spielball der Wellen, genauso wie wir es erwartet hatten. Auf die Dauer wird solche Fahrt zur Qual. Volle sechs Tage kreuzten wir gegen den schweren Nord-West an. Der Kutter hatte keine Kabine, und im Laderaum waren sechs Schweine untergebracht, die alle seekrank waren, so dass ein unbeschreiblicher Gestank herrschte. Den ganzen Tag waren wir der unbarmherzigen Sonne ausgesetzt, hatten aber ebenso wenig Schutz vor Regen. Es gingen zeitweise schwere Regen nieder, die uns trotz Regenmänteln bis auf die Haut durchnässten. Außerdem schlugen fortgesetzt Brecher über Deck. Die Angst vor Riffen ließ uns auch nicht zur Ruhe kommen. Einmal fuhren wir mitten durch eine Herde von Seekühen, die ruhig dahergeschwommen kamen. Früher hegte ich immer Zweifel, wenn von Seekühen die Rede war. Doch hierin hatte ich mich geirrt. In diesen Gewässern gibt es noch Seekühe in Mengen[40]. Es sind dies sehr große Robben, die mit Kühen sehr wenig Ähnlichkeit haben. Den Namen Seekuh verdanken sie dem Umstand, dass sie Hörner haben. Diese Hörner bestehen aber nicht aus Horn, sondern aus einer knorpligen Masse. Der Zweck dieser Hörner ist nicht abzusehen. Ganz eigenartig mutet es an, dass die weiblichen Tiere beim Schwimmen ihre Jungen auf dem Rücken tragen, ebenso, dass die Euter der Muttertiere an der Brust sitzen und durchaus die Form menschlicher Brüste haben. Als Robben atmen sie durch die Lungen und können sehr lange unter Wasser bleiben, müssen aber immer wieder an die Oberfläche kommen, um Luft zu schöpfen.

---

40 Während der Dugong (*dugong dugong*), Tok Pisin: *bulmakau bilong solwara*, in vielen Teilen Papua-Neuguineas nur noch selten vorkommt oder schon ausgestorben ist, gilt Manus bis heute als letztes großes Rückzugsgebiet. Mit den Robben, wie vom Autor behauptet, ist die Seekuh nicht verwandt. Vgl. Garlef Müller-Langenbeck, „Die Tierwelt der ehemaligen deutschen Südsee", in: Hiery (Hg.), *Die deutsche Südsee 1884-1914*, 92-112, hier 107.

Endlich erreichten wir Komuli. Herr Clas fragte uns sehr freundlich, ob wir eine gute Reise gehabt hätten und ob mir der Abschied von meiner Frau sehr schwer geworden sei. Die Bewirtung seitens des Herrn Clas war vorzüglich. Er spielte den loyalen Vorgesetzten, dem nichts so sehr am Herzen lag wie das Wohlergeben seiner Untergebenen. Erst den nächsten Morgen kam es zu Verhandlungen. Wir wurden einzeln ins Büro gebeten. Wir waren sehr erwartungsvoll ob der wichtigen Sachen, die nun zur Sprache kommen sollten. Es war enorm, was mir der Herr mitzuteilen hatte. Er war von Rabaul aus schriftlich beauftragt worden, mir nunmehr die Oberleitung sämtlicher Pflanzungen zu übertragen. Wie Clas nun ausführte, müsse ich in dieser Position restlos zur Firma stehen und dürfe keinesfalls die Interessen der Angestellten vertreten. Er empfahl mir, baldigst sämtliche Pflanzungen aufzusuchen, ihm Berichte zu senden und vor allem zu erforschen, ob irgendwelche Unregelmäßigkeiten vorkamen. Dass ich mit den Angestellten Erfahrungen austauschen solle und behilflich sein, eventuelle Schwierigkeiten zu beseitigen, davon sagte er nichts. Dagegen war er der Meinung, dass es praktisch sein würde, wenn ich die Aufseher ausfrage und so auf diese noble Weise in die Lage käme, alles zu erfahren, was sich auf den Pflanzungen zutrage. Auf Deutsch gesagt, ich sollte den Polizeispitzel spielen.

Ich fühlte ordentlich, wie mein Gesicht eisig wurde und erklärte nun dem feinen Herrn, dass ich auf dieser Basis keinesfalls arbeiten werde. Sondern dass ich mit den Angestellten zusammen zum Vorteil der Firma alles tun werde, um deren Interessen zu wahren. Diese Ansicht konnte ich mit Sicherheit vertreten, da sämtliche Pflanzungsangestellten erprobte, tüchtige und anständige Menschen waren, die man mit Clas'schen Methoden schwer verbittert hätte. Es wäre unter diesen Verhältnissen genau das Gegenteil von dem eingetreten, was beabsichtigt war. Auch wusste ich, dass der Clas bei der Firma in keinem hohen Ansehen stand. Dann habe ich Herrn Clas noch erklärt, dass er es einfach nicht verantworten könne, uns bei solchem Wetter mit so einem kleinen Fahrzeug nach hier kommen zu lassen, zumal er doch gerade erst auf Noru war, wo die Besprechungen genauso gut vor sich gehen konnten wie hier auf Koroniat.[41] Da mussten nun zwei Pflanzungen eine Woche ohne Aufsicht bleiben, nur um mit Herrn Clas verhandeln zu können. Es war mir nun voll bewusst, dass ich einen Feind mehr auf Erden hatte. Unter den Segenswünschen des Herrn Clas segelten wir den nächsten Morgen in Richtung Heimat ab. Reinhard dampfte noch vor Wut. Wie er nun erzählte, war seine Unterredung einfach läppisch verlaufen. Es kamen nur Sachen zur Sprache, die eigentlich selbstverständlich waren. Die Heimfahrt, bei dem nun sehr günstigen Wind, ging flott vonstatten, so dass wir nun dazu nur 2 ½ Tage benötigten. Unsere Bootsleute waren in bester Stimmung. Jetzt war das Kreuzen nicht mehr nötig. Auch fiel das Wasserpumpen weg. Die Leute ließen ihre Angelschnuren aus, an deren Ende große Angelhaken befestigt waren. Als Köder wurde einfach ein Stück weißes Leinenzeug benutzt. Dadurch, dass der

41 Koruniat, so im Reichs-Marine-Amt (Hg.), *Südsee-Handbuch. II. Teil*, 179, u. der heutige Gebrauch.

Haken mit dem Köder in der Geschwindigkeit der Fahrt durch das Wasser gezogen wurde, sahen die gefräßigen Raubfische in dem weißen Lappen einen Fisch, den sie schnappen wollen und dabei selbst geschnappt werden. Oft mussten vier Mann ziehen, um so einen Fisch einholen zu können, der dann unter Geschrei mit der Axt erschlagen wurde. Immer wieder musste man sich fragen, wo das die Kerle hinfressen.

Bei der Umseglung des südlichen Kaps von Manus, das aus einem mächtigen Felsmassiv gebildet wird, zeigte mir Reinhard den Eingang zu einer Höhle, den man durch das Glas ganz deutlich sehen konnte. Nun spann er ein zünftiges Garn. Angeblich sollten hier vor Jahrzehnten Seeräuber gelandet sein, die ungeheure Schätze in der Höhle vergraben hatten. Weiter erzählte er, dass die Eingeborenen nicht zu bewegen seien, die Höhle zu betreten, da hier angeblich besonders böse Geister hausen. Das sind sicher die Schatzwächter, die die Reichtümer bewachen, bis die Auserwählten kommen und „Sesam, öffne Dich" rufen. Abgesehen von den bösen Geistern war Reinhard garnicht abgeneigt, an das goldene Märchen zu glauben. So kamen wir überein, bei passender Gelegenheit die Höhle auf ihren Inhalt zu untersuchen. Mit der herrlichen Aussicht, demnächst als Millionäre auftreten zu können, trennten wir uns auf der Insel Sissi, auf der Reinhard eine Pflanzung verwaltete.

Bald kam Noru in Sicht und nahmen die Bootsleute ihre Tritonmuscheln zur Hand und vollführten ein Getute, das einem Ozeandampfer zur Ehre gereicht hätte. Sie meldeten unser Kommen an. Da der Wind direkt auf Noru zustand, war das Ankunftssignal wohl eher zu hören als wir zu sehen waren. Es war unterdessen finster geworden und loderten nun mächtige Feuer auf, die uns die Einfahrt in die Passage zeigten. Der Anker fiel, und schon kam Ernelein mit der Gig angeflitzt. Sie war halb verrückt vor Freude, dass ich wieder da war. Ihre wilde Wachmannschaft hat treu und brav dafür gesorgt, dass kein böser Feind nahe. Jetzt war es an mir, sämtliche Pflanzungen zu überholen. Auf diesen Fahrten begleitete mich meist Erna. Selbstverständlich kamen wir dabei öfter mal in harte See. Wunder über Wunder! Erna wurde nie seekrank. Das Springen des kleinen Fahrzeugs konnte ihr nichts anhaben. Während sie doch auf den großen Schiffen durch das Heben und Senken sofort seekrank wurde. Überall, wo wir hinkamen, wurden wir freundlich aufgenommen. Es hatte sich scheinbar herumgesprochen, dass ich der Methode Clas abhold war. Die Pflanzungen waren alle sehr gut in Ordnung und hatte ich mich hinsichtlich der Qualitäten der Leiter nicht getäuscht. Dementsprechend waren auch meine Berichte, die ich an die Firma einreichte.

Eines Tages kam ein schwerer Sturm auf und erschien die gesamte Taucherflotte vor Noru, um hier in der sicheren Bucht Schutz zu suchen. Der Taucherkapitän, Albrecht[42], kam an Land und stattete uns seinen Besuch ab. Er war ein junger, gut aussehender Mann, der aber ein sehr unruhiges Wesen an sich hatte, was uns beiden auffiel. Unter anderen fragte er uns, ob in letzter Zeit der Kaiserliche Stationsleiter hier gewesen sei. Wir verneinten und konnten nicht verstehen, was den Mann zu dieser Frage veranlasste. Jetzt hatten wir auch Gelegenheit, uns die Taucherflotte

---

42 Franz Christian Albrecht; vgl. Baumann/Klein/Apitzsch, *Biographisches Handbuch*, 9-10.

näher zu betrachten. Albrecht zeigte uns seine letzte Ausbeute, eine ganze Anzahl herrlicher Perlen. Erneleins Augen wurden ganz groß, als sie diese Schätze sah. Ich musste feststellen, dass es gar keine Möglichkeit gab, die Ausbeute nur einigermaßen zu kontrollieren. Wenn der Kapitän unehrlich war, so wird er nicht so töricht sein, seine schwarze Besatzung das wissen zu lassen. In dieser Beziehung musste ich Clas recht geben. Den nächsten Morgen wurde das Wetter besser und lief die Flotte aus, um etwa zehn Meilen von hier nach Muscheln zu suchen.

Kurz darauf erschien am Horizont ein Dampfer, der direkt auf Noru Kurs hielt. Das war ein ganz außergewöhnliches Ereignis und waren wir direkt aufgeregt. In Manus ist die Ankunft eines Dampfers, außer dem fahrplanmäßigen, eine Sensation. Bei Näherkommen stellten wir fest, dass es die „Nusa", ein kleiner Gouvernementsdampfer, war, der jetzt hier vor Anker ging. Eine ganze Anzahl Europäer kamen an Land und wurde der Fall immer rätselhafter. Auch meinen lieben Freund Clas erkannte ich unter den Angekommenen. Ferner erschien ein Richter, ein Arzt, ein Gouvernements-Sekretär, der Kaiserliche Stationsleiter von Seeadlerhafen (Herr Zwanziger[43]), der Kapitän und ein Polizeimeister. Die meisten der Herren waren mir bekannt. Nach der Begrüßung wurde ich gefragt, ob ich wisse, wo die Taucherflotte liege. Nachdem ich Auskunft gab, teilte man mir mit, dass bei Zwanziger seitens der Eingeborenen Klage gegen Albrecht wegen sittlicher Verfehlungen und Körperverletzung erhoben worden sei. Clas ließ seiner sittlichen Entrüstung freien Lauf[44], was aber sichtlich bei den Anwesenden wenig Eindruck hinterließ. Der Richter sagte: „Es scheint sich hier um einen jener traurigen Fälle zu handeln, dass ein sonst ganz normaler Mensch, bedingt durch die ständige Einsamkeit, zu einer unverständlichen, widernatürlichen Handlungsweise getrieben wird. Man kann es auch Tropenkoller nennen." Danach schrieb er einen Verhaftungsbefehl aus, mit dem der Polizeimeister an Bord ging. Auch der Kapitän verabschiedete sich und fuhr nun die Nusa zur Taucherflotte, um Albrecht zu verhaften. Nach zwei Stunden war das Schiff zurück, auf dem sich Albrecht als Gefangener befand. Dort ging auch die Vernehmung vor sich. Unterdessen hatten wir die Freude, Herrn Clas genießen zu dürfen. Er war sichtlich über die Vorkommnisse empört und teilte er mir nun mit, dass ich zu allen meinen Pflichten auch die Taucherflotte übernehmen müsse. Warum gerade ich, der ich keine Ahnung von der Taucherei hatte, auch noch die Flotte übernehmen solle, war mir unverständlich. Dass ich auch noch Taucherkapitän werden solle, habe ich mir auch nicht träumen lassen. Alle meine Bedenken halfen nichts. Clas blieb dabei, dass es eben nicht anders zu arrangieren sei.

Unterdessen war auch die Taucherflotte eingelaufen, deren Mannschaft nun vernommen wurde. Es ist immer ein höchst trauriger Vorfall, wenn Eingeborene in einer Strafsache gegen einen Europäer vernommen werden. Die Sache entpuppte sich nun doch bei weitem schlimmer, als man erst angenommen hatte. Die schwerste

---

43 Richtig: Zwanzger, s. S. 145 Anm. 20.
44 Aber siehe den Tagebucheintrag unten vom 15.5.1917, nachdem Claß wegen sexuellen Mißbrauchs von Minderjährigen die Kolonie Hals über Kopf verlassen musste.

Belastung bestand darin, dass er seine schwarze Mary unglaublicherweise mit einem Rasiermesser an der Sitzfläche übel zugerichtet hatte.

Clas und ich übernahmen nun an Hand der Inventarlisten den Betrieb. Den Schlüssel zur Kassette hatte sich Clas von Albrecht geben lassen und wurden nun die kostbaren Perlen gezählt und gewogen. Es waren 52 Stück. Welche schönen Frauen werden wohl dereinst diese Perlen tragen? Vielleicht werden es auch alte, hässliche Schrunzen sein, die weiter nichts wie Geld haben.

Der Kapitän erzählte uns, dass es am politischen Himmel trübe aussehe und dass jeden Augenblick der Krieg zwischen Deutschland nebst Österreich als Verbündeten einerseits und gegen Russland und Frankreich anderseits, ausbrechen könne. Auf meine Frage hin, wie sich England verhalten würde, war der Kapitän fest überzeugt, dass sich England die herrliche Gelegenheit, die deutsche Konkurrenz zerschlagen zu können, nicht entgehen lassen würde. Das waren trübe Aussichten für die Zukunft. Aber innerlich hofften wir doch, dass es nicht zum Allerschlimmsten kommen würde. Noch am selben Abend ging die „Nusa" in See, mit Albrecht als Gefangenem an Bord. Ich wurde mit Clas einig, dass während der Zeit, bis ein Ersatzmann eintrifft, in der Nähe von Noru gefischt wird.

Erna war nun sehr neugierig, den Taucherbetrieb kennenzulernen. So gingen wir den nächsten Morgen an Bord des Begleitschiffs und liefen mit der Flotte aus. Erstmal war ich hilflos wie ein Kind, da ich von dem Betrieb keine Ahnung hatte. An Bord war ein alter Aufseher, der sein Fach von Grund auf verstand. Auch die Taucher waren geübte Leute, die alle bereits schon einige Jahre bei der Flotte gearbeitet hatten. Der Aufseher kannte die Lage der Bänke genau, und so lief der Betrieb reibungslos. Die Taucher sind alle Eingeborene von Manus, die erst mal von Hause aus gute Seeleute sind und für die Taucherei direkt begabt zu sein scheinen. Nachdem wir geankert hatten, legten fünf Mann die Taucheranzüge an. Der schwere Helm wurde aufgeschraubt und die Luftpumpen geprüft. Dann gingen die Leute an Leitern über Bord und arbeiteten etwa drei Stunden unter Wasser. Von Zeit zu Zeit gaben sie durch die Leine Zeichen. Dann wurde der mit Muscheln gefüllte Korb, den sie mit nach unten genommen hatten, gefüllt mit Muscheln, hochgezogen. Die Arbeit ging flott vonstatten und versah jeder seinen Posten. An jeder Luftpumpe standen zwei Mann und die übrigen zogen die Körbe hoch. Nach drei Stunden wurden die Taucher hochgezogen und aus ihrem Panzer befreit. Die Leute erweckten den Eindruck der Erschöpfung. Einige schwitzten stark und sahen im Gesicht grau aus. Die Muschelbänke liegen etwa in einer Tiefe von 6 - 8 Metern. Die Taucher, die erst mal ihre Pflicht erfüllt hatten, sprangen fröhlich in die See und nahmen ein Bad, das ihnen sichtlich wohltat. Ernelein führte wieder einmal einen Kampf mit ihren Geruchsnerven aus. Auf dem sog. Mutterschiff roch es nicht gerade nach Veilchen und in den Booten herrschte ein übler Gestank. Es war natürlich nicht zu vermeiden, dass beim Öffnen der Muscheln Teile der Muscheltiere in den Booten blieben, die in Verwesung übergingen und in Verbindung mit dem Bilchwasser eine mehr wie übelriechende Masse ergaben. (Das Bilchwasser[45] ist Seewasser, welches außenbords eindringt und sich im Kiel ansammelt.) Ich deklamierte: „Mit gekrochen, mit gerochen", was Erna kindisch fand. Dann ging die zweite Crew unter Wasser, während nun die erste die Arbeit an den Pumpen übernahm.

Dann kam das angenehmste Geschäft an die Reihe, das Aufbrechen der Schalen und Herausnehmen der Muscheltiere und dabei die Spannung auf den Erfolg. So selten, wie es meist in Geschichten geschildert wird, sind die Perlen garnicht. Allerdings kommen große, schöne Exemplare nicht alle Tage vor. Einen Tag, an dem gar nichts gefunden wurde, hatte es bisher noch nicht gegeben. In mancher Muschel sind gleich mehrere Perlen vorhanden, die aber meist von geringerer Größe und Wert sind. Zur Zeit sind Tropfenformen sehr gefragt, möglichst Passer, worunter man gleichförmige und gleichgroße Perlen versteht. Angesehen von einigen kleinen Perlen hatten wir am ersten Tag vier sehr schöne Perlen erbeutet, aber Passer waren nicht dabei. Ernelein war ganz begeistert von der Schönheit der Funde. Ich hatte mich unterdessen ein wenig in den Schriftstücken der Taucherei umgetan und musste zu meinem Erstaunen feststellen, dass dieser Betrieb nicht sehr rentabel war.

Aus den vorhandenen Briefen ging immer wieder hervor, dass die Ausbeute zu gering war. So glänzend, wie ich es mir vorgestellt hatte, scheint das Geschäft also doch nicht zu sein. Die Anschaffung der Flotte nebst deren Unterhaltung sowie die Besatzung kosten natürlich ein tüchtiges Stück Geld. Ebenso sind die Taucherausrüstungen und deren Instandhaltung äußerst kostspielig.

Jetzt ergab es sich von selbst, dass ich tagsüber kaum zu Hause war. Meist lag ich auf See, da es sich herausstellte, dass meine Anwesenheit bei der Taucherei doch nötig war. Die Gefahr, dass gestohlen wurde, war kaum vorhanden. Wie hätten die Schwarzen die Perlen hier auf Manus auch verwerten sollen? Dagegen neigen die Leute dazu, die Taucherzeiten selbständig abzukürzen und vor allem mit den Ausrüstungsgegenständen sehr liederlich umzugehen. Ordnungssinn scheint den Schwarzen nicht in die Wiege gelegt worden zu sein. Vielleicht den Menschen überhaupt nicht.

Eines Tages kam ich auf die fabelhafte Idee, auch einmal zu tauchen. Der Aufseher fand den Wunsch verständlich, da er scheinbar annahm, dass jeder Europäer tauchen könne. Albrecht war, wie ich hörte, oft unter Wasser gegangen, um sich die Bänke anzusehen und auch um zu sehen, ob ordentlich gearbeitet werde. Für ihn war das sicher eine Kleinigkeit, da er während seiner Dienstzeit bei der Marine als Taucher ausgebildet wurde. So ließ ich mir die Rüstung anlegen und benahm mich dabei, als sei das alles das Selbstverständlichste der Welt. Die Sache wurde aber schon tragisch, als man mir den Helm aufgeschraubt hatte. Ehe es losging, war ich schon am Ersticken. Jetzt wurde Luft gepumpt und hatte ich das Gefühl, dass die Luft durch mein Gehirn statt durch das Ventil eintrete. Die Regulierung der Luftzufuhr hatte ich auch nicht richtig erfasst. Im Augenblick entwickelte sich durch die Sonnenglut

---

45 Gemeint ist das Leckwasser, das sich in der sog. Bilge, dem tiefsten Teil jeden Schiffes, ansammelt.

eine starke Hitze, so dass der Schweiß in Strömen ausbrach. Dann wollte ich laufen, aber meine Füße schienen an Deck festgeschraubt zu sein. Dass die Bleiplatten so schwer sind, hatte ich nicht vermutet. Der Aufseher merkte nun, dass auf dem Gebiet der Taucherei mit mir nicht viel los sei. Zwei Mann waren mir behilflich, über Bord zu kommen. Wie es kam, weiß ich nicht, ich rutschte von der Leiter ab und sank und sank, wie mir es erschien, viele hundert Meter in die Tiefe. Plötzlich fühlte ich Grund unter den Füßen. Jetzt ließ ich erst einmal etwas Luft ab, denn meine Lunge war am Platzen. Daraufhin fühlte ich mich wohler, sogar laufen konnte ich. Unterdessen kam ich auf den Gedanken, die Augen zu öffnen, die ich bis jetzt krampfhaft geschlossen hielt. Was war das für eine Wunderwelt! Über mir erschien das Licht tief blau, und die Korallen leuchteten in allen Farben des Regenbogens. Mannigfaltiges Getier kroch um mich herum. Ein stachliges Ungeheuer kam mir zu Gesicht, dass ich mit der kurzen Brechstange in die Flucht schlug. Bunte Fische aller Arten kamen dicht an mich heran, als ob sie mich beriechen wollten. Nun betrachtete ich mir in Ruhe die Muschelbänke, die zu vielen hunderten an den Korallenriffen sich angesiedelt hatten, von denen sie mit den Brechstangen abgestoßen wurden.

Ein furchtbares Seeungeheuer versetzte mich in Schrecken, das in meine unmittelbare Nähe kam. Ich wollte ihm mit der Brechstange zu Leibe gehen, da erkannte ich, dass es einer meiner Taucher war, der hier Muscheln brechen wollte. Gerade das wollte ich sehen, um feststellen zu können, was ein Mann schaffen kann. Mit meiner Brechstange beteiligte ich mich an der Arbeit, die nicht so anstrengend war, wie ich angenommen hatte. Die Temperatur war angenehm kühl. Ich hatte mir vorgenommen, eine ganze Schicht zu tauchen, merkte aber bald, dass ich das nicht durchhalten könne, zumal ich Nasenbluten bekam, was äußerst unangenehm war. So gab ich an der Leine das Zeichen zum Aufziehen. Dabei hatte ich noch ein kleines Erlebnis. Wie ich hochgezogen wurde, drehte sich mein Corpus um sich selbst, so dass ich nicht mehr wusste, was vorn und was hinten war. Ich wurde von einer Riesenhand an der Sitzfläche hochgehoben und wie der Seemann sagt, der Achtern nach oben, schwamm ich an der Oberfläche. Dagegen wollten Kopf und Füße durchaus das Wasser nicht verlassen. Wo sich die Leiter befand, konnte ich nicht feststellen. Es fassten mich viele Hände und brachten mich in die richtige Lage, so dass ich die Leiter fassen konnte. Endlich war ich an Bord und war glücklich, wie mir der Helm abgenommen wurde und ich wieder frei atmen konnte. Es war sicher ein großer Leichtsinn von mir, ohne jede Vorkenntnis zu tauchen. In den Kolonien tut man aber so manches, was man nicht gelernt hat. Meine schwarzen Taucher haben sich über meine Künste herrlich amüsiert, was mich aber nicht abhielt, auf meine Taten sehr stolz zu sein. Als ich nach Hause kam, erzählte ich Erna mein Abenteuer, welches ihr sichtlich imponierte. Einen Monat später erschien ein Motorschuner, der einen Taucherkapitän an Bord hatte. So war damit meine Tätigkeit auf diesem Gebiet zu Ende, worüber ich wirklich nicht böse war.

So ging die Zeit unglaublich schnell dahin. Wir lebten, wie es uns gefiel und benötigten niemanden zur Vervollkommnung unseres Glücks. Nur durch die ständigen Bohrereien seitens Clas und die allzu vielen Seefahrten wurde uns gewahr, dass auch auf einer fernen Südseeinsel das unberührte Paradies nicht zu finden ist. Mit den Eingeborenen erlebten wir so manche Episoden, die man auch als Abwechslung betrachten konnte. So war es auch eines Sonntags abends, Erna und ich lagen auf dem Liegestuhl und lasen, als plötzlich ein großer Eingeborener hinter Ernas Kopf stand und nicht misszuverstehende Bewegungen mit der Axt vollführte. Wir hatten seine Gesten falsch verstanden. Er wollte Erna durchaus nichts zuleide tun, sondern nur andeuten, dass ein Landsmann von ihm von einem anderen Schwarzen mit einer Axt am Schädel verwundet worden sei. Der arme Kerl hatte zwei klaffende Wunden auf dem Schädelbein. Die Wunden waren so tief, dass das Gehirn zum Teil freilag. Dabei war der Mann völlig bei Besinnung. Durch den unglaublich dichten Haarschopf waren die Axthiebe sehr abgeschwächt worden. Mit großer Mühe haben wir das Haar abgeschnitten, und die Wunde gesäubert. Das Reinigen der Wunden war gar nicht so einfach, da viel Haar, Knochensplitter und Schmutz sich mit dem Blut zu einer zähen Masse verbunden hatte. Der Verwundete verzog bei der Behandlung keine Miene. Ganz besondere Bewunderung erweckte es, als ich die Wunde nähte und wurden alle Leute ob des Zauberwerks direkt andachtsvoll. Ob der Patient seinem schönen Haarschopf nachtrauerte, war nicht festzustellen, dagegen erfüllte ihn der weiße Verband, der nun sein Haupt krönte, sichtlich mit Stolz.

Nun erfuhren wir auch den Grund des schweren Streites und konnten feststellen, dass sich die Menschheit in gewissen Dingen überall auf Erden gleicht, ganz einerlei, ob es sich um hochzivilisierte Menschen oder um Kannibalen handelt. Das Weib! Aus diesem Vorfall haben wir uns noch eine besondere Lehre gezogen. Es wurde uns einmal vergegenwärtigt, wie leicht und einfach es für die Eingeborenen ist, Europäer zu überfallen. Wie wir den Mann mit der Axt gewahr wurden, der sicher schon einige Zeit am Kopfende unserer Liegestühle stand, war der Hausplatz mit mindestens dreißig Kanaken angefüllt. Wir hatten aber von deren Kommen nicht das Geringste wahrgenommen. Ebensowenig hatten die beiden Wachposten von dem Erscheinen der Leute etwas bemerkt. Auch die Hunde hatten nicht angeschlagen, was geradezu unverständlich war. Nachdem sich die Gemüter beruhigt hatten, fragten wir die Leute, weshalb sie sich so lautlos verhalten hätten. Mit ernster Miene sagte der Anführer der Schar: „Es ziemt sich nicht, nachts jemanden zu erschrecken." Es gehören aber gute Nerven dazu, um diese Sitte schön zu finden.

Etwa vierzig Seemeilen von Noru entfernt lebte ein Österreicher, den wir mit unserem Besuch noch nicht beehrt hatten. Also bestiegen wir eines Sonntags morgen unseren Kutter und gingen auf Besuchsfahrt. Der Wind war nicht ungünstig, aber etwas schwach, so dass wir erst am späten Nachmittag bei Reis[46], so hieß der Mann, landeten. Reis freute sich sichtlich, so unerwartet Besuch zu bekommen und tat sein Möglichstes, es uns in seinem hübschen Sagohaus so angenehm wie möglich zu machen. Dieses Haus war eine Kuriosität und mutete wie ein Museum und gleichzeitig wie ein Waffenarsenal an. An den Wänden hingen mächtige Tigerfelle, dazwischen malaiische Handwaffen und auch alle Arten Speere, Schädelspalter, Bogen und Pfei-

---

46 Josef Reiss; vgl. Baumann/Klein/Apitzsch, *Biographisches Handbuch*, 378 (mit Foto).

le, der Südsee. Aber auch ganz moderne Waffen wie Gewehre, Mehrladepistolen und Revolver waren in einer Vielfältigkeit vorhanden, wie man sie nur noch in Jagdschlössern findet. Fotos und Handzeichnungen aus allen möglichen Ländern hingen in selbstgefertigten Rahmen an allen Wänden des Hauses. Hinsichtlich dieses Hauses konnte man wohl von einem Kuriosum reden. Das größte Kuriosum in dieser Ausstellung war der Herr des Hauses selbst. Reis gehörte zu einer Art Menschen, wie man sie nur sehr selten antrifft. Er ist sehr groß und hager und trägt einen blonden Vollbart, so dass man ihn für einen katholischen Missionar halten könnte. Nur die Künstlerlocken passen nicht ganz zu diesem Beruf. Auf seinem Handrücken prangte ein tätowierter Anker, was auf den seemännischen Beruf schließen ließ. Dagegen ließen die vielen Skizzen und Tonskulpturen den Künstler vermuten. Die vielen Waffen dagegen ließen den Jäger vermuten. Alles zusammen ist richtig.

Nach dem Abendessen lagen wir bequem auf den Liegestühlen. Reis erzählte aus seinem Leben. Er erzählte außerordentlich anschaulich und lebhaft. Seine Lebensgeschichte war so interessant, dass die Stunden verflogen. Reis hatte die Kunstakademie in Wien besucht und wollte Bildhauer werden. Doch hier wendete eine unüberwindliche Sehnsucht nach fernen Ländern sein Geschick. Eine Erbschaft, die ihm unerwartet zufiel, half ihm, seinen Vorsatz auszuführen. Er ging auf Reisen und genoss alles, was sich ihm bot. In irgendeiner südamerikanischen Stadt wurde ihm die Brieftasche samt Papieren und Reisescheckbuch gestohlen. Für fünf amerikanische Dollars, die er noch in der Tasche hatte, kaufte er einem verkommenen deutschen Matrosen sein Seefahrtsbuch ab und heuerte auf einem deutschen Segelschiff als Matrose an. Dort merkte man den Schwindel sehr bald und hat der gute Reis anfangs der Reise sehr bittere Zeiten erlebt. Aber er hatte trotzdem Glück. Der Kapitän war ein anständiger Mensch und ließ Reis den Schwindel nicht entgelten und so wurde er Zahlmeister, Proviantmeister und Kochgehilfe. An der Küste von Sumatra erlebte Reis einen Schiffbruch, der ihm scheinbar die Lust zur Seefahrt nahm. In einem Hospital auf Sumatra lernte er einen Tigerfänger kennen, mit dem er sich anfreundete und der ihn aufforderte, mit ihm auf Tierfang, in Sonderheit Tigerfang, zu gehen. Reis sagte begeistert zu und blieb diesem gefährlichen Beruf vier Jahre lang treu. Den Auftraggebern war es in der Hauptsache darum zu tun, junge Tiere zu bekommen. Da aber Tiger nicht daran interessiert sind, zoologische Gärten zu bereichern und ihre Jungen zu diesem Zweck auszuliefern, mussten immer erst die alten Tiere abgeschossen werden, was bekanntlich mit Lebensgefahr verbunden ist. Wie Reis erzählte, bestand seine Lieblingsbeschäftigung darin, die jungen Tiger zu hegen und zu pflegen. Seine Firma hatte ein Tierheim errichtet, wo die Tiere so weit gezogen wurden, dass sie die weite Reise nach Europa oder Amerika überstehen konnten. Reis hat scheinbar in diesem Beruf ein schönes Stück Geld verdient. Doch dann erfasste ihn wieder das Reisefieber. Er wollte durchaus die ganze Südsee kennenlernen. Nun sitzt er hier gottvergessen auf Manus und legt für die katholische Mission eine große Pflanzung an, bis er eines Tages wieder die Koffer packt. Reis ist unbedingt ein netter, liebenswürdiger Mensch. Leider hat er einen Sparren in dem Kopf. Er stellt Horoskope, von deren Trefflichkeit er fest überzeugt ist. So will der

Unglücksmensch genau wissen, dass er in Kürze eines gewaltsamen Todes sterben wird.[47] Dieser Quatsch wurde uns ein wenig unbehaglich und bemühten wir uns, ihn davon abzubringen, was er mit einem überlegenen Lächeln abtat. Auf der Heimfahrt bot uns der Besuch bei Reis viel Gesprächsstoff.

Von Reinhard erhielt ich einen Brief, in dem er anfragte, wie ich denn über die Hebung des Schatzes in der Teufelshöhle denke. Erna witterte eine interessante Abwechslung und erklärte, unbedingt mitfahren zu sollen, obgleich sie hinsichtlich des Seeräuberschatzes mehr wie skeptisch war. So machten wir unseren Kutter klar und fuhren Richtung Sissi ab, um hier Reinhard an Bord zu nehmen. Er kam uns aber mit seinem Kutter entgegen, wodurch wir viel Zeit sparten. Gegen elf Uhr erreichten wir das kleine Fischerdorf, in dessen Nähe die Höhle gelegen ist. Anton und ein Salomonsinsulaner, also zwei Landfremde, die angeblich teufelsfest waren, versicherten uns ihrer Furchtlosigkeit und hatten beschlossen, uns bei der gefahrvollen Expedition zu begleiten. Mit drei Gewehren und vier Laternen bewaffnet, erreichten wir bald den Eingang zur Höhle. Hier haben wir Kriegsrat gehalten und wurde beschlossen, dass erst mal Reinhard, Anton und ich allein einen Vorstoß unternehmen werden, um festzustellen, ob die Höhle passierbar sei oder nicht. Der Eingang war etwa 1 ½ mtr hoch, so dass wir bequem passieren konnten. Reinhard, der Mutige, ging voraus. Kaum war er zehn Meter gegangen, rief er: Vorsicht! Dann verschwand er samt seiner Laterne und landete in einem Wassertümpel. Er plantschte wie ein Seehund und fluchte wie ein Hausknecht. Der Grund der Höhle bestand aus glitschigem Ton und führte etwa acht Meter steil bergab. Reinhard hatte eine Gleitfahrt unternommen und fischte im Wasser nach seiner Laterne. Anton und ich wollten nun versuchen, ohne ein Schlammbad zu nrhmen, in die Tiefe zu gelangen, was auch einigermaßen gelang. Jetzt betrachteten wir uns erst mal in Ruhe den Anfang der Höhle und wurden gewahr, dass es sich um eine wundervolle Tropfsteinhöhle handelte. Tausende von Zapfen, bis zu einer Länge von etwa vier Metern, hatten sich im Laufe unendlicher Zeit gebildet. Wir durchschritten Säulengänge und Tore, die mit filigranfeien Mustern überzogen waren. Erst mal kehrten wir um und holten Erna, die schlauerweise ihre Schuhe ausgezogen hatte, und da sie lange Hosen anhatte, konnte sie sich gut bewegen. Sie war ganz hingerissen von der Pracht dieser Höhle. Weniger schön war der Umstand, dass ununterbrochen Wassertropfen fielen und wir mit der Zeit ganz durchnässt wurden. Wir verlangten nun aber kategorisch von Reinhard, dass er uns den Schatz heranbringen soll. Er sagte in seinem schwäbischen Dialekt: „Da mische mir ebe weiter hineingehe." Was wir bis jetzt entdeckt hatten, war der Umstand, dass in der Höhle ein penetranter Gestank herrschte, der immer stärker wurde, je weiter wir in die Höhle eindrangen. Geradezu schauerlich ertönte ein ununterbrochenes, jammerndes Geheul, was uns allen etwas auf die Nerven fiel und von dem wir die Ursache vorläufig nicht ergründen konnten. Was jetzt kam, hätte sich einzigartig für die Wolfsschlucht im Freischütz geeignet. Jaulend wie eine Horde hungriger Wölfe, wild mit den riesigen Flügeln schlagend, flatterten Hunderte fliegender Hunde durch

47 Reiss wurde auf der von ihm verwalteten Missionspflanzung Saha ermordet, vgl. ebd.

die Höhle. Es wurden immer mehr der scheußlichen Tiere, die durch das Licht der Laternen aufgescheucht wurden. Der Gestank steigerte sich zur Unerträglichkeit. Diese Tiere haben einen Schutzgeruch an sich, der geradezu unbeschreiblich ist. Außerdem lag die ganze Höhle voller Kot, der zwar ein erstklassiges Düngemittel darstellt, aber für Höhlenforscher weniger angenehm ist. Scheinbar war der Schreck den Tieren auf die Verdauungsnerven gefallen und entleerten sie ihr Gedärm über unseren unschuldigen Häuptern, so dass wir in einem wahren Kotregen standen. Der Riesenschwarm brauste dem Ausgang zu und waren wir heilfroh, die Schatzwächter losgeworden zu sein. Wir hatten von der Schatzsucherei gründlichst die Nase voll und zwar im wahrsten Sinne des Wortes. Wir konnten uns noch überzeugen, dass weiter nach dem Innern der Höhle zu wahre Kotberge lagen. Wir wurden nun von dem verständlichen Gefühl erfasst, so schnell wie möglich die hochinteressante Tropfsteinhöhle zu verlassen. Wir stanken wie die Skungse[48], die in Zorn geraten sind. Erna war das Heulen nahe, nahm sich aber eisern zusammen. Glücklicherweise hatten wir Wäsche und Anzüge mit, so dass wir die Kleider wechseln konnten. Wechseln ist eigentlich nicht das richtige Wort. Wir überließen die Sachen der See auf Nimmerwiedersehen, zogen die Badeanzüge an und schwammen weit hinaus ins herrliche, saubere „Aqua marin".

29.9.14

Gegen Mitternacht erreichten wir ziemlich abgekämpft Noru. Hier war die Taucherflotte vor Anker gegangen. Den neuen Kapitän, Fritz Hauser[49], kannte ich sehr gut. Hauser rief uns schon von weitem durch die Flüstertüte zu: „Kommen Sie an Bord, ich habe tolle Nachrichten mitgebracht." Er war ganz feierlich, verschwand in seiner Kabine und kam mit zwei Flaschen Rheinwein nebst Gläsern zum Vorschein. Mit der großen Ruhe, die eine seiner Stärken war, öffnete er eine Flasche, goss die Gläser voll und sagte: „Jetzt wollen wir mal auf unser deutsches Vaterland anstoßen." Im Stillen verdächtigten wir Hauser, dass er bereits schon recht oft heute mit sich selbst auf das deutsche Vaterland angestoßen habe. Aber dieser Gedanke verging uns recht bald, als wir hörten, was Hauser zu berichten hatte. „Deutschland im Kriegszustand!" Wir waren wie vom Donner gerührt. So war es also doch zum Äußersten gekommen. Ein Krieg in solchen ungeheuren Ausmaßen, der muss sich ja zum Weltbrand auswirken. Hauser war in Seeadlerhafen gewesen, in dem der „Geier[50]", ein kleines Ver-

---

48 Skunke, Stinktiere (*mephitinae*).
49 Vgl. Baumann/Klein/Apitzsch, *Biographisches Handbuch*, 134 (mit Foto).
50 Zu ihm vgl. Andreas Leipold, *Des Kaisers Piraten in der Südsee und im Südatlantik. Der Einsatz deutscher Hilfskreuzer in der ersten Phase des Ersten Weltkrieges*, Wiesbaden 2018, 83-90, sowie Hildebrand/Röhr/Steinmetz, *Kriegsschiffe*, Bd.2, 137-139. Der *Geier* hatte zuvor in Käwiéng deutsche Reservisten und Kriegsfreiwillige an Bord genommen und nach Rabaul transportiert; vgl. den Augenzeugenbericht des Pflanzers Fritz Metzner aus Fileba: „Im Auto durch die Urwaldnacht", in: Gustav v. Dickhuth-Harrach (Hg.), *Wie wir uns zur Fahne durchschlugen. Erlebnisse von Auslandsdeutschen und Seeleuten im* Weltkrieg, München

messungsschiff der Marine, lag, das auf der Flucht nach Honolulu begriffen war und durch Mangel an Kohlen gezwungen war, Holz zu laden. Vom Kapitän des „S.M. Geier"[51] erfuhr Hauser die schreckliche Neuigkeit in seiner ganzen Bedeutung.

Für mich hatte Hauser von der Kaiserl. Station Seeadlerhafen einen Brief mitgebracht, in dem erst mal die Mitteilung betreffs Kriegsausbruch stand und dann einige einfache Verhaltungsmaßregeln angegeben waren. So steht nun auch England gegen uns. Was haben wir England zu Leide getan, dass es nun die Gelegenheit wahrnimmt, über Deutschland herzufallen? Der einzige ersichtliche Grund ist gemeiner Konkurrenzneid. Wundert Euch nicht, wenn das schreckliche Wort: „Gott strafe England"[52] aufgekommen ist. Natürlich legten wir uns auch die Frage vor: „Was wird aus uns hier werden? Hat man jetzt überhaupt Zeit, sich um Inseln zu kümmern, die so fern liegen und von deren Existenz nur die allerwenigsten Menschen wissen?" Bis Sonnenaufgang blieben wir an Bord des kleinen Schiffes und wurden nicht müde, Fragen zu stellen, die keiner beantworten konnte. Als die Sonne aus dem Meer auftauchte und das paradiesische Inselgebiet mit bunten Strahlen überzog, fragten wir uns, warum die Welt nicht überall so friedlich sein kann, wie es hier das Land ist, das von der Kultur noch so wenig wusste.

Es verging eine lange Zeit, während der hier vom Kriege nichts zu merken war. Wir erhielten keinerlei Nachrichten und wussten nicht, ob unsere Heere siegreich vorwärts stürmten oder ob sich der Krieg auf deutschem Boden abspielte. Fern allen Weltgeschehens, wussten wir nicht einmal, ob die Kolonie noch deutsch war oder ob die Australier bereits davon Besitz ergriffen hatten.

Am 28. Oktober traf hier ein kleiner Schuner ein und ankerte vor Noru. An Bord waren der Administrator Ehemann und Kapitän Käferlein[53]. Jetzt endlich erfuhren

---

1922, 84-93.

51 Carl Graßhoff (1875-1943), vgl. Hildebrand/Röhr/Steinmetz, *Kriegsschiffe*, Bd. 2, 138.

52 Die Erwähnung unter dem Datum vom 29.9.1914 ist der deutlichste Beleg dafür, dass der Autor seine Tagebuchnotizen später überarbeitet und ergänzt (vielleicht auch korrigiert) hat. Ernst Lissauer (1882-1937) veröffentlichte sein Hetzgedicht „Haßgesang gegen England" im Herbst 1914 in der ersten Folge seiner *Worte in die Zeit. Flugblätter 1914*. Der davon abgeleitete (aber im Gedicht selbst nicht vorkommende) Spruch „Gott strafe England!" wurde erst 1915 „populär", vielleicht als Folge einer Ausgabe des *Simplicissimus*, die Titel und Karikatur unter diese Überschrift stellte. Weniger bekannt ist der Kriegsdichter Richard Klose, der 1915 in Breslau eine Gedichtsammlung *Gott strafe England. Kriegsgedichte* veröffentlichte (mit dem gleichnamigen Gedicht, S. 24). In jedem Falle konnte der Slogan im Herbst 1914 ganz unmöglich bereits auf Manus bekannt gewesen sein, wo man eben erst vom Ausbruch des Krieges unterrichtet worden war und nicht einmal wusste, ob australische Truppen die Hauptstadt Rabaul bereits besetzt hatten. Vgl. zur Thematik: Elisabeth Albanis, *German-Jewish Cultural Identity from 1900 to the Aftermath of the First World War. A Comparative Study of Moritz Goldstein, Julius Bab and Ernst Lissauer*, Tübingen 2002; Richard Millington, Roger Smith, "A Few Bars of the Hymn of Hate": The Reception of Ernst Lissauer's "Haßgesang gegen England" in German and English (newprairiepress.org), *Studies in 20th & 21st Century Literature* 41,2 (2017), online verfügbar; 15.2.2024. Arne Offermanns, *Ernst Lissauer – Identitätskonstruktion und Weltanschauung zwischen Deutschtum und* Judentum, Berlin 2018.

53 Georg Käferlein, Kapitän der *Matupi*; vgl. Baumann/Klein/Apitzsch, *Biographisches*

wir etwas über den Krieg. Belgien war bereits erledigt[54] und die deutschen Truppen standen schon tief in Frankreich und auch in Russland. Mit Staunen hörten wir von den Taten unserer Unterseeboote. Das war Balsam auf unsere Seele, wussten wir doch, gegen welche Übermacht Deutschland zu kämpfen hatte. Ferner erfuhren wir, dass die Australier bereits Rabaul besetzt hatten und die Kolonie sich seit einiger Zeit in australischen Händen befinde.[55] Wie uns Herr Ehemann weiter erzählte, kamen Ende August[56] die ersten australischen Kriegsschiffe nach Rabaul, die ungefähr 3000 Mann Infanterie an Bord hatten. Vorerst lief aber nur ein Schiff in den Hafen ein, während die anderen Schiffe weit draußen liegen blieben. Die Helden taten vorläufig weiter nichts, als im Postamt die Telephonanlagen zu zerstören. Ferner versuchten sie zu erfahren, wo der neuerrichtete Funkturm stehe. Trotzdem sie drohten, Rabaul zu bombardieren, wurde ihnen nichts verraten. Die Beschießung unterblieb. Die Schiffe verschwanden in Richtung Australien. Wie später bekannt wurde, sind die Australier auf einen ganz plumpen Trick hereingefallen. Die deutsche Funkstation Pita Paka[57] gab in einem kindlich einfachen Code einen Funkspruch an Deutschland bzw. an deutsche Schiffe des Inhalts, dass sich die Deutschen jahrelang halten können, die Truppen 3000 Mann stark seien und alle Hilfsmittel reichlich vorhanden seien. Diesen Unsinn haben die braven Australier für Tatsache gehalten und sind nach Australien zurückgefahren, um Verstärkung zu holen. Darob herrschte deutscherseits großes Hallo und wurde das unblutige Husarenstückchen gebührend gefeiert.[58]

In Rabaul hat man auch eine Schutztruppe gebildet, die aber so lächerlich klein war, dass mit ihr einem ernsten Angriff nicht standzuhalten war. Es war an und für sich ein Unding, in diesem Inselgebiet einen Krieg führen zu wollen, es sei denn, dass große Truppenmassen zur Verfügung stehen. Aber Rabaul hätte dem Feind große Schwierigkeiten bereiten können, wenn es befestigt gewesen wäre. Die Hafen-

---

Handbuch, 177 (Foto).

54 Der Fall von Lüttich am 7. August 1914 wurde als erster großer deutscher Sieg gefeiert; die Kinder in fast allen deutschen Bundesstaaten bekamen schulfrei.

55 Am 11. September 1914 waren australische Truppen widerstandslos in der Blanchebucht gelandet. Aber um die Funkenstation Bitapaka gab es ein heftiges Gefecht, das einen aus deutscher Sicht vorteilhaften Kapitulationsvertrag, der am 17. September unterschrieben wurde, ermöglichte. Am 21. September wurde die Kapitulation mit militärischen Ehren vollzogen. Friedrich-Wilhelmshafen wurde daraufhin am 24.9.1914 besetzt. Allerdings war bis zu dem im Tagebuch angegebenen Zeitpunkt (28.10.1914) nur noch Käwieng (17.10.1914) okkupiert worden. Die übrigen deutschen Regierungsstationen Neuguineas blieben noch unbehelligt. Vgl. Hermann Joseph Hiery, *The Neglected War. The German South Pacific and the Influence of World War I*, Honolulu 1995, 25-26.

56 Eine erste australische Vorhut war am 12. August in Herbertshöhe gelandet, aber nach der Zerstörung der Telefonkabel wieder abgefahren; vgl. ebd., 25.

57 Richtig: Bitapaka. Zur Funkenstation vgl. Reinhard Klein-Arendt, „Die Nachrichtenübermittlung in den deutschen Südseekolonien", in: Hiery (Hg.), *Die deutsche Südsee 1884-1914*, 177-197, v.a. 192-193.

58 Der Autor ist (bislang) die einzige Quelle für diese Behauptung. Sie könnte immerhin erklären, warum die wirkliche Besetzung Deutsch-Neuguineas erst einen Monat später mit einer viel größeren Streitmacht stattfand.

einfahrt wäre mit Leichtigkeit zu sperren gewesen, hätte man Artillerie und Minen zur Hand gehabt. Es gab aber leider in der Kolonie kein brauchbares Geschütz, keine Minen, nicht einmal ein Maschinengewehr. Es war keine Schutztruppe vorhanden, sondern nur eine Polizeitruppe und ein Expeditionskorps.[59] Diese kleinen Einheiten wurden von Eingeborenen gebildet, die von Europäern befehligt wurden.

Nach einiger Zeit kamen die Australier wieder zurück und verfügten sie jetzt über ein sehr starkes Landungskorps. Jetzt wussten sie auch, wo der Funkturm stand und zerschossen diesen restlos. Bei Pita-Paka landeten die Australier, immer noch in dem schönen Glauben, gegen 3000 vorzüglich bewaffnete Deutsche kämpfen zu müssen. Hier kam es zu dem einzigen größeren Gefecht. Etwa 2000 Australier standen den 30 Deutschen gegenüber, die durch 100 schwarze Polizeisoldaten unterstützt wurden. Die Australier waren der Meinung, dass es sich erst mal nur um ein Vorpostengefecht handele und erwarteten mit gemischten Gefühlen das Eingreifen der 3000 Deutschen, was aber leider unterbleiben musste. Jetzt geschah das Merkwürdigste bei der Sache. Die Australier, die schwere Verluste bei der Landung einstecken mussten, wünschten zu verhandeln. Der erst vor kurzem eingetroffene Gouverneur, Dr. Haver,[60] schnitt dabei großartig ab. Die Vereinbarungen waren für Deutschland so günstig wie nur möglich. Sämtliche[61] deutschen Beamten wurden auf Kosten Australiens nach Deutschland über Amerika befördert. Die Kolonie wurde nicht als erobert, sondern als okkupiertes Gebiet betrachtet. Den Deutschen wurde Schutz und Sicherheit zugestanden. Gerichtbarkeit, Schule und Kirche blieben deutsch. Handel und Wandel sollte wie vor dem Kriege weitergeführt werden. Die deutsche Armee sollte entwaffnet werden. Dann kam der tragische Moment, in dem die Australier mit Schrecken gewahrt wurden, dass sie die Angeführten waren. Die deutsche Armee war nicht zu finden, da sie leider nicht vorhanden war. Die Australier rückten mit großem Pomp in Rabaul ein und nahmen von der Kolonie Besitz. Jetzt lagen eine

---

59 Die Angaben sind korrekt. Die einzigen Kanonen waren Salutgeschütze. Für diese gab es nur Böllerpulver, aber keine wirkliche Munition. Automatische Waffen waren keine vorhanden, allein 280 veraltete Karabiner standen zur Verfügung. Vgl. Hiery, *Neglected War*, 22.

60 Richtig: Eduard Haber (1.10.1866–14.1.1947). Haber hatte studiert, war aber nicht promoviert. Er gehörte zur Minderheit der leitenden Kolonialbeamten, die katholisch waren. Ursprünglich Bergassessor, seit 1900 Kolonialbeamter, zuerst in Deutsch-Ostafrika, seit Ende 1913 in Deutsch-Neuguinea. Nach der Abfahrt Hahls geschäftsführender Gouverneur. Bei Kriegsausbruch befand er sich zur Überprüfung der Goldvorkommen im Bezirk Morobe. Bereits bei den Marokko-Verhandlungen hatte er sich in Paris 1912 als ein sehr fähiger Diplomat erwiesen. Bei den Kapitulationsverhandlungen mit dem Leiter der australischen Expeditionstruppe setzte er u.a. den Verbleib der deutschen Kolonialbeamten in ihren Ämtern und die ungehinderte Rückkehr jener Kolonialbeamten, die dies wünschten, und auf Kosten der australischen Regierung, nach Deutschland durch. Zur Biographie vgl. Hermann Hiery/Gerhard Hutzler in: Hiery (Hg.), *Lexikon zur Überseegeschichte*, 319. Zu den Kapitulationsverhandlungen vgl. Hiery, *Neglected War*, 25. Seine eigene Sicht der Dinge: Eduard Haber, „Deutsch-Neuguinea im Weltkriege", in: *Festschrift für Carl Uhlig*, Öhringen 1932, 131-140.

61 Korrekt: Nur jene, die dies wünschten; alle anderen verblieben auf ihren Posten und in ihren Stellungen.

Menge Militär in Rabaul, das untergebracht sein wollte. Der Riesenstore der Neu Guinea Comp. wurde als Kaserne eingerichtet. Bei der Räumung desselben stahlen die Soldaten wie die Raben. Auch der Kommandant der Truppe, Revenskroft[62], hatte merkwürdige Begriffe hinsichtlich „Mein und Dein".

Die Verhältnisse wurden so schlimm, dass man Revenskroft samt seiner Truppe abberief. Mit den neuen Truppen, die meist aus älteren, vernünftigen Menschen bestand, kam auch ein neuer Kommandant, der zum Gouverneur ernannt wurde, namens Bidbridge[63]. Das war ein ganz ausgezeichneter Mann, dem die Deutschen viel zu danken hatten. Deutsche, die sich weigerten, den Neutralitätseid zu leisten, oder irgendwie bei den Australiern unangenehm aufgefallen waren, wurden nach Australien ins Konzentrationslager gebracht, wo sie hinter Stacheldraht das Kriegsende abwarten mussten.[64]

Das alles erzählte uns Herr Ehemann, der noch am selben Tage abfuhr. Vorher habe ich noch eingehend mit ihm über das Verhalten seitens Clas gesprochen. Er versprach mir, der Sache auf den Grund zu gehen. Jetzt wussten wir auch, dass es nur eine Frage der Zeit ist, dass auch Manus okkupiert wird. Mitunter konnte man vergessen, dass wir uns im Kriegszustand befinden, so friedlich leben wir hier.

Reinhard, Reis und ich hatten schon vor längerer Zeit den Plan entworfen, als erste Europäer das Festland von Manus zu durchqueren. Anlässlich der großen Ereignisse, die eingetreten waren, wurde erstmal das Projekt zurückgestellt. Ernele hatte sich in

---

62 Richtig: Lieutenant, später Captain L. B. Ravenscroft, ein gebürtiger Londoner. Ein Foto findet sich bei S. S. Mackenzie, *The Australians at Rabaul. The capture and administration of the German possessions in the southern Pacific*, Sydney 1927, [10]1941, nach S. 136 (Gruppenfoto der australischen Offiziere in Rabaul 1914; Ravenscroft ist der erste von links in der ersten Reihe). Der vom Autor hier vermittelte Eindruck, als wäre Ravenscroft der bestimmende Offizier der australischen Besatzungstruppen gewesen, ist unzutreffend. Der Leiter des australischen Expeditionskorps und der Besatzungstruppen war Colonel (später Major-General) William Holmes (12.9.1862-2.7.1917), gebürtig aus Sydney; Foto ebd., nach S. 92. Holmes war es auch, der in Australien für die dort als zu günstig für Deutschland bezeichnenden Kapitulationsbedingungen kritisiert wurde; vgl. Hiery, *Neglected War*, v.a. 36 u. 278-279 (Anm. 112).

63 Richtig: Brigadier-General Samuel August Pethebridge (3.8.1862-25.1.1918), Militäradministrator des australisch besetzten Deutsch-Neuguinea 1915-1918. Pethebridge war zuvor Staatssekretär im australischen Verteidigungsministerium gewesen; vgl. ebd., 51 u. 104-105 (über seine kolonialen Vorstellungen zur australischen Zukunft Deutsch-Neuguineas). Foto in Mackenzie, *The Australians at Rabaul*, nach S. 154. Biographie in: Peter Dennis, Jeffrey Grey, Ewan Morris, Robin Prior, Jean Bou (Hg.), *The Oxford Companion to Australian Military History*, Oxford [2]2008.

64 Der erste Deutsche, der – wegen ökonomischer Gründe – deportiert wurde, war der Generalmanager der Neuguinea-Kompagnie, Georg Täufert; vgl. Hiery, *Neglected War*, 60. Zu den – relativ wenigen – Deutschen, die in Internierungslager nach Australien verbracht wurden, gehörten u.a. der Generalvikar von Rabaul, Pater Johannes Dicks, MSC, und der Sohn von Johannes Flierl, dem Pionier der protestantischen Neuendettelsauer Mission in Neuguinea, Willy Flierl. Ihnen wurde später die Ausreise in die damals noch neutralen Vereinigten Staaten gestattet; vgl. ebd., 280 (Anm. 128).

Manus nun schon so eingelebt, dass sie keine Angst mehr hatte, wenn ich einige Tage abwesend war. Sie hatte auch an unseren Vorhaben nichts auszusetzen und war der Meinung, dass Männer ab und zu einmal etwas Besonderes unternehmen müssten. So verabredeten wir drei uns auf einen Sonnabend, um auf Entdeckungsfahrten zu gehen. Unser Plan war der: Wir beabsichtigten, etwa in der Mitte der Nordküste an Land zu gehen um zu versuchen, von dort aus nach der Südküste durchzustoßen. Dass unser Vorhaben kein einfaches sein würde, darüber waren wir uns völlig im Klaren. Manus wird in seiner ganzen Länge von einem gewaltigen Gebirge durchzogen, das zu überqueren keine Kleinigkeit sein wird. Ein anderer Faktor bestand in der Befürchtung, dass sich die Eingeborenen im Innern feindlich verhalten könnten. Außerdem bestand die Gefahr, dass unsere Träger, die wir mitzunehmen gedachten, bei irgendeinem Vorkommnis auskneifen würden. Jeder von uns nahm drei seiner besten Leute mit, von denen man annehmen konnte, dass sie in einem brenzlichen Moment nicht versagen würden.

Mein Schießjunge Anton war betreffs des Unternehmens begeistert. Er empfahl mir, außer ihm die beiden Salomonsinsulaner, die sie bei der Erforschung der Höhle so tapfer benommen hatten, mitzunehmen. Mir war das recht, da es in vieler Beziehung besser ist, Landfremde für solche Zwecke mitzunehmen, bei denen nicht die Gefahr besteht, dass sie mit den Einheimischen gemeinsame Sache machen. Alle Vorbereitungen waren getroffen und mit allen Eventualitäten war gerechnet.

Beim Abschied war Erna doch ein wenig ängstlich und wünschte nichts so sehnlich, als dass wir recht bald heil und gesund von dem Abenteuer zurückkommen würden. Alles klappte vorzüglich. Bald kam Reinhards Kutter und Sicht und nahmen wir Reinhard an Bord über. Erna hatte ich ein Rundschreiben der Regierung unterschlagen, in dem alle Ansiedler gewarnt wurden, an der Nordküste an Land zu gehen, da hinsichtlich der Eingeborenen beunruhigende Nachrichten eingetroffen seien. Wir sagten nur: „Bangemachen gilt nicht." In der Nähe der Tropfsteinhöhle gingen wir vor Anker, und beschlossen, den nächsten Morgen in aller Frühe weiterzufahren.

Reis, der Tigerjäger, erschien uns in seiner Aufmachung ein wenig komisch. Er führte zwei Gewehre mit sich, eine erstaunliche Menge Munition, die für eine kleine Völkerschlacht gereicht hätte. Zu seiner Linken hing ein rasiermesserscharfer Hirschfänger und zur Rechten ein Dolch. Rinaldini[65] wäre vor Neid geplatzt, wenn er das wandelnde Arsenal gesehen hätte. Reinhard und ich führten nur unser Repetiergewehr und eine Browning mit uns. Diese Waffe trugen wir selbst, was auf alle Fälle das Richtige war. Während Reinhard und ich guter Dinge waren, war Reis sehr ele-

---

65 Rinaldo Rinaldini, der sprichwörtlich gewordene italienische Räuberhauptmann, ist eine fiktive, historisch nicht nachgewiesene, Gestalt in Vulpius' gleichnamigen Roman, der 1799-1801 in drei Bänden in Leipzig erschien und zu den erfolgreichsten deutschen Literaturwerken überhaupt gehört. Vgl. Hans-Friedrich Foltin, „'Rinaldo Rinaldini der Räuber- Hauptmann'. Ein Beispiel für frühe Trivialliteratur", in: Petra Bohnsack, Hans-Friedrich Foltin (Hg.), *Lesekultur. Populäre Lesestoffe von Gutenberg bis zum Internet*, Marburg 1999, 99-110.

gisch gestimmt. Reinhard, der aus etwas derbem Holz geschnitzt ist, konnte es nicht unterlassen, den guten Reis ein wenig aufzuziehen. So fragte er ihn scheinheilig, ob ihm die vielen Morde, die er an Tigern begangen habe, nicht seelisch belasteten. Reis setzte nur ein verzeihendes Christuslächeln auf und hüllte sich in Schweigen. Diese Unterhaltungen gefielen mir nicht. Ich wollte es nicht, dass der gute Reis gekränkt wurde. So forderte ich ihn auf, einen gewaltigen Kuhschluck Bier zu trinken. „Ihnen zuliebe tue ich noch mehr wie Biertrinken", war seine Antwort. Mein Gott, was gibt es doch für komplizierte Menschen! Bei Sonnenaufgang waren wir bereits auf hoher See.

Bald erreichten wir ein Pfahldorf. Es war das erste, das ich zu Gesicht bekam. Eine Menge Stämme waren in den Sand gerammt, auf denen aus sehr sauber zugehauenen Pfosten eine sehr große Plattform aufgeführt war. Auf dieser standen etwa dreißig Hütten. Der Häuptling empfing uns sehr freundlich, versicherte uns aber gleich, dass er uns keine Leute als Arbeiter geben könne, da bereits alle jungen Leute angeworben seien. Wir erklärten ihm, dass wir nicht als Anwerber zu ihm gekommen seien, sondern nur ihn und sein schönes Dorf zu besuchen. Daraufhin klärten sich seine Mienen sichtlich auf. Es dauerte nicht lange, da erschienen eine ganze Anzahl junger Leute, die sich aus Angst, dass man sie anwerben könnte, in den Häusern versteckt hatten.

Das Dorf mochte etwa zweihundert Bewohner zählen, die nun alle sehr wissensdurstig waren und über unsere werten Persönlichkeiten betreffs woher und wohin Aufklärung verlangten. Wir wollten nun unsererseits wissen, warum das Pfahldorf errichtet wurde und warum die Leute nicht auf dem Festland wohnten. Die Antwort, die wir erhielten, war vieldeutig: „Ja Master", sagte der Häuptling. „Früher wohnten wir an Land, aber da kamen nachts die Buschkanaken aus den Bergen und haben unsere Leute erschlagen und Frauen und Kinder geraubt. Die Buschkanaken sind sehr schlecht. Sie sind alle Menschenfresser." In Wirklichkeit war die Sache umgekehrt. Die Küstenleute, die die Mutigeren und Intelligenteren sind, haben bei den Gebirgsstämmen ihren Fleischbedarf gedeckt, wofür sich diese bei passender Gelegenheit revanchierten.

Wir beschenkten die Honoratioren mit Tabak und fuhren dem furchtbaren Abenteuer entgegen.

Gegen Mittag erreichten wir das Dorf Katin[66], das auf einem dicht an der See liegenden Bergabhang erbaut war. Da das Wasser hier außerordentlich flach war, mussten wir ziemlich weit draußen vor Anker gehen. Es dauerte nicht lange, dann kamen eine ganze Anzahl großer, mit Eingeborenen besetzte Kanus angeschossen. Bald stellte sich auch hier das Dorfoberhaupt ein. Es war ein würdiger älterer Herr, der uns mit seinen Vertrauten einen Besuch abstattete. Er war sichtlich über unser Kommen erfreut, warum, sollten wir bald erfahren. Vorerst lud er uns ein, ihn in seiner Residenz zu besuchen. Seine Untertanen waren Prachtkerle, groß und muskulös

---

66 Unter diesem Namen nicht zu lokalisieren. Möglicherweise Salien oder Kali.

und außerordentlich sauber. Die mächtigen Haarschöpfe waren gut gepflegt und mit Hibiskusblüten besteckt.

Der Aufstieg zum Dorf war gar nicht so einfach zu bewältigen. Oft mussten wir uns von den Insulanern schieben lassen. In Katin angekommen, waren wir erstaunt, so ein großes und schönes Dorf vorzufinden. Sämtliche Häuser waren mit wundervollen Schnitzereien versehen und sehr stabil gebaut. Vom Dorfplatz aus hatte man eine herrliche Fernsicht, teils nach dem Gebirge, teils zur See.

Wir wurden gebeten, in das Beratungshaus zu kommen, wo ein grosses Doc-Dock[67] (Unterredung) aufgelegt wurde. Jetzt mussten wir Farbe bekennen, welcher Art unser Vorhaben war. Seine Majestät schüttelte sein greises Haupt und war der Meinung, dass der Vorsatz, ganz Manus zu durchqueren, nicht durchzuführen sei. Auch er beschmähte die Bergbewohner und war hinsichtlich deren Charaktereigenschaften derselben Meinung wie sein Kollege vom Pfahldorf. Es schien doch tatsächlich sog. dicke Luft zu herrschen. Das Oberhaupt der Gemeinde hatte merklich noch etwas auf dem Herzen. Er druckste um die Sache herum und schien nicht den rechten Anfang finden zu können. Auf unsere Frage hin, ob er uns Führer und einige Träger stellen wolle, stieß er die Hände nach vorn und schüttelte den Kopf: „Master, es geht nicht,…. die Buschkanaker!" Dann kam er seinerseits mit einem Anliegen heraus. Er erzählte uns, dass vor vielen Monaten sein Bruder gestorben sei, anlässlich dessen Tod ein großes Tanzfest, wie es Sitte sei, stattfinden müsse. Das sei aber bisher noch nicht möglich gewesen, da er erfahren habe, dass die Bergbewohner nur darauf warteten, um dann bei dieser Gelegenheit das Dorf zu überfallen. Jetzt aber seien wir drei Europäer gekommen, die viele Gewehre bei sich haben und damit sei nun der richtige Moment gegeben, das Singsing abzuhalten. Uns aber gedachte er, die Rolle als Saalpolizei zuzuschieben. Wir sollten während des Tanzfestes das Dorf und das Leben seiner Einwohner beschützen und bewachen. Er empfahl uns, recht viel und oft zu schießen, dann hätten die Kanaker große Furcht und würden nicht angreifen. Reis wollte sogleich zusagen. An und für sich war das auch richtig, nur darf man so eine Vereinbarung nicht nach den Anstandsregeln des Europäers, sondern im Begriffsvermögen der Eingeborenen führen. Man darf hier nichts ohne Gegenleistung zusagen. So sagte ich dem Häuptling: „Wenn Du willst, dass wir Euch beschützen, so musst du uns morgen Träger und Führer stellen. Andernfalls fahren wir noch heute mit dem Kutter weiter." Bald waren wir handelseinig. Der Häuptling versprach uns, zwei Führer und einige Träger zu stellen. Abschließend verlangte der Geschäftsmann, dass wir erst einmal tüchtig schießen sollten. Das war ein Fall für Reis. Er schoß kunstgerecht einige Papayenfrüchte[68] vom Stamm. Die Papayen tragen ihre Früchte direkt am Stamm, so dass sie ein gutes Ziel bieten. Die Eingeborenen waren wild vor Freude. Jetzt wussten sie, dass sie sich auf ihre Wächter verlassen konnten. Ganz groß war ihre Verwunderung, als ich mit meiner Neunmillimeterbüchse einen

---

67 Tok Pisin: *Toktok*, alte und regionale Sonderform für das, was gewöhnlich *bung* genannt wird.
68 Vgl. S. 72 Anm. 144.

Baumstamm durchschoß, so dass auf der anderen Seite des Stammes ein großer Aus-
schuss entstanden war. Natürlich hatte ich nicht das härteste Holz ausgesucht.

Nach Aufgang des Vollmondes begann das Sing-Sing. Erst wurden die üblichen Reigentänze aufgeführt. Dann aber kam der Clou des Abends. Etwa 25 junge
Männer tanzten auf einem mächtigen, liegenden Baumstamm einen Tanz, der wohl
kaum grotesker auf der Welt zu finden sein dürfte. Die Jünglinge waren bis auf eine
merkwürdige Schambekleidung völlig nackt. Sie hatten über den vorderen Teil des
Geschlechtsteils eine Muschel gezogen. Der Tanz bestand eigentlich nur aus einem
taktmäßigen Schleudern der Geschlechtsteile. Zu Füßen der Tänzer führten nackte
Mädchen einen ebenfalls anstößigen Tanz auf, der darin bestand, die Gesäßmuskeln
auf- und niederspringen zu lassen. Das Ganze konnte man eine eigenartige Hymne
an die Erotik nennen. Gemäß unserer Vereinbarung schossen wir von Zeit zu Zeit in
die Luft. Der Tanz zog sich bis in die Morgenstunde hin. Im übrigen spielte sich das
Fest ähnlich so wie in Bayern bei einer Kirchweih ab. Pärchen verschwanden und kamen wieder.... Liebe war Trumpf. Reinhard sagte kopfschüttelnd: „Wenn dasch mei
Mutter wüscht." Wir erlebten noch eine Überraschung. Der Häuptling erschien mit
einem herrlich geschmückten Zauberer, der uns unter vielen Hokus-Pokus umtanzte.
Er bestreute mich mit einem rötlichen Pulver, murmelte Zauberformeln und sank
dann in sich zusammen, als sei er von einem Herzschlag getroffen. Der Luluwai[69]
hielt nun eine schöne Rede und teilte mir mit, dass er nun mein Kawasch[70] sei. Kawasch bedeutet etwa das gleiche wie Blutsbrüderschaft, eine Sitte, die hier sehr ernst
genommen wird, die ich aber nirgends anderweit in der Südsee angetroffen habe.
Auch in geschäftlicher Hinsicht ist es sehr günstig, wenn man einen Häuptling als
Kawasch hat. Dieser fühlt sich nun durchaus verpflichtet, Arbeiter an seinen weißen
Kawasch abzugeben. Das gleiche gilt für Sagomehl, und andere Feldfrüchte, die zur
Arbeiterverpflegung in großen Mengen benötigt werden.

Mein Kawasch stellte uns ein geräumiges Haus zur Verfügung, in dem wir unser
Lager aufschlugen. Endlich gegen sechs Uhr früh wurden wir in Gnaden entlassen.
Wir waren todmüde und schliefen bis gegen Mittag. Verständlicherweise bestand
keine Möglichkeit, noch am gleichen Tage abzumarschieren, da das Dorf in tiefem
Schlafe lag. So verloren wir einen vollen Tag, was uns etwas missmutig stimmte. Bei
unseren schwarzen Brüdern bedeuten wohl ein Mädchen, ein Schwein oder Feld-
früchte etwas, aber Zeit – nein – die bedeutet nichts. Glückliches, braunes Völkchen!
Ob wohl auch einmal für Dich die Zeit kommen wird, in der eine einzige Stunde eine
Kostbarkeit bedeuten kann? Immer habe ich es als Anmaßung empfunden, von dem
Segen der Kultur zu sprechen.

---

69 Richtig: *Luluai*, vgl. S. 81 Anm. 160.
70 Kein Südseebegriff. Kawáß, auch Kawash oder Kawass, ist die verdeutschte Form des ur-
    sprünglich osmanischen, eigentlich arabischen (*kawwâss*, der Bogenschütze) Begriffes, der
    einen Leibwächter bzw. Personenschützer bezeichnete. Eine Hirtenhunderasse aus Ungarn ist
    nach dem gleichen Ausdruck benannt (Kuvasz).

Endlich war es so weit. Die Träger waren zur Stelle und die Führer setzten sich an die Spitze der Armee. Mein Kawasch war untröstlich, dass wir sein gastliches Dorf schon verlassen wollten. Als Andenken erbat er sich meine Sonnenbrille als Geschenk, in die er sich unsterblich verliebt hatte. Konnte es auch etwas Schöneres geben, als durch die Brille zu schauen, die alles, was das Auge sah, in dunkelbraunem Licht erscheinen ließ? Die Brille konnte ich leider nicht entbehren. Kurzerhand schenkte ich ihm mein Taschenmesser, welches ihm auch Freude bereitete, aber die Brille war es eben doch nicht. Plötzlich erleuchtete ihn ein Gedanke. Er verschwand in seinem Haus, und als er wieder zum Vorschein kam, hatte er sich eine Brille mit weißer Farbe auf die Haut gemalt. Soll Dir, Kawasch, Dein kindliches Gemüt erhalten bleiben! Auch wenn du sonst ein Schweinehund[71] bist.

Die Besteigung des Gebirges war eine ausgemachte Schinderei. Stunde um Stunde führte der schmale Pfad steil bergan. Der Schweiß lief in Strömen, die Zunge klebte am Gaumen und auch sonst war die Stimmung nicht die beste. Unsere Führer waren ängstlich, da sie wussten, dass wir unentwegt, wenn auch für uns Europäer völlig unsichtbar, von Bergkanaken beobachtet und begleitet wurden. Auch die Träger waren unruhig und baten uns ununterbrochen, doch umzukehren. Gegen Mittag kam ein Dorf in Sicht, das wie ausgestorben an einem Bergabhang lag.

Diese Situation wurde ungemütlich. In der Südsee bedeutet ein verlassenes Dorf meist nicht Gutes. Wir marschierten mitten durch das Dorf, ohne ein Lebewesen, außer Schweinen, gewahr zu werden. Das Gewehr schußbereit in der Hand, zogen wir durch die Gegend, jeden Moment gewärtig, von Eingeborenen angegriffen zu werden. Erst mal geschah aber gar nichts und drangen wir ungehindert vorwärts durch den dichten Urwald. Wir mussten nun eine schmale Felsschlucht passieren, die uns durchaus nicht geheuerlich erschien. Plötzlich riefen die Führer: „Vorsicht, die Kanaker kommen!" Nun wurden auch wir sie gewahr. Sie hielten die Felsen besetzt und warfen von oben mit Speeren nach uns, die aber ihr Ziel verfehlten, da sie an die Felswände anschlugen. Wir hatten durchaus nicht die Absicht, uns von der üblen Bande speeren zu lassen und schossen kurzentschlossen, worauf die Helden mit einem Steinhagel antworteten. Wir erreichten endlich den Ausgang der Schlucht, mussten aber bald gewahr werden, dass dieser auch von Eingeborenen besetzt war. Jetzt war Reis seine Stunde gekommen. Er eröffnete ein wahres Schnellfeuer. Dann sahen wir Schwarze fliehen, das heißt laufen wie die Hasen bei der Treibjagd. Wir hofften nur, dass Reis keinem Kanaker das Lebenslicht ausgeblasen hatte, denn das hätte uns große Unannehmlichkeiten einbringen können. Zwar war es Tatsache, dass uns die Eingeborenen angegriffen hatten und stand uns das Recht zu, uns zu vertei-

---

71 Der Schweinhund (heute meist: Schweinehund), „1) Eigentlich, ein gemeiner Hund, so fern er bey den Herden der Schweine, oder zur Abwehrung der Schweine gebraucht wird. 2) Figürlich, doch nur in den niedrigsten Sprecharten, ein im hohen Grade unreinlicher Mensch"; Johann Christoph Adelung, *Grammatisch-kritisches Wörterbuch der Hochdeutschen Mundart*, Bd. 3, Leipzig 21798, Sp. 1734. Das deutsche Schimpfwort ist ins Tok Pisin eingegangen: swainhunt (nicht bei Mihalic, *Dictionary*).

digen. Aber wir waren von der Regierung gewarnt worden, gerade dieses Gebiet zu betreten. Die Australier warteten ja nur darauf, von Massakern der bösen Deutschen gegen die harmlosen Eingeborenen berichten zu können. Leider war Reis ein sehr guter Schütze und war damit zu rechnen, dass er sein Ziel nicht verfehlt hat. Diese schönen Betrachtungen nützten uns aber gar nichts, sondern blieb es erstrebenswert, so schnell wie möglich die Südküste zu erreichen. Glücklicherweise fehlte von den Führern und Trägern keiner, so dass wir unverzüglich abrücken konnten. Unsere schwarzen Begleiter jubelten, dass ihren Erbfeinden so eine Abfuhr zu Teil geworden war.

Endlich am Abend erreichten wir den Gebirgskamm, von wo aus sich uns ein herrlicher Fernblick bot. Zu unseren Füßen dehnte sich der Urwald in seiner geheimnisvollen Schönheit aus, der meilenweit von Sagowäldern unterbrochen wurde. In nördlicher wie in südlicher Richtung schimmerte die blaue See, in der all die vielen Inseln wie verstreut lagen. Wir beschlossen, hier zu nächtigen und schlugen im Windschutz einer Felswand unser Lager auf. Eine kleine Zeltplane bot uns notdürftig Schutz vor dem Nachttau. Unsere Leute verkrochen sich in eine kleine Höhle und waren mit dem Verlauf der Dinge höchst zufrieden. Am Lagerfeuer haben wir die Erlebnisse noch einmal ausführlich besprochen und alle Folgen, die aus unserem Forschergeist entstehen könnten, in Betracht gezogen.

Reinhard war über Reis' voreilige Schießerei ziemlich ungehalten und hielt mit seiner Meinung nicht hinter dem Berge. Es war merkwürdig, der Reinhard, dieser gutmütige Mensch, konnte den Reis nicht leiden, und ärgerte ihn, wo und wenn es nur irgend möglich war. Vielleicht lag es auch daran, dass diese beiden Menschen in jeder Hinsicht derart grundverschieden waren, dass sie einfach keinen Kontakt zueinander finden konnten. Während Reinhard seine giftgeschwängerten Tiraden über Reis' Haupt niedergehen ließ, formte dieser aus einem roten Tonklumpen einen keifenden Götzen, der unverkennbar Reinhards Züge trug. Das verschlug Reinhard die Rede und trat nun Frieden ein, den wir noch mit den restlichen drei Flaschen Bier befestigten. Wir wachten abwechselnd je zwei Stunden und freuten uns, als endlich die Sonne aufging. Ein starker Kaffee erfrischte uns. Der Abstieg ging ohne Zwischenfälle vonstatten. Allerdings kamen wir trotz Führer und Kompass nicht unmittelbar auf die Missionspflanzung, die Reis bewirtschaftete, sondern mussten noch etwa zwei Stunden am Strand entlanglaufen, ehe wir Reis' Haus erreichten. Hier hielten wir uns nicht lange auf und traten die Heimreise an. Wir hatten uns gegenseitig ehrenwörtlich verpflichtet, betreffs unserer Expedition eisern zu schweigen. Ich hatte mir ausbedungen, Ernelein von unseren Erlebnissen berichten zu dürfen.

29.11.14

Gestern sichteten wir einen Dampfer am Horizont, eine Erscheinung, die uns, wie immer in diesem Falle, in eine gelinde Aufregung versetzte. Durch unser gutes Glas konnten wir bald feststellen, dass es die „Siar", ein Dampfer der Neu-Guinea Co., war. Bald konnten wir auch erkennen, dass die „Siar" die britische Kriegsflagge führte. Jetzt wussten wir, was die Glocke geschlagen hatte. Nachdem das Schiff geankert hatte, fuhr ich mit der Gig an Bord und wurde von einem Posten zu dem Kommandanten des kleinen Hilfskreuzers geführt, zu dem nun die alte brave „Siar" erhoben war.

Major Herritage[72] empfing mich ganz freundlich und fragte mich, nachdem wir uns ein Weilchen unterhalten hatten, ob ich gewillt sei, den Neutralitätseid zu leisten. Er legte mir ein Schriftstück vor, aus dem hervorging, dass die übrigen Ansiedler den Eid bereits abgelegt hatten. Also schwor ich frisch und frei, keine feindlichen Handlungen gegen England und seine Verbündeten zu unternehmen und dem britischen Imperium weder durch direkte, noch indirekte Handlungen Schaden zuzufügen. Nach dieser heiligen Handlung gingen der Major und der Kapitän mit an Land. Ein australischer Soldat, der angeblich aus dem Elsass stammte, diente als Dolmetscher, denn so waren unsere englischen Sprachkenntnisse doch nicht, dass wir alles, was uns die Helden erzählten, verstanden hätten. Zu Erna waren die Engländer sehr höflich. Sie bedauerten sie von Herzen, dass sie als junge, schöne Frau hier in dieser Einsamkeit leben müsse.

Nun gaben sie uns einen Bericht über den Krieg, den der armselige Deutsche in englischer Uniform uns übersetzen musste. Armes Deutschland! Danach, was wir nun hörten, war von unserem Vaterland nicht viel übrig geblieben. Die Franzosen und Engländer standen angeblich schon dicht vor Frankfurt und die Serben vor Wien. (Vielleicht als Gefangene.) Dass die Deutschen Belgien erobert hatten, gab er großmütig zu, aber seiner Meinung nach handelte es sich nur noch um kurze Zeit, bis sie völlig zurückgeschlagen werden. Wir aber zogen vor, Ehemanns Nachrichten zu glauben.

Dann verlangte Heritage unsere Gewehre zu sehen. Da ich dem Frieden nicht traute, zeigte ich nur die wertlosen Büchsen, die uns von der Firma gestellt wurden, die er uns großmütig überließ. Er war anständig genug, keine Haussuchung abzuhalten, sonst wären wir unsere schönen Gewehre losgeworden. Mit vielen, guten Wünschen verabschiedeten sich die neuen Machthaber. Ich bekam noch die Order, mich monatlich einmal auf dem Bezirksamt in Lorongau[73] im Seeadlerhafen zu melden. Auf der Rückfahrt von hier besetzten die Australier das deutsche Bezirksamt Lorongau.[74] Der deutsche Stationsleiter und zwei Gouvernementsbeamte wurden mit der „Siar" nach Rabaul gebracht, um von hier aus nach Deutschland befördert zu werden.

---

72 Keith Heritage, der Sekretär der Militärregierung, war ein Neffe von Colonel Holmes, dem Leiter der Besatzungstruppen. Er war eng mit dem australischen Südseeunternehmen Burns Philp und dessen Wirtschaftsinteressen in Neuguinea verbunden; vgl. Hiery, *Neglected War*, 60.

73 Richtig: Lorengau, heute Hauptort der Provinz Manus. Der Fluss gleichen Namens wird auch Lorungau genannt.

74 Die Besetzung fand bereits am 22. November 1914 statt. Nach australischen Angaben wurden bei der Besetzung Lorengaus zum letzten Mal Maschinengewehre eingesetzt – über die Köpfe der Deutschen hinweg; vgl. Mackenzie, *The Australians at Rabaul*, 117.

Einige Tage später fuhren Erna, Reinhard und ich nach Lorongau, um uns bei dem englischen Stationsleiter zu rapporten[75]. Dieser war ein blutjunger Leutnant namens Hex[76], der uns überaus freundlich begrüßte und ganz erstaunt war, hier in dieser Gegend eine weiße Frau zu sehen. Er versprach uns, in jeder Weise, soweit es in seiner Macht stehe, Hilfe zu leisten. Von Ernelein behauptete er, dass sie seiner Braut ähnlich sehe, so dass er erschrocken gewesen sei, als er Erna sah. Er zeigte uns das Bild seiner Braut und mussten auch wir feststellen, dass die Ähnlichkeit außerge-wöhnlich war. Hext war ein richtiger, netter Junge, der sich hier in seiner Haut nicht wohl fühlte. Er lud uns freundlichst ein, bei ihm über Nacht zu bleiben, da es doch unmöglich sei, mit der Lady nachts auf dem Kutter zu fahren. Das war wirklich kein böser Feind, sondern ein
harmloses Kind.

Auf der Heimfahrt fehlte nicht viel, und wir drei hätten unser Leben eingebüßt. Wir liefen die Insel Koroniat an und nahmen hier eine tüchtige Ladung Afcelia-holz[77]. Die langen Bretter wurden an Deck mit Tauen festgezurrt. Da hier ein guter Bekannter von uns saß, verzögerte sich die Heimfahrt nicht unbeträchtlich. Endlich starteten wir und fuhren bei gutem Wetter und günstigem Wind ab. Zu dieser Jahres-zeit war es unnormal, dass der Wind aus südlicher Richtung wehte, was nichts Gutes voraussehen ließ. So versicherten wir uns nochmals genau, dass die Decksladung auch wirklich einwandfrei vertaut war. Für alle Fälle hatten wir zwanzig leere Säcke mitgenommen, die auf Koroniat mit Sand gefüllt werden sollten. Während wir bei Gevers[78] im Haus waren, sollte die schwarze Besatzung auftragsgemäß die Säcke mit Sand füllen. Sie kamen auch melden, dass dies geschehen sei, worauf wir mit dem schönen Glauben, dass wir ordentlich Ballast an Bord haben, abfuhren. Unterwegs stellte es sich aber heraus, dass die Bootsleute uns ganz gemein belogen hatten. Die Säcke waren leer, und so hatten wir keinen Ballast an Bord, sondern nur eine schwere Decksladung, ein Umstand, der bei schlechtem Wetter verhängnisvoll werden konn-te. Uns traf insofern auch Schuld, dass wir es unterlassen hatten zu kontrollieren, ob der Ballast auch wirklich geladen wurde. Aber so ist der Eingeborene! Es hätte doch sein können, dass die Sache gut geht und sie in diesem Falle die Arbeit umsonst gemacht hätten. Mitunter konnte man das dunkle Pack aus ganzem Herzen hassen.

Der Wind setzte erst mal ganz aus. Die See erschien wie Öl, was meist kein gutes Zeichen ist. Nun aber ging der Tanz los. Ein stoßartiger Wind kam von Nord-Ost, also spitz von vorn, was uns zum Kreuzen zwang. Dabei blieb es aber nicht. Der Wind, der nun zum Sturm anwuchs, wechselte fortgesetzt die Richtungen. Bei

---

75 Beleg für die Verwendung englischer Begriffe durch Südseedeutsche, einschließlich deutscher Infinitivform.

76 Richtig: Sub-Lieutenant A. P. Hext, damals gerade 24 Jahre alt (*27.7.1890 Ipswich, Queensland, † 20.6.1918 Frankreich); ebd. Die im Manuskript durchgehend falsche Schreibweise „Hex" statt „Hext" wurde korrigiert.

77 *Afzelia bijuga*, vgl. Schnee (Hg.), *Deutsches Kolonial-Lexikon*, Bd. 1, 23.

78 Wilhelm Gevers, vgl. Baumann/Klein/Apitzsch, *Biographisches Handbuch*, 113.

solchen wechselhaften Winden entstehen hier häufig die gefürchteten Wasserhosen. Wehe dem Fahrzeug, das in den Strudel einer solchen Wasserhose gerät.

Diese Wasserhosen haben die Form riesiger Sanduhren. Die Wassermassen werden von dem Wirbelsturm bis zur Wolkendecke hochgezogen. An diesem Nachmittag sahen wir teils in nächster Nähe, teils entfernter, sieben Wasserhosen hochgehen. Wenn der Sturm brüllt, mächtige Brecher über Bord gehen, Regenböen vom Himmel prasseln und das Tageslicht eine gelbgrüne Färbung annimmt und man diesen Gewalten nichts weiter wie einen armseligen Fünf-tonskutter entgegen zu setzen hat, dann wird es schwer, die Hoffnung, mit dem Leben davon zu kommen, zu behalten. Es ist eine eigenartige Sache um die Wasserhosen. Man kann sich diese auf ganz einfache Weise vom Halse halten. Wenn in so eine Wassersäule ein fester Gegenstand von außen eindringt, entsteht ein luftleerer Raum der unmittelbar das Zusammenbrechen der Wasserhose herbeiführt. Am Schnellsten und sichersten wirkt ein Geschoss. So gelang es uns eine Wasserhose aus einer Entfernung von etwa 600 Metern abzuschießen. Die Wirkung und auch der Anblick sind die gleichen wie bei einer mächtigen Fontäne, der plötzlich die Wasserzufuhr abgedreht wird.

Die Nacht kam und mit wurde die Situation immer fürchterlicher. Den Kurs hatten wir völlig verloren. Zweimal schlugen wir auf Riffe auf und waren nun fest überzeugt, dass es mit uns zu Ende sei. Aber beide mal kamen wir durch gewaltige Seen, die uns hochnahmen, frei. Der Mast war gebrochen und hing nur noch in den Wanden. Das Großsegel hatten wir bereits geborgen und fuhren nur noch mit dem Klüver vor dem Wind. Wir wussten nicht, ob wir dem Tod oder der Rettung entgegenfuhren. Als wieder ein mächtiger Brecher über Deck fegte, rissen zum Teil die Taue und das Holz kam in Bewegung. Es schob sich fächerartig auseinander, was die Gefahr noch erhöhte. Der Kutterführer kam zu mir und brüllte mir ins Ohr, dass er die Brandung der Insel Malvis[79] höre, die unmittelbar dem Festland vorgelagert ist. Ich glaubte dem Zauber nicht und hielt es für unmöglich, aus dem Brüllen der See und dem Toben des Sturms die Brandung einer bestimmten Insel herauszuhören. Aber es war ja nun alles gleich und ließ ich den Kerl fahren, wohin er wollte. Plötzlich riefen die Bootsleute: „Vorsicht, festhalten." Wir rasten durch kochenden Gischt, wurden hochgehoben wie von einer Schaukel und lagen plötzlich still wie im Ententeich. Es war einfach unglaublich. Der Bootsführer war in dieser rabenschwarzen Nacht durch eine Passage gefahren, die selbst bei Tage nicht ohne Gefahr durchlaufen ist. Der Anker ging rasselnd nieder. Wir waren gerettet. Ernelein saß zusammengekauert an Deck in ihr Ölzeug gehüllt, den Südwester schief auf dem Kopf und hielt sich noch immer an dem Tau fest, das wir für sie gespannt hatten. Sie hat sich tapfer gehalten und nicht den Kopf verloren. Keine Klage kam über ihre Lippen. Nun aber wurde sie lebendig. Sie fiel uns beiden um den Hals und war außer sich vor Freude. In einem Eingeborenenhause haben wir trockene Kleider angezogen, Tee gekocht und tüchtig gegessen.

---

79 Richtig: Malwes, vor der Nordküste von Manus, zwischen Lerpai und Bundralis; vgl. Reichs-Marine-Amt (Hg.), *Südsee-Handbuch. II. Teil*, 178.

Die Leberwurst aus der Büchse und die Biskuits schmeckten herrlich. Dann haben wir, nur in Decken gehüllt, tief und traumlos geschlafen.

Der Morgen schenkte uns einen prächtigen Sonnenaufgang. Das Leben war uns neu geschenkt. Bisher wussten wir noch gar nicht, dass das Leben das Schönste ist, was der Mensch besitzt. Jetzt hatten wir aber noch eine böse Arbeit vor uns. Wir mussten den Mast aus dem Wirr von Tauen und Stahltrossen lösen, eine Arbeit, die einen ganzen Tag in Anspruch nahm. Reinhard ging mit den Einwohnern des kleinen Dörfchens auf das Festland und ließ hier eine große kerzengrade Mangrove fällen, die er gleich an Ort und Stelle, nach den Maßen des gebrochenen Mastes bearbeitete. Drei Tage haben wir mit Hochdruck gearbeitet. Endlich, Sonnabend früh, war unser Schiffchen klar und segelten wir frohgestimmt gen Noru. Abends sechs Uhr landeten wir vor Noru, und waren glücklich, wieder in unserem geliebten Häuschen zu sein. Wir kleideten uns fein säuberlich in weiß, speisten herrlich und brauten eine tüchtige Bowle, die wir die „Bowle der Wiedergeburt" tauften. Ernele als erprobter Fahrensmann hat tüchtig mitgehalten.

Vom Kriegsgeschehen war nichts zu erfahren. Auch Leutnant Hext konnte uns nicht mit Nachrichten dienen, da er genauso wenig informiert war wie wir. So kam das liebe Weihnachtsfest heran. Wir hatten Reinhard, Mayer und Hohm[80] eingeladen, mit uns das Fest zu verleben. Hohm war ein lustiger Bayer, den die Einsamkeit noch nicht menschenscheu gemacht hatte. Sie trafen alle am Nachmittag des Heiligen Abends ein. Erna hatte mit dem Koch ein feines Diner zusammengestellt. Ein guter Rheinwein sorgte für die nötige Feststimmung. Wie jedes Jahr, erstrahlte auch diesmal eine Kasuarine im Lichterglanz. Die Junggesellen hatten schon seit Jahren kein richtiges Weihnachten mehr erlebt. Sie sangen mit Begeisterung die fast vergessenen Weihnachtslieder.

Der erste Feiertag wurde mit einem kleinen Wettschwimmen in der See begonnen, das Hohm mit Glanz gewann. Der Nachmittag gehörte unseren Arbeitern, die sich schon seit den frühen Morgenstunden schmückten und bemalten. Die Singsings und Sportspiele zogen sich bis gegen Abend hin. Ich hatte sechs Schweine schlachten lassen, die, wie früher beschrieben, in einer Grube zwischen heißen Steinen geröstet wurden und nun duftend auf Gerüsten, mit Blumen und Blättern geschmückt prangten. Es fehlte auch der Klettermast nicht, an dessen Krone die begehrten Herrlichkeiten hingen. Das Tauziehen war, wie immer, eine aufregende Angelegenheit. Dann wurden die Schweine zerteilt und nebst Feldfrüchten in Riesenportionen an die Leute ausgegeben, was zur Folge hatte, dass eine himmlische Ruhe eintrat. Auch wir säbelten uns eine Riesenkeule ab, denn auch die Europäer wissen das auf Südseeart gebackene Schweinefleisch zu schätzen.

Sylvester und Neujahr verlebten wir allein, aber auch sehr feierlich. Die Zeit von einem Jahreswechsel zum anderen war für uns Inselbewohner doch recht ereignisreich verlaufen. Es wird sicher nur ganz wenige Menschen geben, die innerhalb eines

---

80 Richtig: Karl Holm, ein Angestellter der Firma Hernsheim; vgl. Baumann/Klein/Apitzsch, *Biographisches Handbuch*, 159.

Jahres so viel erlebten, wie es uns beschieden war. Wir waren beide der gleichen Meinung: „Es war ein köstliches Jahr." Aber, wir fragten uns auch: „Was wird das neue Jahr bringen?"

Der erste Sonntag im neuen Jahr[81] brachte eine ganz besondere Überraschung für uns. Wir saßen auf unserer Veranda und tranken in Gemütsruhe Kaffee, als plötzlich hinter der Insel Sori[82] hohe Schiffsmasten auftauchten. Erst erschienen zwei Masten, dann vier; es wurden immer mehr. Da kam ja eine ganze Flotte an. Nun hielten zwei gewaltige Schlachtkreuzer, drei leichte Kreuzer, in Begleitung von fünf Torpedoboo-ten und einem riesigen Frachtschiff, direkt auf Noru zu. Dicht vor unserer Insel gin-gen alle Schiffe vor Anker. Da es völlig windstill war, konnten wir die Flaggen nicht ausmachen, und wussten nicht, welche Nation uns die Ehre ihres Besuches gab. Um besser sehen zu können, gingen wir an die äußerste Spitze von Noru. Auf den Schif-fen herrschte eine fieberhafte Tätigkeit. Es wurde eine regelrechte Drahtseilbahn von dem Frachtschiff nach einem der Schlachtkreuzer gespannt, an der Kohlenkörbe von Schiff zu Schiff schwebten. Es wurden zwei Dampfpinassen zu Wasser gelassen, die, wie wir nun erkannten, mit Offizieren besetzt waren. Jetzt wussten wir auch, mit wem wir es zu tun hatten. Es waren Japaner. Ein etwas unheimliches Gefühl beschlich uns, als wir die Gelben erblickten, war es doch gar nicht ausgeschlossen, dass Manus von den Japanern annektiert werden sollte, und wir nun als Gefangene nach Japan gebracht würden.[83]

Wir gingen schnell nach Hause, um die hohen Herrschaften zu begrüßen. Aber diese kamen uns schon entgegen. Es waren neun Offiziere und ein Arzt. Nach der feierlichen Begrüßung baten wir die Herren in unser Haus. Sie freuten sich unge-mein, unsere werte Bekanntschaft zu machen. Die kleinen, strammen Kerlchen wa-ren derart überhöflich, dass es direkt eine Anstrengung war, sie zu platzieren. Keiner wollte sich zuerst setzen. Sie verbeugten sich fortgesetzt vor Erna. Endlich saßen sie alle und wurde nun Konversation gemacht. Der Arzt sprach ein wenig deutsch und einige etwas englisch und so haben wir uns in zwei Sprachen ganz gut verständigen können. Merkwürdigerweise schimpften sie ganz ungeniert auf England, obgleich sie doch dessen Verbündete waren. Wie sie alle sagten, liebten sie Deutschland sehr. Warum kämpften sie dann aber gegen Deutschland, wenn sie es so sehr liebten?

Im Laufe des Gesprächs fragte uns der Kommandant, ob es hier auch Krokodile gäbe. Daraufhin schickte ich den Hausboy, ein junges lebendes Krokodil zu holen, das uns vor kurzem Eingeborene brachten und das wir unter dem Haus in einer gro-ßen Kiste gefangen hielten. Der Boy hielt das zappelnde Vieh, das vor Wut oder Angst zischte, am Genick, und ließ es, ehe wir es verhindern konnten, im Zimmer laufen. Die Offiziere sprangen auf die Stühle, um ihre Beine vor dem wilden Tier

---

81 Das war der 3. Januar 1915.

82 Vgl. Reichs-Marine-Amt (Hg.), *Südsee-Handbuch. II. Teil*, 175.

83 Die japanischen Kriegsschiffe waren ursprünglich nach Nauru gesandt worden, wo sie Mitte Dezember 1914 feststellen mussten, dass sie gegenüber den Australiern einen Monat zu spät gekommen waren. Am 28.12.1914 besuchten sie Rabaul; vgl. Hiery, *Neglected War*, 29.

in Sicherheit zu bringen. Der Anblick war so komisch, dass Erna höchst ungeniert herzlich lachte. Jedenfalls hatten wir das Geheimnis ergründet, wie man die als tapfer bekannten Japaner in die Flucht schlagen kann. Der Boy fing den Verursacher der Panik wieder ein und waren nun die Tapferen beruhigt.

Die Japaner waren sehr wissbegierig und entging ihnen nichts. Bald fanden sie eine schöne Blume, oder sie entdeckten einen sonderbaren Schmuck, den irgendein Eingeborener trug. Dann ließen sie sich die Aufbereitung der Kopra genau erklären. Auch wollten sie ganz genau wissen, wieviel Wasser der Brunnen, der hinter dem Hause stand, gibt. So stellten sie hundert Fragen. Als mir der Kommandant eine Zigarette anbot, erzählte ich ihm, dass schon seit Wochen auf Manus keine Zigaretten zu haben seien. Nebenbei bemerkt, war dies das Erste, was wir vom Krieg zu spüren bekamen. Daraufhin zückten alle Offiziere ihre Zigarettenpackungen und legten sie auf den Tisch. Ich habe mich auch nicht geziert und nahm die Geschenke dankbar an. Ein Leben ohne Zigaretten ist schlimmer wie ein Essen ohne Salz. Wir begleiteten die freundlichen Leute bis zur Anlegebrücke, merkten aber, dass sie noch etwas auf dem Herzen hatten. Sie baten bescheiden, sich einige Kokosnüsse mitnehmen zu dürfen. Wir baten sie, sich nach Herzenslust zu bedienen. Daraufhin nahmen sie so viel Nüsse wie sie tragen konnten. Es war ein spaßiger Anblick wie die Offiziere mit ihren Lasten abzogen. Dann verabschiedeten sie sich wieder zeremoniell und fuhren an Bord ihrer Schiffe. Wir aber hatten eine sehr nette Abwechslung gehabt.

Wir waren der Meinung, dass damit die Sensation erledigt sei, das war aber nicht der Fall. Den nächsten Morgen erschienen drei weitere Kriegsschiffe. Diesmal waren es Australier. Diese ankerten zwei Seemeilen von dem Liegeplatz der Japaner entfernt. Pinassen flitzten von den Australiern zu den Japanern und umgekehrt. Also verhandelte man. Die Japaner hatten bestimmt die schöne Absicht gehabt, Manus mit einem Handstrich zu annektieren. Scheinbar hatten die Australier von der Absicht Wind bekommen und erschienen nun ebenfalls mit einer starken Flotte, um sich den fetten Bissen nicht aus den Zähnen nehmen zu lassen. Dass wir mit unserer Annahme recht hatten, erfuhren wir schon am nächsten Tage. Die Australier behaupteten das Feld, die Japaner verschwanden beim Morgengrauen.

Am Nachmittag erhielten wir abermals Besuch. Auch die Australier gaben uns die Ehre. Wieder saßen feindliche Offiziere an unserem Tisch. Auch sie waren nett und freundlich. Aber diesmal hatten wir viel stärker das Empfinden, den Feind in unserem Hause zu haben, wie es bei den Japanern der Fall war. Der Kommandeur war erstaunlich offenherzig. Er sagte unter anderem: „Sind Sie froh, dass wir gekommen sind, sonst wäre Manus japanisch geworden und Sie würden sich jetzt auf der Reise nach Japan befinden." So ist es allen Deutschen ergangen, die auf den Inseln nördlich des Äquators lebten.[84] Die Leute sprachen mit einer Verachtung von den Japanern,

---

84 Diese Behauptung ist so pauschal unzutreffend. Die Südseedeutschen durften zunächst in ihren Stellungen verbleiben – unter Einschluss der Kolonialbeamten. Die Situation änderte sich ab Ende 1914. Am 16.11.1914 wurden alle Südseedeutschen von der Phosphatinsel Angaur, wo die Japaner das kriegswichtige Phosphat unter eigener Regie weiter abbauen wollten,

die immerhin zu denken gab. Aber so sind die Engländer! Um gegen Deutschland zu kämpfen, sind ihnen Asiaten recht. Im übrigen hassen sie diese viel mehr wie die Deutschen. Der Kommandeur lud uns für den Nachmittag zum Tee ein, was wir dankend annahmen. Ein junger Leutnant holte uns mit der Pinasse ab, um uns an das Flaggschiff zu bringen. Dabei erzählte uns das Kerlchen ganz friedlich, dass nicht viel gefehlt hätte, dass es zu einer Seeschlacht gekommen wäre. Ernelein bedauerte es sehr, dass dies nicht dazu gekommen sei, da sie sehr gerne von der Veranda aus eine Seeschlacht miterlebt hätte. Daraufhin fragte sie der kleine Freche, ob sie ihn, wenn er verwundet worden wäre, mit sehr viel Liebe gepflegt hätte. Worauf Erna sagte: Ich hätte Sie auch mit sehr viel Tränen begraben. Unter solcherlei Scherzen erreichten wir das Flaggschiff, wo wir in der Offiziersmesse sehr freundlich empfangen wurden. Beim Tee ging es so lustig zu, dass man hätte glauben können, dass wir uns auf einem Vergnügungsdampfer befanden.

Der Krieg wurde mit keinem Wort erwähnt, was wir für ein gutes Zeichen hielten. Wir verabschiedeten uns von unseren Gastgebern mit etwas sonderbaren Gefühlen. Warum mussten diese liebenswürdigen Menschen unsere Feinde sein? Der ganze Krieg wäre unmöglich gewesen, wenn England neutral geblieben wäre. Unser kleiner Leutnant brachte uns an Land, wobei er noch offenherziger wurde. Er verriet uns, dass dieses Geschwader in Kürze nach den Dardanellen fahren würde, um dort mitzukämpfen[85]. Wie er sagte, wären die Dardanellen längst erledigt, wenn dort nicht außer den Türken die Deutschen säßen ----- diese bösen Germans.

8.7.15

Es vergingen Wochen und Monate in denen nichts geschah. Aber wir erfuhren, dass das Australische Geschwader, das uns hier besuchte, in den Dardanellen restlos vernichtet wurde. Armer, kleiner Leutnant, jetzt kannst du nicht mehr mit jungen Frauen scherzen.

rücksichtslos deportiert. Vgl. Anneliese Scharpenberg u. Hartmut Müller, „Die Deutsche Südseephosphat-Aktiengesellschaft Bremen" in: *Bremisches Jahrbuch* 55 (1977), 127-219, hier 178-179. Ab Januar 1915 folgten Ausweisungsbefehle auch auf anderen Inseln. Die letzten deutschen Kolonialbeamten verließen die Marshallinseln im Juni 1915. Sie wurden allerdings in Japan nicht festgehalten, sondern durfen nach Ablegungen eines Neutralitätseides über die damals noch neutralen Vereinigten Staaten nach Deutschland ausreisen. Ein Teil der deutschen Missionare verblieb dagegen bis Kriegsende auf den Inseln. Vgl. Hiery, *Neglected War*, 40-41.

85 Der Beginn der Kämpfe um die Dardanellen wird allgemein mit dem 19.2.1915 angesetzt. Am 25.4. landeten hauptsächlich australische und neuseeländische Truppen im sog. Anzac (Australian New Zealand Army Corps)-Cove. Die erbitterten Kämpfe um jeden Fußbreit Boden waren enorm verlustreich. Am 20.12.1915 wurden die letzten britischen Truppen evakuiert. Die faktische Niederlage kostete Winston Churchill, der maßgeblich hinter der Kampagne stand, seinen Posten als erster Lord der Admiralität. Vgl. Frank Jacob, *Gallipoli 1915/16. Britanniens bitterste Niederlage*, Berlin 2020.

Gestern besuchte uns Hohm, worüber wir sehr erfreut waren. Er erzählte uns eine ganz tolle Sache. Clas sein Famalus[86], ein sehr junger Mann, ein Jude namens Heilmann[87], hatte sich auf Komoli[88], wo er das zweifelhafte Vergnügen hatte, unter Herrn Clas arbeiten zu dürfen, das Leben genommen. Er hat sich mit einer Dynamitpatrone, die er in den Mund nahm, den Schädel zersprengt. Vor der Tat hat er auf Clas geschossen, ihn aber leider verfehlt. Es war uns allen ganz klar, dass Clas den armen Teufel durch seine Gemeinheiten in den Tod getrieben hat. Heilmanns Leichnam muss ein grauenhafter Anblick gewesen sein. Clas hat, um wenigstens äußerlich nicht mehr an das Geschehen erinnert zu werden, Heilmanns Haus abbrennen lassen. Letzteres war lediglich aus Clas seinem schlechten Gewissen, dass ihn doch etwas zu peinigen schien, hervorgegangen. Hohm allerdings war der Ansicht, dass Clas den Heilmann in den Tod getrieben habe, da dieser von Clas seinen gemeinen Machenschaften, oder besser gesagt, Verbrechen, zu viel wusste. Der Fall Heilmann war für mich ausschlaggebend. Ich hatte es gründlich satt unter einem solchen Satan zu arbeiten.

Rein und schön sind diese friedlichen Südseeinseln, aber ein Mensch genügt, wenn er schlecht genug ist, das Paradies in eine Hölle zu verwandeln. Clas hatte sich nämlich, gerade in letzter Zeit, noch mehrere Gemeinheiten geleistet. So hat er den Heilgehilfen Fritsch[89] dermaßen drangsaliert, dass dieser, kurz entschlossen, mit einem kleinen Kutter nach Rabaul segelte. Dieses Unternehmen ließ an Tollkühnheit nichts zu wünschen übrig. Er benötigte, um sein Zielt zu erreichen, fast einen Monat. Endlich sah die Firma ein, dass es so nicht weitergehen könne und berief Clas ab, was natürlich nicht von heute auf morgen durchzuführen war. Die Firma hatte auch nicht gleich einen passenden Mann zur Hand, der so einen großen Betrieb hatte leiten können. Ich aber teilte meiner Firma mit, dass ich keinesfalls weiterhin auf Manus bleiben werde und gewillt sei alle Konsequenzen auf mich zu nehmen. Da Erna sich in anderen Umständen befand und es hier auf Manus keinen Arzt gab, konnte ich noch einen weiteren Grund aufführen, weshalb ich auf meine Versetzung dringen müsse. Auch Reinhard hatte um seine Versetzung gebeten, sich aber bereit erklärt zu bleiben, wenn Clas aus der Gegend verschwinde, was ja nun angeblich beschlossene Tatsache war.

Jetzt ging alles viel schneller, als wir es erwartet hatten. Bereits Ende August kam der große Motorschuner „Matupi" und nahm uns samt beweglicher Habe an Bord. Wie schön hätten wir hier in Frieden leben können, wenn es nicht einer menschlichen Bestie anders gefallen hätte. Der Anker ging auf und da lag nun diese liebliche Insel noch einmal vor unseren Augen, auf der wir so glückliche Tage verlebten. Die Trom-

---

86 Richtig: famulus (latein.: Diener), Hilfskraft.
87 Richtig: Paul Heymann; vgl. Baumann/Klein/Apitzsch, *Biographisches Handbuch*, 147 (mit Foto).
88 Gemeint ist Komuli, vgl. S. 144 Anm. 19.
89 Möglicherweise Walter Fritsch; vgl. Baumann/Klein/Apitzsch, *Biographisches Handbuch*, 105.

meln hatten gesprochen, und so wussten die Eingeborenen Bescheid, dass ihre Missis und der Master fortgehen. Sie kamen zu Hunderten mit ihren Kanus angepaddelt, um uns noch einmal zu sehen und sich zu vergewissern, ob es denn auch wirklich wahr sei, dass wir wegfahren wollten, um nie wieder zu kommen. Mit diesen ungezähmten Wilden sind wir gar prächtig ausgekommen. Nie hat es Reibereien oder Unzuträglichkeiten gegeben. Die Leute waren immer hilfsbereit und besaßen ein natürliches Taktgefühl in sich, das bewundernswürdig war. Die „Matupi" setzte Segel, der Motor puffte und langsam entschwand Noru unseren Blicken. Zuletzt sahen wir das rotgestrichene Dach unseres Häuschens zwischen den Palmen hervorleuchten. Dann entschwand auch dieses und begann damit ein neuer Abschnitt unseres Lebens.

In letzter Stunde auf Manus erlebten wir noch eine fürchterliche Tragödie. Der böse Geist, der jetzt Manus beherrschte, war noch nicht gewichen. Das kleine Fahrzeug des Bezirksamts kam uns entgegen und signalisierte uns an, dass wir stoppen sollen, dann kam es längsseits zur „Matupi". An Bord waren der englische Bezirksamtsmann, zwei weiße Polizeibeamte und eine ganze Anzahl schwarzer Polizeisoldaten. Der Bezirksamtmann, der erst vor kurzem hier eingesetzt wurde, war sichtlich sehr aufgeregt. Wieder war ein Menschenleben nutzlos vernichtet worden.

Unseren guten Tigerjäger hatte nun doch sein selbsterrechnetes Schicksal getroffen. Er war unweit seines Wohnsitzes auf Anwerbetour gewesen, hatte auch einige Leute bekommen. Um deren Namen aufzuschreiben, setzte er sich auf die große Baumtrommel, was ihm zum Verhängnis wurde. Von rückwarts trat ein Eingeborener an ihn heran, der ihm, ohne ein Wort zu sagen, mit seiner Axt den Schädel zertrümmerte. Ein Malaye, der unweit dieses Dorfes eine kleine Handelsstation verwaltete, segelte sofort mit seinem Boot nach Lorongau und meldete dort den blutigen Vorfall, so wie er ihn von den Eingeborenen gehört hatte. Der Bezirksamtmann fuhr nun mit der beschriebenen Besatzung und dem Malayen zum Tatort, um zu sehen, ob dieses Gerücht auf Wahrheit beruhe. Dort fand er den armen Reis in seinem Blute liegend und bereits in Verwesung übergegangen, vor. Das kleine Dorf, in dem sich die Untat zugetragen hatte, war von den Bewohnern verlassen worden. Sie waren in die Berge geflüchtet. Der Bezirksamtmann war sichtlich erfreut, dass wir gerade im richtigen Moment unweit des Tatortes erschienen. Er bat uns als Zeugen mit an Land zu kommen. Auch gestand er uns, dass weder er noch seine Beamten auch nur ein Wort Pidgin sprechen können. Wir gingen mit an Land. Der Anblick des so grausam ermordeten Reis war fürchterlich. Erna war auf meine Bitte hin an Bord geblieben, da so ein Erlebnis für ihren Zustand keinesfalls günstig wirken konnte.

Der Bezirksamtmann ließ die Hütten durchsuchen und wurde dabei einer jener unglücklichen Eingeborenen gefunden, wie man sie auf Manus öfters antrifft. Es sind dies Menschen, die durch einen gewaltsamen Eingriff an ihrem Körper die Fähigkeit zu gehen verlieren. Wenn die Eingeborenen sich bekriegen, werden dabei meist auch Gefangene gemacht, deren trauriges Schicksal es ist, bei dem Siegesmahl als Braten zu dienen. Es kommt aber oft vor, dass mehr Gefangene gemacht werden, wie man im Moment verspeisen kann. Da besteht dann stets die Gefahr, dass die armen Opfer sich in einer dunkelen Nacht bestens empfehlen und auf Nimmerwiedersehen verschwinden. Um diesen Ausfall zu vermeiden, schneidet man den Unglücklichen oberhalb der Fersen die Sehnen durch. Diese armen Opfer können sich, nachdem die Wunden verheilt sind, nur noch kriechend, oder dadurch fortbewegen, indem sie in der Hucke sitzend die Beine vorschleudern. Es kam aber auch häufig vor, dass man sich an so einen Krüppel derart gewöhnte, oder dass er vielleicht ein guter Netzstrikker war, so dass man Abstand nahm, ihn zu erschlagen. Ich habe auf den Dörfern des öfteren solche elende Kreaturen angetroffen. Auf meine Frage hin, warum diese Leute nicht laufen können, erfolgte ein unbändiges Gelächter. So dumm konnte nur ein Europäer fragen. Dann musste mir, durch den Häuptling aufgefordert, der arme Kerl seine Springkünste vorführen, die dann bei Jung und Alt große Heiterkeit auslösten, zumal, wenn so ein dummer Weißer dabei war, der das nicht kannte. Man soll die Eingeborenen ob solcher Schändlichkeiten nicht zu sehr verdammen. Bei uns hat es im Mittelalter noch schlimmere Grausamkeiten gegeben.

So einen armen Teufel hatten die Engländer gegriffen, der immerhin ein wichtiger Zeuge sein konnte. Da, wie gesagt, die Engländer kein Wort Pidgin konnten, war es ihnen gar nicht möglich, den Gefangenen zu vernehmen. So hat mich der Bezirksamtmann gebeten zu versuchen, ob es mir möglich sei, mich mit dem Gefangenen zu verständigen. Da hier in Manus nur der kleinste Teil der Bevölkerung Pidgin sprechen kann, war es sehr fraglich, ob es möglich sei, aus dem Mann etwas herauszuholen. Ich bat den Bezirksamtmann mich erstmal mit dem Gefangenen allein zu lassen, da es dann am ehesten möglich sei, etwas zu erfahren. So hockte ich mich mit dem Gefangenen in eine Hütte und machte mit ihm ein pic fellow doc-doc[90] (Großes Gespräch). Bald merkte ich, dass mein Gegenüber sehr gut Pidgin sprach. Ich fragte ihn aus wie er heiße, wo er herstamme und bei welcher Gelegenheit gefangen worden sei und was der Fragen mehr waren. Er erzählte mir eine endlose Familiengeschichte, in der viele Verwandte irgendeine Rolle spielten und warum dann zwei Dörfer gegeneinander Krieg geführt haben. Es handelte sich um eine jener Familiengeschichten, in die sich kein Europäer hineinfinden kann. Bei so einer Erzählung kann ein Normalmensch aus der Haut fahren und sich wütend danebensetzen. Auch ich wurde krippelich[91], zumal der Erzähler sich stets dazu verpflichtet fühlte, von jeder Person die Stimme nachzuahmen.

Nachdem das Gequassel schon eine halbe Stunde in Anspruch genommen hatte und ich nun die Begebenheit seiner Gefangenschaft wusste, fiel ich ihm ins Wort, als er irgendeinen Namen nannte. Ich sagte: Das ist wohl der Mann, der den Master Reis erschlagen hat? Aber nein Master, der heißt doch Marion. Nun hielt ich aber fest und fragte so lange, bis ich in der Angelegenheit klar sah. Reis war einem Aber-

90 Tok Pisin: *Bikpela toktok.*
91 Kribbelig. Im Deutschen Wörterbuch von Jacob und Wilhelm Grimm, Bd. 11, Sp. 2202: „kribbelicht, kribbelig", mit ältestem Verweis auf das ausgehende 16. Jahrhundert: „der puls kryblecht schlegt"; reizbar. Bei Adelung, Bd. 2, Sp. 1782 nur als „Kriebelkopf" oder „Kribbelkopf": „in Niedersachsen einen jähzornigen Menschen bedeutet, der leicht zum Zorne zu reitzen ist."

glauben zum Opfer gefallen. Der Gefangene erzählte: „Vor vielen Jahren, vielleicht lebte ich noch gar nicht, landete hier ein Schiff, dessen Besatzung Europäer waren, die Wasser nehmen und Proviant haben wollten. Erst ging auch alles recht gut. Die Dorfbewohner halfen beim Wassernehmen, brachten Schweine, Bananen, Kokosnüsse und Sago, wofür ihnen die Weißen Tabak, Perlen und Stoffe gaben. Dann aber versuchten die Weißen junge Weiber zu stehlen, die sie mit auf ihr Schiff nehmen wollten. Die Eingeborenen sahen diesem Treiben aber nicht tatenlos zu, wobei es zu einem Gefecht kam. Die Europäer erschossen drei Schwarze, unter denen auch Marions Vater war. Von der weißen Besatzung wurden zwei Mann gespeert. Wären drei Weiße gefallen, so hätte man Reis kein Haar gekrümmt. Sieh Master, fuhr der Erzähler fort, die zwei Weißen wurden von den Brüdern von zwei der erschossenen Dorfbewohner getötet, so dass die Seelen der Gefallenen nun Ruhe haben. Aber der Tod von Marions Vater ist noch nicht gerächt und nun geht sein Geist um und kommt nachts an Marions Haus und klagt, dass er nicht schlafen kann, da für ihn noch kein Weißer getötet wurde. Marion hat nun keine Ruhe mehr gefunden und sich sehr vor dem Geist seines Vaters gefürchtet. Immer hat sein Kopf darüber nachgedacht, wie er einen Weißen erschlagen könne. Herr, Du bist zweimal bei uns gewesen. Auch der Master Reinhard war hier und ebenfalls der Master Hohm. Aber nie hat Marion den Mut gehabt, einen von euch zu erschlagen. Er hatte immer Angst vor Eurem Tamburan[92] (Teufel, Geist). Dann aber kam der Master Reis. Seine Rede war wie Zucker und so wussten wir, dass er sich vor uns fürchtet. Marions Mutter fragte: „Ist es heute nicht Zeit Deinen Vater zu rächen?" Da nahm Marion die Axt, trat hinter den Master Reis und schlug zu, aber so schwach, dass der Weiße nicht tot war, sondern nur das Blut in sein Gesicht lief. Dann wollte er fliehen. Aber alle Leute riefen: „Marion schlage, schlage!" Da hat ihm Marion den Kopf in zwei Teile gespalten. Als wir das Schiff des Kiaps[93] (Bezirksamtmann) sahen, sind alle Leute in den Busch (Wald) geflohen. Da ich nicht laufen kann, musste ich hierbleiben. Herr, wird man mich nun töten? Das war die Begebenheit wie sie sich in Wirklichkeit abgespielt hatte.

Der Bezirksamtmann wartete schon ungeduldig auf das Resultat der Unterhaltung. Um Irrtümer zu vermeiden, erzählte ich das, was ich in Erfahrung brachte, unserem Kapitän in Deutsch, der es dann dem Bezirksamtmann verdolmetschte. Der hohe Herr nannte meine Erzählung ein Märchen. Da Reis Österreicher, also feindlicher Nation war, lag seiner Meinung nach nichts näher, als dass sich die Eingeborenen an Reis für begangene Schandtaten gerächt haben. Auf unsere Erwiderung hin, dass Reis ein sehr guter und anständiger Mensch war, hatte er nur ein mildes Lächeln. So ein Idiot! Er schrieb einen ellenlangen Bericht an den Gouverneur und

---

92 Tok Pisin: *tambaran*; vgl. Anm. 103.

93 Tok Pisin: *kiap*, der (hohe) Regierungsbeamte, Stationsleiter, Bezirksamtmann. Nach Mihalic, *Dictionary*, 109, soll das Wort vom Englischen "captain" abgeleitet worden sein. Viel wahrscheinlicher ist aber, dass die Bezeichnung von der Schlüsselgewalt („key up") auf den allein darüber verfügenden Stationsleiter/ Bezirksamtmann übertragen wurde.

bat uns, das Schriftstück mit nach Rabaul zu nehmen. Dann verabschiedete er sich, und nun endlich konnten wir weiterfahren.

Wir aber fragten uns immer wieder: „Ist es denn möglich, dass ein Mensch seinen Tod und sogar die Todesursache aus den Sternen errechnen kann? Der arme Reis! Er war so ein guter Mensch, der niemandem ein Leid antun konnte. Nun war ihm seine Gutmütigkeit zum Verhängnis geworden. Aber auch daran dachten wir, dass noch drei Menschen in der gleichen Gefahr geschwebt hatten. Über Manus stand ein finsterer Stern. Daran war nicht zu rütteln. Jetzt waren wir fast froh, dieses Gebiet verlassen zu können.

Den nächsten Abend erreichten wir St. Matthias[94], eine Inselgruppe, die Manus sehr ähnlich ist. Auch diese besteht aus einer großen und vielen kleinen Inseln. Nur die Eingeborenen sind gegenüber den Manusleuten sehr unterschiedlich. Sie sind zwar auch sehr hellhäutig, aber viel schwächlicher als erstere. Der Kannibalismus herrscht hier noch viel ausgeprägter, als es in Manus der Fall war. Als Arbeiter kann man sie nur mit minderwertig bezeichnen. Sie sind so anfällig und die Sterblichkeit eine solche hohe, dass man annehmen kann, dass sie auf dem Aussterbeetat angelangt sind. Aber einige Merkwürdigkeiten haben sie doch aufzuweisen. Sie sind der einzige Volksstamm, der den Webstuhl kennt, vermittelst dem sie wunderschöne Matten und Gürtel aus Bast weben.[95]

Eine Kuriosität ist die Währung dieses Völkchens, die auf der Welt einmalig sein dürfte. Das Geld besteht aus Käferbeinen, die auf Faden aufgezogen werden. Aber nur die Oberschenkel dieser grünschillernden Käfer sind münzecht.[96] Diese kleine Käfer treten mitunter in großen Mengen auf, bleiben aber oft viele Jahre weg. Der Wert dieser Währung liegt wohl darin, dass das Suchen der Käfer und das Auffädeln der winzigen Beinchen dieser Tiere sehr mühsam sind. Die weißen Frauen in der Südsee tragen mit Vorliebe die aufgefädelten Käferbeine als Halsschmuck.

Diese Eingeborenen sind auch sehr musikalisch. Ihre ganz eigentümlich getragenen Weisen singen sie vierstimmig. Ein Forscher, der einige Zeit auf St. Matthias lebte, erzählte, dass die Sprache der St. Matthiasleute ganz in der Art der lateinischen Sprache aufgebaut sei. Dagegen die Sprache als solche an keine der bekannten Sprachen erinnere. Die Südsee gibt gar viele Rätsel auf, die bis heute die Gelehrten noch nicht lösen konnten.

Kannibalismus ist noch kein Zeichen von Unkultur, sondern nur von Uncivilisation.

Bald erreichten wir die Sturminseln[97], einen kleinen Archipel, der nur etwa 50 Seemeilen von St. Matthias entfernt liegt. Auch hier, in dieser gottverlassenen Ge-

---

94 St. Matthias, vgl. S. 52 Anm. 102.

95 Vgl. Thilenius, „Technik der Eingeborenen. 6. Flechterei, Weberei", in: Schnee (Hg.), *Deutsches Kolonial-Lexikon*, Bd. 3, 468-469. Eine Abbildung findet sich bei Hiery, *Bilder aus der deutschen Südsee*, 80 (Abb. 103).

96 Hierzu ist in Vorbereitung (*Quellen und Forschungen zur Südsee*, B 13): Gerhard Hutzler, *Das Geldwesen in der deutschen Südsee*, Wiesbaden 2025.

97 Sturminsel, Emirau, heute Sturm Island. Vgl. Krauß in: Schnee (Hg.), *Deutsches Kolonial-*

gend, lebt eine deutsche Familie. Die Sturminseln, die ihren Namen sehr zu recht führen, liegen außerhalb jeden Schiffsverkehrs. Ich habe bisher noch nie Europäer gesehen, die derart weltabgeschieden lebten. Nach Manus kam doch wenigstens ab und zu ein Schiff, aber hier gehört das Erscheinen eines Schiffes zu den seltensten Erlebnissen.

Wir gingen an Land, und wurden von der Familie Wilde[98] freundlichst begrüßt. Zwei reizende Kinder wuchsen hier in dieser Wildnis auf, ohne auch nur das Geringste zu entbehren. Vielleicht werden sie dereinst, wenn sie in eine Schule nach Australien gebracht werden, gerade diese Wildnis am meisten entbehren. Wilde hat hier eine große sehr schöne Kokospflanzung angelegt, die zwar noch nicht trägt, aber in wenigen Jahren große Einnahmen bringen wird. Diese Leute machten durchaus keinen unglücklichen Eindruck. Sie haben sich an die Einsamkeit gewöhnt und wissen genau, dass sie in nicht allzu ferner Zeit sehr vermögende Leute sein werden, die sich dann alles Mögliche leisten können.

Verständlicherweise wollten sie viel vom Krieg hören. Da wir aber selbst nicht viel wussten, waren unsere Mitteilungen spärlich. Wir verlebten noch einen sehr netten Abend bei Wildes und fuhren den nächsten Morgen weiter.

In Rabaul angekommen, wurde unser Schiff gründlichst untersucht. Es hätte doch immerhin sein können, dass wir Kriegskontrebande an Bord hatten. Unsere schönen Gewehre wurden wir schnellstens los. Wir meldeten uns auf dem Passamt, wo man uns neue Pässe ausstellte und uns die Anweisung gab, selbe jede Woche signieren zu lassen. Hier in Rabaul merkte man doch etwas vom Krieg. So war es sehr unangenehm, dass abends neun Uhr kein Licht mehr brennen durfte. Aber was bedeutete das, gegenüber den Leiden der Menschen in der Heimat.

Meine Firma war durch meine Rückkehr nicht übermäßig entzückt, zumal momentan für mich kein Posten frei war. Herr Ehemann war der Ansicht, dass ich doch Erna allein nach Rabaul hätte schicken können und sie nach der Geburt nach Manus zurückgekommen wäre. Ich sagte ihm ganz offen, dass ich an eine Abberufung von Clas nicht recht geglaubt hätte. Darauf erwiderte Ehemann: „Dieser Clas ist ohne Zweifel ein tüchtiger Mensch, aber durch sein Verhalten den Angestellten gegenüber hat er mehr Schaden angerichtet wie er je gutmachen kann. Danach fragte er mich, ob ich gewillt sei, für einige Zeit das Strandhotel in Kaewieng zu übernehmen und zwar als Pächter. Dies solle nur für die Zeit sein, bis für mich ein entsprechender Posten frei werde. Von dem Gedanken, ein Hotel zu übernehmen, war ich nicht besonders entzückt, und Erna würde es sicher noch weniger sein.

Da vorläufig kein Schiff nach Kaewieng ging, hatten wir reichlich Zeit, die Freuden der Stadt zu genießen. Wir gingen viel spazieren, in Sonderheit nach dem botanischen Garten, fuhren auch einmal per Auto nach Herbertshöhe, von wo aus wir

Lexikon, Bd. 3, 431-432 u. Reichs-Marine-Amt (Hg.), *Südsee-Handbuch. II. Teil*, 167-68. Hier eigentlich, nicht auf Mussau, befand sich der Mittelpunkt der indigen-traditionellen Weberei.

98 Der Cottbuser Bruno (1876-1950) und die Tonganerin Juanita Wilde (1890-1926); vgl. die sehr ausführliche Beschreibung bei Baumann/Klein/Apitzsch, *Biographisches Handbuch*, 477-78.

einen Abstecher nach Toma unternahmen. Abends gingen wir des öfteren ins Kino[99], wo meist Filme dritter und vierter Garnitur vorgeführt wurden. Aber es war eine Abwechslung.

Dieses Idyll wurde jäh unterbrochen. Eines Abends, wir waren eben schlafen gegangen, wurden wir von einem merkwürdigen Stimmengewirr, aus dem Kommandoworte zu hören waren, munter. Zu unserem Erstaunen war die Stadt hell erleuchtet. Wir konnten gar nicht begreifen, was das sonderbare Treiben zu bedeuten hatte. Aber bald wurden wir aufgeklärt. Zwei bewaffnete Soldaten kamen in unser Haus und eröffneten mir, dass ich mich schnellstens anzuziehen habe und mitkommen müsse. Bald merkte ich, dass ich nicht der einzige Deutsche war, den die Engländer verhafteten, was unbedingt beruhigend wirkte. Aus allen Straßen erschienen Trupps deutscher Landsleute, die ebenfalls unter englischer Bewachung standen. Ich hatte kaum Zeit gehabt mich von Ernelein zu verabschieden, glaubte aber bestimmt, dass ich von dem nächtlichen Abenteuer bald zurück sein würde. Vor Lowris Kino wurde haltgemacht. Die Soldaten meldeten ihren Offizieren die Anzahl der Gefangenen. Dann wurden wir ins Kino geführt, aber nicht um uns einen heiteren Film anzusehen. Es wurden uns die Pässe abgenommen und feierlich erklärt, dass jeder, der das Kino, ganz gleich in welcher Absicht, verlasse, niedergeschossen würde. Niemand wusste, was das ganze Theater zu bedeuten hatte.[100]

Ununterbrochen trafen weitere Trupps von Landsleuten ein, die man von den Außenstationen geholt hatte, und die nun hier mit lautem Hallo begrüßt wurden. Da in dem Kino auch ein Restaurationsbetrieb vorhanden war, begann eine ganz nette Zecherei. Da wir auch unsere Wachen gut mit Bier versorgten, wurde der Bierabend in keiner Weise gestört. Die Meinungen betreffs unserer Internierung waren sehr geteilt. Hier konnte man genau erkennen wer zu den Optimisten und wer zu den Pessimisten zu zählen war. Da wir nicht geschlafen, aber viel getrunken hatten, waren wir alle den nächsten Morgen ziemlich verkatert, ein Umstand, der die Stimmung nicht gerade hob. Es fuhren Lastautos vor, die mit langen Pfosten und Stacheldraht beladen waren. Auch erschienen chinesische Kulis mit allen möglichen Werkzeugen. Jetzt wussten wir, was die Uhr geschlagen hatte. In großer Geschwindigkeit wurde ein hoher Stacheldrahtzaun errichtet, der sich in einem Abstand von etwa 25 Metern rings um das Kino zog. Nun waren wir wie wilde Tiere im Zoo eingesperrt und wussten genau so wenig wie diese warum.

Jetzt aber waren die Gerüchtemacher an der Arbeit. Es war einfach toll, was an Blödsinn verzapft wurde. Auch die Tomis[101] waren gern bereit, für eine Flasche Bier wahre Kriegsnachrichten zu liefern.

99 Das erste Kino in Rabaul wurde geführt von Walter Lourie, einem Belgier. Foto in: Gash/
    Whittaker, *Pictorial History*, 202 (Abb. 434), dort fälschlicherweise als "Lauri" bezeichnet.

100 Zur kurzzeitigen Internierung der Deutschen und der Erklärung des Kriegsrechtes, die wohl
     einem Tropenkoller des Acting Administrator Lieutenant Colonel Fred Toll – der eigentliche
     Administrator Pethebridge war in Australien – zuzuschreiben ist, vgl. Hiery, *Neglected War*,
     39-40.

101 Tommy", deutscher Spitzname für die Engländer. Dem Eigengebrauch des britischen Mili-

Der Zaun des Camps hatte nur einen Zugang, vor dem die Hauptwache aufgeschlagen wurde. Längs des Stacheldrahts patrouillierten englisch-australische Posten. Wir nannten sie alle Engländer, was den Australiern gar nicht gefiel. Aber auch die Schotten wollten keine Engländer sein. In einem größeren Abstand war eine Kette schwarzer Soldaten aufgestellt, deren Aufgabe es war, dafür zu sorgen, dass kein Eingeborener mit den Deutschen in Verbindung treten konnte. Scheinbar war der Hauptzweck der Internierung der, uns von der Außenwelt abzuschließen.

Nach und nach kam System in den Betrieb. Es wurde uns gestattet Briefe zu schreiben, soweit die Empfänger in Rabaul lebten. Diese Briefe durften nicht länger als eine Seite und in englischer Sprache geschrieben sein. Täglich kam ein Offizier, der Briefe einsammelte und solche austeilte. So konnte ich Erna benachrichtigen, dass es mir gut gehe, und dass sie sich um mich nicht sorgen solle. Von ihr erfuhr ich nun, dass auch sie, wie alle anderen deutschen Frauen, interniert wurden. Wie sie berichtete, ging es auch ihr gut. Die Frauen wurden zwar auch von Posten mit aufgepflanztem Seitengewehr bewacht. Es war auch ihnen angekündigt worden, dass sie erschossen würden, wenn sie auf Fluchtgedanken kämen. Ich glaube aber, dass es in dem Männercamp bei weitem gemütlicher zuging als in dem der Frauen, obgleich mindestens zehnmal so viel Männer wie Frauen interniert waren.

In unserem Camp ging es wirklich fidel zu. Wir haben hier so heitere Stunden verlebt, deren sich jeder der Betroffenen später unter Schmunzeln erinnern wird. Allerdings musste manche Unbequemlichkeit mit in Kauf genommen werden, was den älteren Herren etwas schwerfiel. So gab es keine Betten, wir erhielten aber pro Mann zwei schöne, neue Wolldecken. Es wurde uns aber gestattet, aus unseren Häusern Matratzen oder Liegestühle kommen zu lassen. Da nicht alle Internierten, wir waren etwa 400 Mann, im Kino unterkommen konnten, wurden Militärzelte, in denen je vier Mann bequem Platz hatten, angeliefert. In diesem Zeltlager spielte sich ein originelles Leben ab. Die hohen, spitzen Zelte wurden Wigwams genannt. Hier sprach man nur noch in der Sprache der Siouxindianer. Auch erhielt jeder der Insassen einen Indianernamen. So gab es eine „Gespaltene Zunge", eine „Rote Adlernase", einen „Aufgehenden Mond" und eine „Stinkende Socke". Man konnte wirklich nicht behaupten, dass die Deutschen durch die Maßnahmen der Engländer sehr bedrückt gewesen wären. Im Camp hörte man nur Lachen und Singen. Selbstverständlich gehörten Skat und andere Kartenspiele zu den Hauptbeschäftigungen. Anfangs war es streng verboten, Alkohol ins Camp einzuführen. Aber nach und nach wurden die Bestimmungen etwas milder und durften pro Kopf täglich zwei Flaschen Bier in das Camp geliefert werden.

tärs für den gemeinen Soldaten entlehnt, entwickelte sich der Begriff seit dem Ersten Weltkrieg als Synonym zuerst für alle englischen Soldaten, dann für die Engländer insgesamt. Auffälligerweise wies er gegenüber dem britischen „Hun" (für die Deutschen) keinerlei sprachlich-negative Assoziation auf. Vgl. Peter Doyle, Robin Schäfer, "Tommy and Fritz. Across the Barbed Wire", in: Julian Walker, Christophe Declercq (Hg.): *Languages and the First World War. Communicating in a Transnational War*, London 2016, 79–97.

Mit Erna stand ich im ständigen Briefwechsel, aber nicht durch Vermittlung der Engländer, sondern steckte Briefe an sie in eine Tasche der schmutzigen Wäsche. Sie tat das Gleiche mit der sauberen Wäsche. Erna schickte mir täglich saubere Wäsche durch Anton, dem ich dann die gebrauchte mitgab. So waren wir stets, hinsichtlich unseres Ergehens, bestens unterrichtet. Über die Verpflegung konnten wir nicht klagen. Täglich wurden sehr reichlich Fleisch, Hülsenfrüchte, Brot, Tee und vorzügliche Marmelade angeliefert. Von den Chinesen kauften wir Gemüse und Kartoffeln, so dass es uns an nichts mangelte. Es wurde ein Küchendienst eingerichtet, zu dem täglich acht Mann abkommandiert wurden. Unsere Verpflegungsgemeinschaft nannten wir die „King George Messe". Wenn früh der Proviantwagen ankam, ließen wir unseren Gönner, den König von England hochleben. Die Engländer ließen sich wirklich einiges gefallen. Jeden Abend, wenn der Hornist zur Ruhe blies, sangen wir: „Deutschland, Deutschland über alles", was den Tomis sehr gefiel. Man merkte sehr deutlich, dass die Engländer selbst nicht recht wussten, was sie von uns wollten, und warum sie uns hinter Stacheldraht gesetzt hatten. Laut Vertrag hatten sie uns ihren Schutz zugesichert und nun sperrten sie uns ein. Wie vertrug sich das?

Nach dreiwöchentlicher Haft wurden die Frauen auf freien Fuß gesetzt. Erna zog zu Kuhns[102], dem Direktor der Neu Guinea Comp., den wir sehr gut kannten. Leider durften sie uns nicht besuchen. Ernelein, frech wie sie nun mal ist, ließ sich beim Gouverneur melden und bat darum, dass ich sie besuchen dürfe. Sie sagte dem freundlichen Mann, dass sie ein Baby erwarte und mit mir einiges besprechen müsse. Am nächsten Tag fuhr ein Wagen vor das Camp, in dem zwei schwerbewaffnete Tomis saßen, die den Auftrag hatten, mich zu Kuhns Haus zu bringen, damit ich Erna sprechen könne. Das gab ja nun im Camp ein großes Hallo und fehlte es nicht an faulen Witzen. Jetzt besah ich mir das Schreiben, das mir meine Wachmannschaft aushändigte. Darin stand, dass mir die Genehmigung gegeben wird, täglich meine Frau von 11 bis 2 Uhr zu besuchen. Mehr konnte man nun wirklich nicht verlangen. Damit die Tomis nicht die Liebe zu ihrem schweren Beruf verloren, hielten wir erstmal bei der Eisfabrik und stärkten wir drei uns in innigster Harmonie vermittelst einiger Flaschen Eisbieres. Ernelein war wild vor Freude und sehr stolz auf ihre Heldentat. Jetzt aß ich nun ständig bei Kuhns zu Mittag.

Die Tomis wurden immer laxer und holten mich meist erst nachmittags gegen 5 Uhr zur Rückfahrt ab.

So vergingen zwei Wochen im beschaulichen Dasein. Aber bald gab es eine böse Überraschung. Eines Morgens erschienen einige höhere Offiziere. Alle Internierten mussten antreten. An Hand einer Liste wurde etwa ein Drittel aller Deutschen aufgerufen und ihnen mitgeteilt, dass sie anderntags in das Concentrations-Camp nach Australien abfahren werden. Hierbei handelte es sich meist um Leute, die sich irgendwie bei den Engländern unbeliebt gemacht hatten, oder von diesen für kleine

---

102 Kurt und Margarethe Kuhn; vgl. Baumann/Klein/Apitzsch, *Biographisches Handbuch*, 211-12.

und kleinste Vergehen vorbestraft waren.[103] Der erste Name, der fiel, war Clas. So hat es Dich also doch einmal erwischt! Ich nahm mir sofort vor, nach Manus zurückzugehen. Mit meiner Firma werde ich schon einig werden. Aber ich hatte die Rechnung wieder einmal ohne den Wirt gemacht. Clas wurde auf sein Bitten hin nochmal probeweise freigelassen. Andere anständige Menschen wurden abtransportiert, die allerdings zu stolz waren, um zu betteln. Es wurde uns mitgeteilt, dass Begnadigungsgesuche eingereicht werden dürfen. Außer Clas hat von den Internierten kein einziger davon Gebrauch gemacht. Wenige Tage später wurden wir anderen freigelassen. Freund Clas wurde vorläufig nach Manus zurückgeschickt. Damit kam für mich nichts anderes in Frage als das Hotel in Kaewieng zu übernehmen.

15.9.15

Das Strandhotel ist herrlich gelegen. Von seiner Veranda bietet sich dem Auge ein wundervoller Blick über das große Hafenbecken, das vom Festland Neumecklenburgs und der langgestreckten Insel „Nusa"[104] gebildet wird. Es stand uns hier in Kaewieng ein sehr schönes Wohnhaus zur Verfügung.

Leider ließ der geschäftliche Teil sehr zu wünschen übrig. In Firedenszeiten würde hier viel Geld zu verdienen sein. Aber jetzt während des Krieges ist der Durchgangsverkehr sehr schwach. Von den Ansiedlern Neumecklenburgs allein konnte ich nicht leben. Allerdings waren die Umsätze gar nicht so schlecht, wie ich befürchtet hatte. Aber die Unkosten waren zu hoch. Ich musste einen guten chinesischen Koch halten und benötigte acht Boys zur Bedienung. Auch waren die Lizenzen unverhältnismäßig hoch. Immer waren Neuanschaffung nötig, die auch sehr ins Geld gingen. Der schlimmste Übelstand war aber der, dass in Kaewieng keine Eisfabrik vorhanden war, so dass man nichts frisch halten konnte.

28.2.1916

Anfang Januar war Ernas Niederkunft zu erwarten. Sie fühlte sich körperlich durchaus wohl, so dass kein Grund zur Besorgnis vorhanden war. Nur seelisch war das Ernelein nicht auf der Höhe. Unter Wilden hat sie sich wohlgefühlt und war stets heiter und vergnügt. Die Einsamkeit hat sie nie bedrückt. Aber der Hotelbetrieb lag ihr gar nicht. Es kam natürlich häufig vor, dass sich die lieben Gäste zünftig betranken und dann die Ruhe des Städtchens durch Singen derber Lieder unschön störten. Erna neigte dazu, solche kleinen Schönheitsfehler allzu tragisch zu nehmen, und machte sich dadurch das Leben unnütz schwer.

Für Sylvester waren große Vorbereitungen im Gange, da sich viele Gäste angesagt hatten. Ich schmückte die Veranda mit Girlanden, während Erna Berge von Pfannkuchen buk. Diese Arbeit musste Erna unterbrechen, da der zukünftige Wel-

---

103   Vgl. S. 167 Anm. 64.
104   Vgl. Reichs-Marine-Amt (Hg.), *Südsee-Handbuch. II. Teil*, 125.

tenbürger seine Ankunft meldete. Kurz nach Mitternacht, während im Hotel das Feste seinen Höhepunkt erreichte, wurde uns ein kleiner Junge geboren. Die Geburt war normal vonstattengegangen und die Hebammenschwester, die schon seit zwei Wochen bei uns war, freute sich schon ihres Neujahrsjungen, als ganz unerwartet eine schwere Komplikation eintrat. Die Nachgeburt war festgewachsen und erforderte dieser Umstand einen Eingriff. Ich schickte sofort zu dem Militärarzt, der aber trotz mehrfacher Aufforderung nicht kam. Wie es sich später herausstellte, war er sinnlos betrunken.

Unterdessen kam mein liebes Ernelein in schwere Lebensgefahr. Sie hat sich fast weißgeblutet. Die Schwester hatte vor Angst völlig die Nerven verloren und traute sich den Eingriff nicht zu machen. Ich schrie sie an: „Machen sie den Eingriff, oder ich mache ihn selbst." Da kam sie zur Besinnung und Ernelein war gerettet. Was ich in dieser Stunde durchmachte, das kann und will ich auch dem Tagebuch nicht anvertrauen. Der Junge war da und Ernele war auf dem Wege der Besserung. Wir hatten allen Grund, dem Geschick dankbar zu sein. Aber diese Stunde werde ich Zeit meines Lebens nicht vergessen.

Die junge Mutter war glücklich und erholte sich erstaunlich schnell, wozu wohl auch der Umstand beitrug, dass mir meine Firma die Verwaltung einer großen Pflanzung antrug. Trotz Krieg und der Ungewissheit wie selb[ig]er ausläuft, waren wir die glücklichsten Menschen der Welt. Mein Nachfolger war ein ehemaliger Ober-Steward des Norddeutschen Lloyds, der sich bestimmt besser für den schönen Posten eignen wird. Auch wird er es insofern besser haben, da jetzt in Kaewieng eine Eis-fabrik eröffnet wird.

4.8.16

Nun sind wir schon seit Monaten auf unserem geliebten Enuk[105] und sind täglich dem gütigen Geschick dankbar, dass diese Wendung in unser Leben eingetreten ist. Enuk selbst besteht aus zwei Inseln, die nur durch eine schmale Passage getrennt sind. Die eine Insel ist völlig mit Kokospalmen bepflanzt, während es bei der anderen nur zur Hälfte der Fall ist, da auf dieser ein großes Eingeborenendorf vorhanden ist und man doch den Leuten nicht ihr Land entziehen konnte. Außerdem gehören zu der Enukpflanzung noch fünf weitere Inseln verschiedener Größe, die zusammen ein Areal von 420 ha ergeben. Natürlich liege ich nun wieder sehr viel auf See. Aber solche weiten Fahrten, wie sie in Manus nötig waren, kommen hier nicht in Frage. Da die Inseln alle dicht beieinanderliegen, und Enuk nur acht Seemeilen von Kaewieng entfernt liegt, bleiben die Fahrten stets in erträglichen Grenzen.

Leider steht hier auf Enuk nur ein sehr kleines Zweizimmerhaus, das für eine Familie zu klein ist. Dem Umstand habe ich aber schnellstens abgeholfen und ein schönes, luftiges Wohnhaus aus Buschmaterial gebaut. Das Haus, welches wir hier

---

105 Vgl. Reichs-Marine-Amt, *Südsee-Handbuch, II. Teil*, 122. Die westliche der beiden Inseln heißt Schneider Island, die östliche Globig Island.

vorfanden, benutzen wir als Schlafhaus. Auch haben wir um das Wohnhaus herum eine schöne Rasenfläche angelegt und viele buntblätterige und blühende Sträucher angepflanzt. Damit unser Paradies nicht von den Schweinen zerwühlt wird, haben wir um das Ganze einen sauber ausgeführten Zaun aus Mangrovenstangen gezogen.

Unser Bubi gedeiht prächtig. Er läuft schon hübsch und lernt erstaunlich zeitig Sprechen.[106] Mit Vorliebe panscht er am Strand in der See herum. Scheinbar hat er Hoffmanns Humor geerbt. Der Schnabel steht nicht einen Augenblick still. Manchmal ist er auch gehörig ungezogen. Damit hat er aber bei seiner energischen Mama wenig Glück.

Enuk ist eine Kokospflanzung, die bereits hohe Erträge abwirft. Ich bereite monatlich 30 ts Kopra auf, das sind 30000 kg, eine Menge, zu der 150.000 Kokosnüsse gehören. Ein Laie kann sich keinen Gegriff davon machen, welche Arbeitsleistungen dazu gehören, diese aufzubereiten.

15.5.1917

Bei diesem arbeitsreichen, aber glücklichen Leben entschwinden die Zeiten unheimlich schnell. Vorbei sind Weihnachten, als Bubi vor dem Lichterbaum stand und „Fein" sagte, Ostern verlebten wir in Kaewieng in lustiger Gesellschaft und nun haben wir auch Pfingsten hinter uns. An letzterem Fest hatten wir viel Besuch aus Kaewieng. Anlässlich dessen ging ein grausiges Morden vor sich. Ein fettes Schwein wurde abgestochen und ein feister Puter geköpft, so dass niemand Hunger leiden musste. Für meine Arbeiter ließ ich einen großen Ochsen schlachten. Außerdem ließ ich mit Dynamit eine ganze Bootsladung Fische schießen.[107] Ich sagte mir: „Fresst meine lieben schwarzen Brüder. Ihr habt gut gearbeitet und mich nicht im Stich gelassen als spät am Abend hier ein Schiff einlief und die ganze Nacht geladen werden musste."

Selbstverständlich haben wir auch Wurst gemacht und viel Fleisch eingepökelt. Bei der Aufbereitung der vielen Speisen kamen Ernelein und auch mir recht traurige Gedanken. Während in diesem furchtbaren Kriege unsere Soldaten und Zivilbevölkerung hungerten[108], leben wir hier im Überfluss und leiden keinerlei Not. Wir

106 Ein weiterer Beleg dafür, dass das Tagebuch kein echtes Tagebuch im Sinne des Wortes ist. Es ist kaum anzunehmen, dass der Junge in nur etwas mehr als einem halben Jahr – wenn Kinder sich in der sogenannten Lallphase befinden – bereits sprechen kann. Der Eintrag erfolgt aber unter dem 4.8.1916. Der zeitliche Sprung im „Tagebuch" (das nächste angegebene Datum ist bereits der 15.5.1917) deutet eher darauf hin, dass die Entwicklung zwischen dem 4. August 1916 und dem 15. Mai 1917 beschrieben wurde.

107 Das sog. Dynamitfischen war von der deutschen Kolonialverwaltung per Gouvernementsverordnung zum 1. Januar 1914 untersagt und mit Strafbußen belegt worden; vgl. Hiery, *Das Deutsche Reich in der Südsee*, 70. In der unübersichtlichen Zeit der militärischen Besetzung, in der selbst australische Soldaten auf diese Art und Weise Fische fingen ließen, stand das Verbot nur noch auf dem Papier; vgl. Hiery, *Neglected War*, 58, 71, 291 Anm. 102.

108 Auch dies scheint ein Beleg dafür zu sein, dass das Tagebuch nach Ende des Krieges überarbeitet wurde. Die Deutschen Neuguineas erhielten ab Jahresende 1914 so gut wie keine

sind keinen Gefahren ausgesetzt, verdienen sehr anständig und sind glücklich und zufrieden. Allerdings wissen wir nicht, wie dereinst das Ende des gewaltigen Völkerringens ausgehen wird und ob uns dann noch unser Glück erhalten bleibt. Wir wissen auch nicht, welche traurigen Nachrichten uns nach Beendigung des Krieges erreichen werden. Es ist doch kaum anzunehmen, dass ausgerechnet wir vor allem Elend bewahrt bleiben. Als aber unsere Gäste in bester Feststimmung der Pinasse, die sie nach hier brachte, entstiegen, vergaßen wir die trüben Gedanken und freuten uns, mit unseren Gästen ein frohes Pfingstfest zu feiern.

Am Abend wurden auf der Motorpinasse viele bunte Lampions aufgezogen. Weißgekleidete Boys trugen Platten mit belegten Broten und Salaten an Bord. Unter Assistenz gewissenhafter Europäer wurde eine gewaltige Bowle und viele Flaschen Bier übergenommen. Die See war spiegelglatt und der Vollmond bestrahlte mit weißem Licht die südliche Inselwelt. Über dieser lag ein solcher Friede, dass es schwer wurde, daran zu denken, dass vielleicht im gleichen Moment unzählige Menschen ihr Leben dem Vaterland opfern mussten. Langsam ging der Anker auf und mit halber Kraft fuhren wir über Korallenriffe hinaus in die offene See. Bald war der Bann der ernsten Stimmung gebrochen. Die Gläser wurden gefüllt, Freund Richter hielt eine kleine, lustige Rede. Es stiegen heitere Gesänge und die drei jungen Frauen wurden so gruppiert, dass jeder der Kavaliere sein Teilchen bekam. Müller spielte mit Hingebung das Schifferklavier und sang sooo schön: Sancta Luggia[109]. Den anderen Morgen sprangen Gestalten mit leicht blassen Gesichtern in die Südsee und erhofften durch ein kühles Bad Linderung ihres Katers.

Von unseren Gästen erfuhren wir auch, dass unserem Freund Clas endlich das Handwerk gelegt wurde. Schon lange hatte die englische Regierung ein Auge auf das Tun und Treiben des Herrn Clas geworfen. Aber dem Burschen war so leicht nicht beizukommen. Er hat es meisterhaft verstanden den jeweiligen Bezirksamtmann sich zum Mitschuldigen zu machen. Es scheinen sich auf Manus ganz böse Sachen abgespielt zu haben. Im Amtsblatt wurde veröffentlicht, zu welchen Strafen Clas verurteilt wurde. Aber Glück hat er dabei doch noch gehabt. Er ist mit 5000,- Shillingen Geldstrafe und Ausweisung aus dem Manusbezirk davongekommen. Wenn der Fall vor einem ordentlichen Gericht behandelt worden wäre, hätte man Clas sowie den Bezirksamtmann mit hohen Freiheitsstrafen belegt. Die Anklage lautete auf Vergehen an Minderjährigen. Der Bezirksamtmann meldete sich zum Dienst an der Front.

Nachrichten aus der Heimat. Man könnte allenfalls annehmen, die sich seit dem sogenannten Steckrübenwinter von 1916/17 stetig verschärfende Ernährungskrise in Deutschland wäre in den Medien der englischsprachigen Feindstaaten – also auch in australischen Zeitungen, die in Neuguinea Eingang fanden – thematisiert worden.

109 Richtig: Santa Lucia. Volkslied aus Neapel, weltberühmt geworden durch die Interpretion von Enrico Caruso. Vgl. Raffaele Cossentino, *La canzone napoletana dalla origini ai nostri giorni. Storia e protagonisti*, Neapel 2013; Antonio Sciotti, *La canzone napoletana d'America 1923-1934*, Neapel 2023.

12.6.17

Erna ist wieder in guter Hoffnung und wird voraussichtlich im Oktober niederkommen. Wir wünschen uns ein kleines Mädel. Aber gewisse Sorgen bringt der Umstand auch mit sich. Die Zeiten sind nicht gerade günstig zum Kinderkriegen. Wenn wir auch die englischen Nachrichten nicht für bare Münze nehmen, so scheint es uns aber doch so, dass für Deutschland die Zeit der großen Siege vorüber ist.

13.7.17

Gestern habe ich zwei Schiffbrüchige gerettet, das heißt eigentlich waren es sieben, zwei Weiße und fünf Schwarze. Max Richter und der dicke Teschner[110], ein Dreizentnerriese, wollten per Boot nach Kaewieng fahren. Wie so oft in hiesigen Gewässern, kam ganz plötzlich eine schwere See auf und brachte das Boot zum Kentern. Wir konnten das Unglück von unserer Veranda aus genau beobachten. Glücklicherweise waren meine Boote und auch die Besatzung zur Stelle, so dass ich in der Lage war, Hilfe zu bringen. Leider mussten wir gegen den Wind aufkreuzen, so dass es fast zwei Stunden dauerte, bis wir die Schiffbrüchigen erreichten. Für eine Kinoaufnahme wäre der Anblick, der sich hier bot, ein durchschlagender Erfolg gewesen. Aber in der Wirklichkeit erschien die Sache gar nicht lächerlich. Das Boot trieb kieloben in der Windrichtung dahin. Die Unglücksraben saßen rittlings auf dem scharfen Kiel, der durchaus nicht zu den bequemen Sitzgelegenheiten zu rechnen ist. In regelmäßigen, kurzen Abständen kamen schwere Brecher angerollt, die die armen Teufel von dem Bootskiel wegfegten. Tauchten sie aus den Fluten auf, begann ein wahres Wettschwimmen nach dem Boot. Glücklicherweise waren alle Beteiligten gute Schwimmer. Andernfalls hätte es sicher Tote gegeben. Nur mit dem dicken Teschner hatten die anderen schweren Kummer, da dieser zu schwerfällig war, auf den Kiel zu gelangen. So mussten nun alle Mann das Koloss hochhieven. Hatten sie den Dicken glücklich oben, kam die nächste Welle, die sie alle wie Eierschalen wegspülte. Dieses nette Gesellschaftsspiel haben die Gekenterten etwa zwei Stunden geübt. Es war höchste Zeit, dass Hilfe kam. Teschner war schon ganz gelb im Gesicht. Aber die große Klappe hatte er trotz allem noch. Er saß auf dem Boot, wie Neptun auf dem Delphin und sang: „Seemann gibt acht." Bald waren alle Schiffsbrüchigen geborgen. Meinen Bootsleuten gelang es, die Segel unter Wasser zu kappen, was unbedingt eine Leistung war. Nun kamen eine ganze Anzahl Eingeborener mit ihren Kanus herbei, die halfen das Boot zu wenden und auszuschöpfen. Sogar die Segel, nebst Tauwerk, konnten geborgen werden. So etwas bringen nur Südseeinsulaner fertig. Da wir nun den Wind im Rücken hatten, kamen wir gut vorwärts, obgleich wir das Unglücksboot in Schlepp nehmen mussten.

In Enuk angekommen, war alles zur Aufnahme der Geretteten von Erna vorbereitet worden. Ein heißes Bad stand bereit, Kaffee war gekocht und auch Betten waren

---

110   Hans Teschner, vgl. Baumann/Klein/Apitzsch, *Biographisches Handbuch*, 447 (mit Foto).

aufnahmebereit. Nachdem sich die Wikinger gebadet und gestärkt hatten, schliefen sie einige Stunden. Aber am Abend waren sie wieder fidel und munter und ließen sich einen tüchtigen Schoppen schmecken. Anderntags, gegen Mittag, war ihre gesamte Wäsche, auch die sich in den Koffern befanden, gewaschen und gebügelt. Unter unseren Segenswünschen fuhren sie ab nach Kaewieng. Ernelein hatte die Affäre doch mehr aufgeregt wie sie zugab. Durch unser scharfes Glas konnte sie sehen, wie die armen Teufel immer wieder von dem Bootskiel weggeschwemmt wurden. Dadurch durchlebte sie bange zwei Stunden, da sie befürchtete, dass ich zu spät zu Hilfe käme. Solche Aufregungen sind jetzt gar nicht gut für sie.

25.8.17

Wir sind recht betrübt. Da wir von der evangelischen Mission keine Hebammenschwester bekommen können, muss Erna nach Herbertshöhe ins Regierungskrankenhaus zur Entbindung gehen. Die drei vorhandenen Schwestern sind alle bereits verpflichtet. Wie es scheint, sorgen die Deutschen in der Kolonie für Nachwuchs. Voraussichtlich wird Erna mit dem Hauptdampfer nach Rabaul fahren müssen, von wo aus sie dann mit irgendeinem anderen Schiff oder Auto nach Herbertshöhe gelangen kann.

Unser Bubi macht uns Kummer. Er hat schon zweimal heftige Malariaanfälle gehabt. Nun muss der kleine Kerl schon tüchtig Chinin schlucken. Er hat schon vorher wenig Appetit gehabt, ein Zustand, der durch das Chininnehmen noch verschlimmert wurde. Wann wird man endlich ein besseres Mittel gegen die Malaria finden? Die Nebenwirkungen des Chinins sind doch, in Sonderheit für Kinder, recht übel.

Soeben erhielten wir die Nachricht, dass innerhalb weniger Tage zwei große australische Schiffe, die bereits ihre Ankunft per Funk nach Rabaul gemeldet hatten, spurlos verschwunden sind. Es wird angenommen, dass ein kleiner deutscher Hilfskreuzer, der als harmloser Segler getarnt ist, die beiden Schiffe versenkt hat.[111] Sehr entzückt sind wir von solchen Heldentaten nicht. Diese Schiffe bringen Lebensmittel und schaffen Produkte, die hier erzeugt werden, nach Australien. Die Stimmung zwischen Engländern und Deutschen hat sich dadurch sehr verschlechtert. Ob die australischen Reeder weiterhin gewillt sind, Schiffe zu riskieren, bleibt abzuwarten.

---

111 Am 6. August 1917 war der Burns Philp-Frachter *Matunga* vom deutschen Hilfskreuzer *Wolf* (Kapitän Karl August Nerger) versenkt worden. Um wen es sich bei dem zweiten Schiff gehandelt haben soll, bleibt unklar – vielleicht die *Wairuna*, ein neuseeländischer Dampfer, der am 2. Juni 1917 von *Wolf* versenkt wurde. Vgl. Karl August Nerger, *SMS Wolf*, Berlin 1918; Eberhard von Mantey, *Der Kreuzerkrieg in den ausländischen Gewässern*, Bd. 3, Berlin 1937, v.a. 237-314; Fritz Wischetzky, *Das schwarze Schiff*, Stuttgart 1920.

11.9.17

Erna ist nach Rabaul zur Entbindung gefahren. Es war für sie sehr schwierig, eine Passage zu bekommen, da es anlässlich der Schiffsversenkungen, die sich bestätigt haben, streng verboten war, deutsche Passagiere mitzunehmen. Der Bezirksamtmann fragte telegrafisch in Rabaul an, ob in diesem Ausnahmefalle eine Passage zu bewilligen sei. Es traf eine Zusage ein, allerdings mit der Bedingung, dass ärztlich festgestellt werden musste, ob tatsächlich Schwangerschaft vorliegt.

10.10.17

Wenn man an Frau und Kind gewöhnt ist, erscheint das Leben auf einer Insel doch recht öde. Aber ich will nicht jammern. Erna ist auch allein und sieht ihrer schweren Stunde entgegen. Gott gebe, dass alles gut geht.

18.10.17

Hurra! Ein Telegramm! „Sixteenth of tenth Girl arrived normal birth mother and child are well". So lautete das Radiotelegramm aus Rabaul. Konnte wohl jemand glücklicher sein wie ich? Also doch ein kleines Mädel, so wie wir es uns wünschten. Jetzt haben wir ein kleines Zweigespann. Wenn alles gut geht, kann Erna in vierzehn Tagen das Hospital verlassen und nach Hause kommen. Kaum war das Telegramm angekommen, legten Müller und Richter mit ihren Booten an. Auch sie, als treue Freunde, teilten meine Freude. Wir drei haben Ereignis nach Männerart gefeiert. Den anderen Morgen äußerte Richter, dass es doch recht gut sei, dass nicht alle Tage kleine Kinder ankommen.

26.12.17

Schon ist es wieder Weihnachten. Bubi ist nun bereits zwei Jahre alt und ein kleiner Schlaumeier geworden. Er hat den Sinn des Weihnachtsfestes insofern erfasst, dass er weiß, dass daraus für ihn sich viele Vorteile ergeben. Die Eltern sind besonders lieb zu ihm und merken es gar nicht, wenn er ein bisschen unartig war. Er heimste allerseits reichlich Geschenke ein und war mit sich und der Welt sehr zufrieden. Der Lichterbaum bestrahlte sein Glück. Unser Hildele ist ein liebes Baby, das uns noch keine Stunde Nachtruhe genommen hat. Wir sind uns aber auch unseres Glückes bewusst und dem Schicksal dankbar, dass wir in einer Zeit, in der die ganze Welt sich zerfleischt, in Ruhe und Zufriedenheit leben dürfen.

23.7.18

Ab und zu gibt es auch auf unserem stillen Südseeeiland ein Erlebnis. Als wir gestern friedlich auf unserer Veranda saßen und Kaffee tranken, riefen die Eingeborenen:

„Master jou come, one fellow Bukbuk[112]!" (Herr komm, ein Krokodil) Die Leute hatten ein Krokodil, das sich am Strand sonnte, gefangen. Sie hatten sich an das Tier herangeschlichen und es mit einer Keule auf den Kopf geschlagen, ein Verfahren, das selbst ein Krokodil in starke Narkose versetzt. Als das Tier, es war etwa 150 cm lang, wieder zu sich kam, war ihm bereits das gefährliche Maul zugeschnürt und die Füße und der Schwanz auf einen Knüppel gebunden, so dass es sich nicht rühren konnte. Erna freute sich ganz besonders über den Fang und sah schon im Geiste die Haut als elegante Reisetasche verarbeitet. Es ist gar nicht so einfach, so ein Tier zu töten, ohne es zu verletzen, das heißt die Haut nicht zu lädieren. Also schlug ich mit der Keule einige mal auf den Schädel, worauf die Schwarzen den Tod feststellten. Nun wurden die Fesseln durchschnitten und das Tierchen im Hospital auf den Operationstisch gelegt. Die ganze Familie und viele Schwarze bestaunten mein Tun. Mit einem Skalpell schnitt ich die Haut vorschriftsmäßig an der Seite auf, um die wertvolle Bauchhaut nicht zu verletzen.

Mit meiner chirurgischen Kunst kam ich nicht weit. Ich bekam einen Schlag gegen den Magen, dass ich gegen die Wand taumelte und mir die Luft wegblieb. Das Krokodil war nicht tot, sondern nur betäubt und hatte mir mit seinem Schwanz einen Schlag versetzt, an den ich noch lange denken werde. Das niederträchtige Tier sprang wie ein Hecht vom Tisch und ehe wir recht begriffen hatten, was geschehen war, verschwand es im Gebüsch und ward nicht mehr gefunden. Ernas Reisetasche hatte Beine bekommen. Es ist ein großer Irrtum anzunehmen, dass Krokodile an Land unbeholfen sind. Das Gegenteil ist der Fall. Sie können laufen wie die Eidechsen. Erna, die Mutige, hatte sich ob der Falschheit des Tieres sehr erschrocken und hatte die Kinder in die Arme genommen. Tatsächlich hätte der Scherz bös ablaufen können. Im Allgemeinen sind die Krokodile scheu und ziehen die Flucht dem Kampf vor. Wird aber so ein Tier angegriffen und in die Enge getrieben, dann gibt es an Gefährlichkeit einem Leoparden nichts nach.

Meine Firma lässt jetzt für mich eine Motorpinasse bauen. Das Boot wird zwölf Meter lang und zwei und einen halben Meter breit sein. Der Motor hat 12 P.S. und soll bis 12 Meilen laufen. Für mich wird das beruflich eine große Erleichterung bedeuten und für uns alle eine Annehmlichkeit sein, die garnicht zu unterschätzen ist.

20.10.18

Die Kinder entwickeln sich vorzüglich und scheint ihnen das Inselleben gut zu bekommen. Jetzt läuft auch Hilde schon recht gut und entwickelt sich zu einem Elefantenkücken. Herbert belästigt alle des Lesens Kundige mit seinem Buschbuch und bittet mit Ausdauer, ihm die schönen Verse vorzulesen. Beide Kinder essen schon mit am Tisch und benehmen sich zur Freude ihrer Eltern sehr manierlich.

Da Hilde ein Vielfraß ist, isst auch Herbert besser, wodurch eine große Sorge von uns genommen ist.

112 Tok Pisin: *Masta yu kam, wanpela pukpuk* [*i stap*].

Neulich hatten wir ein böses Erlebnis, das sehr übel für uns auslaufen konnte. Es war schon immer unser Wunsch, Milchvieh nach Enuk zu bringen, damit unsere Kerlchen frische Milch trinken können. Büchsenmilch und die künstlichen Nährmittel sind auf die Dauer nicht das Richtige für Kinder. So vereinbarte ich mit meiner Firma erstmal eine Milchkuh nach Enuk zu bringen und weitere zehn Stück mit nächster Schiffsgelegenheit nach dort gehen zu lassen. Leider war die Pinasse noch nicht fertig, so dass wir die Kuh mit dem Segelboot transportieren mussten.

Ohne an die Schwierigkeiten, die dabei entstehen konnten, zu denken, habe ich die ganze Familie mit nach Kaewieng genommen. Nach Ansicht der Kinder musste das Abholen der Kuh ein großer Spaß werden. Dieser Spaß brachte uns in eine sehr gefährliche Situation. Allein das Verladen der Kuh in das Boot war eine Katastrophe. Das Vieh stellte sich an als sollte es geviertelt werden. Endlich in das Boot gebracht, musste sie regelrecht gefesselt werden, wobei sie unter Strampeln und Stoßen protestierte. Endlich konnten wir abfahren. Kaum in offene See gekommen, gerieten wir in einen Sturm, der mit unserem Boot Fallball spielte. Regenböen durchnässten uns und nahmen uns jede Sicht. Naturgemäß schlug viel Wasser in das Boot. Das wieder gefiel der Kuh nicht. Sie bäumte und riss in ihren Fesseln bis diese nachgaben und sie sich ziemlich frei machte. Die Bootsleute und ich versuchten die Kuh wieder festzumachen, als ein mächtiger Brecher sich über uns ergoss. Das Boot holte stark über. Die Kuh, nur noch am Halse fest, hing über Bord und schlug um sich. Da wir den Wind seitlich hatten, holte das Boot durch die einseitige Überbelastung derart über, dass es halb voll Wasser schlug. In dem Moment gab ich keinen Heller für unser aller Leben. Nicht so meine Bootsleute. Sie ließen die Rahe frei, so dass der Wind aus dem Großsegel fiel. Unsere Kuh hing in einer grausigen Lage über Bord. Es war ein Wunder, dass sie sich nicht das Genick gebrochen hat. Nun blieb uns nichts anderes übrig, als eine der nächstliegenden Inseln anzulaufen. Hier haben wir alle Mann das Wasser aus dem Boot geschöpft und unsere Kuh wieder gefesselt und in die richtige Lage gebracht. Unterdessen hatte der Sturm etwas nachgelassen, so dass wir bald abfahren konnten. Die verrückte Kuh fing wieder an zu toben, kam aber dabei glücklicherweise auf den Rücken zu liegen, so dass wir sie endgültig in die Gewalt bekamen. Auch haben wir sie gemolken, damit sie den Druck loswurde. Gerade noch vor Dunkelwerden erreichten wir Enuk. Mit wahrer Wollust haben meine Kerle die Kuh aus dem Boot ins flache Wasser geworfen. Im dem bereits fertiggestellten Stall wurde sie untergestellt und benahm sich fürderhin so vernünftig, wie man es von einer braven Milchkuh verlangen kann. Frau und Kindern konnte ich ein Lob aussprechen. Sie haben sich im Moment der Lebensgefahr sehr tapfer benommen. Ich aber habe den Vorsatz gefasst, in Zukunft nie wieder eine Kuh im offenen Boot zu transportieren.

Die Nachrichten, die wir jetzt erhalten, sind ganz trauriger Art. Wie es heißt, soll der Kaiser abgedankt haben.[113] Angeblich gehen wir auf der ganzen Linie zu-

---

113 Die Abdankung des Kaisers wurde, ohne dass dieser selbst wirklich zugestimmt hätte, von Reichskanzler Max von Baden am 9. November 1918 eigenmächtig verkündet. Seit dem 3. Oktober 1918 war die deutsche Regierung mit der Bitte um Waffenstillstand auf der Grund-

rück und räumen die Stellungen. Diese Meldungen der australischen Zeitungen sind so unheimlich sachlich gehalten, wie wir es bisher nicht gewöhnt waren. Vielleicht können uns Wilsons 14 Punkte, unter denen wir uns auch nichts Rechtes vorstellen können, helfen.

4.11.18

Es gibt keine Hilfe mehr. Wir haben den Krieg verloren. Soll das nun nach vier bitteren Kriegsjahren der Erfolg sein, dass wir als hilflose Beute unseren Feinden ausgeliefert sind? Der Kaiser ist geflohen, Deutschland ist Republik und wir sind in Feindesland besiegt worden. So etwas hat es bisher in der deutschen Geschichte noch nicht gegeben. Einzelheiten des Geschehens haben wir noch nicht erfahren können. Wir wissen nur, dass unter erdrückenden Bedingungen ein Waffenstillstand abgeschlossen wurde und dass in Deutschland Revolution ausgebrochen ist.[114] Von den Friedensbedingungen, die uns seitens der Alliierten gestellt werden, haben wir noch nichts gehört. Wir sind uns aber darüber einig, dass Deutschlands Grenzen furchtbar beschnitten werden und dass wir unsere Kolonien verlieren. Letzteres betrifft uns persönlich ganz besonders hart. Wenn die Kolonien in Feindeshand übergehen, haben wir keine Gnade zu erwarten. Man wird uns von Haus und Hof jagen und unser Eigentum einziehen. In dieser Beziehung sehen wir klar und geben uns keinen schönen Hoffnungen hin. Unter den Deutschen gibt es aber immer noch Optimisten, die scheinbar glauben, dass uns die Sieger um den Hals fallen werden. Man soll sich doch endlich über die Motive, warum uns die Entente zum Krieg trieb, klar werden. Das Ziel war und bleibt doch nur der Wille zur völligen Vernichtung Deutschlands.

22.12.18

Trotz allen Kummers haben wir doch eine Freude. Die Pinasse ist fertig. Das schnittige Boot ist gestern von Stapel gelaufen. Das ist zwar etwas großartig ausgedrückt. Wir waren aber begeisterter, als wenn ein Ozeanriese zu Wasser geht. In einigen Tagen werde ich das elegante, schnittige Boot abholen.

16.1.19

Es war nicht nötig das Boot abzuholen. Mit jedem neuen Schiff unternimmt man bekanntlich eine Probefahrt. Mein Chef, Herr Kirchner[115], nebst Familie und viele

lage der Kongressbotschaft des US-Präsidenten vom 8. Januar 1918 (die sog. 14 Punkte) im Austausch mit Präsident Wilson.

114 Diese Ereignisse, unter dem 4. November notiert, fanden alle später statt: Verkündigung der Abdankung des Kaisers durch Reichskanzler Prinz Max von Baden und Ausrufung der Republik: 9. November, Flucht des Kaisers: 10. November, Waffenstillstand: 11. November. Vgl. hierzu die Bemerkungen in der Einleitung.

115 Fotografien in: Gash/Whittaker, *Pictorial History*, 208-09 (Abb. 451 u. 453).

Bekannte, benützten die Gelegenheit uns einen Besuch abzustatten. Diese Gesellschaft kam schon in gehobener Stimmung hier an und waren voll des Lobes über den Verlauf der Probefahrt. Es wurde die Parole ausgegeben: „Noch sind die Tage der Rosen". Ein Motorschuner der Firma war nach hier beordert, der voll Kopra geladen wurde, und mit dem unsere Gäste heimfuhren. Dieser Sonntagsbesuch war wieder einmal eine recht nette Abwechslung im Getriebe des Alltags.

Da ich recht knapp an Arbeitern war, habe ich baldigst eine Anwerbetour nach Neuhannover unternommen. Jetzt war ich nicht mehr vom Wind abhängig. Bei wundervollem Wetter fuhr ich längs der Küste nach Neuhannover, eine Fahrt, die an Schönheit kaum zu überbieten ist. Diese große Insel wird von einem wildzerklüfteten Gebirge durchzogen, dessen Spitzen die Höhen von tausend Metern übersteigen. Aus den Tälern leuchtete das frische Grün der Eingeborenenpflanzungen hervor. Kleine Dörfchen, aus denen der unvermeidliche Hüttenrauch aufstieg, lagen eingebettet in kleine Palmenhaine. Große Kokospflanzungen, deren Besitzer Deutsche sind, unterbrachen in schöner Abwechslung das friedliche Bild. Eine ganze Anzahl größerer und kleinerer Flüsse sprudelten ihr kristallklares Wasser in die See.

Den größten dieser Flüsschen bin ich etwa zehn Meilen stromauf gefahren und vor einem großen Eingeborenendorf vor Anker gegangen. Hier residiert „Igua", der große Häuptling. Von diesem gewaltigen Herrscher hing es ab, ob die Anwerbetour von Erfolg gekrönt wurde oder eine Pleite war. Der Arbeitermangel macht sich immer unangenehmer fühlbar. „Igua" ist er unumschränkte Herrscher von Neu-Hannover. Über diesen braven König ist so einiges zu sagen. Er ist ein Eingeborener, dem eine große Energie zu eigen ist und zwar in einer so ausgesprochenen Weise, wie ich sie in der Südsee nirgends wieder angetroffen habe. Er ist Despot, aber keiner von der unrechten Art. Gewiss, er sorgt in erster Linie für sich, aber nicht minder ist er darauf bedacht, dass seine Untertanen durch Arbeit zu einem gewissen Wohlstand kommen. Faulenzer schiebt er ab. Für so eine faule Haut darf der Europäer dann 30.- Mark bezahlen. Aber „Igua" wusste mit Geld umzugehen. Er legte eine große Kokospflanzung an, die er nach Art der Europäer bewirtschaftete. Er hielt sich keine Sklaven, sondern Arbeiter, die er regelrecht für ihre geleistete Arbeit entlohnte. Selbst ihre Deputate an Tabak und Lendentüchern erhielten die Leute regelmäßig. Er verlangte von seinen Leuten die gleiche Arbeitsleistung, wie sie bei von Europäern bewirtschafteten Pflanzungen üblich ist. Dass er einen wohlbesetzten Harem sein Eigen nennt, ist selbstverständlich. Dafür ist er Häuptling und fördert dies sein Ansehen. Mit den vielen Weibern hat er natürlich reichlich Kummer und muss er dabei auch oft sehr energisch durchgreifen. Die deutsche Regierung erkannte in Igua, hinsichtlich der Erschließung des Landes, eine große Hilfe. Dagegen sah die Mission sein Treiben mit scheelen Augen an. Der kluge Igua ließ keinen Missionar in sein Reich herein. Er wusste ganz genau, dass dann das, was er aufgebaut hat, verloren geht und aus braven Untertanen freche, aufsässige Halunken werden.

Igua empfing mich sehr freundlich und fragte mich ausführlich nach dem Ergehen meiner Familie, hatte er uns doch schon des Öfteren mit seinem Besuch beehrt. Leider wollte er auch viel von dem Krieg hören, ein Thema das ich diplomatisch behandelte. Unter Lachen erzählte er mir, dass kürzlich englische Beamte bei ihm gewesen seien, die ihm erzählten, dass Deutschland den Krieg verloren hatte. „Igua" ist ausgesprochener Engländerfeind und wird es für ihn ein schwerer Schlag sein, wenn er erfährt, dass ihm die Engländer die Wahrheit gesagt haben. Es ist auch anzunehmen, dass die Engländer ihn seiner Macht entheben werden.[116]

Vier Tage musste ich bei Igua verweilen, da er einen Boten an einen ihm untertänigen Häuptling ins Gebirge geschickt hatte, der diesem den Befehl zu überbringen hatte, zehn Leute als Arbeiter für den Master Hoffmann zu stellen. Die Ausführung der Order nahm naturgemäß einige Zeit in Anspruch. Es war für diesen Unterhäuptling gar nicht so einfach, in so kurzer Zeit die zehn allerfaulsten Brüder zu erfassen.

Die Wartezeit wurde mir diesmal nicht so lang. Kaum angekommen, erschien ein Europäer. Er war ein guter Bekannter von mir, der frühere erste Maschinist der „Siar". Sein Boot hatte er an der Mündung des Flusses liegen und war nun die zehn Meilen zu Fuß gegangen, so dass er ziemlich derangiert hier ankam. Er hatte die Reise nach hier unternommen, um eine Haushälterin zu kaufen. Das schloss in sich, dass er für einen weiblichen Buschkanaker volle hundert Mark bezahlen durfte, die aber nicht die geringste Verpflichtung dem Europäer gegenüber hatte und weglaufen konnte, wenn ihr irgend etwas nicht passte. Die Mission hat vor einigen Jahren bei der Regierung durchgesetzt, dass unverheiratete Weiber nicht mehr angeworben werden dürfen. Da dieses Gesetz aber zu traurigen Erfahrungen geführt hat, erließ die englische Regierung eine Verordnung, nach der sich jeder Europäer eine Haushälterin zulegen darf, jedoch mit ihr keinen Anwerbekontrakt eingehen kann, mithin sie auch zu nichts verpflichtet ist. Jedoch ist der Europäer verpflichtet, seine Errungenschaft bei dem zuständigen Bezirksamt vorzustellen, wo der Fall registriert wird. So eine Vorstellung geht meist recht originell vor sich, d.h. so weit der Beamte Humor hat. Der Beamte fragt die holde Maid mit ernster Miene, ob sie den weißen Mann heiraten will.[117] Anlässlich des schweren Entschlusses räkelt sich die dunkle Fee wie eine Katze, spuckt in einem wohlgelungenen Bogen aus, und murmelt irgend etwas, das von dem freundlichen Beamten für ein vernehmliches „Ja" genommen wird. In dieser Beziehung sind die englischen Beamten keine Unmenschen.

---

116 Eine Amtsenthebung indigener *bikmen, luluai*, Häuptlinge, *chiefs* oder *chefs*, weil ihnen von der neuen Kolonialverwaltung der Vorwurf gemacht wurde, sie wären in der Vergangenheit zu „deutschfreundlich" gewesen, kam in allen Kolonien vor, die als Folge des Versailler Vertrages an Australien, Neuseeland, Südafrika, Großbritannien und Frankreich als koloniale „Mandatare" übergeben wurden. Nur die Japaner machten in Mikronesien eine Ausnahme, vgl. Yuko Maezawa, *Nan'yō e! In die Südsee! Kulturkontakte und Kulturkonfrontationen zwischen Japanern, Deutschen und Mikronesiern im Ersten Weltkrieg*, Wiesbaden 2019, 153-157 (zu Henry Nanpei auf Ponape).

117 Zur Zeit der australischen Militärverwaltung wurde offensichtlich versucht, das faktische Verhältnis zwischen ledigen europäischen Männern und ihren indigenen „Waschfrauen" zu legalisieren. Für dieses von Hoffmann berichtete Vorgehen gibt es bislang keine weitere Quelle.

Oesterreich[118], so hieß der Deutsche, den ich bei Igua traf, war auch auf der Braut-schau. Diese Angelegenheit zur Perfektion zu bringen, war gar nicht so einfach. Für einen mit den Verhältnissen Vertrauten ist so ein Handel schwierig, für einen Frem-den aber unmöglich durchzuführen. Außerdem kommt noch dazu, dass Eingeborene betreffs weiblicher Schönheit einen etwas absonderlichen Geschmack entwickeln. Ist der Häuptling dem Europäer wohlgesinnt, stellt er eine Kollektion zur Auswahl zusammen. Er empfiehlt das Schönste was er auf Lager hat, das bei dem Europäer meist einen Schüttelfrost auslöst. Hat nun der Weiße ein wirklich hübsches Mädel gefunden, so ist der Häuptling meist über den schlechten Geschmack des Europäers sehr erstaunt. Endlich war der Handel abgeschlossen und jeder der beiden Partner erhielt das Seine.

Nun kamen auch meine zehn Rekruten an, die ich zum Vorzugspreis von 20.- Mark pro Mann erwarb. So hatte der gute Igua, durch unseren Besuch, eine Tages-kasse von 300.- Mark zu verzeichnen. Dabei heißt es in der Arbeiterverordnung, dass es streng verboten ist, dass sich Häuptlinge aus der Anwerbung von Arbeitern Vorteile verschaffen. Diese Verordnung ist zwar sehr berechtigt, aber leider nicht durchzuführen. Nebenbei bemerkt, wirbt die Regierung ihre Arbeiter auf die gleiche Weise an.

Der Fluss, in dem meine Pinasse lag, verlockte sehr zum Baden, obgleich wir wussten, dass es hier in allen Flüssen reichlich Krokodile gab, auf deren Bekannt-schaft wir keinen Wert legten. Oesterreich hatte eine wahre Höllenangst vor diesen Reptilien, was ihn aber nicht abhielt, sich mit mir in die kühlen Fluten zu stürzen. Zu unserer Sicherheit hatte Oesterreich das ganze Dorf alarmiert und mussten die Be-wohner Steine ins Wasser werfen um neugierige Krokodile zu verjagen. Mit wahrer Hingebung warfen die Schwarzen Steine und Holzstücke in den Fluss und um den Schutz noch wirkungsvoller zu gestalten, brüllten sie aus voller Lunge. Diese Ba-deszene hat sich sicherlich recht grotesk ausgenommen. Jeder der Steinwerfer erhielt als Lohn für seine Mühe eine Stange Tabak, was wiederum ein Gebrüll auslöste. Igua hatte sich unsterblich in Oesterreichs Badeanzug verliebt, den ihm Oesterreich natürlich schenkte. Bald danach erschien seine Majestät in dem buntgestreiften Ba-deanzug. Auf seinen Zügen lag eitel Glück und Sonnenschein.

Endlich konnten wir die Heimfahrt antreten. Ich nahm Oesterreichs Boot in Schlepp Auf der Höhe von Enuk warf ich los und segelte er nun in Richtung Kae-wieng davon, während ich Kurs auf Enuk nahm. Hier erwartete mich eine böse Überraschung. Ich wunderte mich, dass Erna allein, ohne die Kinder, auf den Boots-steg kam, um mich zu begrüßen. Sie brachte mir die Hiobsbotschaft, dass beide Kinder an Dysenterie, der blutigen Ruhr, erkrankt seien. Da lagen sie nun die kleinen Kerlchen apathisch da. Sie waren blass und schmal geworden. Sie freuten sich, dass ihr Papale wieder da war. Sie klagten nicht, obgleich diese infame Krankheit sehr schmerzhaft ist. Der Stuhl bestand nur noch aus Schleim und Blut. Es war ein Jam-

---

118   Hans Emil Oesterreich; vgl. Baumann/Klein/Apitzsch, *Biographisches Handbuch*, 342 (mit Foto).

mer. Aber Erna hatte sich nicht lange mit den Sorgen aufgehalten, sondern mit allen Mitteln die Krankheit bekämpft. In dieser Zeit ist sie kaum zum Schlafen gekommen, was man ihr auch ansah. Bei Dysenterie ist die radikale Ausheilung sehr wichtig, da sonst sehr leicht Leberabszesse entstehen können, die oft tödlich verlaufen. Glücklicherweise überstanden die Kinder die Krankheit verhältnismäßig schnell. Entweder hatte die sofortige Behandlung günstigen Erfolg gehabt, oder die Dysenterie (der Fachausdruck für Ruhr) war keine besonders schwere. Unsere beiden Lieblinge waren bald wieder hergestellt und waren auch keine Folgeerscheinungen zu erwarten.[119]

18.4.1919

Die Nachrichten, die wir erhalten, werden immer schlechter. In der Heimat wütet der Umsturz und ist gar nicht abzusehen in welcher Richtung das Staatsschiff segeln wird. Es ist kein tüchtiger Steuermann am Ruder. Maulhelden wollen steuern, können es aber nicht. Die Sieger triumphieren, wissen aber nicht, dass nicht nur Deutschland, sondern die ganze Welt den Krieg verloren hat. Immer wieder frage ich mich, ob denn die gesamte Menschheit wahnsinnig geworden ist. Wir Südseedeutschen wissen nicht, was man mit uns vorhat. Will man uns um die Früchte unserer Arbeit betrügen oder wird die Vernunft siegen?

Seit einigen Tagen erkranken zahllose Eingeborene. Die Symptome sind immer die gleichen. Die sog. spanische Influenza hat nun auch in den glücklichen Südseeinseln ihren Einzug gehalten.[120] Eine ganze Anzahl Eingeborener sind bereits dem Schatten des Krieges zum Opfer gefallen. Wir wollen nur hoffen, dass diese Seuche hier nicht auch solche Ausmasse erreicht, wie es auf Samoa der Fall ist, wo täglich hunderte der sonst so frohen Menschen hinweggerafft werden. Ich habe schnellstens auf einer kleinen Insel, die Enuk vorgelagert ist, eine Isolierstation eingerichtet, in der alle meine erkrankten Arbeiter untergebracht werden. Die Arbeiten habe ich völlig eingestellt und habe alle Hände voll zu tun, meine erkrankten Leute zu pflegen und vor allen Dingen gegen ihre verhängnisvolle Dummheit zu kämpfen. Der Südseeinsulaner ist ein schrecklicher Patient. Freiwillig befolgt er keine Verordnung. Er sträubt sich einfach gegen alles, was ihn helfen und heilen kann. Hat man ihn schön warm in Decken eingepackt, so kann man bestimmt damit rechnen, dass er diese von sich wirft und sich ungeschützt auf den Erdboden legt. Frägt man dann so einen Dummkopf warum er das tut, bekommt man immer die gleiche Antwort: „Meine Haut ist heiß, ich will mich kühlen." Ich habe über diese merkwürdige Erscheinung

---

119 Hier folgt ein erklärender Einschub, der wahrscheinlich später hinzugesetzt wurde: „Diese schnelle und gründliche Heilung war dem neuen deutschen Dysenteriemittel „Jatren" zu verdanken. Jatren hat vielen Menschen das Leben gerettet." Vgl. Philip H. Manson-Bahr, M. Morris, „Yatren in the treatment of amœbic dysenterie, *The Lancet* 206 (1925), 544-546.

120 Während zu den katastrophalen Folgen der Influenza auf Samoa eine Fülle an Untersuchungen vorliegt, vgl. u.a. Hiery, *Neglected War*, 172-178, liegen die Auswirkungen auf Neuguinea bislang außerhalb des Interesses der Forschung. Zur Epidemie an sich: Alfred Crosby, *America's forgotten pandemic. The influenza of 1918*, Cambridge/Mass. 1989, ²2003.

bereits im ersten Tagebuch berichtet. Erna und ich haben uns von dem englischen Arzt Schutzimpfungen geben lassen. Die Kinder zu impfen lehnte der Arzt ab und sind wir nun sehr in Sorge, dass unsere kleinen Kerlchen infiziert werden.

8.6.19

Die Epidemie ist nochmals gnädig an uns vorübergegangen. Wir haben nur einen Mann verloren. Dieser wäre auch gerettet worden, wenn ihn nicht seine Landsleute nachts mit einem Kanu abgeholt und auf sein Heimatdorf gebracht hätten, wo der Zauberer ihm mit seinem Hokuspokus den Teufel austreiben wollte.

9.7.19

Wir sind nicht mehr auf Enuk, sondern auf dem Festland von Neumecklenburg. Ich wurde nach Kaewieng zu meiner Firma gebeten, wo mein Chef mir mitteilte, dass ich per sofort den Posten als Oberleiter sämtlicher der Firma gehörigen Pflanzungen, so weit sie zu dem Bezirk Kaewieng gehören, übernehmen müsse. Dass meine Bezüge ganz bedeutend erhöht wurden, war selbstverständlich. Der bisherige Leiter ist eine Stufe höher gerückt und Administrator geworden.

Wir wohnen jetzt auf der zentralgelegenen Pflanzung Kapsu, einem wahren Herrensitz, woselbst ein schönes, von einem herrlichen Park umgebenes Wohnhaus steht. Wir fühlen uns hier sehr glücklich und wissen den Vorzug des Festlandes, gegenüber den Inseln, sehr wohl zu schätzen. Mir sind jetzt sieben Pflanzungen mit einem Gesamtareal von 2600 Hektar unterstellt. Unter anderem auch die Pflanzung Enuk, auf der wir so glückliche Jahre verlebten. Jede dieser Pflanzungen wurde von einem Europäer verwaltet, von denen drei Deutsche und zwei Engländer sind. Mit meinen Untergebenen komme ich vorzüglich aus. Sie sind tüchtige, ordentliche Leute, die alle das Ihre tun, um ein gutes Zusammenarbeiten zu ermöglichen. Leider liegen diese Pflanzungen sehr weit auseinander, so dass ich meistens zu Pferd oder mit dem Wagen und auch per Pinasse unterwegs bin. Eine der Pflanzungen liegt an der Nordküste Neumecklenburgs, während wir an der Ostküste wohnen. Diese Pflanzung kann ich nur zu Pferd erreichen. Dabei muss ich mit meinem braven Hannes einen sehr steilen Gebirgskamm überwinden, der so schroff aufsteigt, dass es einem jeden Reitersmann als Unmöglichkeit erscheinen würde, mit einem Pferd eine solche Steigung zu überwinden. Über dieses Gebirge führt kein Weg, sondern lediglich ein schmaler Eingeborenenpfad, der einfach über alle Hindernisse hinwegführt. Der Eingeborene bricht sich lieber den Hals, statt einen Umweg zu nehmen. Aber mein Hannes klettert wie ein Gemse und bringt mich immer sicher an meinen Bestimmungsort.

Mit dem Hannes hatte ich neulich ein sehr unangenehmes Erlebnis, das leicht böse Folgen haben konnte. Ich ritt, in Gedanken versunken, durch die Kapsupflanzung, auf der wir wohnten, als ich an einem Baum, so recht schön in Reichweite, eines dieser merkwürdigen Ameisennester hängen sah, die das Aussehen von Leinenbeuteln haben. Ohne an die Folgen zu denken, zerschlug ich mit der Reitpeitsche das Nest. Der Erfolg meiner Blödheit war furchtbar. Im Nu waren Hannes und ich mit großen Ameisen überschüttet, die, empört über die Zerstörung ihres Nestes, mich und Hannes mit langen Zangen in die Haut zwickten und Ameisensäure in die Wunden absetzten. Diese Tiere sind etwa zwei Zentimeter lang und haben so scharfe Zangen, dass diese, wenn man die Ameise abreisst, in der Haut stecken bleiben. Hannes ging wie ein wildgewordener Büffel durch. Da ich mit Recht befürchtete, dass er in seinen Stall stürmen würde, dachte ich mit Schrecken an das weitüberstehende Wellblechdach, an dem ich mir in dem Tempo, in dem Hannes im Gange war, den Hals durchscheiden konnte. So gab es nur eine Rettung. Ich ließ mich, wie ich es beim Militär gelernt hatte, rücklings vom Pferd fallen. Glücklicherweise fiel ich nicht allzu hart. Mein Körper brannte wie das höllische Feuer und noch immer tobten sich die Ameisen auf meiner Haut aus. Zu Hause angekommen, rieb mich Erna mit Salmiakgeist ein. Diesen Duft schätzen die Ameisen gar nicht. Dann hat mir Erna mit einer Pinzette unzählige Ameisenköpfe, deren Zangen in meiner Haut festsaßen, herausgeholt. Hannes war doch nicht so dumm in den Stall zu laufen, sondern wälzte sich auf einer regennassen Wiese.

Für die Kinder ist Kapsu ein Paradies. Allerding finden sie dieses vorzüglich im Pferdestall und in der Wagenremise. Der wundervolle Garten dagegen interessiert sie nur in geringem Maße. Aber Kinder sind sich auf der ganzen Welt gleich. Ein großer Übelstand ist der, dass trotz aller Ermahnungen die Eingeborenen den weißen Kindern direkt hörig sind. Durch diese unausrottbare Manie hätte es neulich zu einem Unglück kommen können. Herbert kam auf die fabelhafte Idee, mit Hilde und dem Kindermädel eine Spazierfahrt zu machen. So gab er dem Pferdeboy den Befehl, Puppchen, ein durchgängerisches Pony, einzuspannen, was der blöde Boy auch treu und brav tat. Dann stiegen die drei begeistert ein und flitzten am Haus vorbei der Straße entlang. Erna, die gerade noch sah, was sich da abspielte, rief mich und sagte mir, was da eben vor sich gegangen sei. Zufälligerweise war Hannes gesattelt, mit dem ich hinter der Fuhre herpreschte. Als ich den Wagen einholte, dachte wohl Puppchen: „Fang mich doch!" So begann ein regelrechtes Wettrennen. Endlich gelang es mir, das kurzbeinige Pony zu überholen und dann nach und nach das Tempo abzustoppen. Ich band Hannes hinten an den Wagen an und brachte die Ausreißer heim. Erna nahm diesmal ihre Lieblinge nicht gerührt in die Arme, sondern versohlte den Kindern und auch dem Kindermädel ganz ordentlich die Erziehungsflächen. Sie war der Meinung, dass auf diese Weise endlich einmal mit diesem Unfug aufgeräumt werden könne.

28.12.19

Mit der Zeit gewöhnt man sich an alles, auch daran, dass jeden Tag ganz plötzlich unsere Herrlichkeit zu Ende sein kann. So wurde es nun wieder einmal Weihnachten. Der Weihnachtsmann benahm sich diesmal sehr anständig und befriedigte seine kleine Kundschaft aufs Beste. Da gab es einen kleinen Tisch nebst niedlichen Stühl-

chen, kleine Tellerchen nebst Schippen und Gabeln und Löffeln. Auch Gartenge-
räte, Spaten, Harken und Hacken waren vorhanden. Auch stand vor den erstaunten
Augen eine ganze Menagerie, die geschickte japanische Hände angefertigt hatten.
Die Kinder reagierten auf die Herrlichkeiten sehr unterschiedlich. Herbert umjubelte
den Weihnachtsbaum. Er hätte am liebsten alle Geschenke gleichzeitig in die Arme
genommen. Hilde betrachtete den Weihnachtsbaum mit offenem Mäulchen. Dann
untersuchte sie die Gaben auf ihre Verwendbarkeit. Als sie aber entdeckte, dass auf
dem kleinen Tisch eine Menge Süßigkeiten lagen, verlor alles andere total ihr Interesse. Sie nahm gemächlich auf einem der Stühlchen Platz und fing in Seelenruhe an
zu futtern.

26.6.20

Das Idyll wurde ganz plötzlich unterbrochen. Der Versucher schlich sich an uns heran. Ein Ehepaar namens Hoff[121], das an der Westküste Neu-Mecklenburgs eine sehr
große Pflanzung besitzt, besuchte uns und machte mir den Vorschlag, ihre Plantage
zu verwalten. Das Angebot war so günstig, dass es Wahnsinn gewesen wäre, es nicht
anzunehmen. Ein hohes Gehalt, neben sehr guten Tantiemen, sicherte mir ein Ein-
kommen von ca. 30.000.- Shilling zu. Außerdem sollte ich zu einem Zehntel Mitin-
haber der Pflanzung werden, die weit über 1000 ha groß ist. Hoff ist sehr kränklich
und den Anstrengungen, die die Bewirtschaftung eines so großen Unternehmens mit
sich bringt, in keiner Weise gewachsen. Hoffs wollen sich in Rabaul ein Haus mieten
und später, wenn normale Verhältnisse eingetreten sind, nach Deutschland fahren
und dort bleiben. Sie sind fest davon überzeugt, dass sie nicht enteignet werden. Frau
Hoff ist Polin und da sie die eingetragene Besitzerin ist, könnte es möglich sein,
dass sie vor der Enteignung verschont bleibt. Wenn es nun auch noch stimmt, dass
die Privatsiedler nicht enteignet werden, so wäre ich töricht, die gegebene Chance
nicht auszunützen. Unter Überlegung aller dieser Punkte habe ich mich schweren
Herzens entschlossen, mit Hoff einen zehnjährigen Vertrag abzuschließen. Meiner
Firma schickte ich die Kündigung. Bei dieser Handlungsweise kam ich mir direkt
gemein vor, hatte doch diese Firma mich stets anständig behandelt.

Am 11. August 1919[122] gerade an meinem Geburtstage, verließen wir das einzig
schöne Kapsu. Wir haben schweren Herzens Abschied genommen. Von Kaewieng
aus fuhren wir mit der „Wunantali"[123], einem großen Motorschuner, die Westküste Neumecklenburgs entlang, unserem neuen Bestimmungsort Kolube[124] entgegen.
Normalerweise hätten wir Kolube in 18-20 Stunden erreichen müssen. Wir hatten

---

121 Ernst Adelbert Hoff u. Else Hoff; vgl. Baumann/Klein/Apitzsch, *Biographisches Handbuch*,
     151 (mit Fotografien).
122 Richtig müsste es heißen: 1920.
123 Der Name kommt aus Kuanua: *vuna* = Anfang, Beginn, Ursache, Grund; *talil* = zurückkeh-
     ren. Die Zusammensetzung bedeutet in etwa: „zu seinem Ursprung zurückkehren" also die
     Hoffnung, dass das Schiff von seinen Reisen auch immer wieder sicher zurückkehrt.
124 Südlich von Ugana gelegen, an der Westküste des mittleren Neumecklenburg.

aber so schwere See, dass wir für diese Fahrt fast vier Tage benötigten. Es stand ein harter Südost, den wir direkt von vorn hatten. Die Schiffsmaschine, ein Rohölmotor, war viel zu schwach, um mit Erfolg gegen solche schwere See anzukämpfen. So blieb nichts anderes übrig, als Segel zu setzen und zu kreuzen. Erna hatte sehr schwer unter Seekrankheit zu leiden. Dagegen hielten sich die Kinder gut, sie haben sich scheinbar an die Seefahrt gewöhnt. Wir hatten hundert Schafe an Bord, die alle restlos seekrank waren und einen dementsprechenden Gestank verbreiteten. Die armen Tiere wurden durch den hohen Seegang derart durcheinander geworfen, dass dreißig Stück starben und über Bord geworfen wurden. Hoffs Auto stand auch an Deck, in dem die Kinder den größten Teil der Reise zubrachten und uns mit fortgesetztem Gehupe erfreuten.

So ein Motorschuner ist kein Luxusdampfer. Wir waren zehn Europäer an Bord. Dagegen gab es nur zwei Kabinen. Die eine gehörte dem Kapitän und die andere lag so schön der Maschine nahe, dass ein jeder gern darauf verzichtete, in diesem Brutapparat zu schlafen. So lagen denn Männlein und Weiblein friedlich nebeneinander an Deck. Die Seekranken ließen sich Eimer neben ihre Lagerstätten stellen, was den Vorzug hatte, dass die Eimer von Zeit zu Zeit, wenn die See gar zu hart kam, umstürzten und sich ihres Inhalts entledigten und dann auf dem Deck herumkollerten, was durchaus nicht geräuschlos geschah. Die schwarze Besatzung hatte die schöne Aufgabe, die Eimer einzufangen und an ihren Platz zurück zu bringen. Der biedere Kapitän machte den Seekranken den vernünftigen Vorschlag, einfach an Deck zu opfern, statt via Eimer, da es doch den selben Erfolg habe und nicht halb so viel Lärm verursache. Es war herrlich! Die Schafe stanken gen Himmel und blökten aus voller Kehle, Frauen weinten ein bisschen, so weit Neptun ihnen Zeit dazu ließ. Was die Seekranken mit gebrochenem Blick von sich gaben, war auch nicht gerade Maiglöckchenparfüm. Dabei rollte der Kahn wie ein übermütiger Schweinsfisch und die Betten wurden von den übergehenden Brechern klitschnass. Im Geiste sagte ich das schöne Gedicht „Die Auswanderer" auf: „Ich kann den Blick nicht von Euch wenden"[125] – leider die Nase auch nicht. Dabei habe ich scheinbar gelächelt, was Ernelein als gefühlsroh empfand. Seekranke sind ungute Menschen, die keinerlei Sinn für Humor haben. Sie betrachten jeden Seefesten mit hasserfülltem Blick, verlieren den Selbsterhaltungstrieb und reißen die Liebe aus ihren Herzen.

Jede Sache hat einmal ein Ende. So auch eine Seefahrt, und wenn sie noch so schön war. Scheinbar galt es aber noch weitere Sünden abzubüßen. Der Himmel öffnete seine Schleusen. Bei diesem tollen Wetter landeten wir in Kolube und gingen nass wie Mühlgrabenratten an Land. Unser Einzug ging unter einem Ehestreit vor sich. Erna war seekrank und hatte eine Gesichtsfarbe wie eine Auster. Letzteres habe ich versehentlich laut gedacht, worauf es nicht nur regnete, sondern ein Gewitter gab.

---

125 „Die Auswanderer", ein frühes Gedicht (1832) des Revolutionsdichters Ferdinand Freiligrath (1810-1876), bestehend aus elf Strophen zu je vier Zeilen. Zitiert wird hier die erste Zeile der ersten Strophe. Vgl. Ernst Fleischhack, *Ferdinand Freiligrath. Bemühungen um einen in Vergessenheit geratenen Dichter*, Detmold 1999.

Aufgeregte Menschen soll man mit heiteren Reden besänftigen und so zitierte ich einen Ausspruch unseres Briefträgers in Dresden, den er stets anbrachte, so wie es zu regnen anfing: „Es hört auf mit sachte regnen und klärt sich auf zum Wolkenbruch." Ich habe noch gar nicht gewusst, dass ich einen Quatschkopp geheiratet habe. Überhaupt sind alle Sachsen Quatschköppe. Das war die Antwort.

Von Hoffs wurden wir herzlich begrüßt. Ein heißes Bad, heißer Tee mit nicht zu wenig Rum und trockene Wäsche scheinen auf finstere Gemüter einen günstigen Einfluss auszuüben. Plötzlich fiel mir etwas Seidiges um den Hals, würgte mich und sagte: „Du alter Affe." Da die Sachsen freundlichen Gemüts sind, verzieh ich die schweren Beleidigungen großmütigst. Alle Passagiere und der Kapitän wurden zum Abendessen eingeladen. Wegen des schlechten Wetters musste das Schiff drei Tage liegen bleiben.

In diesen drei Tagen lebten wir zu dreizehn Menschen in Hoffs Haus. Glücklicherweise stand ein großes Fremdenhaus zur Verfügung. Es herrschte ein Durcheinander, das schwächeren Naturen auf die Nerven gefallen wäre. Hoffs packten ihre Sachen ein und wir die unseren aus. Dabei saßen die

Passagiere dort, wo sie am meisten im Wege waren. In der Küche war Hochbetrieb. Schweine, Hühner und Hammel mussten ihre jungen Leben lassen. Natürlich war auch Abteilung Brot und Kuchenbäckerei voll beschäftigt. Es gab aber trotzdem keine nervösen, dampfenden Hausfrauen. Alles ging mit der größten Gemütlichkeit vor sich. Außer einem Stab schwarzer Hilfskräfte beteiligte sich der Schiffskoch mehr segensreich an der Bereitung der Menage. Abends wurde tüchtig gefeiert und den nächsten Morgen fanden sich alle Dreizehn getreulich am Frühstückstisch zusammen.

Endlich wurde das Wetter etwas besser. „Wundali"[126] machte klar zur Weiterfahrt nach Rabaul. Wie verabredet, fuhren Frau Hoff, Erna und die Kinder mit nach Rabaul. Jetzt hatten Hoff und ich Zeit, die Pflanzung zu übernehmen resp. zu übergeben. Dies nahm vierzehn Tage in Anspruch. Bei Abschluss des Kontaktes hatte ich mir einen Monat Urlaub ausgebeten, was gern gewährt wurde. So waren wir übereingekommen, mit Hoffs diese Zeit in dem Erholungsheim in Toma zu verleben. Zu der Pflanzung gehört auch ein kleiner Motorschuner, die „Else". Mit diesem nicht sehr gutriechenden Koprakahn fuhren Hoff und ich bei denkbar schlechtem Wetter nach Rabaul. Hier bewunderten wir erstmal Hoffs neues Haus und das neue Auto, das sich Hoffs zugelegt hatten.

In Rabaul wurden wir von unseren Frauen freudig begrüßt. Anderntags fuhren wir nach Toma. Über Toma und seine Schönheiten und den Wirt, den groben Gottlieb, habe ich in meinem zweiten Tagebuch ausführlich berichtet. Hier verlebten wir eine herrliche Zeit, der wir uns stets mit Freuden erinnern werden. In früheren Zeiten waren hier Autos unbekannte Erscheinungen. Nun aber kamen täglich Autos mit Gästen an, die meist in der Nacht wieder heimfuhren.

---

126 Richtig wohl *Wunantali*, s. S. 206 Anm. 123.

Ganz besonders sonnabends und sonntags war ein toller Betrieb. In Sonderheit erfreute sich die Kegelbahn großer Beliebtheit. Man konnte aber auch recht merkwürdige Beobachtungen anstellen. Die fröhliche, aber korrekte Haltung der Deutschen war nicht mehr ganz einwandfrei. Immer wieder konnte man beobachten, wie englische Offiziere mit deutschen Frauen und umgekehrt Deutsche mit Engländerinnen sehr intim verkehrten. Es war sogar zu bemerken, dass Deutsche und Engländer einfach die Frauen austauschten. Alle lebten sie wie in einem Taumel. Die Engländer waren froh, dass sie heil aus dem Krieg zurückgekehrt waren und die Deutschen lebten in Angst und Sorge und sahen ständig das Gespenst der Enteignung vor sich. Geld spielte keine Rolle, es war eben da. Natürlich spielte die Abgeschlossenheit, in der wir unter dem Druck der Besatzung gelebt hatten, eine große Rolle dabei. Kleine Liebeleien hat es immer gegeben, auch vor dem Kriege schon. Aber nun waren die Schranken des Anstands gefallen.

Wir vertrieben uns die Zeit so gut es ging und unternahmen weite Spaziergänge, erkletterten den 1000 mtr hohen Varzin[127], was eine sportliche Leistung war. Da auf diesen Berg weder Weg noch Steg hinaufführte, mussten unsere schwarzen Begleiter, die wir mitgenommen hatten, sehr oft erst einen Durchschlupf durch das dichte Gehölz mit dem Buschmesser schlagen. Unsere Mühe wurde durch die gigantische Aussicht, die sich uns hier bot, belohnt. Ernelein hat sich tapfer gehalten, war aber doch recht erschöpft. Auch mit Hoffs Auto haben wir weite Touren unternommen.

In diese Idylle schlug eine Bombe ein. Von Australien kam ein hoher Kommissar mit seinem Stab an, der die ehrenvolle Aufgabe hatte, deutsches Eigentum zu enteignen. Diese Kommission nannte sich Expropriations-Board[128]. Jetzt wussten wir, dass wir nicht die Auserwählten waren, die durch den Krieg nichts zu erleiden hatten. Zuerst wurden die Großfirmen[129] enteignet, was kurz und bündig im Amtsblatt bekanntgegeben wurde. Dann erreichte die kleineren Firmen ihr Schicksal. Es wurden also mit einem Federstrich Millionenwerte gestohlen. Die Engländer versicherten uns immer wieder, dass die Privatansiedler keinesfalls enteignet würden. Hoffs wiegten sich in der schönen Hoffnung, dass der bittere Kelch an ihnen vorübergehen würde. Ich aber glaubte, ohne Pessimist zu sein, dass die Australier die Deutschen ohne Ausnahme enteignen und ausweisen werden. Die gute Stimmung, die unter den Gästen des Erholungsheims bisher herrschte, sank plötzlich stark ab. Ein jeder wurde sich bewusst, dass er Besitz, Ersparnisse und das Schlimmste war, seine Existenz verlieren wird. Nach und nach erfuhren wir Näheres über die Art, wie die Enteignung vor sich gehen wird. Alles deutsche Eigentum, sei es Landbesitz, Häuser, Bargeld etc. verfällt der australischen Regierung. Dafür gibt diese den Ent-

---

127 Vgl. S. 140 Anm. 10.
128 Zu dessen Tätigkeit vgl. Patricia Hopper, „Kicking out the Hun. A history of the Expropriation Board of the Mandated Territory of New Guinea 1920-1927", M.A. thesis, Port Moresby 1979.
129 Dazu gehörten die Neuguinea-Kompagnie, die Hamburgische Südsee-Aktiengesellschaft (HASAG), Hernsheim und der Norddeutsche Lloyd.

eigneten eine Anweisung an das Deutsche Reich, die nach den Satzungen des Versailler Friedensvertrags den Enteigneten zu vergüten ist. Den Enteigneten wird nur gewährt Shs 1000.- ihres Guthabens mitzunehmen[130]. Das hörte sich ganz human an. Aber wie will Deutschland, das den Krieg restlos verlor und nun die ungeheuerlichen Kriegsentschädigungen zu zahlen hat, die bedeutenden Kolonial-Werte ersetzen? Es gibt hier merkwürdigerweise noch immer krankhafte Optimisten, die es durchaus für möglich halten. Außerdem bleibt anzunehmen, dass die Australier den Wert der deutschen Besitzungen nicht all zu hoch einschätzen werden. Ein jeder schmiedet Pläne für die Zukunft, die oft gar lustig anzuhören sind.

Auch ich erwog einen Plan, der an Abenteuerlichkeit nichts zu wünschen übrig ließ. Für den Fall, dass Kolube enteignet werden sollte, beabsichtige ich mit dem Bargeld, das ich zur Hand hatte, mit Hoffs Schiff, der Else, nach Holländisch Neuguinea zu fahren, vorausgesetzt, dass Hoffs damit einverstanden sind. Auf diese Art würden wir Hoffs und unser Bargeld, so weit es greifbar war und ebenso alle Wertgegenstände vor dem Zugreifen der Australier retten. Außerdem beabsichtigten wir uns in Holländisch Neuguinea eine neue Existenz zu gründen. Mein hohes Bankguthaben würde natürlich verloren sein. Es dürfte auch durchaus nicht ohne Gefahr sein, mit so einem kleinen Fahrzeug die weite Fahrt von Neumecklenburg nach Holländisch Neuguinea zu unternehmen. Außerdem bleibt zu befürchten, dass wir unterwegs von einem australischen Schiff geschnappt werden. All das blieb sehr zu bedenken und würden dabei noch eine Menge Hindernisse zu überwinden sein. Vor allen Dingen darf kein Verdacht erweckt werden. Wenn möglich, wollen wir nicht allein fahren, sondern noch einige Landsleute mitnehmen. Aber vorläufig ist es noch nicht so weit, sondern besteht noch ein kleiner Funke Hoffnung, dass uns das harte Schicksal der Enteignung und Ausweisung erspart bleibt.

130 Nach der Gründung des Bundesstaates Australien („Commonwealth of Australia", 1.1.1901) galt in Australien weiterhin die britische Währung (1 Pfund Sterling = 20 Shilling, der Shilling zu 12 pence). Erste eigene australische Münzen waren seit 1910 (geprägt von der Royal Mint in London) im Umlauf, doch blieb britisches Geld weiterhin voll gültiges Zahlungsmittel, auch nachdem 1913 die ersten australischen Banknoten ausgegeben wurden. Bis Dezember 1931 entsprach das britische Pfund Sterling eins zu eins dem australischen Pfund. Wegen der Bindung an den Goldstandard erhielt man bis zum Ersten Weltkrieg für ein Pfund bzw. 20 Shilling genau 20,43 Mark. Nach dem alten Wechselkurs wären deshalb 1000 Shilling = 50 Pfund genau 1021,50 Mark gewesen. Während und vor allem nach dem Kriege brachen die festen Wechselkurse zusammen. Der Kurs zur Mark verschlechterte sich stetig. Vgl. Herbert Edward Teare, *The history, theory and practice of Australian banking, currency and exchange, with application also to banking in New Zealand*, Sydney 1926. Im besetzten Deutsch-Neuguinea verblieb die Mark bis 31. Juli 1919 gültiges Zahlungsmittel. Der Shilling als *niupela mak* wurde im Verhältnis eins zu eins zur Mark akzeptiert, die von der australischen Militärverwaltung dekretierte Abwertung der Mark auf nur noch 11 Shilling von der indigenen Bevölkerung erfolgreich boykottiert; vgl. Hiery, *Neglected War*, 184.

14.12.20

Auf Kolube fühlen wir uns sehr wohl und haben wir hier alles, was der Mensch sich wünschen kann. Erna und die Kinder sind gesund und froh, und so fürchten wir nichts als der Götter Neid. Kolube ist wundervoll gelegen. Die Pflanzung liegt im Flachland und zieht sich in einer Länge von zehn Kilometern am Strand entlang. Es sind genügend Reitpferde vorhanden, so dass ich alle Punkte leicht und schnell erreichen kann. Auch Erna bereitet das Reiten viel Freude und sitzt sie gut im Sattel. An Arbeit ist kein Mangel und so vergeht die Zeit im Fluge.

Unser Haus liegt auf einem siebzig Meter hohen Hügel, von dem aus wir eine herrliche Fernsicht auf das Schleinitzgebirge[131] haben, das sich in einer Höhe von 1400 mtr direkt unmittelbar hinter der Grenze unserer Pflanzung auftürmt. Nach der anderen Seite gesehen, schimmert das Meer in seiner blauen Pracht, durchsetzt von kleinen Atolls und gischtüberströmten Korallenriffen. All die Schönheit wurde Deutschland entrissen und von England Unersättlichkeit verschlungen. Hinsichtlich der Ernährungsfrage ist Kolube ein Eldorado. Eine große Schweineherde liefert Fleisch in Hülle und Fülle. Ist uns dies über, schlachten wir ein Lamm oder ein Zicklein. Auch gibt es hier Tauben in unterhörten Mengen. Die vielen Flüsse wimmeln voller Fische und Krebse. Auch die See ist ein unermessliches Verpflegungsreservoir. Prächtige Milchkühe spenden Milch, so dass wir selbst buttern und auch Käse herstellen können. Ernelein kommt von den Gedanken nicht los, dass es sündhaft sei, so gut zu leben, während in der Heimat so unermessliche Not herrscht. Ich aber sage mir: „Man muss die Feste feiern wie die Feste fallen." Was uns später beschert sein wird, wissen wir heute noch nicht.

Gestern hörten wir, dass die Holländer gern bereit seien, Deutsche in Holländisch Neuguinea anzusiedeln.[132] Es bleibt allerdings zu bedenken, dass dieser Teil Neuguineas noch völlig unkultiviert ist und die Eingeborenen noch in einem Urzustand leben, der für Kolonisten gefährlich werden kann. Es bleibt aber andererseits zu bedenken, dass es in einer solchen Wildnis leichter vorwärts zu kommen ist, wie es in einer besiedelten Gegend der Fall zu sein pflegt.

20.1.21

Wir haben aufregende Tage hinter uns. Unser Schiff die „Else" ist gestrandet. Da die „Else" hoch versichert ist, wäre der totale Verluste des Schiffes nicht das Schlimm-

---

131 Heute Schleinitz Range; vgl. Schnee (Hg.), *Deutsches Kolonial-Lexikon*, Bd. 3, 299, u. Reichs-Marine-Amt, *Südsee-Handbuch, II. Teil*, 133; benannt nach dem ersten Landeshauptmann der Neuguinea-Kompagnie, Georg Freiherr von Schleinitz (1834-1910).

132 Die Angabe ist historisch zutreffend. Die Zahl der deutschen Kolonisten, die nach Niederländisch-Neuguinea übersiedelten, war aber gering. Zum Projekt, Niederländisch-Neuguinea zu einer deutschen Kolonie umzuwandeln, vgl. H. Wim van den Doel, „Nachbarn an der Peripherie. Die Beziehungen zwischen Niederländisch-Ostindien und den deutschen Südseekolonien", in: Hiery, *Die deutsche Südsee 1884-1914*, 773-801, v.a. 792-799.

ste. Aber unsere Flucht nach Holländisch Neuguinea würde damit zur Unmöglichkeit werden. Die alleine Schuld an dem Unglück hat restlos Mc Donald, der Halbblutassistent. Diese Menschen haben die Unzuverlässigkeit der schwarzen Rasse in sich. Er hatte von mir den Auftrag erhalten, von einem Eingeborenendorf eine Ladung Süßkartoffeln zu holen, die ich dort aufgekauft hatte. Da in dieser Zeit oft mit Stürmen zu rechnen ist, hatte ich strikt untersagt, auf der Hin- sowie auf der Rückfahrt irgendwo vor Anker zu gehen, sondern möglichst weit draußen auf See zu bleiben. Alles wäre gut gegangen, wenn Mc Donald nicht so eine Gemeinheit begangen hätte. Kurz vor Kolube wohnte ein Freund von ihm, auch ein Halbblut, den er unbedingt besuchen musste. So lief er eine offene Bucht an, die keinerlei Schutz bot. Hier ging er vor Anker, ließ sich an Land setzen und besuchte den Freund seines Herzens. Das wäre nicht so schlimm gewesen, wenn er sich dort nur kurze Zeit aufgehalten hätte. Aber Mc Donald konnte sich von seinem Freund nicht trennen und blieb über Nacht. Gegen Morgen kam ein sehr schwerer Sturm auf, der direkt auf Land zu stand. Es kamen gewaltige Brecher an, so dass die Ankerkette riss, worauf hin die Besatzung den zweiten Anker fallen ließ und viel Kette steckte. Da sich der Sturm zu einem wahren Orkan auswuchs, konnte der Anker auf dem flachen Sandstrand nicht Grund fassen und wurde das Schiff von der Brandung hochgenommen und wie ein Gummiball an Land geworfen und genau in die Mündung eines Baches gesetzt. Auf hoher See hätte der Sturm kaum eine Gefahr bedeutet, da die „Else" einen schweren Schlag vertragen konnte und in einer Stunde den sicheren Hafen vor Kolube erreicht haben würde. Glücklicherweise strandete das Schiff nicht dwars (quer) zur See, sondern war achterwärts aufgelaufen, so dass der Bug (Vorderteil) zur See stand und dadurch von dieser nichts zu befürchten war.

Als ich von dem Unglück erfuhr, ritt ich sofort nach dort und fand die brave „Else" hoch und trockenliegend vor. Sie war bei Flut aufgelaufen, so dass es sehr schwer sein wird, sie wieder flott zu machen. Bei Ebbe sah die Sache trostlos aus. „Else" ist zwar kein großes Schiff und nennt nur 48 ts ihr eigen. Aber immerhin ist das Eigengewicht eines solchen Schiffes enorm. Die leichtverderbliche Ladung ging bereits in Fäulnis über, so dass auch dadurch ein empfindlicher Verlust entstand. Herterich[133], der Seemann, nahm nun die Sache in die Hand. Wir bauten aus starken Baumstämmen und Planken eine Art Schlitten unter das Schiff. Der Sand wurde Meter für Meter ausgeschachtet, was eine Art Herkules-Arbeit bedeutete, da der Bach das Bestreben zeigte, durch Schwemmsand immer wieder unsere Arbeit zu nichte zu machen. Selbst während der Weihnachtsfeiertage gab es keine Ruhe. Das scharfe Seewasser reizte die Haut und führte zu einer Augenentzündung. Das war ein Zustand, der auf die Dauer kaum zu ertragen war. Es half uns aber kein Weh und Ach. Bis zum 2. Februar, dem Tag der höchsten Flut, mussten wir mit dem Unterbau fertig sein. Wenn es dann nicht gelingt, das Schiff flott zu machen, wird es wohl als verloren erklärt werden müssen. Bei dem flachen Strand wird es auch unmöglich sein mit Schleppern etwas zu erreichen. Mc Donald getraut sich nicht in die Nähe der

---

133 Hans Herterich; vgl. Baumann/Klein/Apitzsch, *Biographisches Handbuch*, 143.

Unglücksstätte, da Herterich versprochen hatte, ihn dort mit Kieler Matrosenbrezeln zu empfangen. Was er unter Matrosenbrezeln verstand, ist leicht zu erraten.

5.2.21

Es ist geglückt! Zweihundert Schwarze wurden zusammengetrommelt, die an langen Trossen ziehen mussten. Das war so ein Spaß für unsere dunklen Brüder. Ich versprach vier Schweine zu schlachten, Tee mit viel Zucker zu verabreichen, reichlich Tabak und pro Mann eine Mark zu spendieren. Außerdem wurde eine Stahltrosse an einer Felsspitze vertäut, die über das Ankerspill lief, wodurch ebenfalls eine starke Zugkraft erzeugt wurde. Vormittag 11 Uhr erreichte das Wasser seinen höchsten Stand. Herterich und ich waren an Bord, während Erna und die Kinder vom Strand aus sich das Schauspiel nicht entgehen ließen. Die Trillerpfeife ertönte und nun brüllten 200 Schwarze aus vollen Lungen. Die Trossen spannten sich und erst kaum merklich, dann immer schneller kam Bewegung in das Schiff und schon schwamm es wie eine Ente auf dem Wasser. Am Abend gab es ein großes Fest, zu dem auch die beiden Nachbarn geladen wurden. Als Herterich schon ein wenig über den Durst getrunken hatte, hielt er eine schöne Rede, in der er in Sonderheit in liebevollen Worten Mc Donalds gedachte.

20.2.21

Irgendwie hängt mir eine Pechsträhne an. Kaum war die Aufregung betreffs der Schiffsstrandung überwunden, hatte mich das Unglück schon wieder bei den Ohren. Von unserem Hause aus führt ein ziemlich steilabfallender Weg nach der Pflanzung, der bei Regen ziemlich schlüpfrig ist. Vor einigen Tagen ritt ich im leichten Trab bergabwärts, wo in einer Wegbiegung das Pferd ausglitt und stürzte. Ich schlug auf die linke Schulter auf, glaubte aber unverletzt zu sein. Wie ich wieder aufsitzen wollte, spürte ich jedoch heftige Schmerzen in der Schulter. So zog ich es vor, zu Fuß heimzugehen. Scheinbar war das Schlüsselbein gebrochen. Erna verordnete mir Bettruhe und legte mir einen feuchten Verband an. Diese unfreiwillige Ruhezeit passte mir durchaus nicht in mein Programm. Ich wollte so schnell wie möglich mit der „Else" nach Rabaul fahren, um dort einen eingetretenen Maschinenschaden der Schiffsmaschine beheben zu lassen. Außerdem wollte ich in Rabaul in Erfahrung bringen, ob das Gespenst der Enteignung bereits im Anzug ist.

Eine volle Woche lag ich fest, dann behauptete ich gesund zu sein und ging auf Fahrt nach Rabaul. Da die Maschine nicht benützt werden konnte, war ich nur auf die Segel angewiesen. Die Fahrt war zum Verzweifeln langweilig. Die Motorschuner segeln meist nicht besonders gut, aber „Else" ist in dieser Hinsicht allen anderen Schiffen überlegen. Bei Flaute dreht sie sich mit Vorliebe im Kreise herum. Aber so ist es immer bei der christlichen Seefahrt. Wünscht man sich ruhige See, dann stürmt es todsicher. Will man aber eine Mütze voll Wind haben, so kann man bestimmt mit einer spiegelglatten See rechnen. Es ist direkt nervenberuhigend, wenn man des

Morgens feststellen muss, dass man noch auf der selben Stelle wie zuvor am Abend liegt. Drei Tage hatte ich die beiden Krater Mutter und Südtochter zum Greifen nahe vor mir. Endlich, am fünften Tage, erreichte ich des Landes Hauptstadt. Mit Maschinenkraft benötigte ich für gewöhnlich für die gleiche Fahrt zehn Stunden.

In Rabaul angekommen, erwartete mich eine herrliche Überraschung. Über die „Else" wurde die Quarantäne verhängt. In Rabaul waren die Masern ausgebrochen. Weder ich noch die Bestatzung durften das Schiff verlassen. All die meterlangen Flüche, die ich ausstieß, halfen nichts. Ich war Gefangener auf dem Stinkkahn. Doch ich hatte noch einmal Glück. Hoffs hatten von meiner Ankunft gehört und kamen mit dem Hafenarzt, mit dem sie befreundet waren, an Bord. Noch nie erschien mir ein Engländer so sympathisch wie dieser Arzt. Er gab mir die Erlaubnis an Land gehen zu dürfen. Die Besatzung musste an Bord bleiben, was dierseits mit sehr gemischten Gefühlen zur Kenntnis genommen wurde.

Die Stimmung in Rabaul war keine gute. Die Angestellten der großen Firmen waren bis auf wenige unentbehrliche von Engländern abgelöst worden. In den Büros und auf den Pflanzungen sitzen englische Angestellte, die sich erstmal höchst unglücklich vorkommen. Das Land ist ihnen fremd und mit den Eingeborenen können sie sich nicht verständigen und behandeln sie so verkehrt wie möglich, was dann Ausschreitungen der Weißen wie auch der Schwarzen zur Folge hat. Die Eingeborenen, in Sonderheit als Arbeiter, müssen mit Geschick und Einfühlungsvermögen behandelt werden. Sie sind daran gewöhnt, dass der Master sie voll und ganz versteht, auf ihre kleinen Wünsche eingeht, sie aber mit gleichbleibender Energie fest in der Hand hält. Der Australier dagegen, der unbedingt der Arbeiterpartei angehört, sieht in dem Schwarzen einen Genossen, dem die Segnungen der Kultur, darunter versteht er hohe Löhne, gebracht werden müssen. Selbstverständlich macht so ein Mann die denkbar schlechtesten Erfahrungen mit den Eingeborenen. Diese reagieren auf Schwächen der Europäer, für die sie sehr feinfühlig sind, sofort und werden dann frech und aufsässig. Nun aber fühlt sich der humane Australier von den bösen Negern hintergangen, schimpft sie blutige[134] Nigger und boxt den ersten Besten, der natürlich meist unschuldig ist, nieder. Diese Behandlung vertragen die Eingeborenen durchaus nicht und wird es in dieser Beziehung noch manche harte Zusammenstöße geben. Früher lernte jeder Neuling vom Älteren wie man mit Schwarzen umgehen muss. An Sachverständigen fehlte es gänzlich und die Beamten, die bereits während des Krieges Einblick in die Verhältnisse bekommen haben, sind nicht in der Lage, das Unheil abzuwenden. Die Australier kommen auch mit ganz anderen Voraussetzungen in die Kolonie, als es bei uns Deutschen der Fall war. Sie kennen nur das eine Thema: „Wieviel verdiene ich die Woche?" Der Deutsche dagegen wollte sich eine Existenz gründen und wurde bodenständig. Er liebte das Land als seine zweite Heimat. Die neuen Angestellten, die jetzt ins Land kommen, sind sog. Return Soldiers

---

134 Das gängigste australische Schimpf- und Fluchwort: „bloody". Vgl. Annett Michel, *Bloody Beaut' Blue. Australisches Englisch und die Konzeptualisierung des australischen Ethos*, Diss. Greifswald 2005.

(heimgekehrte Soldaten) unter denen zum großen Teil total ungebildete Menschen sich befinden.[135]

Wie ich von Hoffs erfuhr, bestand keinerlei Hoffnung mehr, dass die Ansiedler einer Enteignung entgehen werden. So wurden wir uns endgültig einig, dass ich mit Erna und den Kindern versuchen werde, mit der „Else" nach Holländisch-Neuguinea zu entkommen und auf diese Weise das in unserer Hand befindliche Bargeld dem Zugriff der Engländer zu entziehen. Frau Hoff war es hinsichtlich dieser Sache nicht recht wohl zumute. Sie befürchtete, dass die Flucht misslingt und der Verdacht der Beihilfe auf Hoffs hängen bleibt. Vor derartigen Unannehmlichkeiten hat sie einen wahren Höllenbammel. Ihr würde eine Bestechung viel mehr liegen. Hinsichtlich der Enteignung ist auf diesem Wege leider nichts zu erreichen. So darf ich meine Haut zu Markte tragen und mich viel schlimmeren Gefahren aussetzen, als Hoffs sie treffen kann. Wer kann ihnen eine Beihilfe beweisen. Für mich ist diese Einstellung sehr erhebend.

Volle sechs Tage musste ich auf die Freigabe des Schiffes warten. Die Reparatur nahm nur drei Tage in Anspruch. Ich kaufte genügend Brennstoff für die Maschine ein und ebenfalls eine Menge Tausch- und Handelsartikel. Um mit den Eingeborenen von Holländisch-Neuguinea in Kontakt zu kommen, waren letztere von hohem Wert.

Nach guter Fahrt erreichte ich in neun Stunden Kolube, wo mich Ernelein freudig begrüßte und auf die neusten Nachrichten sehr gespannt war. Sie ist von dem Gedanken, den Engländern ein Schnippchen zu schlagen, begeistert. Sie hat aber auch Bedenken, ob die Flucht gelingt und ob dieses unkultivierte Hollandia (so heißt Holländisch Neuguinea) Existenzmöglichkeiten bietet. Wir waren uns auch bewusst, dass es uns schlecht ergehen würde, falls wir geschnappt werden. Laut amtlicher Bekanntmachung steht auf dem unerlaubten Verlassen der Kolonie eine Gefängnisstrafe. Wer dabei gefasst wird, Werte aus der Kolonie zu bringen, wird mit Zuchthaus bestraft. Das ist der bittere Kern der Sache. Dass man uns im Jahre 1921, zwei Jahre nach Friedensschluss[136], so zu behandeln wagt, ist ein Zeichen, wie machtlos Deutschland geworden ist.

7.6.1921

Die Flucht ist missglückt! Jetzt wohnen wir in Rabaul in einem kleinen Häuschen, welches wir einem Chinesen abgemietet haben und sehen unserem Abtransport „per Schub" entgegen. Aber ich will der Reihe nach erzählen: Die gefürchtete Enteignung

---

135 Eine australische „Royal Commission on Late German New Guinea" hatte der Regierung mehrheitlich empfohlen, den aus dem Krieg von Europa zurückgekehrten Soldaten („returned soldiers") anzubieten, Besitz und Grund der deutschen Siedler zu besonders günstigen Konditionen als „freehold" zu erwerben und weiterzuführen; vgl. C.(harles) D.(unford) Rowley, *The Australians in German New Guinea 1914-1921*, Carlton 1958, 306-307.

136 Der Versailler Vertrag und dessen Bestimmungen waren nach seiner Ratifikation offiziell am 10. Januar 1920 in Kraft getreten.

trat noch schneller ein wie wir erwartet hatten.[137] Jetzt war es mir darum zu tun, noch bevor mich die amtliche Mittelung erreichte, abzufahren. Die Engländer sind, wie ich aus Erfahrung wusste, Buchstabenmenschen und war es in unserem Falle ein großer Unterschied, ob wir vor unserer Abfahrt die schriftliche Mitteilung bereits erhalten hatten oder nicht. Wenn diese Mitteilung mich vor der Abfahrt erreicht hätte, war es mir klar, dass man mich wegen Schiffsdiebstahl bestrafen würde und gerade darauf stehen, nach englischem Gesetz, sehr hohe Strafen.

Mein Nachbar Ullrich[138] und auch Herterich, die auch mitfahren wollten, waren ganz meiner Meinung und wurde nun in größter Eile alles, was transportabel war, an Bord gebracht. Selbst unsere Möbel wurden verladen. Es sollte nichts für die Engländer übrig bleiben. Dass genügend Proviant übernommen wurde und es auch an Getränken nichts fehlte, war selbstverständlich. Dann kam das Abschiedsmahl. Wir benahmen uns dabei, wie es sich für Helden gebührt, und bedachten uns gegenseitig mit Vorschusslorbeeren. Bei Morgengrauen ging der Anker hoch und langsam nahmen wir Kurs auf Neuguinea. Schön war es nicht, was wir zum Abschied riefen, aber es war ehrlich gemeint: „Gott strafe England![139]"

Das Wunder des Sonnenaufgangs auf spiegelblanker, tiefblauer See begrüßte den Karfreitag[140], den stillen Tag des Osterfestes. Die Natur atmete tiefen Frieden aus, der sich aber nicht befreiend auf unsere Herzen legte. Die Menschen sprechen auch von einem Frieden, aber es ist ein Frieden, in dem sich Hass und Gemeinheit die Hände reichen. Gibt es wirklich einen Frieden, der den Stärkeren am Schwächeren zum gemeinen Dieb werden lässt? Starb dafür Christus am Karfreitag? Herbert brannte vor Neugier wohin die Fahrt gehe und konnte nicht begreifen, warum er keine Antwort bekam. Hilde dagegen schlief erstmal noch ein gutes Weilchen. Ein bitteres Gefühl kam nicht zum Schweigen. Das also war das Ende einer vierzehnjährigen Tätigkeit in unserer schönen Kolonie, dass man nun wie ein Pirat mit einem Schiff ausreißen musste. Nach englischer Ansicht waren wir tatsächlich Piraten. Wir hatten ein Schiff

---

137 Zur Enteignung und Deportation der Deutschen, bei der die australischen Südseefirma Burns Philp eine zentrale Rolle einnahm, während die gegenläufige Position des langjährigen Gouverneurs der australischen Kolonie Papua, Murray (der möglichst viele Deutsche in der Kolonie halten wollte), keinerlei Chance zur Umsetzung besaß, vgl. Hiery, *Neglected War*, 110-115. Die Enteignung begann am 1. September 1920 – noch bevor Australien offiziell ein Mandat des Völkerbundes für Neuguinea erhalten hatte – und endete in einer öffentlichen Auktion aller deutschen Pflanzungen, bei der nur „natural born British subjects" als Bieter zugelassen wurden. Im Zeitraum vom 18.5.-31.8.1922 wurde sämtlicher deutscher Privatbesitz zu Gunsten des Commonwealth of Australia versteigert.

138 Baumann/Klein/Apitzsch, *Biographisches Handbuch*, 455, erwähnen einen Otto Ullerich, ehemals Krankenpfleger der Neuguinea Kompagnie, später selbständiger Pflanzer in Neumecklenburg, dem angeblich die Flucht von Kolube nach Hollandia bereits im September 1918 gelungen sein soll. Diese Datierung ist mit Sicherheit falsch. Die Flucht gelang, aber erst im August 1921, zusammen mit Mierendorf, siehe die Ausführungen weiter unten im „Tagebuch".

139 Vgl. S. 164 Anm. 52.

140 Karfreitag war 1921 am 25. März.

gestohlen, das sich die Engländer vor einigen Tagen angeeignet hatten. Es war auch ebenfalls ein Diebstahl, dass wir einen Bruchteil unserer Ersparnisse mitgenommen hatten.

Die Führung des Schiffes hatte Herterich übernommen, da er als gelernter Seemann davon am meisten verstand. Wir hatten auch vorzügliche Seekarten an Bord. Da das Wetter geradezu ideal war, wurden wir fast übermütig, vor allem bei dem Gedanken, dass wir den Engländern eine Nase gedreht hatten. Die Maschine lief vorzüglich und eine steife Brise von achtern verhalf uns zu einer flotten Fahrt. Wir hielten uns so weit wie nur irgend möglich von Land entfernt, damit wir von keiner Seite gesichtet werden konnten. Herterich hatte an Hand der Karten errechnet, dass wir von Kolube bis Hollandia, den ersten holländischen Hafen, etwa 1000 Seemeilen zurücklegen müssen. Am dritten Tage kamen die Spitzen riesiger Gebirge in Sicht. Herterich stellte fest, dass wir uns auf der Höhe von Eitabay[141], dem nördlichsten Hafen von Deutsch Neuguinea, befinden. Wir hielten nun noch weiter von Land ab und wurden nun so langsam unserer Sache gewiss, dass die Flucht gelingen wird. Doch das Schicksal hatte es anders beschlossen. Wir haben Hollandia nie gesehen.

Gegen Mittag sahen wir in weiter Ferne einen Dampfer auftauchen, was uns in nicht geringen Schrecken versetzte. Wir hofften aber, dass es irgendein Frachtkahn sei, der für uns kein Interesse zeigen würde. Diese Hoffnung erfüllte sich leider nicht. Der Dampfer hielt direkt auf uns zu und kam mit unheimlicher Geschwindigkeit näher. Bald erkannten wir, dass wir es mit einem australischen Torpedobootzerstörer zu tun hatten. Mit dieser Erkenntnis fiel alle Hoffnung über Bord. Der Zerstörer gab Winkesignale, die wir nicht lesen konnten. Wir wussten aber, dass sie nichts anderes als „Stopp" bedeuteten. Der Zerstörer kam längsseits und rief uns durch die Flüstertüte an, dass scharf geschossen würde, wenn wir nicht sofort stoppten. Also so ernst nahm man uns!

Die Schwarzen bekamen es mit der Angst zu tun, zumal sie sich betreffs der weiten Reise kein Bild machen konnten, was die ganze Sache zu bedeuten habe. Sie verkrochen sich ganz einfach in den Laderaum. Auch der schwarze Maschinist war spurlos verschwunden. Ullrich und Herterich holten die Großsegel ein, während ich die Maschine abstellte. Endlich lag das Schiff still. Der Zerstörer machte ein Boot klar, in das ein Offizier und einige schwerbewaffnete Matrosen stiegen. Man schien uns für ganz gefährliche Seeräuber zu halten. Der Offizier kam an Bord und fragte uns, woher wir kämen und wohin wir wollten. Auch wollte er genau den Zweck der Reise wissen. So erzählten wir nun das Märchen, das wir uns für einen solchen Fall ausgedacht hatten. Wir sagten, dass wir uns auf einer Anwerbetour befänden. Da lächelte der Mann mild und bat uns freundlich, mit ihm auf den Zerstörer zu kommen. Hier wurden wir dem Kapitän vorgeführt, der noch viel wissensdurstiger wie

---

141 Richtig: Eitape (heute Aitape), die nordwestlichste Regierungsstation der Kolonie Deutsch-Neuguinea, hart an der Grenze zur niederländischen Kolonie Neuguinea. Vgl. Anm. 254. Von dort waren die deutschen Regierungsbeamten vor der australischen Besetzung (4. Dezember 1914) nach Hollandia geflüchtet.

der junge Offizier war. Erna ließ man außer Spiel und die Kinder spaßten sich mit den Matrosen. Es stellten sich noch zwei weitere Offiziere ein und begann nun ein regelrechtes Verhör. Im Verlaufe dieses erfuhren wir, dass noch ein ganze Anzahl Deutscher, so weit sie Schiffe hatten, sich von den Engländern heimlich empfohlen hatte und nun dieser Zerstörer als Patrouillenboot eingesetzt sei, um weitere Ausrei-ßer abzufangen. Der Kapitän war sichtlich stolz darauf, dass es ihm gelungen war wenigstens eins dieser Piratenschiffe aufgebracht zu haben. Unsere Aussagen wur-den zu Protokoll genommen. Man interessierte sich in Sonderheit dafür, wer der Eigner des Schiffes sei. Mit blieb nichts anderes übrig als die Wahrheit zu sagen. Arme Else Hoff! Im übrigen blieb ich eisern dabei, dass wir auf einer Anwerbetour seien. Diese Aussage wurde unter Heiterkeitsausbrüchen zur Kenntnis genommen. Danach wurden Herterich und Ullrich vernommen, die genauso frech wie ich logen. Nun wurde uns mitgeteilt, dass die „Else" in Schlepp genommen würde und zwei Maaten als Bewachung zu uns kämen. Außerdem wurde uns erklärt, dass die „Else" beschlagnahmt sei.

Die Heimfahrt ging sehr schnell von statten. Zu unserer Verwunderung wur-de die „Else" in den Hafen von Kolube gebracht. Der Zerstörer fuhr weiter, aber die beiden Wächter, nebenbei bemerkt sehr freundliche Leute, blieben an Bord der „Else". Wir stellten zwei Flaschen Whiskey auf den Tisch der „Else" und löschten in Seelenruhe alles, was wir mitgenommen hatten. Die beiden Maaten hörten und sa-hen nichts. Hätten die beiden gemeldet, dass wir sogar Möbel an Bord hatten, wären wir überführt gewesen, da kein vernünftiger Mensch Möbel auf eine Anwerbetour mitnimmt.

Den nächsten Morgen kam der Zerstörer wieder und nahm die „Else" in Schlepp. Wir haben die brave „Else" nie wieder gesehen. Für Erna waren die Aufregungen, die ausgestandene Angst und die Sorgen darüber, was nun kommen wird, doch wohl zu viel gewesen. Sie wurde krank. Was ihr fehlte, war nicht zu ersehen. Scheinbar war es eine Art Nervenzusammenbruch. Die Kinder waren froh, dass sie wieder in ihren Betten schlafen und mit ihrem Spielzeug spielen konnten. Wir Männer aber öffneten in wildem Weh die Bierkiste, die an der Piratenfahrt teilgenommen hatte und taten einen tiefen Trunk. Wir kamen uns dabei durchaus nicht wie fliegende Holländer vor – eher so wie Kinder, die die Schule geschwänzt haben. Erna erholte sich sehr bald, aber die Angst davor, was wir nun seitens der englischen Regierung zu erwarten hatten, ließ sie nicht zur Ruhe kommen.

Scheinbar hatte ich von Piratenfahrten noch nicht genug. Nach dem wir uns eini-germaßen von unserem Schrecken erholt hatten, lief eine große Pinasse bei uns vor, die sich ebenfalls auf der Flucht befand. An Bord befand sich ein guter Bekannter von mir namens Mierendorf[142]. Er erzählte, dass er von der Nordküste Neupommerns komme und nun auf dem Wege nach Hollandia sei. Er fragte mich, ob ich mitkom-men wolle. Meine Familie könne aber leider wegen Platzmangels nicht mitfahren. Aber Herterich und Ullrich, mit denen er sehr befreundet sei, wolle er auf alle Fälle

---

142 Henry Mierendorf, dem wenig später tatsächlich die Flucht nach Hollandia gelingen sollte.

mitnehmen. Ich gab ihm den guten Rat, so schnell wie möglich zu verschwinden. Mit Treibstoff für die Maschine, woran es ihm fehlte, konnte ich ihm aushelfen. Nachdem die Pinasse mit dem nötigen Treibstoff und Wasser versehen war, fuhr Mierendorf ab, um Herterich und Ullrich abzuholen. Da ich den beiden noch Lebewohl sagen wollte, fuhr ich mit und nahm ein Segelboot in Schlepp, mit dem ich zurück zu fahren gedachte. Zuerst fuhren wir zu Ullrich, da dieser am weitesten entfernt wohnte. Aber auch Ullrich legte eine Ruhe an den Tag, die mir auf die Nerven ging. Er war der Überzeugung, dass morgen auch noch ein Tag sei, und dass man heute erstmal tüchtig Abschied feiern müsse. Ob solchen Leichtsinns war mir nun alles gleichgültig. Sollte daraus werden was da wolle.

Den nächsten Morgen fuhren wir der Küste entlang, um Herterich abzuholen. Dieser verwaltete eine kleine Pflanzung, die auch Hoffs gehörte und zwischen Ullrichs Pflanzung und Kolube liegt. Als wir eine dazwischengelegene Landzunge umfuhren, stießen wir auf ein uns entgegenkommendes Motorschiff. So, da hatten wir den Salat! Auf dem Schiff befand sich ein englischer Polizeimeister nebst einer ganzen Anzahl Polizeisoldaten. Nun begann die gleiche Verhandlung, wie wir sie auch erlebt hatten. Es wurde gelogen, dass sich die Schiffsplanken bogen. Als der Polizeimeister meiner werten Person gewahr wurde, sagte er erfreut: „Oh Sie sind auch wieder dabei!" Nun lag aber hier der Fall etwas anders. Der Polizeimeister konnte die große Pinasse nicht in Schlepp nehmen, da sein Schiff dazu viel zu klein war. Er gab uns den Befehl, neben seinem Schiff herzufahren. Er sagte uns auch, dass er telegrafisch beordert worden sei, Mierendorf abzufangen und dass er heute Nacht in Kolube gewesen sei und dort von meinen Arbeitern erfahren habe, was jetzt von uns gespielt werde. Er versicherte uns, dass er bei dem kleinsten Versuch scharf schießen lasse. So fuhren wir ab in Richtung Kaewieng.

Jetzt kam es darauf an festzustellen, was der Kahn des Polizeimeisters leisten kann. Bald merkten wir, dass er nicht mehr wie sieben Meilen die Stunde schaffen konnte, dagegen Mierendorfs Pinasse gut zwölf Meilen lief. Während wir nun beratschlagten was zu tun sei, blieb plötzlich das Polizeischiff zurück. Ullrich rief begeistert: „Die haben Maschinenschaden!" Jetzt fuhren wir mit voller Fahrt um die erwähnte Landzunge herum und kamen damit außer Sicht. Nun ging alles unheimlich schnell vor sich. Ich sprang in mein Boot. Das Tau wurde gekappt und die Glücklichen fuhren davon. Erst waren sie durch die Landzunge gedeckt. Auch ist Schießen und Treffen zweierlei. Der Polizeimeister hat auch gar nicht schießen lassen.

Ich aber segelte nun friedlich zu dem Polizeischiffchen hin und begrüßte den Wackeren herzlich. Wir kannten uns von Kaewieng her. Er war uns Deutschen wohlgesinnt und tat jetzt nur seine Pflicht. Er sagte: „Hoffmann, Du ful[143], warum steckst Du nun noch Deine Nase in diese Sache? Das ist Beihilfe zum Schiffsraub. Das kann schlimm für Dich werden!" Ich fragte ihn, ob es verboten sei seine Freunde zu besuchen? (Ich meine begrüßen.) Er gab mir die Erlaubnis nach Kolube zurückzufahren. Hier erlebte ich wieder eine Überraschung. Erna war direkt wütend auf mich, dass

---

143 Richtig: „fool": Narr, Dummkopf, Verrückter.

ich nicht mitgefahren bin. Sie war der Meinung, dass die Engländer ihr gar nichts könnten, wenn ihr Mann sie treulos verlassen hätte. Es ist scheinbar alles verkehrt was ich unternehme. Während wir uns ganz niedlich stritten, kam Herterich auf seinem edlen Ross angestürmt und war ebenfalls wütend. Natürlich auch auf mich. Er war der Meinung, dass ich es hätte durchsetzen müssen, dass Mierendorf und Ullrich am gleichen Tage, an dem Mierendorf hier ankam, ihn (Herterich) abholen und sofort abfahren mussten. Jetzt ging ich aber hoch. Glaubte denn jeder seinen Ärger an mir auslassen zu können?

Vierzehn Tage schwebten wir in Ungewissheit wie man höheren Orts unsere Heldentaten begutachten würde. Die sogenannten Galgenfristen sind meist die Perioden im menschlichen Dasein, welche die Nerven am stärksten beanspruchen. Das traf auch bei uns voll und ganz zu. Tauchte auf See die Rauchfahne eines Schiffes auf, so lief uns wie auf Kommando eine sog. Gänsehaut über, da wir glaubten, abgeholt und vor ein englisch-australisches Gericht gestellt zu werden. Darüber sollten wir nicht lange im Zweifel bleiben.

Eines Morgens lief die „Madang", ein kleiner Dampfer, der der Neuguinea Co. gehörte[144] und nun zur Ehre Groß-Britanniens Dienst tun musste, in den Hafen von Kolube ein. Die Häscher kamen, um das Verschwörernest auszunehmen. An Bord befand sich der „Hohe Gerichtshof" mit all den Erscheinungen, die dazu nötig waren, um Schwerverbrecher ihrer gerechten Strafe zuzuführen. Ein englischer Polizist überreichte mir die Anklageschrift, die entsprechend meiner schweren Verfehlungen lang und inhaltsschwer war. Ich wurde des Raubes eines Schiffes [*beschuldigt*], das Eigentum der australischen Regierung sei. Weiterhin wurde ich beschuldigt wegen Beihilfe zu einem Schiffsdiebstahl unter erschwerenden Umständen. Dazu kam noch das Verbrechen, dass ich gegen die Verordnung die Kolonie verlassen wollte. Zuletzt kam der springende Punkt: Man warf mir vor, die Absicht gehabt zu haben, Geld und Geldeswerte ungesetzlicherweise ins Ausland bringen zu wollen. Darüber musste ich lachen. Wer hat denn das viele Geld gesehen, das ich verschieben wollte? Auf diesem Dokument stand als Titel meiner wichtigen Persönlichkeit: „Prisoner of war" (Kriegsgefangener). Ich habe nie gegen England oder eine verbundene Macht gekämpft, sondern war eine absolute Privatperson. Ich wurde auch nie wegen einer feindlichen Handlung angeklagt. Nun aber 1921, länger als zwei Jahre nach Friedenschluss, war ich plötzlich ein „Prisoner of war".

Ernelein benahm sich fabelhaft. Sie ging mit den Engländern um, als wären diese extra gekommen, um uns eine frohe Stunde bereiten zu können. Herbert und Hilde gaben den guten Onkeln die Hand und machten Knickschen und Diener und tollten mit einem kleinen Hund, der dem Richter gehörte, herum. Der kleine Fox witterte trotz seiner feinen Nase keine Feindschaft. Die hohen Herren, die vollzählig in unserem Hause erschienen waren, saßen betreten da und büßten etwas von der berühmten englischen Sicherheit ein. Scheinbar hatten sie sich unter Schiffsräubern etwas anderes vorgestellt, als das, was sie hier sahen. Einer der Engländer, ein reinrassiger

---

144   Vgl. S. 124 Anm. 59.

Jude, sprach mich in tadellosem Deutsch an und erklärte mir, dass er Rechtsanwalt sei und seitens seiner Regierung den Auftrag habe, mir bei der Verhandlung beizustehen. Er erklärte mir auch, dass er von der Mandatsregierung, falls ich kein Geld habe, bezahlt würde. Ich, meinerseits, erklärte Mr. Fuchs, dass ich offiziell kein Geld habe, da ich leider von der Mandatsregierung enteignet worden sei. Er bat mich mit ihm ins Nebenzimmer zu gehen, um dort unter vier Augen meinen Fall zu besprechen. Hier sagte er mir: „Sie werden verstehen, dass von Ihrer Seite aus auch etwas geschehen muss." Na, und ob ich verstand. Ich garantierte dem Menschenfreund Shs 800.- für den Fall, dass ich freigesprochen würde. Andernfalls [müsse er] sich damit begnügen, was ihm die Mandatsregierung bewilligte. D.h. von meinem Bankguthaben bezahlt. Nun wurden mir noch wenige Minuten zum Abschiednehmen vergönnt. Ernele riss sich mächtig zusammen und sah dann den Engländern derart in die Augen, dass diese wie auf Kommando rote Köpfe bekamen. Der Polizist legte mir die Hand auf die Schulter und erklärte mich für verhaftet.

In Kaewieng angekommen, wurde ich von der hohen Polizei in Empfang genommen und in einem leerstehenden Beamtenhaus untergebracht. Vor die Tür wurde ein englischer Soldat postiert, der die Pflicht hatte, darauf zu achten, dass ich mich nicht in die See stürze, um wie ein Fisch davonzuschwimmen. Denn anders kann man, wenn man kein Fahrzeug hat, eine Insel nicht verlassen. Der Posten hatte aber noch eine andere Pflicht zu erfüllen. Er musste einen Boy beordern, etliche Flaschen köstlichen Eisbieres zu holen. Der Soldat trug stolz einige Orden auf der Brust und kannte keine Furcht. Er stellte sein Gewehr in die Ecke, setzte sich unbewaffnet zu mir an den Tisch, zückte einen Flaschenöffner und entwickelte hinsichtlich der politischen Lage seine leider nicht maßgebende Meinung.

Den nächsten Morgen stieg der Riesenprozess und zwar im „Strandhotel Kaewieng". Die Richter waren sich sichtlich nicht im Klaren, wie dieser merkwürdige Fall anzufassen sein. Die Anklage lautete auf Schiffsdiebstahl. Da ich aber nachweisen konnte, dass ich keine Mitteilung hinsichtlich meiner Enteignung erhalten hatte, war es doch eigentlich kein Schiffsdiebstahl. Während der Verhandlung wurde der Bericht der zwei Maaten, die s.Z. in Kolube unser Schiff bewachten, verlesen. Die braven Seeleute gaben zu Protokoll, dass sie unser Gepäck genaustens durchsucht und auch eine Visitation der Angeklagten vorgenommen, aber weder Geld noch Geldeswert gefunden hätten. Jetzt bekam ich aber Oberwasser und spielte mich ein wenig auf, was ich vielleicht nicht hätte tun sollen. Zwei volle Stunden wurde ich in die Enge getrieben. Ich blieb dabei, dass ich mich auf Anwerbetour befunden habe. Wieder wurde ein Protokoll verlesen und zwar die Aussagen der Bootsjungen der „Else". Wir hatten diesen vor unserer Abfahrt gesagt, dass wir auf Anwerbetour gehen würden, was die Biederen auch glaubten und dementsprechend ausgesagt hatten. Mit diesen Zeugen war also auch kein Staat zu machen.

Nun griff man den Fall Ullrich-Mierendorf auf. Hierbei glaubte man mich festnageln zu können. Da wurde ich frech und fragte das hohe Gericht, was ich denn hätte unternehmen sollen, um die Flucht der Beiden zu verhindern. Darauf bekam ich leider keine Antwort. Der Staatsanwalt erhob sich und sprach sich, hinsichtlich meiner Person, recht hässlich aus. Er hatte die Sachlage voll und ganz erfasst und entwickelte den Vorgang genau so, wie er sich tatsächlich abgespielt hatte. Nur in einer Beziehung musste er klein beigeben und zwar in sofern, dass ich die schriftliche Mitteilung meiner Enteignung vor meiner Abfahrt scheinbar noch nicht erhalten hatte, was er aber als unerheblich erklärte. Er stellte mich als überführten Verbrecher hin und beantragte eine Gesamtstrafe von zwei Jahren Gefängnis. Das war einer der übelsten Momente, die ich je erlebte. Der Fall fing an humorlos zu werden.

Mein Rechtsanwalt, der bis jetzt in meiner Sache noch wenig hervorgetreten war, erhob sich nun zu seiner kleinen Größe und ließ eine gewaltige Verteidigungsrede vom Stapel. Hatte mich der Staatsanwalt als gemeinen Verbrecher hingestellt, so feierte mich nun der Rechtsanwalt als Edelmensch. Er wies Punkt für Punkt nach, dass die Fahrt nach Neuginea völlig harmlos gewesen sein musste. Er rechnete an den Fingern vor, dass kein Mensch so beschränkt sein könne mit ganz wenig Geld in der Tasche eine derartige Flucht vorzunehmen und dies noch gar mit Frau und Kindern. Selbstverständlich schlachtete er den Punkt, dass ich ja noch gar keine Ahnung haben konnte, dass ich enteignet sei, kunstgerecht aus. Die Quintessenz seiner schönen Rede gipfelte darin, dass er auf Freispruch appellierte. Ich war auch sehr dafür.

Der hohe Gerichtshof zog sich zur Beratung zurück und ich hatte Gelegenheit zu erfahren, wie lang, unter gewissen Umständen, eine halbe Stunde sein kann. Dann kam die Urteilsverkündung: Freispruch! Es lebe die Gerechtigkeit! Dass wir an diesem Tage schwer gefeiert haben, sei nur nebenbei erwähnt. Zwei Tage später wurde ich in Kolube an Land gesetzt, mit mir aber auch meine Ablösung. Erna nahm alles in Kauf und war glücklich, dass ich heil und gesund von dem gefährlichen Ausflug zurückkam. Mein Nachfolger, ein Schotte, war ein ruhiger, anständiger Mensch, der froh war, dass ich ihm keine Schwierigkeiten bereitete.

Die Übergabe nahm eine Woche in Anspruch und sehen wir nun unserem Abzug entgegen. Vor einigen Tagen erhielt ich von der Enteignungskommission meine Kündigung per 15. Mai. Was uns durch diese rücksichtslose Enteignung an Schaden erwächst, ist vorläufig noch garnicht zu übersehen. Wir haben uns eine Position erworben, wie sie uns kein zweitesmal geboten werden kann. Allerdings wollen wir eins nicht vergessen. Wir haben unter dem Kriege nicht gelitten. Wir wissen auch nicht, wie weh Hunger tun kann und Erna hat nicht kennengelernt, was es heißt, stündlich damit rechnen zu müssen, die schreckliche Nachricht zu erhalten, dass der Mann gefallen ist. Ich habe nicht in Not und Elend in Schützengräben gelegen und die Erhaltung meines Lebens dem Zufall überlassen müssen. So wollen wir nun stark sein und das auf uns nehmen, was uns vom Schicksal bestimmt ist.

Mein Schotte hat schweren Kummer. Er kann die Sprache nicht und tun die Arbeiter das, was sie wollen. Das heißt: Sie tun so gut wie nichts. Sie werden frech und fangen an, Forderungen zu stellen. Eine Pflanzung zu leiten, erscheint dem Neuling erstmal recht einfach. Die Arbeiten erledigen sich gewissermaßen von selbst. Man hat schwarze Aufseher, die dazu da sind dafür zu sorgen, dass richtig gearbeitet wird. Einige Tage geht das auch ganz gut, aber plötzlich treten Stockungen auf. Was sonst so glatt lief, geht jetzt verkehrt. Früh melden sich eine Menge Leute krank, deren

Krankheit dem Unerfahrenen ein Rätsel bleibt. Die Verpflegung der Arbeiter ergibt ebenfalls Schwierigkeiten. Das Essen reicht nicht aus, obgleich man genau nach Vorschrift ausgegeben hat. Alle möglichen Kleinigkeiten werden außer Acht gelassen, da man sie nicht täglich neu angeordnet hat. Das Vieh sieht elend aus. Es hat nichts zu saufen bekommen. Der neue Mann weiß noch nicht, dass man Kuhhirten und Pferdeboys ständig auf die Finger sehen muss. Wassereimer sind schwer, und der liebe schwarze Bruder trägt nicht gern schwer. Auch ist es ihm von Haus aus zuwider, Tiere zu pflegen. Da die Rinder mager werden, befiehlt nun der Neuling, dass sie Mais bekommen. Bekommen sie auch, aber der Einfachheit halber gleich zwei Sack. Den nächsten Morgen liegen zwei Zugochsen tot im Stall. Sie haben sich überfressen. Der Schwarze probiert erstmal den neuen Mann aus, d.h. wieviel er sich gefallen lässt, ehe er zuhaut. Er arbeitet so liederlich, wie nur irgend möglich und erfüllt sein tägliches Pensum in keiner Weise. Es fehlen dem neuen Mann die Erfahrungen, die Übersicht und die Organisation. Sehr großen Kummer bereitet ihm die Anwerbung von Arbeitern. Die Häuptlinge sind vorerst sehr misstrauisch. Die Heizer, die nachts Feuer in den Kopradarren unterhalten sollen, schlafen selig, und wie schön – den anderen Tag brauchen sie nicht zu arbeiten, da sie ja die ganze Nacht geheizt haben. Nun wundert sich der Neue, dass es so viel weniger Kopra gibt, als es unter seinem Vorgänger der Fall war. Er wird sich noch sehr lange weiter wundern, bis ihm nach und nach die Augen aufgehen. Dann schlägt seine Liebe zu den netten Südseeinsulanern ins Gegenteil um, was erst recht verkehrt ist.

Eines Tages erschien am Horizont ein Motorschuner, der direkt auf Kolube zu hielt. Wir wussten, was das zu bedeuten hatte. Es war das Motorschiff „Moruk"[145], welches von einem Engländer geführt wurde. Dieser händigte mir ein Schreiben der Enteignungskommision aus, in dem mir mitgeteilt wurde, dass ich mich mit meiner Familie nach Rabaul zu begeben habe, und von dort aus die Kolonie zu verlassen habe. Die Koffer waren fertig gepackt, hatten wir doch täglich mit dem Abtransport zu rechnen. Recht- und schutzlos mussten wir alles über uns ergehen lassen, d.h. alles, was die hohe Kommission beschlossen hatte, mit uns vorzunehmen. Sämtliche Arbeiter liefen einfach von der Arbeit weg und kamen an den Hafen, um uns Lebewohl zu sagen. Der Anker ging auf und langsam entschwand das Stück Land, auf dem wir glücklich waren.

In Rabaul angekommen, fanden wir ein tolles Durcheinander vor. Täglich trafen mehr und mehr Deutsche ein, Leidensgefährten, die gleich uns auf den Abtransport nach Deutschland warteten. Sämtliche Wohnhäuser Rabauls waren von englischen Beamten besetzt. Wie und wo wir unterkamen, darum kümmerte sich kein Mensch. Die wenigen Hotels waren von Deutschen bis auf den letzten Winkel besetzt. Es war eine Schande, dass die englische Regierung zur Unterbringung der vielen Menschen keinen Finger rührte. Wir hatten Glück, es gelang uns, ein kleines Haus einem Chinesen abzumieten. Diese Bude war naturgemäß echt chinesisch schmutzig, kostete

---

145   So im Manuskript. Möglicherweise ist aber *Muruk* gemeint. *Muruk* heißt auf Tok Pisin der einheimische Helmkasuar.

dafür aber auch die Kleinigkeit von 300.- Shilling pro Monat. Von der Enteignungs-kommission erhielten wir pro Erwachsener täglich 10.- Sh. und für jedes Kind die Hälfte von unserem Guthaben ausgezahlt, die aber auch restlos verbraucht wurden. Kein Mensch dachte daran schlecht zu leben. Wozu auch? Es war ja doch alles egal.

Hier in Rabaul herrschte ein merkwürdiges Leben. Überall sah man beschäfti-gungslose Deutsche herumbummeln oder zusammenstehen. Alle waren des Willens, hier dem trostlosen Zustande ein Ende zu bereiten und nach Deutschland, in die Heimat zu fahren. Wir durften aber nicht abfahren wenn wir wollten und wohin wir wollten, sondern mussten schön abwarten, bis es den Engländern passte, uns auf den Weg zu bringen. Dabei wurden die Passagen restlos von dem Guthaben der Deut-schen bezahlt. Was uns hier an Geld ausgezahlt und für die Passagen ausgegeben wurde, das wird uns später von der Entschädigung abgezogen.

Das Haupt der Enteignungskommission hieß Lucas[146], ein Herr, den alle Deut-schen von Herzen liebten und ihn zum Teufel wünschten. Nun hieß der Gruß in Rabaul: „Haut den Lucas!" Die gewöhnlichen sterblichen Engländer hassten dieses Scheusal genauso wie wir und gebrauchten ebenfalls mit Vorliebe diesen Gruß. Die-ser Lucas war zweifelsohne ein Deutscher oder unmittelbar deutscher Abstammung. Er sprach ein tadelloses Deutsch mit einem süddeutschen Akzent. Derartige traurige Fälle sind in Australien häufig zu finden. Selbstverständlich eigneten sich auch die Kinder diesen merkwürdigen Gruß an und hat sich Herbert dabei ein tolles Stück geleistet.

Um die langweiligen Abende totzuschlagen und ein wenig Abwechslung zu fin-den, gingen wir des Öfteren ins Kino, welches von einem Chinesen betrieben wurde. Herbert quälte uns, ihn auch einmal mitzunehmen. Hilde war noch zu klein, um einer solchen Vorführung folgen zu können und zog es vor, in ihr geliebtes Bett zu gehen. Herbert aber strahlte vor Freude, als er mitgehen durfte und war über die merkwürdigen Vorgänge auf der Leinwand sehr aufgeregt. Die Zuschauer amü-sierten sich über Herberts Geschnatter und die Fragen, die er stellte, mehr wie über den albernen amerikanischen Film. Die Handlung des Films gipfelte darin, dass ein Mann nach einer tollen Kneiperei aus Angst vor seiner Frau die Wohnung nicht zu betreten wagt. Sein Freund nimmt ihn mit auf seine Junggesellenbude, wo er den Pantoffelheld als Gespenst verkleidet und ihm genaue Instruktionen gibt, wie er sich als Gespenst seiner Frau gegenüber zu benehmen habe. Dieser schöne Plan ging in-sofern schief aus, dass dieses böse Weib hinter der Tür stand und dem furchtbaren Gespenst den Besen über den Geisterkopf schlug. In dem Moment, in dem der Besen

146 Walter Henry Lucas (1869-1954), ehemals Generalmanager der australischen Südseefir-ma Burns Philp, jetzt als „chairman" des „Expropriation Board" der wichtigste und ein-flussreichste Mann in der Kolonie; zu ihm: Hiery, *Neglected War*, 112-115 u. 305 Anm. 288, u. die Augenzeugin Marnie Bassett, *Letters from New Guinea* 1921, Melbourne 1969, 15, die dessen immense Unpopularität auch unter den Australiern bezeugt: „whom they all hate and are ashamed of". Eine auffällig kurze u. apologetische Lebensbeschreibung von Margaret Steven findet sich im *Australian Dictionary of Biography* (1986), online verfügbar unter https://adb.anu.edu.au/biography/lucas-walter-henry-7258 (20.2.2024).

sein Ziel erreichte, rief Herbert mit durchdringender Stimme: „Haut den Lucas!" Die Wirkung war insofern ganz besonders stark, da Lucas nebst seiner fetten Gemahlin und seinem Stab in der einzigen vorhandenen Loge saß.

Da die Engländer als Untergebene genau so armselige Genossen sind, wie es bei Andersstämmigen auch der Fall zu sein pflegt, drehten sich die freien Briten um und warfen böse Blicke auf die Eltern des verführten Kindes. Die Deutschen, in Ermangelung guter Erziehung, brüllten vor Lachen, klatschten in die Hände und schauten mit frechen Blicken nach der Loge hin. Dieser Sympathiekundgebung wurde durch die Nationalhymne „God save the King" ein Ende bereitet. Verdorben, wie die Menschheit ist, bekam Herbert von Landsleuten mit hässlicher Gesinnung fünf Tafeln Schokolade geschenkt.

Im Nichtstun und Pläneschmieden verging ein Monat nach dem anderen. Das Lieblingsthema heißt: „Wie bringe ich das gerettete Geld, ohne geschnappt zu werden, aus dem Lande?" Wie ich mir das denke, soll vorläufig mein Geheimnis bleiben.

8.9.21[147]

Gestern hatten wir zur Abwechslung eine kleine Aufregung zu überstehen. Seit einigen Tagen lag der Kreuzer „Brisbane" im Hafen von Rabaul. Da dieses australische Kriegsschiff keinerlei Gelegenheit hatte, im Kriege sich hervorzutun und die Besatzung vor langer Weile anfing Fett anzusetzen, kamen die Matrosen auf den schönen Einfall, in Rabaul eine kleine Privatschlacht zu liefern. Wehrlose Deutsche sind schon von jeher von den Helden anderer Nationen gern als markierter Feind benutzt worden. Die Seehelden liefen truppweise durch das Städtchen, besetzten die Kneipen und benahmen sich höchst kriegerisch. Sie wollten durchaus den Hunnen eine Schlacht liefern. Die Polizei, von Mut beseelt, hatte sich in Deckung gegen Sicht begeben und legte keinen Wert darauf, ihre seebefahrenen Landsleute darauf aufmerksam zu machen, dass der Krieg zu Ende sei. Unter den Deutschen wurde die Parole ausgegeben: „Zu Hause bleiben und jedem Zusammenstoß aus dem Weg gehen." Das war das einzig Richtige, denn andernfalls wären wir ja doch als die Angreifer auf arme wehrlose englische Seeleute hingestellt worden. Also blieben wir schön in unseren vier Pfählen und betrachteten uns die Kriegsspiele von der Veranda aus. Im Allgemeinen respektiert der Engländer nichts so sehr wie die Behausung seiner Mitmenschen und war deshalb kaum zu befürchten, dass die Matrosen in die Häuser der Deutschen eindringen würden. Da sich gar keine Angriffsfläche bot, betrank sich die Mannschaft erst mal bildschön und kam so nach und nach in eine Stimmung, die zu edler Tat begeistert, in der auch der englische Seemann das schöne englische Sprichwort: „My home is my castle" vergisst. Als ich gerade im Badezimmer mich von dem Staub des Alltags befreite, erschienen plötzlich zwei angetrunkene Matrosen auf der Veranda und hofften nun endlich das gewünschte Abenteuer zu finden. Erna ging den beiden Nachfolgern Nelsons entgegen und fragte sie in ihrem guten

---

147   Handschriftlich korrigiert in 9.9.21.

Englisch, was sie wünschten und ob sie sich nicht verlaufen hätten, denn hier sei kein Hotel. Die beiden Marsjünger bekamen rote Köpfe und verabschiedeten sich unter bedauerlichem „Sorri, sorri[148]."

Die an und für sich erbärmliche Handlungsweise dieser englischen Seeleute endete in einem herrlichen Spaß. Ein Europäer, der gebrochen Deutsch sprach, betrat eine der Kneipen und wollte freudestrahlend die kühnen Helden der Meere begrüßen, die hocherfreut waren, endlich einen bloodi[149] German in die Kur nehmen zu können und so schlugen sie den einzigen Franzosen, der in der Kolonie lebte, windelweich. Von den Deutschen konnte man mit Schiller sagen: „Des freut sich das entmenschte Paar[150]." Damit war die Schlacht beendet, denn auf die berechtigte Klage des gut durchgerollten Franzosen hin wurde den Nachkriegshelden der Urlaub gesperrt.

Vor einigen Tagen verließen die ersten fünfzig Deutschen per Schub die Kolonie. Es war ein trauriger Anblick wie die Deutschen mit der geringen Habe, die man ihnen gelassen hatte, an Bord gingen, d.h. gebracht wurden. Alle Deutschen, die vorerst noch in Rabaul verbleiben mussten, gaben den Scheidenden das Geleite bis an die Lloydbrücke, wo der Dampfer lag. Die Heimfahrer wurden visitiert, ob sie Geld oder Wertsachen bei sich hatten. Hierbei stellte sich eine Schwierigkeit in den Weg, die der Mandatsregierung Kopfzerbrechen bereitete. Von wem sollten die deutschen Frauen und Mädchen visitiert werden? Weibliche Beamte gab es nicht im Lande und Privatpersonen konnte man dazu nicht anstellen. Es würde sich auch kaum eine Engländerin dazu hergegeben haben. So kam man auf die herrliche Idee, Krankenschwestern zu dem ehrenvollen Amt heranzuziehen. Nun sind ja schließlich Krankenschwestern keine Polizeispitzel, was sich auch kaum mit ihrem Beruf vertragen hätte. So weigerten sich die Schwestern erst mal ganz energisch, dieses traurige Amt zu übernehmen. Aber bereits am nächsten Tage ging die Nachricht durch die Stadt, dass sich zwei englische Schwestern für dieses Amt freiwillig gemeldet hatten. Die deutschen Frauen waren darüber empört, dass sich nun doch noch die Schwestern zu so etwas hergaben. Dass die Frauen, als sie zur Leibesvisitation gingen, keinerlei Wertsachen bei sich trugen, war selbstverständlich.

Aber die Sache kam ganz anders wie es sich die Frauen gedacht hatten. Jede Frau wurde einzeln in die Zelle geführt und hier gaben die Schwestern den Frauen die Hand und wünschten ihnen eine gute Reise. Darin bestand die ganze Visitation. Der amtlichen Vorschrift war genüge geleistet und die deutschen Frauen gingen mit Hochachtung und Dankbarkeit aus der Kolonie. Die Schwestern hatten sich nur bereit erklärt, um den deutschen Frauen zu helfen. Wir werden ihnen diese Anständigkeit nie vergessen.

---

148 Richtig: „sorry".
149 „bloody".
150 Aus Schillers Ballade „Der Gang nach dem Eisenhammer" (1797/98). Die zitierte Stelle wurde zum geflügelten Wort.

15.9.21

Dies wird wohl nun meine letzte Eintragung in der Kolonie sein, die ich dem Tagebuch anvertrauen kann. Morgen werden wir die schöne Südsee verlassen, um voraussichtlich nie wieder zu kehren. Der australische Dampfer „Mataram" ist soeben eingelaufen, der wiederum fünfzig Deutsche, zu denen auch wir gehören, via Australien befördern wird. Jetzt heißt es aber packen und vieles für die Reise vorbereiten. Die Kinder sind aufgeregt, aber mit der schönen Abwechslung höchst einverstanden. Erstmal fragen sie Löcher in die Wände. Naturgemäß können sie sich von so einer weiten Reise und vor allem von Deutschland keinen Begriff machen.

Wir freuen uns zwar sehr, unsere Angehörigen wiederzusehen. Aber bei dem Gedanken, in der Heimat existenzlos anzukommen, erfasst uns doch ein leichtes Grauen. Ein Wiederaufbau wird für uns sehr schwer werden. Vierzehn Jahre habe ich in der Kolonie gelebt und bin der Heimat entfremdet und kann mich in die Verhältnisse des Nachkriegsdeutschlands nicht hineindenken. Dieser fürchterliche Versailler Vertrag kann sich meiner Meinung nach nur in schreckliche Folgen auswirken. Wenn es auch bei uns hier unter den Deutschen Dummköpfe gibt, die sich aus dem Absinken der Mark einen großen Gewinn versprechen, so sind sich aber doch die meisten Deutschen darüber klar, dass gerade diese Inflation zu einem Zusammenbruch der deutschen Wirtschaft führen muss.

21.9.21

Bereits seit fünf Tagen sind wir an Bord der „Mataram". Der Abschied war bitterschwer. Lotte und Anton heulten zum Erbarmen. Die vorläufig zurückbleibenden Deutschen sangen: „Deutschland, Deutschland über alles." Tücherschwenken, winken und ein derber Fluch auf Englands Schande, das war der Abschied. Langsam lief das Schiff aus der Blanchebucht, wo die mächtigen Krater wie Wächter drohend stehen. Wenn wir wollten, seid ihr kleinen Menschlein verschüttet, verbrannt, in Staub zerfallen. Herbertshöhe kam in Sicht. Das kleine Städtchen, eingebettet in wehende Palmen, bot ein Bild des tiefsten Friedens. Mir brannte das Herz vor Elend in der Brust. Hier begann einst meine Tätigkeit in der Kolonie. Hier verlebte ich glückliche Jahre meiner Jugend, die keine Sorgen kannten. Vorbei!

Mataram ist ein schönes bequemes Schiff, auf dem es sich angenehm reist. Die Verpflegung ist einwandfrei und die Sauberkeit lässt, wie auf allen englischen Schiffen, nichts zu wünschen übrig.

Unseren Kummer lassen wir uns nicht anmerken und geben uns lustig und fidel. Der Kolonialdeutsche ist nun mal kein Freund der Traurigkeit und neigt auch garnicht zum Pessimismus. Irgendwelchen Anfeindungen sind wir nicht ausgesetzt. Die englischen Mitreisenden kennen die Deutschen und wissen, dass wir nur im Notfall belgische und französische Babys fressen.

31[151]**.9.21**

Vor einigen Tagen erreichten wir Sidney. Wir hatten das große Pech, gerade am Sonnabend zu landen. Das bedeutet, nach australischen Begriffen, ein unverzeihliches Vergehen gegen Volkswohl, Sozialismus und Anstand. Wir stießen auf eine Schwierigkeit, mit der wir nicht im Entferntesten gerechnet hatten. Kein Hotel nahm uns auf. Es war doch Sonnabend nachmittags. Wir hatten eine Taxe genommen und fuhren nun verzweifelt von Hotel zu Hotel. Als wir bereits eine Menge Geld verfahren hatten, sagte der Chauffeur lakonisch: „Sie werden heute und morgen in keinem Hotel aufgenommen werden. Ich nehme aber an, dass Sie Deutsche sind und da wäre es wohl das Beste, in ein deutsches Boardinghouse zu gehen." Das hätte der australische Hammel auch eher sagen können. Aber wir hatten auch für diesen Mann Verständnis. Er wollte erst noch durch uns ein kleines Business machen. Nach einer endlosen Fahrt, die den Zeiger auf Sh. 26.- beförderte, erreichten wir den schönen Vorort Randwik[152].

Das Boardinghouse war eine schöne Villa, die in einem großen Garten gelegen war. Eine alte, sehr freundliche Deutsche empfing uns sehr herzlich und sagte, dass sie noch ein großes Zimmer frei habe, da die übrigen Zimmer von Deutschen, die von den Südseeinseln angekommen, belegt seien. Das war nun ein herrlicher Spaß. Wir waren sehr erstaunt, unsere Freunde aus Neuguinea anzutreffen. Wie wir von ihnen hörten, wurde dieses Boardinghouse bereits auf dem Schiff empfohlen. Durch einen Zufall haben wir nichts davon gehört. Wie dem nun auch sei, waren wir glücklich, endlich Unterkunft gefunden zu haben. Die alte Dame und ihre Tochter sorgten rührend für uns und bedauerten uns ob unseres Missgeschicks, dass wir so viel Geld unnütz verfahren hatten. […]

8.10.21

Gestern erreichten wir Melbourne. Die „Malva" ist ein sehr schönes Schiff der englischen P.&O.-Linie. Wir sind mit der Unterbringung, genauso wie mit der Verpflegung, sehr zufrieden. […]

13.10.21

Adelaide liegt bereits hinter uns und werden wir morgen Fremantle[153], die letzte australische Stadt, die wir berühren, erreichen. In Melbourne und Adelaide haben wir sehr viele Passagiere an Bord bekommen und nun mit einemmale spürten wir Deutschfeindlichkeit. Scheinbar war man sehr verwundert, dass auf dero schönen Welt noch Deutsche leben, da doch nach Gottes gerechtem Ratschluss die Welt Eng-

---

151   So im Original.
152   Richtig: Randwick.
153   Hafenstadt des Bundesstaates Western Australia.

land und allenfalls seinen Hilfsvölkern gehört. Wie es bei derartigen Vorkommnissen stets der Fall zu sein pflegt, waren Hetzer am Werk. Wir waren mit allen Mitreisenden und der Besatzung vorzüglich ausgekommen, und kroch nun das scheußliche Wesen, der Hass, durch das Schiff. Die weißen Stewards weigerten sich, die deutschen Passagiere zu bedienen. Wir waren plötzlich von allem, was an Bord geschah, isoliert. Jetzt bedienten uns indische Stewards, was uns garnicht unangenehm war. Die Inder sind sehr aufmerksame und freundliche Bedienstete. Leider waren etliche Deutsche an Bord, denen man Beherrschung nicht nachrühmen konnte. Ich war der Meinung, dass dieser Provozierung am besten mit Nichtbeachtung zu begegnen sei, dann aber bis zum letzten Tag der Reise eine höfliche, aber eiserne Reserve am Platze sei. Etliche unserer Landsleute waren anderer Meinung. Sie schimpften auf Deutsch und Englisch und benahmen sich auch sonst nicht gerade vornehm. Durch dieses Auftreten erregt, fühlten die Engländer ihre hässliche Einstellung gerechtfertigt. Es war aber auch Tatsache, dass sich unter den englischen Passagieren viele befanden, die das Benehmen ihrer eigenen Landsleute beschämend fanden. Mit der Zeit wurde die Sache allen Beteiligten langweilig und schlief von selber ein. Die Herrn Stewards werden die Alleinleidtragenden sein. Von keinem der Deutschen werden sie auch nur einen Pfennig Trinkgeld erhalten, wohl aber die Inder.

Welche Ausgeburten der Volkshass erzeugen kann, möge ein Vorkommnis, das wir in Adelaide beobachteten, bezeugen. Unmittelbar vor unserem Schiff wurden aus einem Eisenbahn-Waggon eine Menge Postsäcke ausgeladen, die unser Dampfer übernehmen sollte. Diese Säcke waren alle betreffs ihrer Bestimmungsländer signiert. So waren auch einige Säcke mit Deutscher Republik gezeichnet. Einer der Hafenarbeiter, die die Säcke umluden, fragte einen Kollegen, was denn das für ein Land sei. Dieser belehrte ihn: „It is Germany." Nun weigerten sich die Patrioten, den Postsack anzufassen und trieben ihn mit Fußtritten bis zum Verladeplatz vor sich her. Das war eine kleine Episode, die Zeugnis davon ablegte, wie weit Hass getrieben werden kann. England hat das immer meisterlich verstanden. […]

24.10.21

Gestern erreichten wir den herrlichen Hafen von Colombo, der Hauptstadt Ceylons. […] Hier im Hafen von Colombo erlebten wir ein Märchen, sogar ein blaues Wunder. Unsere Pässe wurden von einem englischen Polizeioffizier eingefordert und mit einem Stempel versehen: „Not allowed to land in India" (Es ist Ihnen nicht erlaubt, in Indien an Land zu gehen). Diese Gemeinheit schlug wie eine Bombe in eine Herde Lämmer ein. Konnte so etwas überhaupt möglich sein? Hier in Colombo, wo gekohlt wird, sollen wir drei Tage an Bord bleiben. Nur wer das erlebt hat, weiß, was das heißt, in Colombo Kohlen nehmen. Wir haben Wut geschnaubt, getobt, geschimpft und Rache geschworen. Das alles erleichterte uns ein wenig, half aber gar nichts. Diese Maßnahme war weiter nichts wie eine erbärmliche Gemeinheit und ein Auswuchs von Deutschenhass.

Wir saßen in denkbar schlechtester Stimmung an Bord und schluckten Kohlenstaub. In Colombo ist das Kohlen eine ganz besonders liebliche Angelegenheit. Die Schiffe liegen hier nicht am Pier oder an Molen, sondern mitten im Hafen vor Anker. Große Schlepper bringen mit Kohlen beladene Leichter längsseits des Schiffes. Hundert Schornsteine speien Ruß und Asche aus. Fettiger Kohlenstaub erfüllt die Luft und überzieht das Schiff mit schwarzem Niederschlag. Es lagen etwa fünfzig Schiffe im Hafen, die alle Kohlen, Wasser und Proviant übernahmen. Die Tropensonne glühte auf das Getümmle, die Bullaugen wurden geschlossen und die Stimmung der an Bordverbliebenen war mit Explosivstoff geladen. Die Köche und die Stewards spien Gift und Galle, dass sie für uns kochen und bedienen mussten. So kam es, dass die wutgeladenen Deutschen, da sie keine anderen Angriffsflächen fanden, untereinander einen herrlichen Krach bekamen. Eine Nichtigkeit war der Anlass, dass Menschen, die sonst recht friedlich nebeneinander lebten, sich nun gegenseitig die hässlichsten Dinge an den Kopf warfen. Die Kinder wurden mit dem Erfolg stündlich gewaschen, dass sie nach Minuten genauso schwarz wie vorher waren. Da haben wir das Waschen aufgegeben. [...]

Viele der Passagiere bedauerten uns aufrichtig und brachten unseren Kindern hübsche Spielsachen mit. Auch die meisten Engländer waren über die Maßnahme der englischen Regierung empört. Man stelle sich vor, wir wären die Sieger und würden englischen Reisenden, so lange nach dem Krieg, das Betreten deutschen Bodens verwehren. [...]

[In Bombay kamen indische Schuster an Bord]. Der Schuster, der unsere Schuhe in Behandlung hatte, war sehr gesprächig und erzählte uns in gebrochenem Englisch, dass hier im Hafen ein deutscher Dampfer liege. Ich glaubte dem braven Schuster nicht, schrieb aber trotzdem einen Brief an den unbekannten Kapitän eines unbekannten deutschen Schiffes. Der Schuster erhielt ein Baksish[154] und den Auftrag, den Brief auf dem deutschen Schiff abzugeben. Ich hatte dem Kapitän mitgeteilt, dass wir dreißig Deutsche, die aus Neuguinea ausgewiesen, an Bord der „Malva" seien, und gern etwas über die Verhältnisse von der Heimat hören würden und deshalb um Besuch bäten.

Keine Stunde war vergangen, als der gesandte Bote mit drei Offizieren des deutschen Frachtdampfers „Marienfels" ankamen, um uns einen Besuch abzustatten. Jetzt war aber die Freude groß. Alle Deutschen versammelten sich im Rauchsalon und begann nun ein wahres Frage- und Antwortspiel. Was wir über unser deutsches Vaterland erfuhren, war nicht gerade erhebend. Auch das hässliche Thema Inflation wurde eingehend erörtert. Aus alledem, was wir hörten, konnten wir uns kein rechtes Bild hinsichtlich der Verhältnisse, die jetzt in Deutschland herrschen, vorstellen. Wir haben so viele Jahre fern der Heimat in dem schönen südlichen Archipel gelebt und dadurch unbewusst die nähere Fühlung mit der Heimat verloren. Jetzt, nach dem verlorenen Krieg, erschien uns unser Vaterland als fremder Erdteil. Die netten, freund-

---

154 Bakschisch, aus dem Persischen بخشش (Gabe), ursprünglich ein vom Sultan anlässlich seiner Thronbesteigung verteiltes Geldgeschenk; Almosen, Trink-, auch Schmiergeld.

lichen Seeleute gaben sich alle Mühe, unsere Sorgen zu zerstreuen. Sie wünschten uns noch alles Gute für den Aufbau einer neuen Existenz. Wir aber dankten Ihnen herzlich für ihren Besuch. Sie waren die ersten Deutschen, die wir trafen, die all den Kummer und das Elend, das der Krieg mit sich brachte, erlebten.

[…] Gestern erreichten wir Marseille. Die Franzosen benahmen sich anständiger wie die Engländer. Wir durften an Land gehen, oder besser gesagt, es kümmerte sich kein Mensch um uns. Selbst die Pässe wurden nicht gestempelt. Es sind heute zufällig zwei Monate her, dass wir Sydney verließen, ohne dass uns in einem der vielen Häfen, außer den australischen, erlaubt wurde an Land zu gehen.

Und das drei Jahre nach Kriegsschluss. […][155]

28.11.26

Fünf Jahre sind dahingegangen, Jahre der Not und des Kummers. In dieser Zeit habe ich weder Zeit noch Lust gehabt, das Tagebuch weiterzuführen. Die Erlebnisse, die uns die zerrüttete Zeit zu bieten hatte, waren weder schön noch interessant. Aber traurig waren sie. […] Nachdem wir einige Tage in London Aufenthalt hatten, fuhren wir mit einem holländischen Schiff nach Hock von Holland[156] und von hier mit der Bahn nach Hamburg. Hier erlebte ich die erste große Enttäuschung. Ich hatte in Rabaul, der Hauptstadt von Neuguinea, vor unserer Abfahrt dem dortigen Chef der Hamburgischen Südsee A.G. den größten Teil meines geretteten Geldes übergeben, wofür eine Anweisung, ausgestellt auf englische Pfunde, an das Heimathaus in Hamburg ausgehändigt wurde. Die Frau des Rabauler Chefs war Australierin und konnte so unbeanstandet diese Gelder nach Australien in Sicherheit bringen. Ich war aber nicht der Einzige, der auf diese Weise glaubte, sein Geld in Sicherheit zu bringen.

Nun wurde uns in Hamburg erklärt, dass es ganz unmöglich sei, die Anweisungen in Devisen zu honorieren. Selbst in deutscher Währung, wurde uns eröffnet, sei es nicht möglich, solche hohen Forderungen sofort restlos abzudecken. Wir waren nicht die Einzigen, die auf diesen Schwindel hereingefallen waren. Eine ganze Anzahl Deutscher waren mit dem gleichen Ansinnen bei der Firma erschienen. Es kam zu einem tollen Krach, an dem ich aber nicht teilnahm, sondern einen Rechtsanwalt konsultierte, der mich dahin aufklärte, dass die Firma sich strafbar mache, wenn sie Forderungen in Devisen auszahle. Wir aber wussten, was ein Zahlungsversprechen in deutscher Währung jetzt während der Inflation zu bedeuten hatte.

Nur aus Angst vor den Engländern, die unser Gepäck sehr eingehend kontrollierten, gaben wir unser Geld der Firma, die uns eisern versicherte, dass die eingezahlten Kapitalien unbedingt in englischer Währung ausgezahlt würden. Jetzt hat die Firma

---

155 Es folgt im Manuskript ein kurzer Eintrag unter dem Datum des 17.12.21 über den Aufenthalt vor Gibraltar. Danach folgt kein weiterer Eintrag, auch kein Bericht über die Ankunft in Deutschland. Der nächste Eintrag ist derjenige vom 28.11.26.
156 Hoek van Holland, offiziell der Stadtteil Rotterdams, der direkt an den Atlantik angrenzt; dem äußeren Eindruck nach bis heute ein separates Badestädtchen.

ihr Geld in Australien in Sicherheit. Wir aber sind die Geprellten. Das kleine Kapital, welches wir durchgeschmuggelt hatten, ist jetzt mehr wert wie die hohe Summe, die wir zu treuen Händen gaben.

Dieses Ereignis war unser Start in Deutschland. Hoffentlich geht es nicht so weiter.

Quellen- und Literaturverzeichnis

Aufgeführt werden hier alle Werke, auf die im Text mehr als einmal Bezug genommen wird. Im Haupttext werden sie nach einer ersten ausführlichen Nennung verkürzt mit Verfasser und Titel aufgeführt. Literaturverweise, auf die im Text nur ein einziges Mal hingewiesen wird, werden dort ausführlich zitiert.

Baumann, Karl, Dieter Klein, Wolfgang Apitzsch, *Biographisches Handbuch Deutsch-Neuguinea 1882-1922*, Fassberg ²2002.

Davies, Margrit, *Public Health and Colonialism. The Case of German New Guinea 1884-1914*, Wiesbaden 2002.

Fellmann, Ulrich (Hg.), *Von Schwaben in den Bismarckarchipel. Tagebücher der Missionarsfrau Johanna Fellmann aus Deutsch-Neuguinea 1896-1903*, Wiesbaden 2009.

Gash, Noel, June Whittaker, *A Pictorial History of New Guinea*, Milton 1975.

Hiery, Hermann Joseph, *Bilder aus der deutschen Südsee. Fotografien 1884-1914*, Paderborn 2005.

Hiery, Hermann Joseph, *Das Deutsche Reich in der Südsee (1900-1921). Eine Annäherung an die Erfahrungen verschiedener Kulturen*, Göttingen 1995.

Hiery, Hermann Joseph (Hg.)., *Die deutsche Südsee 1884-1914. Ein Handbuch*, Paderborn ²2002.

Hiery, Hermann Joseph, *Fa'a Siamani. Germany in Micronesia, New Guinea and Samoa 1884-1914*, Wiesbaden 2020.

Hiery, Hermann (Hg.), *Lexikon zur Überseegeschichte*, Stuttgart 2015.

Hiery, Hermann Joseph, *The Neglected War. The German South Pacific and the Influence of World War I*, Honolulu 1995.

Hildebrand, Hans H., Albert Röhr, Hans-Otto Steinmetz, *Die deutschen Kriegsschiffe. Biographien – ein Spiegel der Marinegeschichte von 1815 bis zur Gegenwart*, 6 Bde., Herford ³1993.

Kludas, Arnold, „Deutsche Passagierschiffs-Verbindungen in die Südsee 1886-1914", in: Hermann Joseph Hiery (Hg.), *Die deutsche Südsee 1884-1914. Ein Handbuch*, Paderborn ²2002, 156-176.

Loosen, Livia, *Deutsche Frauen in den Südsee-Kolonien des Kaiserreichs. Alltag und Beziehungen zur indigenen Bevölkerung, 1884-1919*, Bielefeld 2014.

Mackenzie, S. S., *The Australians at Rabaul. The Capture and Addministration of the German Possessions in the Southern Pacific,* Sydney ¹⁰1941.

Meyer, P. (ater) Otto, MSC, *Die Vögel des Bismarckarchipel. Ein Hilfsbuch zur Erkennung der Vogelarten*, Vunapope 1936 (Beobachtungen und Studien der Missionare vom Hlst. Herzen Jesu in der Südsee, Bd. 2).

Mihalic F.(rancis), SVD, *The Jacaranda Dictionary and Grammar of Melanesian Pidgin*, Milton 1971.

Reichs-Marine-Amt (Hg.), *Südsee-Handbuch. II. Teil: Der Bismarck-Archipel*, Berlin 1912.

Rowley, C.(harles) D.(unford), *The Australians in German New Guinea 1914-1921*, Carlton 1958.

Ryan, Peter (Hg.), *Encyclopedia of Papua and New Guinea*, 3 Bde., Melbourne 1972.

Schnee, Heinrich (Hg.), *Deutsches Kolonial-Lexikon*, 3 Bde., Leipzig 1920.

Vieweg, Burkhard, *Big Fellow Man. Muschelgeld und Südseegeister. Authentische Berichte aus Deutsch-Neuguinea 1906-1909. Der Verfasser berichtet von den Erlebnissen seines Vaters Karl Vieweg*, Weikersheim 1990.

Orts-, Personen- und Schiffsnamenregister

Die Namen Elsner, Hoffmann, Bismarckarchipel, Deutschland und Neuguinea wurden nicht aufgenommen. Schiffsnamen sind *kursiv* gesetzt.

Adelaide	228-229
Aden	14
Ahlert, Georg	50
Aitape s. Eitape	
Albrecht, Franz Christian	155-158
Alice, Princess of Albany	136
Amboina	127, 130-131
Angaur	20, 136. 179
Anir	32
Anton, einheimischer Mitarbeiter	72, 75, 95, 103, 114, 121, 124, 128, 141, 146-147, 149, 152, 162, 168, 189, 227
Apia	139
Arzt, Simon	13
Australien	X, XIV, 11, 20, 29, 34, 41, 56, 111, 138-139, 165-167, 186-187, 189, 195, 201, 209-210, 216, 224, 227, 231-232
Bagamoyo	XI
Baining	73, 142
Baruch, Aron	2
Batavia	127, 132
Bendemann, Felix	113
Berlin	VI, 7-8, 109, 135, 137, 247
Besoar	122
Bienenstich s. Schimmelpfennig	
Bipi s. Sisi	
Biró, Lajos	39
Bismarck, Herbert von	29
Bismarck, Otto von	VIII, 40, 42, 140
Bitagalip	44, 82
Bitapaka	30, 45, 165
Blanchebucht	28-29, 108, 165, 227, 243, 245, 247
Bogia	129
Boluminski, Franz	89, 105-106, 112-113, 247
Bombay	23, 136, 230
Born, Walter	80
Bougainville (Insel)	XVI, 1, 32, 40, 98
Bougainville, Louis Antoine de	98
Brisbane (Ort)	20

235

Brisbane (Schiff)	225
Buä-Mamau	118
Buitenzorg	132-133
Buka	XVI, 1, 39-40, 54, 73-76, 92-98
Bundralis	176
Buschmann	55, 60
Carola, Königin von Sachsen	1, 92
Carola Bay	2
Celebes	127
Ceylon	15-16, 133, 229
Charlotte	61
Chevalier, Jules	108
China	XVI, 20, 22-24, 127
Clas s. Claß, Ewald	
Claß, Ewald	144-145, 152, 154-157, 159, 167, 181, 186, 190, 193
Colombo	15-17, 19, 23, 136, 229-230
Condor	50
Cormoran	50
Costantini, Assunto	108-109, 121, 125-126
Couppé, Louis	108
Danfu	122
Dardanellen	180
Daressalam	V, XI
Dicks, Johannes	167
Djaul	113-115, 122
Dresden	V, X, 1-3, 5, 36, 139, 208, 245, 247
Ehemann, Fritz	30, 48, 56, 70, 76, 137, 144, 164-165, 167, 174, 186
Eitape	129, 217
Else	208, 210-215, 218, 221
Emirau s. Sturminsel	
Engelhardt, August	35
England	15, 134, 157, 164, 174, 178, 180, 189, 211, 216, 220, 227, 229. S. auch Großbritannien
Enuk	191-192, 194, 198, 202-204, 249
Erar	42, 49, 58-60, 88
Ernst, Edgar	113-116, 123
Fellmann, Johanna	144
Feni-Inseln	32
Fileba	163
Fischerinseln s. Simbéri	

Fissoa	10, 89, 104-105, 110, 117, 120, 122-123, 125, 246-247
Flierl, Willy	167
Frankfurt a. M.	174
Frankreich	136, 157, 165, 175, 201
Fremantle	228
Friedrich-Wilhelmshafen	XIV, 20, 27-28, 165, 245
Friedrich der Grosse (Schiff)	138, 140
Fritsch, Walter	181
Fuchs, australischer Pflichtverteidiger	221
Gardnerinseln s. Tãbár und Tatáu	
Gazelle (Halbinsel)	40, 46, 62, 81
Gazelle (Schiff)	40, 113
Geier	163-164
Geisler, Hubert	144
Genua	8-11, 127, 138
Gevers, Wilhelm	175
Globiginsel	191
Grober Gottlieb s. Höpfel, Otto	
Großbritannien	XI, 20-21, 136, 201, 220. S. auch England
Gunanur	44, 55-57, 82
Haber, Eduard	139, 166
Haeberlin, Heinrich	56-57, 61, 65-66, 82
Hahl, Albert	IX, XV, 81, 88, 128, 143, 166
Hamburg	VI, X-XI, XV, 91, 94, 97, 99-101, 104, 138, 209, 231, 247
Hanke s. Heyde, Georg	
Harragan, Harengan, Harrangun s. Maréngan	
Hauser, Fritz	163-164
Heilmann s. Heymann	
Herbertshöhe	XIV, 29-31, 34, 36-38, 40, 50-53, 56-57, 67, 73, 77-78, 80, 85, 91, 113, 127, 138, 140-142, 144, 165, 186, 195, 227, 245-247. S. auch Kokopo
Heritage, Keith	174
Herterich, Hans	212-213, 216-220
Hext, A. P.	175, 177
Heyde, Georg	2-3
Heymann, Paul	181
Höpfel, Otto	29, 142, 208
Hoff, Ernst u. Else	206, 208, 215
Hofmokel, Maximilian	60, 64, 66, 68, 76, 88-89
Hohm s. Holm, Karl	
Hollandia	211-212, 215-218

Holm, Karl	177, 181
Holmes, William	167, 174
Hongkong	11, 19-23, 25-26, 124, 136
Hulailai	88-89
Ia	122
Igua, bikman von Neuhannover	200-202
Indien	15, 229
Italien	9-12, 108-109, 126, 133, 168
Jap	20, 26
Japan	XIV-XV, 20, 22-23, 25, 30, 89, 128, 178-180, 201, 206
Japăru	92
Johor(e)	134-135
Kabakon	35
Kabelman, Kableman	112
Käferlein, Georg	164
Käwiéng	VI, 89, 108, 110, 112-113, 121, 125-126, 144, 163, 165, 186, 190-192, 194-195, 198, 202, 204, 206, 219, 221, 249-250
Kaiser-Wilhelmsland	55, 69, 143
Kandy	17, 133
Kaole	XI
Kapsu	110, 204-206, 249
Katakatai	XVII, 45, 60
Katin	169-170
Katzer, Martin	30
Kerawara	35
Kiba, Kilba	37
Kirchner, Franz	199
Königin-Carola-Hafen	1, 92
Kokopo	XIV, 29, 31, 44, 50, 78, 82, 143. S. auch Herbertshöhe
Kolbe, Emma	123
Kolube	206-207, 210-212, 215-223, 249
Komine, Isokichi	128
Komuli	144-145, 152-154, 181
Konomala	122
Konrad, Erich	XI, 109, 113, 115-116, 121-123, 144
Koppenhagen, Conrad, Emilie u. Rudi	139
Koroniat, Koruniat	154, 175
Kotze, Stefan von	XV
Kowloon s. Hongkong	

Krafft, Werner	82, 85-86
Krakowsky, Josef	31, 33
Kraus, August	139
Krauss, Emil	138-139
Kuhn, Kurt u. Margarete	189
Kumuli s. Komuli	
Larsen, August	123-125
Lavongai	49, 52, 57, 126. S. auch Neuhannover
Lerpai	176
Liba, Libe(r)ba(r)	122
Lihir	90, 101, 103, 247
Lissauer, Ernst	164
Lorengau, Lorongau	174-175, 182
Lotte, einheimische Haushelferin	42, 60, 64, 72, 88-89, 95, 114, 121, 124, 128, 141, 146, 227. S. auch Mangeri
Lourie, Walter	187
Lucas, Walter Henry	224-225
Luf	2
Macco, Eduard u. Mary	110-112
Madang (Ort) s. Friedrich-Wilhelmshafen	
Madang (Schiff)	124-125, 220
Maier s. Mayer, Anton	
Makassar	127
Malva	228, 230
Malvis, Malwes	176
Mamáu s. Buä-Mamau	
Mangeri	39-42, 64. S. auch Lotte
Manila, Hauptstadt der Philippinen	11, 20, 24-26, 136
Manila, Reichspostdampfer	127-128, 135
Manus	X, XV-XVI, 2, 32, 140-141, 143-151, 153, 155-158, 161, 164, 167-168, 170, 174, 176, 178-179, 181-183, 185-186, 190-191, 193, 249
Maréngan	150, 249
Marienfels	230
Maron	20
Marion, Mann von Manus	183-184
Marseille	231
Matane, Paulias	140
Mataram	227
Matunga	195
Matupi (Schiff)	164, 181-182
Matupit (Insel, Halbinsel)	108

Mayer s. Meier

Mayer, Anton   30, 35

Meditsch, Maschinist   78-79

Meier, Hans   146-147, 149, 151, 177

Melbourne   228

Merauke   129

Metzner, Fritz   163

Meyer, Adolf   2

Meyer, Master, s. Warnecke, Karl

Mierendorf, Henry   216, 218-221

Miesterfeldt, Paul   104-106, 125, 247

Moltke, Helmuth Graf von   91

Molukken   127, 130. S. auch Amboina

Monumbo   129

Moruk   223

Mossel, Jacob   132

Mount Lavinia   16

Muck Muck s. Hofmokel

Mussau   52, 186

Mutschink, Curt   102

Nakanai   58

Nakuwei, Arbeiter auf der Pflanzung Tobera   87

Namatanai   89, 124

Nanpei, Henry   201

Nares-Hafen   145, 150

Neapel   10-12, 139, 193

Neuhannover   49, 52, 57, 106, 145, 200. S. auch Lavongai

Neumecklenburg   X-XI, 31, 34, 54, 76, 89, 92, 105, 110, 112-113, 122,
                                                124-127, 144-145, 150, 190, 204, 206, 210, 216, 249

Neupommern   X, 28, 31, 37, 40-41, 46, 48, 53-54, 73, 75, 82, 86,
                                                91, 145, 218, 246-248

New Britain s. Neupommern

New Ireland s. Neumecklenburg

Niederländisch-Neuguinea s. Hollandia

Nissan   40, 90, 100

Noru   145, 147-149, 151-157, 160, 163-164, 177-178, 182, 248

Nusa (Insel vor Käwiéng)   190

Nusa (Schiff)   156-157

Oesterreich, Hans Emil   202

Österreich   4, 12, 44, 133, 152, 157, 160, 184

Ostrøm, Carl   110

Paparatava	108, 142
Paraguay	VI, XI-XII, 1, 68
Pethebridge, Samuel	167, 187
Pettersson, Carl	104
Pohnpei, Ponape	201
Port Said	12-14, 23
Potsdamhafen	129
Preuß, Paul	7, 53-54, 88
Princess Alice	136
Prinz Sigismund	20, 24, 27-29, 138, 140
Prinz Waldemar	20
Queen Emma s. Kolbe, Emma	
Rabaul	VI, XIV, 20, 28, 54, 78, 108, 112, 122, 127-128, 140-143, 154, 163-167, 174, 178, 181, 185-188, 195-196, 206, 208, 213-215, 223-226, 231, 245, 247-250
Ramale	30
Ramstahl, Heinrich	91
Raniolo	78
Ravenscroft, L. B.	167
Reinhardt, Robert	147
Reis(s), Josef	160-162, 167-170, 172-173, 182-184
Richter, Max	89, 129, 135, 193-194, 196
Righi	9
Rinaldo Rinaldini	168
Roland	29
Rose, Fritz	IX
Russland	XIII, 44, 157, 165
Salomoninseln	XVI, 1, 39-41, 54, 73, 90, 92-93, 98, 100, 147, 162, 168
Samoa (Insel, deutsche Kolonie)	XIII, 7, 41, 98, 111-112, 137, 139, 203
Samoa (Schiff)	124
Sap-Sap	92, 94-97, 99, 247
Schimmelpfennig, Friedrich	61, 91, 97, 107, 122
Schleinitz, Georg Freiherr von	40, 113, 211
Schleinitzgebirge	113, 211
Schmid-Burgk, Hans	37-38, 40, 44-47, 49, 52-53, 55-56
Schmiele, Georg	35
Schneiderinsel	191
Schütze, Verwalter der Pflanzung Gunanur	44, 55-56
Schumacher, Emil	143
Schultze, Carl Adolf	112-113

Seeadlerhafen	140, 145, 156, 163-164, 174
Seidel, Heinrich	77
Senta	33-34, 37, 51
Siar	X, 69, 89, 91, 96-97, 102, 104-106, 120, 122, 173-174, 201
Sidney s. Sydney	
Sigismund s. *Prinz Sigismund*	
Simbéri	104
Simpsonhafen s. Rabaul	
Singapur	18-20, 23, 127, 133-136
Sisi-Liu, Sisi-Mandrian	147
Soqotra	14
Sori	150, 178
Sri Lanka s. Ceylon u. Colombo	
Stift, Emil	57
St. Matthiasinseln	52, 185, 249
Stosch (Georg Friedrich?), von	54
Streng, Administrator der Pflanzung Raniolo	78-79
Sturminsel	185-186
Sumatra (Insel)	161
Sumatra (Schiff)	143-144, 147, 152-153
Sydney	20, 77, 139, 167, 228, 231
Tăbár u. Tatáu	104
Täufert, Georg	167
Tanga	XI
Tanganyika	XI
Teschner, Hans	194
Thurnwald, Richard	56-57
Tobera	X, 30, 33, 37, 42, 50, 52, 56-57, 60, 66-69, 80, 82-83, 86-88, 93, 141, 246
Togo	8, 98
To Kitang	108
Toll, Fred	187
Toma	140-143, 187, 208, 248
Toriu	62
Ugana	206
Ulagunan	44, 82
Ulamona	58
Ulawun	37
Ullerich, Otto	216-221

Varzin	140, 142, 209
Viviran	140
Vunadidir	140
Vunapope	50, 82, 86, 108
Wairuna	195
Warangoi	62
Warnecke, Karl	30
Weinböhla	36
Wendland, Wilhelm	IX, 31, 39, 80, 142
Wernicke, Wilhelm	30
Wien	133, 161, 174
Wilde, Bruno u. Juanita	186
Wilke, Kapitän der *Senta*	33
Wilson, Woodrow	XIV, 199
Winter, Gyulas	69
Wolf (Schiff)	195
Wolf, Ludwig u. Leopold	94
Wolff, Rudolf	142-143
Wunantali	206-208
Yap s. Jap	
Yaparu s. Japāru	
Zwanzger, Georg	145, 156

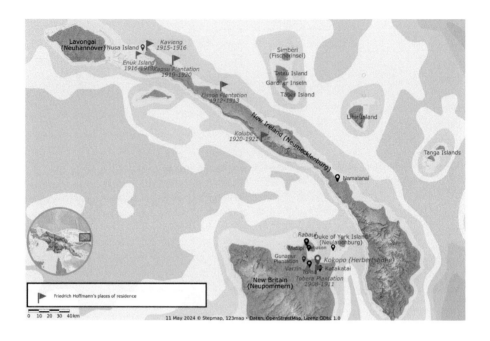

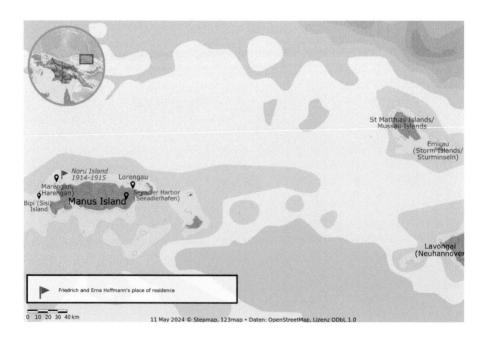

Diary from the Bismarck Archipelago – Friedrich Hoffmann as a planter in the German colony of New Guinea 1908-1921. A Summary

Friedrich Hoffmann came to German New Guinea as an employee of the New Guinea Company at the age of 23, full of a thirst for adventure, and discovery. Growing up in Dresden and training as a horticulturist, he had not yet undertaken any major trips before this departure to the South Seas. Friedrich developed the idea of wanting to earn money in the German colonies after his uncle's promised inheritance failed to materialize and he saw little prospects as a farmer without property. During some courses on tropical diseases, he built a connection with a doctor who strongly encouraged him, so that he acquired a "modest, useful knowledge" on the topic, which later made him very interesting for the New Guinea Company. In addition to the task of managing plantations, Friedrich was given the task of providing medical care to the local workers in the Bismarck archipelago.

The colony of German New Guinea was founded in the year Friedrich was born, so the young man came to the Bismarck Archipelago when structures for German administration had already been put into place. He would go on to spend 13 years of his life there, starting in 1908. His professional activity as a planter took him through large parts of the Bismarck Archipelago until he was expelled in 1921, long after the end of the First World War, when Germany's colonial rule came to an end.

Hoffmann arrived in New Guinea in March 1908, after enduring a two-month voyage by sea. After an initial stopover in Madang (then Friedrich-Wilhelmshafen), he landed in Blanche Bay in Rabaul (formerly Simpsonhafen). In his diary he describes his impressions very clearly, from the physical environment to the customs and mood of the colonial people, as well as of the Hotel *Deutscher Hof* on the beach in Herbertshöhe/Kokopo, where he stayed for around 14 days, in order to prepare for his upcoming tasks. These tasks were to include the management of a native hospital, as Hoffmann describes, in particular, his lessons during this introductory phase, as well as his impressions, and his rapture with the surroundings and the people. Despite all of his enthusiasm however, he also experienced the negative aspects of life in the South Seas, when, after just two weeks in the country, he was confined to bed with malaria for the first time. By the beginning of April, at Easter, however, he was able to take part in his first ship trip, during which employees of the New Guinea Company celebrated the holiday with a pleasure trip across the Bismarck Sea. On this rather rustic trip, Friedrich not only got to know 30 of his fellow colleagues better, but also got a clearer impression of the vastness of the South Sea islands, which he would visit again and again over the next few years while recruiting workers and monitoring plantations.

1908 to the end of 1911: Tobera plantation, and administration of the local people's hospital

The first professional stop for Friedrich Hoffmann was the Tobera plantation, located in the hinterland, about 15 kilometers from what was then the capital of the German colony, Herbertshöhe (Kokopo), and covering around 600 hectares. This plantation produced copra, the colony's main export, as well as coffee and rubber. Particularly at the beginning of his work in Tobera, Hoffmann described very precisely what the organization, administration, and work processes of plantation management looked like. At the beginning of his work, he first had to learn how to care for the individual plant crops, as well as the necessary steps needed in order to produce the finished product. The young plantation employee, who in addition to the work on the plantation had to fulfill medical service in the hospital, also recorded how he perceived the differences in the workers, who were recruited from different areas, and tribes. He felt that his duties on the plantations, and his duties in the hospital had no relation to each other and wrote quite often about the disconnect he felt between the two. He quite preferred the farming to being in the hospital.

Together with his colleagues, he repeatedly went on trips to native villages and describes their crops. During these visits to the area, trade with the local people was always a goal, so copra (the dried kernels of the coconut) was not only produced on plantations, but also bought or exchanged. During his first year in the colony, Hoffmann describes tribal feuds among the workers, a typhus outbreak that was brought into the colony by sailors, which also affected him, then the immediately following epidemic of dysentery with many deaths, as well as frequent occurrences of earthquakes. Yet, despite all of the adversity and a lot of hard work, he seemed to really enjoy life in the colony. The German community consisted mainly of young men, whose celebrations he describes with a lot of humor. His first Christmas in the Bismarck Archipelago, for example, to which the New Guinea Company invited all European employees and indigenous workers, is described as a mixture of German Christmas rites, and dances by "well over a thousand" local workers.

In addition to the impressive and, in his perspective, funny side of colonial life, Hoffmann also mentions a darker side. For example, he describes terrible attacks after a neighbor's binge drinking. This neighbor then went on to receive prison sentences for arson and other crimes. Hoffmann also reports that while on a crocodile hunt on a weekend, an uprising ensued by newly recruited workers on the plantation. This happened shortly after he was promoted to station manager at the Tobera plantation towards the end of 1910.

Feb. 1912-Feb. 1913: Fissoa Plantation in Neu Mecklenburg

In December 1911, the New Guinea Company transferred him to Neu-Mecklenburg (today: New Ireland), where he was to take over a large Fissoa plantation for the Miesterfeld family. During his move from *Neupommern* (New Britain) to New Mecklenburg in December 1911, workers whose contracts on a plantation had expired went back to their homelands and new workers needed to be recruited. The first impressions recorded by Friedrich Hoffmann of Neu-Mecklenburg are almost poetic as he describes the "lavish beauty" of nature, villages with happy, carefree people, deep blue oceans, and colorful coral reefs, as an overall "happy island".

On the journey to the Fissoa plantation, the steamer first went to the Solomon Islands further southeast for recruiting purposes. During this trip, the German settlers visited various villages and experienced a festival ("Sing-Sing") on the island of Sap-Sap, which Hoffmann describes as impressive. On the island of Lihir, the recruiters witnessed a funeral ceremony for the recently deceased *bikman*, then went on to discover a springs area complete with geysers. According to the local people, they were the first Europeans ever to see this area.

From mid-February 1912, Friedrich looked after the Fissoa plantation on behalf of a planter who was going on vacation, home to Germany. Ten trading stations in Neu-Mecklenburg were also maintained from Fissoa, which meant that trade flows were controlled. The stations were all located on the approximately 200 km long Kaiser Wilhelm Road, which connected the north and south districts of the island, so that Friedrich traveled a lot on horseback and carriage. When he describes this road, Hoffmann comments upon the colonial administration by *Bezirksamtmann* (district officer) Boluminski, and recounts what he learned about the tribes of New Mecklenburg during his travels. Hoffmann also discusses the influences of the missions on the population and how he perceived them.

During his tours through New Mecklenburg and other islands in the area, Hoffmann got to know many of the other European settlers, whose stories he recorded in his diary. This gives the reader a colorful picture of colonial society on the small island of Neu-Mecklenburg, where naturally fewer Germans lived than around the capital Herbertshöhe or Blanche Bay in *Neupommern* (New Britain). A terrible accident at the end of 1913, left Friedrich with a leg, broken in many places. He wasn't treated immediately due to a lack of doctors. This put him out of commission for a while and affected him for a long time. In February 1913, after five years of service in the colony, he himself went home on vacation, while Mr. Miesterfeld, for whom he had managed Fissoa for a year, returned.

On the journey home from Rabaul, Friedrich describes that the previous center of German colonial activity in Herbertshöhe had moved to Rabaul, which had been renamed from Simpsonhafen, and Herbertshöhe had now become quite lonely. On March 17, 1913, he left Rabaul by steamer via Singapore towards Europe. In May 1913 he reached his parents' house, who were now living in Weixdorf near Dresden.

Friedrich passed through Berlin, where Kaiser Wilhelm II celebrated his 25ᵗʰ anniversary in power, on his way to a vacation in Swinemünde (Świnoujście), on June 15, 1913. There he met Erna Elsner, who lived in Berlin. They hit it off, and the two decided to get married in August and return to the Bismarck archipelago together. During his leave, the now 29-year-old changed his employer: from Neuguinea Compagnie to the newly founded Hamburgische Südsee A.G. (Hasag), which is why his return journey was delayed until January 1914. Shortly before the departure via Zurich and the St. Gotthard to Genoa, where the steamer was to leave on January 23, 1914, Friedrich and Erna Hoffmann married. The young couple arrived in Rabaul on March 16, 1914, via various stations in Australia.

April 1914 to August 1915: Noru Island off the southeast coast of Manus

The change to the young Hasag company meant that Friedrich Hoffmann was appointed manager of many plantations that were farther from the center of the colony. From the small island of Noru he was supposed to control all of these plantations, which were far from each other as well. This meant that he had to travel a lot by motor pinnace, and leave his young wife alone. Because of this, being sent to the "cannibal islands" of Manus, he now strongly regretted his decision to turn his back on the Neuguinea Compagnie. Before moving to Manus, where ships only sailed about every four months, the couple took a relaxing vacation in Toma in *Neupommern*. This allowed Erna to get used to the climate and new surroundings.

The Hoffmann's took with them to Manus the former house staff that Friedrich Hoffmann had employed in Tobera. The fact that a new "master" had arrived on Manus with a blonde woman spread like wildfire among the indigenous people, who then traveled astonishing distances in canoes to have a look at Erna, and also to touch her hair. The young woman, who was absent from her husband much of the time, and living far from Western civilization, found the experience quite exciting, and frightening at times.

Due to the remoteness of their living arrangements, and the many tribes around, whose reactions to white people in the island kingdom seemed to be unpredictable, guards were kept at night on plantations like Noru. At one point an employee had even been murdered by some indigenous people, so men from the Solomon Islands, who were themselves strangers to the area and had nothing in common with the tribes around Manus, were used as the guards. Hoffmann reports the difficulty of managing an island plantation, stating that the work made little progress as soon as there was no supervision. However, he also noted that he was very happy with the indigenous people as workers. In addition to the plantation earnings, trade in various types of shells for processing mother-of-pearl was also carried out in the area around Manus.

On Sundays, Friedrich and Erna explored nearby islands as a couple to get to know the customs of the Manus people. "There is still an authentic, original life here.

A beautiful but very proud group of people live in a paradisiacal landscape with incredibly lush vegetation, whose existence can hardly be surpassed in terms of comfort. Here you can see that if a person is uncomplicated, he can live quite comfortably and peacefully and get by with a minimum of work. The village square is laid out in an exemplary manner. The houses are probably the largest and best built that can be found in the South Seas. They are built from neatly hewn tree trunks and covered with leaves from the sago palm, which grows here in huge quantities. The resulting house is particularly splendid. It is decorated with colorfully painted carvings that reveal a strong sense of art. Birds, fish and snakes dominate the well-designed arabesques. The people always meet us in a friendly and very polite manner, but I never have the completely safe feeling here that was normal in the villages in Neumecklenburg. These people here always have something wild in their eyes that makes you be on your guard," says Hoffmann, describing his impressions during an exploratory trip to the island of Harangan (Harengan, Maréngan). He also describes the crafts and construction techniques of the locals. Locals from this island, Harangan, probably took Erna to their hearts, because when Friedrich set out on longer journeys through the island world in the following months, they came in canoes to protect the blonde German. In addition to long journeys to monitor the plantations, Friedrich was also entrusted with the management of a fleet of divers who were used to break shells and extract pearls.

The fact that war was looming in Europe was also rumored in the South Seas months before the actual outbreak at the end of July 1914. It wasn't until September that the Hoffmann's learned in their remote island world, that the war had already been affecting the world for a while, and of course they asked themselves what would become of them. At the end of October, they heard that Australians had occupied Rabaul and that warships were lying offshore. However, there was still no sign of the war on Manus, so Friedrich and his colleagues continued their exploratory trips across Manus, which no European, before them, had ever dared cross before. He vividly describes the visits to completely remote villages in the mountains, and encounters with the people there, including a blood brotherhood with a tribal chief, as well as less pleasant encounters involving the use of firearms and the escape of warlike locals.

Due to various circumstances, Friedrich Hoffmann worked to be transferred away from Manus, which finally happened in August 1915. Hundreds of locals came to say goodbye to Erna and Friedrich Hoffmann. The couple was brought back to Rabaul via the St. Matthias Islands and the Sturm Islands (Emirau), where they felt something of the war for the first time. A barracking by the Australians for a few weeks, which, according to Hoffmann, turned out to be for the Germans more of a fun boy's camp, was initially followed by a completely different activity, in which Friedrich took over the *Strandhotel* in Kaewieng in September 1915 because his company had no other employment for him.

September 1915 to mid-1921: Neu-Mecklenburg (New Ireland) again, Enuk, Kapsu and Kolube

On January 1, 1916, Erna Hoffmann gave birth to a son, Herbert, in Kaewieng. A few weeks later, the Hoffmann's were able to give up the hotel business, which they did not feel a calling for, and moved to the island of Enuk, not far from Kaewieng, where they took over the running of a coconut plantation once again. The family, which expanded to include a daughter named Hilde in October 1917, lived on this island until 1919. After losing the war, the German settlers in New Guinea lived in uncertainty about what would happen to them and feared for the loss of what they had built and worked for.

In mid-1919, the Hoffmann family moved to the Kapsu plantation on the island of Neu-Mecklenburg, from where Friedrich was to manage all plantings in the entire Kaewieng district of his company, which meant seven plantings on a total of 2,300 hectares of land. After a good year there, they had to say goodbye once again, in order to move to the Kolube plantation further west in Neu-Mecklenburg. The settlers began to develop strategies that might save them from expulsion from New Guinea. This mindset induced Friedrich Hoffmann to resign from Hasag and decide to become a private settler. On the Kolube plantation, the family lived quite comfortably in a house on a hill about 70 meters high, with a wonderful view.

Later, in order to avoid expulsion to Germany, the Hoffmann's decided to flee to Dutch New Guinea with some friends of theirs, the Hoff's. However, in the spring of 1921, their adventurous escape failed, and ultimately ended with the arrest of Friedrich. The ensuing trial that followed, ended in an acquittal, but the family had to expect deportation any day and compelled to move to Rabaul.

On September 16, 2021, Friedrich Hoffmann and his family were forced to leave the former colony of German New Guinea forever. The German settlers were now dispossessed and facing an uncertain future in post-war Germany.

English version edited by Melanie Chidester

Bildanhang

Bis auf Bild 1 ist der Urheber der Fotografien nicht bekannt. Allerdings wird angenommen, dass die Mehrzahl der Bilder von Hoffmann selbst aufgenommen wurde.
Die Fotografien stammen aus der Zeit seiner Tätigkeit im Bismarckarchipel 1908-
1921. Eine genauere Datierung ist nur in Einzelfällen möglich.

1 Familie Hoffmann vor der Ausreise Friedrichs (1. v. r.) nach Neuguinea

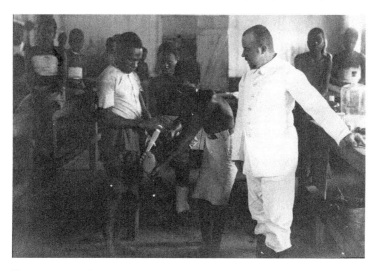

2 Hoffmann als Krankenpfleger im Hospital für einheimische Arbeiter der Pflanzung
Tobera, zwischen April 1908 u. September 1910

3 Essensausgabe auf der Pflanzung Tobera, ca. 1908

4 Kopradarre mit Arbeitern

5 Einheimische Arbeiter mit Ochsenkarren

6 Einheimische Arbeiter mit Pferden vor großem Stall

253

7 Europäischer Pflanzer mit Hausangestellten (Friedrich Hoffmann in Tobera mit Lotte/
Mangeri und Erar?)

8 Die Kaffeewaschanlage der Pflanzung Tobera, ca. Mai 1908

9 Strandhotel Käwieng, ca. September 1915

10a Das Bezirksamt von Käwieng

255

10 b Das Bezirksamt von Käwieng

11 Das Hospital für Einheimische in Käwieng

12a Die Messe für Angestellte der Firma Hernsheim in Käwieng.

12b Die Messe für Angestellte der Firma Hernsheim in Käwieng. Man beachte die beiden
indigenen Skulpturen am Eingang links

12c Die Messe für Angestellte der Firma Hernsheim in Käwieng.

13 Kaiser-Wilhelm-Straße (Boluminski Highway), ca. 1914/15

14 Dorf auf Neumecklenburg ca. 1915

15 Einheimische Frau mit geflochtenen Körben (*bilum*) und Kindern

16 Einheimische Frau mit Gürtel am Hütteneingang

17 Von links: Erna u. Friedrich Hoffmann, Emilie Koppenhagen;
vorne: Rudi Koppenhagen, ca. Februar 1914

18 Erna Hoffmann auf der Insel Noru im Mai 1914

19 Segelboot mit Friedrich Hoffmann (?)

20 Einheimische Männer aus Manus in ihren Kanus

21 Manusmänner in traditioneller Haartracht

22 Frau mit Webstuhl auf St. Matthias/Sturminsel/Emirau, ca. September 1915

23a Herbert Hoffmann in Käwieng gegen Jahresende 1915

263

23 b Herbert Hoffmann mit einheimischem Kindermädchen in Käwieng gegen Jahresende
1915

24 Familie Hoffmann in Neuguinea, ca. 1919